徐 建新 著

好太王碑拓本の研究

東京堂出版

口絵 1　1881年旧蔵本（1884年潘祖蔭旧蔵本）

朱筆で番号が記され、種々の填墨がみられる。

填墨の方法
一回填墨したもの、二回以上填墨したものがある

朱筆番号「西二八」の拡大写真

口絵2　天津文運堂本の復元１、２面

一面一幅の完全拓本の形で復元した天津文運堂本（初期石灰拓本）の第１、２面碑文（本文の第６章第３節参照）。水色に着色してあるのは欠字部分である。

目次

第一章　高句麗好太王碑研究史概説

好太王は「広開土王」、「永楽太王」とも呼ばれ、古代高句麗の第十九代の王（三九一年～四一二年在位）である。諡号は「国岡上広開土境平安好太王」であった。好太王碑は彼の太子、長寿王が父の功績を記念し、宣揚するために、四一四年に好太王陵の近くに建てたものである。碑は現在の中国吉林省通化地区集安市太王郷にある。

碑文の内容は三つの部分からなっている。第一部は高句麗の王権神話を記述し、高句麗の創始者鄒牟王から第十九代王に至る王統を簡単にまとめ、好太王の生涯を概説している。第二部は八つの年次に沿って好太王の一生の功績を記述している。稗麗を征服したこと、百済を撃ったこと、新羅を救援したこと、倭寇を潰滅させたこと、東扶餘を征伐したこと等を記述し、これらの軍事行動の中で好太王が占領した城、村落等の勲功を記録している。この部分に「倭」「倭寇」「倭人」がよく出てくる。これらの倭（すなわち古代の日本人）に関する記事は、今日日本古代史研究者の注目する点になっている。第三部は好太王が生きた時の「教言」に基づいて、好太王陵の墓守の烟戸の由来、戸数を詳しく記載したものである。また好太王は先祖の墓に碑を建て「銘記烟戸」し、さらに墓守をする烟戸が「不得更相転売」の制度を作ったことを記述している。以上に述べた碑文の三部分は碑を建てる主旨からすれば、また二つの部分に分けることができる。第一部は序言に当たり、第二部と第三部は本文である。碑文の主旨は第一部の終わりに記述されたように「銘記勲績、以示後世」（好太王の勲績を銘記し、後の世に示すため）である。

好太王碑は清の光緒六年（一八八〇）に発見された。その後人々はすぐこの碑についての研究と著述を始めた。それから一二〇年にわたる、国内外の古代史研究は大略以下のように総括できる。第二次世界大戦以前の研究は主に中国と日本において行われたが、一九五〇、六〇年代以後は主に日本、朝鮮と韓国の学者の間に展開された。そして一九八〇年代に入って、中国の学者が再びこの研究に加入した。

一九七〇年代以前の国内外における好太王碑についての研究はすでに詳細な紹介があるので、(1)本稿では繰り返さない。筆者はここで、一九七〇年代以前の研究の傾向と特色について簡単に概観した上で、一九七〇年代以後の研究状況を紹介する。

第一節　中国の好太王碑研究

中国における好太王碑についての研究は、およそ三つの時期に分けられる。最初の時期は碑の発見から一九三〇年代の初めまでである。王健群氏の紹介によると、この時期の中国では、二一人の学者と金石愛好者が好太王碑について著述している。彼らの研究は、碑の発見過程と採拓状況の記述、拓本の流伝状況の紹介、碑石の地点・方位・寸法と碑文の状況の記述、碑文の釈文づくり、そして立碑の年代および碑文中の年代・人名・地名・事件と碑文の書体の考証からなっている。(2)この時期の研究の特色について、筆者はここで以下の三点を指摘したい。一つには、好太王碑が発見された後、中国の金石学者、特に北京の金石学者たちはこの碑石に大きな関心を示した。彼らは熱心に拓本を収集し、釈文をつくり、碑文の内容を考証した。特に葉昌熾《しょうしょうし》は早くも一八八四年の七、八月に碑文を解釈し、録文を記した（第三章参照）。中国と日本において、ほとんど同時に好太王碑の研究が始まったと言える。北京の金石学者たちはまた、彼らの信頼する拓工を現地に派遣し、拓本を製作させた。しかし好太王碑が僻地にあるので、金石学者たちが自ら現地調査に行くことはなかった。これも、その後の金石文献の一部の記録に間違いが起こった主な原因であろう。

二つには、この時期における考証で、学者たちは中国の史書（例えば、『後漢書』、『魏書』、『北魏書』など）と朝鮮の史書（例えば『三国史記』、『三国遺事』、『東国史略』、『東国通鑑』、『東国史』など）を参照するだけでなく、日本の史書（例えば、『日本書紀』など）をも参照した。しかし、彼らは一貫して碑文を高句麗の史料と見なし、日本古代史の研究との関連を考えていなかった。この点において、日本の初期研究とは明らかな違いがある。

三つには、この時期の研究者たちは好太王碑に違った種類の拓本があるということを知り、碑文が塗りつけられて修正された事を明確に指摘した学者さえいた。例えば葉昌熾は『語石』（一九一三年）で、「（好太王碑は）苔蘚に腐食された上、拓者が窪んだところに意のままに描いたので、元のままでなくなった」と書いた。羅振玉は「俑廬日記」（一九〇九年）で、「この碑のよい拓本は得にくい。（中略）判読しにくい部分があるとすぐに文字を墨でふちどるため、まちがいは免れない」とも書いた。しかし彼らは、碑石が石灰で塗られたことや、補修の時間と程度についてあまり深く考察せず、それ以前に製作されたいわゆる原石拓本にも全く注意を払わなかった。この点は、彼らが碑文を正確に釈読することに影響を与えただけでなく、内容の研究と考証にも影響を与えた。例えば、劉節は「好太王碑考」で碑文について詳細な考証を行ったが(3)、採拓史の研究まで及ばなかった。その論考で拠り所とした六種類の拓本が全て石灰拓本であったので、彼の多くの考証は意義を失った。

第二の時期は、中華人民共和国の成立から一九八〇年までである。一九六〇年から、集安地区の文物工作者（文化財担当者）は好太王碑の保護活動を開始し、千年以上の歴史を持つ古碑の保護に大きく貢献した。この時期において、

1963年９月、張明善氏は、中国国家文物局の委託を受けて集安に赴き、好太王碑の採拓を行なった。この写真は碑文第三面の拓本製作現場である。彼の後ろは、当時助手を務めた周雲台氏。（写真は張明善氏提供）

中国の歴史学者、考古学者と文化財担当の人々は、好太王碑について数回の調査を行った。この中で重要なのは、一九六三年の中朝連合調査団による調査、同じく一九六三年の北京国家文物局の碑帖専門家張明善氏による碑石調査、一九七三年一一月の張明善氏による調査である。張氏は一九六三年に数部の拓本を製作し、新中国成立後の質の高い拓本となっている。ついで一九七二年に日本国内で起こった好太王碑についての激しい論争が中国の学界の注意を呼び覚まし、一九七三年一一月に、中国の関係機関が著名な拓工である張氏を再度調査に派遣した。調査の主目的は、日本での論争で提出された原碑文改ざん問題の検証であった。調査中、張氏は論争の的となっている碑字を手拓したが、冬季であったため、全碑文の採拓はしなかった。調査を経て張氏は、碑石表面には石灰が残るものの、好太王碑そのものは真正な原石であり偽造物ではない、と認定した。

この時期の中国国内で、碑文に関する研究成果の発表は少なかった。特に指摘したいのは、一九五九年に日本の水谷悌二郎が原石拓本を用いて新しい釈文を提出したにもか

1973年11月、張明善氏は、日本で提出された好太王碑文改ざん問題を検証するため、再度集安に赴いて調査した。写真の碑石は、第一面の右下部分。（写真は張明善氏提供）

かわらず、中国の学界はこの研究成果をすぐに参照しなかったということである。当時の大学の歴史系学生の必読資料集『世界通史資料選輯』[4]（上古部分）が、好太王碑文を紹介するときに使用した釈文は、それまでに国内外の学者が石灰拓本を基に作成した釈文を参考にしている。

　第三の時期は、一九八〇年から現在までである。一九八〇年代に入って、中国の学界は長い間の静寂を抜け出し、再び好太王碑についての研究を展開した。一九八〇年、朴真奭氏は「試論広開土王碑の「辛卯年記事」」を発表した[5]。ここでは碑文研究史を中心に、日本・朝鮮両国の学界の研究の差異を紹介した後、古代日本が朝鮮半島を侵略したことは歴史事実ではないことを指摘した。一九八一年、楊通方氏は「高句麗には山上王延優はいなかった―朝鮮「三国史記」の高句麗君主系譜問題を論ず」を発表した[6]。高句麗君主の系譜について、好太王碑文には「還至十七世孫国岡上広開土境平安好太王」という記述があり、多くの人は金富軾の『三国史記』の記載を基に、碑文の十七世が第三代目の王大朱留王から数えているので、好太王を高句麗の第十九代王と見なしている。これに対して楊氏は、『三国志』と関連のある考古資料に基づいて次のように主張した。『三国史記』の記載には誤りがあり、二代の国王を余計に算入し、その一人が第十世王山上王延優であって、好太王は碑文にあるように十七世王であり、十九世王ではない。

一九八〇年代、王健群氏の研究は人々の多大な関心を引き寄せた。一九八三年、王氏は「好太王碑の発見と捶拓」を発表し[7]、引き続いてこの論点を一つの専門書に発展させて、『好太王碑研究』を著した[8]。筆者の理解では、王氏の研究の主な論点は以下のとおりである。(1)好太王碑の発見年代について、光緒二年（一八七六）説を主張し、発見者は当時の懐仁県県令章樾《しょうえつ》の部下関月山《かんげつさん》であると考えた。(2)初期拓碑者の親族へのインタビュー資料によって、在日韓国人学者李進熙氏が主張した、日本陸軍参謀本部が行ったとされる碑文に対する三度の修正（すなわち「石灰塗付作戦」）は事実上存在せず、碑石を修正し、碑字を変化させたのは現地の中国人拓工であったことを指摘した。(3)碑文に対する長期間の観察を通じ、諸家の拓本と釈文を参照して、新しい釈文を提出した。この釈文は以前のものと比べ、一八〇字の文字の問題を解決した。新しく釈読された文字は八九字、再度確認された文字は六二字、以前の釈文が文字としていて実際にはない二九字が調べられた。(4)碑文の内容解釈についても幾つか新しい見解を提出した。例えば、「辛卯年」、「十年庚子」の記事についての解釈などである。以上の王氏の研究成果、特に(2)、(3)、(4)の成果は、出版後、東アジア各国の史学界、特に日本の学界から注目を受けた。彼の釈文は、水谷悌二郎釈文以来の碑文研究に関する最も重要な成果の一つと評価されている。その後、王氏は一九八五年に、「好太王碑についてのいくつかの状況」と「九州大学蔵好太王碑拓本の拓製年代について」の二篇の論文を発表した。(9) 前者では解放以来中国の学界が好太王碑を調査した状況と、王氏本人の調査研究の過程を紹介した。後者は九州大学蔵本を分析して、この拓本が日本国内において水谷拓本に次ぐ優秀な拓本である、と判定した。一九八八年、王氏は過去の観点についての補充説明をし、拓本の編年についてもさらに修正を加えた。(10)

王氏の著作が発表された後、劉永智氏はこの著作の観点に対して、「好太王碑の発見とその他」を発表した。(11) 王氏の碑石発見が光緒二年であるという主張に賛成せず、発見時期は光緒六年（一八八〇）、発見者は関月山と主張した。そして、彼は最初の拓本は光緒八年（一八八二）に出て、拓碑者は現地の人或いは天津から招かれた四名の拓工であるということと指摘した。

一九九〇年から九一年にかけて、王仲殊氏は続けて、「好太王碑碑文辛卯年条の解釈について」と「再論好太王碑碑文辛卯年条の解釈」の二篇を発表した。(12) 氏は主に碑文の「辛卯年条」、すなわち「百残新羅旧是属民由来朝貢而倭以辛卯年来渡海破百残□□新羅以為臣民」段の釈読問題を追究した。一九七八年、日本の武田幸男氏は「広開土王碑文辛卯年条の再吟味」の中で、「辛卯年条」中の「来渡」の二字は一続きで、その間に句読点を加えず、一つの動詞と見なすべきであると主張した。(13) その後、西嶋定生氏と王健群氏は各自の論著の中で、武田氏の見解を否定し、「来」は動詞ではなく、ただ時間の推移を表す助詞で、「以来」と同じ意味であると主張した。(14) 王仲殊氏は上記の論文で、中国側の史料から西嶋氏と王健群氏の主張を否定して、武田氏の主張を支持した。(15) 王仲殊氏の結論は以下のとおりである。(1)「倭」の後の「以」は時間の所在を表す助詞であり、時間の開始を表す助詞ではない。言い換えれば、この「以」は「於」・「在」の意味で、「自」の意味ではない。(2)「来渡」二字は一つの語として中国の古籍の中で多くの用例がある。「来」と「渡」は句読点で分断されたり、或いは繋がったりしても、どちらも動詞であり、「渡海して来る」という意味である。⑶「辛卯年条」の後半の二個の欠字は、動詞を補うのではなく名詞を補うべきで、すなわち「任那」或いは「加羅」である。

一九七〇年代以来、日本と韓国の学者は「辛卯年条」の「渡海破」の「海」という字が原石拓本ではすでにはっきりと判読できないので、この字は本当に「海」であるかどうかという懐疑を提出した。耿鉄華氏は「好太王碑〈辛卯年〉句考釈」(16)で、「海」について考察した。彼はこの字は「海」ではなく、「毎」であり、全句は「而倭以辛卯年来渡、毎破百残□□新羅以為臣民」と読むべきであり、現代語に訳すと、「しかし、倭は辛卯年から渡海し、毎度百済と新羅を打ち破り、百済と新羅の人々を自分の臣民にした」、であると考えた。また耿氏は『好太王碑新考』を著し、多くの好太王碑に関する論文を収録した(17)。

一九八〇年代以降、中国の日本古代史学者も好太王碑の論争に関心を持つようになり、沈仁安氏は『倭国と東アジア』の一書で(18)、碑文を史料として紀元四—五世紀の倭国と朝鮮半島の関係を分析した。王健群氏と同じように、沈氏は本の中で、「任那日本府」の存在を徹底的に否定している。彼の引用した釈文は王健群の釈文である。

一九八〇年代に入って、海外の中国学者も好太王碑の研究に目を向け始めた。一九八三年、台湾の高明士氏は「台湾所蔵の高句麗好太王碑拓本」を発表した(19)。彼は台湾で探し出した五種類の好太王碑拓本を紹介した。そのうち二種類は貴重な原石拓本である。

海外の学者の好太王碑研究は、中国大陸の学者の注意を引き起こし、一九八〇年代末には中国国内に現存する好太王碑拓本の調査も始まった。この方面の研究成果では王培真・徐建新「好太王碑原石拓本の新発見とその研究」がある(20)。当論文は、まず原石拓本の学術価値と数種類の原石拓本の所蔵状況を紹介して、最近中国で発見した一種類の原石拓本、すなわち「王少箴旧蔵原石拓整本」（略称「王氏蔵本」）を詳しく紹介した。主な結論は、⑴王氏蔵本は今まで知られた中で拓出年代が最も古く、そして完全な原石拓本である。拓出年代は水谷悌二郎拓本より古く、一八八三年製作の墨水廓填本（酒匂本）と同じ時期か、或いは一八八三年から一八八九年までの時期である。⑵王氏蔵本と水谷本の比較を通して、水谷本は原石拓本であり、石灰塗付後の拓本ではないことを再確認した。⑶王氏蔵本と台湾中央研究院傅斯年図書館が所蔵する原石拓本中の乙種本（残本）の着墨と用紙状況は、この二種類の拓本が水谷本などの拓本とは違った別の類型の原石拓本であることを表している。この後徐健新は、「北京に現存する好太王碑原石拓本の調査と研究―王少箴旧蔵本と北京図書館蔵本を中心に(21)」、「北京大学図書館所蔵好太王碑原石拓本について(22)」を発表した。最近の中国では拓本研究において次のような重要な成果が上がっている。湯燕「北京大学図書館蔵「好太王碑」版本概況(23)」、高明士「中央研究院歴史語言研究所蔵高句麗好太王碑乙本原石拓本の史学価値(24)」、朴真奭『好太王碑拓本研究(25)』、耿鉄華「好太王碑拓本収蔵著録とその年代(26)」など。中国における好太王碑の最新の著作は、耿鉄華の『好太王碑一千五百八十年祭(27)』である。

第二節　日本・韓国と朝鮮民主主義人民共和国の好太王碑研究

日本・韓国・朝鮮の好太王碑についての研究は、第二次世界大戦の終了を境に戦前と戦後の二時期に分けられる。戦前の研究は主に日本で行われた。一八八三年（好太王碑発見の三年後）、日本陸軍参謀本部から派遣されて、中国の東北地方で軍事情報を収集した酒匂《さかわ》景信《かげあき》は、好太王碑所在地で一つの墨本を入手した（後に「酒匂本」と呼ばれる。墨本の特徴から、双鉤填墨本或いは墨水廓填本と呼ぶ学者もいる）。一八八四年、酒匂は帰国後に復命し、この墨本を参謀本部に提出した。当時の日本軍部は朝鮮侵略に積極的な準備を行っていて、碑文の「百残新羅は元々属民であった」という一節を見ると、非常に喜んで、すぐ漢学に詳しい人々を組織して、碑文の研究を行わせた。これが日本における好太王碑研究の始まりである。

佐伯有清氏は、『研究史広開土王碑』において、一八八四年から一九七四年までの研究史を五つの時期に分けている。そのうち一九三八年までの四つの時期は、本文でいう戦前の時期に相当する。一八八四年から一八八九年まで（佐伯氏の第一期「研究開始期」）、碑文の研究は参謀本部でひそかに行われた。この時期の代表的なものは海軍省軍事部将校青江秀と参謀本部の将校横井忠直の研究である。彼らは碑文の記載を通じて、古代朝鮮三国時期の百済、新羅が倭に服属したことは客観的な歴史事実であると見なした。一八八九年から一九〇五年まで（佐伯氏の第二期「研究発展期」）、『会余録』第五集（一八八九年六月）が発表され、酒匂本が公開されたので、日本史学界も直ちに碑文の研究に参加した。この時期の研究を代表するのは菅政友、那珂通世、三宅米吉である。彼らは研究の中で、碑文の干支と碑文の史実記述、特に日本と関連のある記事について、幅広い考証を行った。一九〇五年から一九一八年まで（佐伯氏の第三期「碑石調査期」）、日本の鳥居龍蔵・関野貞・今西龍・黒板勝美らは前後して集安を訪れ、碑石の実地調査を行った。彼らの調査における重要な成果の一つは、碑石が粘土と石灰で補修されているという事実を発見し、拓本の碑字に対して疑問を出したことである。一九一九年から一九三八年まで（佐伯氏の第四期「研究停滞期」）、日本学界は碑文の考証を続け、偽書『南淵書』についての討論を行った。この他には、池内宏らが再度碑石の実地調査を行った。この時期において、日本学界は碑文自体の研究をあまり行わなかったので、「停滞期」と言われる。この時期の研究を代表するのは今西龍、小田省吾、池内宏、末松保和である。以上の戦前日本における好太王碑についての研究の具体的な内容は、佐伯有清氏の前記の著書に詳しい。この本の紹介を通じて、戦前日本の研究に次のような特徴と傾向があること分かる。

第一に指摘すべきは、日本における最初の碑文研究は明らかに政治的な目的を帯びていたことである。酒匂本が日本に伝わってから、長期間にわたり参謀本部による秘密の研究が行われた。一九七〇年代にやっと披露された事実から、当時の研究は事実上日本軍国主義による朝鮮侵略の準備工作の一環であり、碑文研究の最終目的は日本の朝鮮侵略に歴史上の根拠をあたえるものであった。第二に、戦前日本の好太王碑研究は、一方では碑文の記述主体が高句麗という事実を無視して、碑文中の「倭」と関連がある記事、特に「辛卯年条」の研究に偏っていた。もう一方では、碑文についての全体的な研究が非常に不充分であった。「倭」の記事についての研究の中で、一般的に碑文の記載を歴史事実として宣揚したものが多い。最後に、日本の四世紀史は同時代の史書記載がないため、「大和闕史時代」と呼ばれていた。好太王碑が発見された後、日本の学者は後の史書『日本書紀』の関連記載と対照させて、碑文の中の「倭」を日本の四世紀史、そして日本古代国家史と結びつけて、好太王碑文を日本古代国家形成の一つの重要な根拠にした。

戦前の研究を通して、日本学界は好太王碑についての研究で以下の結論に達した。(1)好太王碑碑文は四世紀後半に日本勢力が朝鮮半島に進入した確実な史料である。(2)碑文中の「辛卯年」の部分の主語は「倭」であり、「倭」は百済、新羅を征服したという意味に解釈すべきである。(3)碑文中の「倭」は「日本」、「大和朝廷軍」或いは「日本軍」、すなわち日本の統一的な軍事勢力と解釈すべきである。(4)以上の三点を前提として、日本は当時において、大和朝廷の下で統一を完成していた。(28) 以上の観点は定説になっただけでなく、教科書に編入されて、一般歴史常識として日本の民衆の間にも普及した。しかし、戦前日本のこれらの定説、特にその中の第(2)、(3)、(4)項目の結論は詳細な科学的な論証を経ているかどうか非常に疑問である。この疑問を抱きながら、戦後の日本・韓国・朝鮮の史学者たちは民主的な雰囲気の下で、好太王碑についての精緻な研究へ歩みだした。

戦後の中国国外における好太王碑についての研究は、一九五五年から始まった。この年、韓国の鄭寅普氏は「広開土境平安好太王陵碑文釈略」を発表した[29]。この中で鄭氏は碑文の断句識読について、日本の学界の伝統観点と完全に違った見解を提起した。彼は「辛卯年」条の「渡海破」句の主語は高句麗であり、「以為臣民」句の主語は百済であるべきと考えている。鄭氏の断句方法は後の韓国と朝鮮の学者の研究に大いに影響を与えた。

一九五九年、日本の水谷悌二郎氏は好太王碑拓本について十年余の研究を行った後、「好太王碑考」を発表した[30]。彼の研究は原石拓本を主な根拠として、採拓史と釈文問題に対して、多くの重要な見解を提起した。その主な成果は以下の通りである。⑴碑石の形態を再考察して、碑文の総字数は一七八四字であるとした。⑵従来は最初に日本に伝わった酒匂本を拓本と見なしていたが、酒匂本は拓本ではなく、「双鉤廓填本」であると指摘した。⑶自分の所有する拓本とほかの諸拓本と比較して、石灰補字の問題を考察した。⑷緻密な水谷釈文を提出した。この釈文は以前の釈文の少なからぬ誤りを修正し、なおかつ従来不明とされた文字を解読した。水谷氏の研究は好太王碑研究において多くの重要な問題を提起し、そして解決した。したがって、日本学界は彼の研究を高く評価した。

一九六三年、朝鮮民主主義人民共和国の金錫亨氏は「三韓三国の日本列島内分国について」を発表した[31]。金氏は『古事記』、『日本書紀』の神話伝承と考古資料の分析を通じて、好太王碑文の中の「倭」は朝鮮三韓（馬韓、辰韓、弁韓）で、三国時代に自分の国から日本列島に移住した朝鮮人が建てた分国である。これらの分国は日本の九州、畿内と出雲など各地に存在していた。七世紀以後になって、これらの分国は大和政権によって統一された。この統一者も朝鮮からの移民勢力である、と考えている。金氏はその後、論旨をさらに充実させて、一九六六年に『初期朝日関係研究』を出版した[32]。この本は後に日本語に翻訳され、『古代朝日関係史―大和政権と任那』となった[33]。好太王碑文は、金氏が上述の観点を論証するための重要な史料である。彼は、碑文中の「辛卯年」条の「渡海破百済（碑文は「百残」である）」の一句の主語は高句麗であり、そして、ここの百済は朝鮮半島の百済でなく、百済が日本列島に建てた分国を指したものである、とみなした。同じ年、朝鮮民主主義人民共和国の朴時亨氏も『広開土王陵碑』を出版した[34]。この本は好太王碑研究史上初めての専門書である。この本の中で、朴氏は朝鮮と中国の文献史料を根拠として、広開土王時代前後の国際関係を検討し、碑文の解読を行った。「辛卯年」条の理解について、朴氏も「渡海」の主語は高句麗であり、「破」の目的語は「倭」であり、「百済」以下の三字は「招倭侵」、或いは「連侵新」である、とする。全句は「百済、新羅は昔からわが高句麗の属民であり、以前から朝貢してきた。倭が辛卯年に侵入したので、わが高句麗は渡海して彼らを討ち下した。しかし、百済は（倭を連れて）新羅を侵略し、新羅を臣民にさせた」という意味である、と考えた。

全体的に見れば、戦後の日本学界は六、七十年代以前、戦前に形成された定説をほぼ継承し、好太王碑を大和朝廷が南部朝鮮を統治したことを示す基本史料と見なしている。一方、朝鮮と韓国の学界は具体的な観点の違いはあるものの、多くは碑文の中の「倭」を高句麗と対等な勢力或いは劣った敵対者と見なし、「倭」は朝鮮南部を統治したことがないだけでなく、逆に百済王が倭王を統治したことがある、としている。碑文中の「任那」問題について、日本の伝統的な観点は、任那日本府は大和朝廷が南部朝鮮に派遣した駐在機構であったと考える。しかし、朝鮮学者は「任那日本府」は大和朝廷が西日本を統一する過程で設置した駐在機構で、所在地は朝鮮半島ではなく、日本列島内部であったと考える。

日本と朝鮮の学者の観点が真っ向から対立している状態で、日本の中塚明氏は、一九七一年に「近代日本史学史における朝鮮問題―『広開土王陵碑』をめぐって」を発表した[35]。中塚氏はこの中で、日本の初期の好太王碑研究と参謀本部の関係を詳細に分析し、今の日本では常識にされている碑文の解釈は戦前の参謀本部の釈文と解釈から重大な影響を受けていたことを指摘した。さらに、彼は明治時代から伝わる日朝関係史のあやまった史観が今でも高校の教科書に反映されているので、これらの現象について再び徹底的な反省と討論を行う必要があると指摘した。

一九七二年、在日韓国人の李進熙氏は新説を発表した。李氏は著作『広開土王陵碑の研究』(36)で、大量の拓本、碑石写真と文献資料を分析し、好太王碑が発見されてから、日本陸軍参謀本部の計画で日本が有利になるように内容が三度にわたって書き換えられた、と指摘した。彼はこの陰謀活動を「石灰塗付作戦」と呼ぶ。したがって、書き換えられた原碑を基に作った拓本とこれらの拓本による釈文は古代史研究の基本資料にはならない、と主張した。李氏のこれらの観点は朝鮮と韓国の学界から広い支持を受けたが、日本の学界の大多数は彼の「石灰塗付作戦」説に賛成しなかった。筆者は、李氏の研究には問題点も多いが、その積極的な意義は誰の目にも明らかであると指摘したい。例えば、彼は採拓史を深く研究し、以前の曖昧なところをはっきりさせ、人々にこの碑の採拓史についての知識を豊かにさせた。そのほか、李氏の学説は学界に碑文の引用にあたり、慎重にさせ、人々を好太王碑研究の出発点、まず原碑石に一体どのような文字があるか、に向わせた。李氏の学説は、各国の学者が頻繁に碑の実地調査を行い、一生懸命に石灰塗付以前の拓本（原石拓本）を探求するための主な推進力であると言える。

李進熙氏の好太王碑研究の思想動機の一つは、古代日朝関係史に関して当時の日本史学界が基本知識に残していた「皇国史観」の影響に対して、強く批判するものである。彼は現存する拓本の好太王碑文に重大な懐疑を提出し、再び碑文についての調査と研究を行うことを主張した。李氏の提出した問題を巡って、韓国学界において、いろいろな研究が行われた。その中の重要な成果は、金貞培氏の「韓日古代関係史の一断面―広開土王陵碑の問題点」(37)、千寛宇氏の「広開土王陵碑文の新解釈」(38)と李丙燾氏の「韓国古碑文の解釈―広開土王碑と北漢山碑を中心として」(39)などである。これらの研究の共通な特色は、戦前の日本学界が形成した定説を批判して、日本の江上波夫の提唱した「騎馬民族」説（日本古代国家は東北アジアからの騎馬民族が日本列島を征服した後設立した国であるとする）と金錫亨氏、朴時亨氏等の朝鮮民主主義人民共和国の学者の新説を受け入れたものである。以上の研究は特に新しい韓国史の立場から、碑文の「倭」に関する記事を検討することを重要視している。

一九七〇年代の末から一九八〇年代初めまで、韓国における好太王碑に関する研究は依然として国際関係の記事と「倭」に関する記事に重点を置いていた。李亨求氏は、「広開土王陵碑文の所謂辛卯年記事について」[40]、『広開土大王陵碑新研究』[41]等の研究成果の中で、辛卯年記事の「倭渡海」の「倭」は偽造字で、原碑字は「後」であるとした。

金錫亨氏、朴時亨氏、李進熙氏などの学者の観点は、すでに定説となり広く引用された日本の伝統的な観点に対して厳しい挑戦を投げかけた。彼らの研究は資料が豊富であり、立論と分析にも独特なところがある。一部の日本学者が言ったように、彼らの挑戦を簡単に「狭隘なナショナリズムの観点」とけなし、相手にしないことは不可能であった。したがって、多くの日本史学者も好太王碑の研究活動に十分に注目し、積極的に参加した。そして、戦後の東アジア古代史学界において最も注目された国際論争のひとつになったのである。この論争で、日本にも多くの注目されるべき研究成果が出た。その中の一つは碑文解釈の中の「前置文」と「大前置文」についての観点である。この説を主張した学者は、個別或いは特定部分の碑文の分析は研究の進展に利がなく、碑文の全体構造に対する分析を行うことを強調し、全体の研究を通してはじめて特定部分の碑文の意味を正確に理解できると考える。「前置文」、「大前置文」説を提出し、補足し、完成させる過程で、日本の学者は次のような一連の論著を発表した。前沢和之「広開土王陵碑文をめぐる二、三の問題―辛卯年部分を中心として」（前掲）、浜田耕策「高句麗広開土王陵碑文の虚像と実像」[42]と「高句麗広開土王陵碑文の研究」[43]、武田幸男「広開土王碑文辛卯年条の再吟味」（前掲）と「碑文解釈の鍵―「大前置文」説の提唱(44)など。これらの論文の主な観点は、⑴碑文中に好太王の功績を記述した八条の紀年記事は、「王躬率」と「教遣」の二種類に分けられる。前者は好太王が自ら軍隊を率いて戦い、後者は軍隊を派遣して戦う。「王躬率」型に属する五条の紀年記事は、一つの例外もなく全て親征の原因と理由を説明する「前置文」を伴う。⑵「辛卯年」条と言われている内容は、実際には「永楽六年丙申」条記事の「前置文」である。⑶それだけでなく、「辛卯年」条は「王躬率」型の五条の紀年記事を引き出した「大前置文」（大原因句）である。⑷好太王自らが戦う理由を充分にするために、「前置文」の記述と修辞が一定の誇張性を帯びるので、簡単に歴史の事実と見なすことはできない。「前置文」と「大前置文」説は論証が厳格で説得力があり、今後の碑文研究に対して重要な影響を与えることは必定である。

一九八〇年代から、日本では好太王碑拓本と釈文についての成果が出てきた。李進熙氏の「石灰塗付作戦」説が提出されてから、以前の各種類の釈文の史料価値も疑われ始めた。正確に碑文を把握するために、人々は石灰塗布が始まる前の原石拓本により多くの注意を払った。拓本研究についての主な成果は武田幸男氏の『広開土王碑原石拓本集成』である(45)。この本で、武田氏は水谷悌二郎、李進熙と王健群諸氏に続き、再び各種の拓本に対して全面的な分析と研究を行った。彼は拓本の用紙と着墨の特徴を基に、各種の拓本を分類して、特色のある拓本編年体系を提出した。この本で、著者は明晰な図版によって読者に集中的に四種類の好太王碑の原石拓本を紹介し、それに基づいた釈文を提出した。そのほか、拓本研究についての成果は長正統氏の「九州大学所蔵好太王碑拓本の外的研究(46)」、白崎昭一郎氏の「広開土王碑目黒区拓本の意義について(47)」などがある。白崎氏は『広開土王碑文の研究(48)』において、各種拓本の編年問題を検討すると同時に、一〇種類以上の拓本を基に、碑文に対して、一字一句の順を追って考察を行った。

日本の史学界は碑文を研究するとき、もうひとつの課題である「倭」の実体についても重大な関心を寄せている。

前述の金錫亨氏の「分国説」が提出された後、日本の学界は足並みを揃えて否定的な態度を示し、四世紀末に「倭」が朝鮮半島に侵入したのは否認の余地がない歴史事実であると考えている。しかし、当時朝鮮半島に侵入した「倭」の実体はどんな人々で構成され、誰に派遣されたのか、この問題について日本ではまだ統一的な見解が出ていない。何人かの学者は、碑文中の「倭」は北九州筑紫地方からの海賊集団であると考える（中国の王健群氏もこの説を支持している）。これに対して、鈴木靖民氏は「好太王碑文の倭記事」[49]、「好太王碑の倭の記事と倭の実体」[50]等の中で、単純な海賊説は成立しにくいことを指摘した。彼は、四世紀末から五世紀の倭王権は近畿首長層の政治権力を中心に、西日本各地及び東日本各地の諸首長の権力を集中、複合させた王権形態であり、好太王碑文に載る対外戦争に参加した「倭」の軍隊は、この王権下で、各地の首長所属の住民を召集して編成した首長軍であり、常備軍ではない、と認識する。その最高の軍事指揮者が首長の中の首長たる倭王なのである。

一九九〇年代以後、日本における好太王碑に関する研究成果は次第に減少してきた。七〇年代から八〇年代にかけての激しい論争をへて、研究者は継続して史料を探し、未解決の問題究明に努めた。武田幸男氏は引き続き初期拓本の研究をし、あわせて彼が提唱した拓本の編年を修正・補充した[51]。市川繁氏は、韓国任昌淳氏所蔵拓本の跋文についての考証を行った[52]。李進熙氏は、以前に提唱した観点を著作の中でくり返し述べている[53]。韓国においては李亨求氏が北京で発見された新拓本についての研究を深め、その主な成果を「広開土王碑拓本比較研究―北京大学図書館所蔵拓本を中心に」に著した[54]。

好太王碑が一八八〇年に発見されてから今日に至るまで、碑文について行われた研究は大きく二つに分けられる。一つは金石学の立場から行われた史料研究であり、碑石調査、拓本研究と釈文研究を含む。もう一つは歴史学の立場から行われた碑文の内容（すなわち碑文が記述した歴史事実）についての研究である。日本の早乙女雅博氏は好太王碑研究をさらに細分化し、八つの方面の研究があると指摘した。すなわち、(1)原碑石に関する研究、(2)原碑石の文字に対する研究、(3)拓本の編年研究、(4)拓本文字の研究、(5)釈文に関する研究、(6)碑文に記録された歴史事実に関する研究、(7)書道の立場からの碑文に関する研究、(8)碑文研究に関わる近現代史と史観に関する研究、である。[55]

過去一二〇年間、東アジア諸国の古代史研究においてはあまり例の無い詳細な研究によって、好太王碑に関する研究は格段に深化してきた。好太王碑研究の意義と価値は、すでにそれ自身の価値をはるかに超えている。これらの研究成果は、今後各国の古代史研究・古代金石文研究および古代学方法論の研究に対して積極的かつ重大な影響を及ぼすであろう。

第三節　本論文の研究目的と方法

一九七〇年代以来、東アジア各国の学者は、好太王碑の研究において多くの重要な課題を提出し、中でも釈文の問題を特に重要視してきた。しかし今でも、釈文問題は完全に解決したとは言えない。正確な釈文を作るために、学者たちは原碑石の現地調査と拓本の調査を特に重視している。王健群氏は一九七〇年代の末頃に好太王碑を調査し、重要な進展を得た。

好太王碑は、一二〇年前に発見された。かつて人為的に石灰を用いて碑石を補修したという事実が存在することから、厳密な意味でいえば、今日の人々は石灰補字以前即ち一二〇年前の碑石本来の姿を知る術はない。しかし初期拓本の調査を通して、この方面の欠陥を補うことができる。この意味でいえば、初期拓本の調査と原碑石の調査は同じように重要な意義をもつ。このことは近年来、東アジア各国の学者が拓本研究を比較的重視している原因である。

好太王碑の最初の拓本はどのように製作され、初期の研究者はどのようにこの石刻を取り扱ったのであろうか。なぜ最初に製作されたのが日本の酒匂本のような模拓本だったのであろうか。また好太王碑の石灰補字問題は、一九七〇年代以来活発に討論されてきた。李進熙氏が打ちだした「改ざん説」をめぐる論争は、今も鮮明に人々に記憶される。どのようにして石灰補字行為が発生し、その目的と方法は何だったのか。「改ざん説」でその原因と過程を正しく説明できるのかどうか。これらの問題についてはどれもまだ更に踏み込んだ研究と実証が必要である。その上、東アジア各国に伝世している好太王碑拓本はおよそ百部ある。如何にしてその真偽を見定め、如何にして時期を異にする拓本の性質と編年について有効な方法で正確に判断できるようにするのか、現時点での重要な研究課題である。

一九七〇年代から一九八〇年代にかけて研究者が利用した史料では、上記の問題についての十分な回答は得られない。碑文を正確に釈読するためには、できるだけ多くの科学的根拠を提示して、はじめてより広い研究空間を学界に提供できる。近年来、筆者は中国国内の好太王碑拓本とそれに関連する金石文献を調査し、なおかつ幸いにも日本や台湾で収蔵される一部の拓本を観察することができた。調査では全部で五〇種の拓本を実見し（原石拓本、石灰拓本、模刻本、模拓本を含む）、そのうち中国国内の三五種は未発表のものであった。また好太王碑拓本の採拓と伝世を理解する上で有用な金石学史料も発見した。本論文では、諸先学の研究成果と新発見の実物史料・文献史料に基づいて、初期拓本の製作と流伝過程・その製作者・石灰補字の目的と方法・各時期拓本の編年などの問題を考察し、七、八〇年代以後に学界に提出された問題についての回答に努めた。

註

（1）佐伯有清『研究史広開土王碑』吉川弘文館、一九七四年、王健群『好太王碑研究』吉林人民出版社、一九八四年、などを参照

(2) 王健群『好太王碑研究』吉林人民出版社、一九八四年
(3)『国学論叢』第二巻第一号、一九二九年、後に劉節『古史考存』(人民出版社、一九五八年)に収録
(4) 周一良、呉于廑編集、商務印書館、一九六二年
(5)「試論広開土王碑的「辛卯年記事」」『延辺大学校紀要』、一九八〇年
(6)「高句麗不存在山上王延優其人―論朝鮮「三国史記」有関高句麗君主世系問題」『世界歴史』一九八一年3期
(7)「好太王碑的発現和捶拓」『社会科学戦線』一九八三年4期
(8) 吉林人民出版社、一九八四年
(9)『好太王碑―四、五世紀の東アジアと日本』東方書店、一九八五年
(10) 王健群「好太王碑研究に関するいくつかの問題」王健群・賈士金・方起東著『好太王碑と高句麗遺跡』読売新聞社、一九八八年に収録
(11)「好太王碑的発現及其他」『社会科学戦線』一九八五年1期
(12)「関於好太王碑文辛卯年条的釈読」『考古』一九九〇年11期、「再論好太王碑文辛卯年条的釈読」『考古』一九九一年6期
(13)『古代史論叢』上巻、吉川弘文館、一九七八年に収録
(14) 西嶋定生「広開土王碑文辛卯年条の解釈について」『三上次男博士喜寿記念論文集』歴史編、平凡社、一九八五年、王健群『好太王碑研究』を参照
(15) 武田氏本人はこの旧説を放棄し、一九八九年に上記論文を収めた専著『高句麗史と東アジア』(岩波書店)において、西嶋説の「以来」を受け入れた。
(16)『考古と文物』一九九二年4期
(17) 耿鉄華『好太王碑新考』吉林人民出版社、一九九四年
(18) 日本語版、六興出版、一九九〇年

(19) 高明士「台湾所蔵的高句麗好太王碑拓本」『韓国学報』3期、一九八三年二月、日本語訳文は『季刊邪馬台国』22、一九八四年冬季号
(20) 「好太王碑原石拓本的新発現及其研究」中国社会科学院世界歴史研究所編集『世界歴史』一九九三年2期
(21) 「北京現存好太王碑原石拓本的調査与研究―以王少箴旧蔵本和北京図書館蔵本為中心」杭州大学韓文化研究所編『韓国研究』第一集、杭州大学出版社、一九九四年四月、日本語訳は『史学雑誌』第一〇三編一二号、一九九四年一二月
(22) 「関於北京大学図書館所蔵好太王碑原石拓本」中国社会科学院世界歴史研究所編集『世界歴史』一九九五年第2期
(23) 『書法叢刊』総53期、一九九八年第1期
(24) 台湾『古今論衡』一九九八年3期
(25) 黒龍江朝鮮民族出版社、二〇〇一年六月
(26) 「好太王碑拓本収蔵著録及其年代」『社会科学戦線』二〇〇二年第1期
(27) 中国社会科学出版社、二〇〇三年
(28) 前沢和之「広開土王陵碑文をめぐる二、三の問題―辛卯年部分を中心として」『続日本紀研究』第一五九号、一九七二年
(29) 『庸斎白楽濬博士還甲記念国学論叢』一九五五年
(30) 『書品』第一〇〇号、一九五九年
(31) 朝鮮『歴史科学』第一号、一九六三年、日本語訳は『朝鮮研究年報』第六集、一九六四年
(32) 朝鮮社会科学院出版社、一九六六年
(33) 勁草書房、一九六九年
(34) 朝鮮社会科学院出版社、一九六六年
(35) 『思想』第五六一号、一九七一年
(36) 吉川弘文館、一九七二年

(37)『新東亜』一九七二年八月号
(38)『新東亜』一九七三年一月号
(39)『アジア公論』一九七三年二月
(40)李亨求「広開土大王陵碑文の所謂辛卯年記事について」『アジア公論』一九八二年一〇月、一一月
(41)李亨求・朴魯姫『広開土大王陵碑新研究』ソウル、同和出版社、一九八六年
(42)『日本歴史』第三〇四号、一九七三年九月
(43)『朝鮮史研究会論文集』第一一集、一九七四年三月
(44)東京大学出版会『ＵＰ』第一八四号、一九八八年二月
(45)東京大学出版会、一九八八年
(46)『朝鮮学報』第九九、一〇〇輯、一九八一年七月
(47)『古代史評論』第三号、一九九三年
(48)吉川弘文館、一九九三年六月
(49)『東アジアの古代文化』第四四号、一九八五年
(50)『好太王碑と集安の壁画古墳』木耳社、一九八八年に収録
(51)武田幸男「天理図書館蔵「高句麗広開土王陵碑」拓本について」『朝鮮学報』第一七四輯、一九九〇年一月、同「「広開土王碑」墨本の基礎的研究」『東方学』第一〇七輯、二〇〇四年一月
(52)市川繁「任昌淳氏所蔵広開土王碑拓本の跋文について」『東アジアの古代文化』第一一〇号、二〇〇二年
(53)李進熙「広開土王陵碑をめぐる論争」『青丘学術論集』第二集、一九九二年、同『好太王碑研究とその後』青丘文化社、二〇〇三年六月
(54)『書通』第三・四号、一九九五年

(55) 早乙女雅博「日本における広開土王碑拓本と碑文の研究について」『広開土好太王碑研究一〇〇年』高句麗研究会編、第二回高句麗国際学術シンポジウム論文集、ソウル、一九九六年

第二章　高句麗好太王碑早期墨本の製作と流伝（一八八〇―一八八八年）

第一節　緒　言

現在に流伝している好太王碑の拓本は多種多様であり、各種拓本の文字拓出状態も一致していない。こういう状況は釈文研究に困難をもたらし、また論争になる原因の一つである。これまでの釈文研究は、主に三種類の拓本に基づいたものだといえる。一つには墨で直接廓填した墨本である（清末にはこういう拓本を「墨水廓填本」と呼ぶ金石学者がいて、今日でも「双鉤填墨本」と呼ばれる）。二つには原石拓本である。三つには石灰拓本である。いわゆる石灰拓本は碑字が石灰で補修された後に作られた拓本である。こういう拓本は、また「灰後本」とも呼ばれる。原石拓本とは「灰後本」が出現する前、即ち碑字が補修される前に製作した拓本を指す。現存するこれら三種類の拓本のうち、「墨水廓填本」の数がもっとも少なく、原石拓本はそれに次ぎ、石灰拓本が一番多い。

碑文の本来の姿を追求するため、研究者は当然原石拓本をもっとも重視する。東アジア諸国の研究者の粘り強い努力によって、これまで発見された原石拓本の数は一二種類にも昇った(1)。これらの原石拓本の様相は全てが同一ではないため、その前後関係を編年する必要がある。今までの研究から見れば、原石拓本は一八八〇年から一八九〇年代初期の間に採拓されたようだ。一八八九年に北京の金石学者たちが、琉璃廠の拓工李雲従《りうんじゅう》を好太王碑の採拓に派遣したことは、すでに研究者の中で広く知られている。しかし一八八八年以前の拓本製作と流布の事情はまだ不明なところが多く、このような状況が初期拓本の編年を妨げている。本章では清末の史料と金石学の文献に基づいて初期拓本の製作と流伝の歴史をもう一度整理する。

第二節　最初の墨本

高句麗好太王碑が発見されたのは光緒六年（一八八〇）頃であり、碑石が石灰で塗られたのは一八九〇年代である。碑石が発見された当初、発見者と現地の人は全面的な拓本を採らなかった。(2)王志修の『高句麗永楽太王碑歌』にあるように、当時の碑石は「千秋風雨莓苔蒼」という状態で、碑字を釈読しようとしても「手剔莓苔索点画」という有様であった。(3)苔がびっしり生えた碑面は採拓が容易でなく、現地の人は碑石を焼く方法を考え出した。顧燮光《こそうこう》は『夢碧簃石言』（一九一八）の中で以下のように記す。

　碑面為蒼苔漫没、剔除極難。土人以糞塗碑面、俟幹、縦火焚之、蒼苔去而碑裂矣。(4)

また金毓黻の『遼東文献徴略』に引用された「談鐵隍国桓手札」（以下は談国桓《だんこくかん》『手札』と略称）には以下のように記す。

　聞此碑、数年前、有傖父某以苔蘚過厚不易拓、用馬矢焼之、而碑石本粗劣、経此鍛錬、恒片片墜、碑乃自此燬矣。(5)

張延厚《ちょうえんこう》が一九二四年に好太王碑の拓本に添えた跋文（以下は張延厚『跋語』と略称）にも「寅卯間（一八七八〜一八七九）、碑下截焜於火」とある。(6)その他、中国の金石学者楊守敬、早い時期に碑文を調査した日本人今西龍、関野貞等も碑石が焼かれたことに言及した。(7)談国桓(8)の『手札』は羅振玉の『神州国光集』（一九〇九年に出版）にも触れているから、

『手札』を書いたのは一九〇九年以後のこととなる。おそらく一九〇九年から一九二五年までの間に書かれたのだろう。『手札』で焼碑の時間は数年前というのは明らかに事実に合わない。張延厚のいう「寅卯間」というのも更なる考証を要する。しかし、現地の人が苔蘚を除くために碑を焼いたのは事実である。今碑石に見える大部分の剥落（例第一面の左下部、第二面の左下部、第三面の右上部と右下部の残欠部）は、その結果である。

碑を焼き払った後、苔蘚は全て取り除かれた。それから碑石に石灰が塗られるまで十余年の時間がある。この時期に作られた拓本は原碑石から製作した拓本であるはずだが、実際は決してそうではない。長年日光や風雨にさらされ、碑石の風化が非常に深刻であり、碑面が砕けていたため拓紙はただちに破れてしまう。だから碑を焼き払った直後には大量の拓本を製作しなかった。清末民初の金石文献の記録と今日の学者たちの研究によると、碑を焼き払った後、最初に製作した拓本は、墨で直接廓填した廓填本である。現在までに学界に知られる廓填本の実物はただ一種しかなく、それは当時の日本陸軍参謀本部に属した酒匂景信という旧軍人が一八八四年に日本に持ち帰った墨本（通称、酒匂本）である。以前こういう方法で作った拓本を「双鉤廓填本」と呼ぶ学者もいたが、後に末松保和氏によって酒匂本が双鉤という製作過程を経ず、直接墨で碑字の周りを廓填して作ったものであることが明らかにされた。数年前、筆者は現在東京国立博物館に所蔵される酒匂本を二度実見したことがある。やはり酒匂本には濃い墨で双鉤する痕がないことに気づいた。ここではひとまずこの種の墨本を初期廓填本とよぶこととする。

酒匂景信が拓本を手に入れたのは一八八三年である。当時好太王碑所在の懐仁県令は陳士芸《ちんしげい》であった。陳士芸の前任は章樾という人物であり、好太王碑は章樾の部下である関月山に発見されている。好太王碑が発見された当初の情況は、東北地方官吏の談国桓の回想からある程度知ることができる。

奉天懐仁県設治時、首膺其選者為章君樾、字幼樵。幕中関君月山、癖于金石、公余訪諸野、獲此碑於荒煙蔓草中、喜欲狂、手拓数字、分贈同好。弟以髫年猶及見之。[9]

彼の回想によると、関月山は好太王碑を発見したあと、すぐに全面的な拓本を製作したのではなく、「手拓数字、分贈同好」をしただけである。一八八三年になって酒匂景信が、一三〇余枚の小紙からなる廓填本を入手した。一八八〇年から一八八三年の間に好太王碑で発生した事件について、学界ではあまり知られておらず、なおかつはっきりとした答えのない問題も残されている。たとえば、現地の人が碑面の苔蘚を取り除くために火をつけたのはいつなのか、初期廓填本はいつ、誰がどのような目的で製作したのか、当時、何部作ったのか、などなど。

懐仁県の二代目の県令である陳士芸が一八八二年八月以後に現地の人に碑石の苔蘚を焼却するよう命令し、酒匂本のような廓填本を製作させたと考える学者がいる。[10]しかし筆者は最近拓本の調査研究を通して、酒匂景信本とごく近い時期の初期廓填本を発見した。この新史料に基づいて上述の見解とは違う観点を持つに至った。細かい考察は本文の第三章に詳述するが、ここではそこで得られた結論だけを箇条書きする。

①新しく発見した拓本は李超瓊《りちょうけい》という人物が一八八三年に蘇州に持っていったものである。李超瓊は題跋においてこの墨本を「光緒辛巳（一八八一）客鳳凰城時得之」と記し、この年は日本参謀本部のスパイ酒匂景信が懐仁県で墨本を入手した年よりも早い。故に新発見の墨本は、今日知られている年次記録の最も古い好太王碑墨本である。一八八三年から一八八四年の間、李超瓊は持ち帰った二部の初期廓填本（模拓本）を、李鴻裔《りこうえい》と潘祖蔭《はんそいん》に贈った。

②潘祖陰は北京の金石学者のうちで最も早く好太王碑墨本を入手した人である。新発見の墨本は、潘祖蔭が墨本を入手した時間と場所について、新しい証拠を提供した。前述の葉昌熾「奉天一則」（『語石』所収）には、「乙酉年、中江李眉生（鴻裔）丈得両本、以其一贈潘文勤師」と記されている。日本の武田幸男氏は、葉昌熾の『縁督廬日記』の記事をもとに、乙酉年という記載は葉昌熾の記憶違いで、その前年光緒甲申年（一八八四）のことであるとする。[11]こ

の史料はまた潘祖陰が李鴻裔から墨本を贈られた場所が呉県であり、その時期は一八八三年から一八八四年の間としている。今回発見した墨本の李超瓊跋文は李鴻裔と潘祖蔭が蘇州と呉県で墨本を入手した経緯を詳述しているので、先の結論に新しい証拠を提供したことになる。

③新発見の墨本は碑石を焼いた時期の下限を新たに確定した。墨本を観察してわかるのは、この碑字が碑を焼いたときの様相を示しているということである。この事実から碑石を焼いたのは、李超瓊がこの墨本を入手した一八八一年かそれ以前である。

④新発見の墨本が伝わり始めた一八八一年は、まさに懐仁県令章樾の在任期間である。このことから章樾と関月山および懐仁県の下級官吏たちが、この種の墨本の製作者であると推測できる。

これらの墨本以外に清末の金石文献のなかに初期墨本の一種、つまり陳士芸が呉大澂《ごだいちょう》に贈った墨本がある。陳士芸は章樾の次期の懐仁県令である。彼は後に鉄嶺知県に転勤した。一八八六年に彼は自分の持っている拓本を一部、中露国境画定の交渉のため鉄嶺を経由して暉春に行く呉大澂に贈った。呉大澂は光緒十二年（一八八六）二月五日の日記に記す。

二月初五日（中略）又二十五里、以鉄嶺県城外、宿。県令陳鶴舟士芸来見。鶴舟曽任懐仁県、詢以懐仁有高麗古碑、距城百数十里、在深峡中、碑高不能精拓、鶴舟贈余拓本一分、字多清朗、文理不甚貫、蓋以墨水廓填之本、与潘伯寅所蔵拓冊紙墨皆同。惜不得良工一往椎拓耳。(12)

呉大澂のいう潘伯寅（祖蔭）所蔵の拓本は、前述の李眉生（鴻裔）が潘祖蔭に贈った拓本である。呉大澂の比較によると、陳士芸が贈った拓本と李鴻裔が潘祖蔭に贈った拓本はともに字跡がはっきりとした墨水廓填本である。一八八三年の酒匂景信本も墨で廓填して製作している。このように、これら数種類はすべて同じ系統の墨本であることが分かる。その源は章樾が懐仁県在任中に製作した初期廓填本までたどれることから、好太王碑発見から数年の間はこのような廓填本が主に作られていたといえる。

この他に張鳳台が著した[13]『長白彙徴録』の中に好太王碑についての「按説」(以下は張鳳台の『按説』と略す)があり、似たような拓本に触れている。『按説』はこう記していた。

高句麗碑曽函請前朱鶴怡明府代拓一分、年久代湮、字跡模糊、缺略甚多。旋従張度支司憲屋壁獲覩全豹。則光緒十年以前所拓也。墨色光潤、字体較真、金波司憲極研求金石品、謂尚有抄本、亦蒙賜閲。循環展翫、日韓兵事及好太王事跡、歴歴如在目前。云云。[15]

張鳳台《ちょうほうだい》が言及した張金波(張度支司憲)蔵本と抄本(釈文)はまだ発見されていない。また伝来しているかどうかも分からない。「墨色光潤、字体較真」と言われたこの種の拓本はもし張金波の言うように光緒十年以前に作った拓本であれば、上に述べた初期廓填本と同じ種類であるはずだ。また李進熙氏は、張金波蔵本を参照にした張鳳台の「釈高句麗碑文」(『長白彙徴録』)と酒匂本に基づいた日本の『会余録』の釈文を比較して、その一部分の碑字は『会余録』と釈文が同じであることを指摘した。そこでこの角度からも、張金波蔵本は酒匂本と似た一種の廓填本であることが推測できる。[16]

以上の整理から分かるように、好太王碑が発見されて暫くの間に製作された初期廓填本は、以下の四種類である。(1)一八八一年以前に製作され、一八八三~一八八四年に李超瓊が李鴻裔と潘祖蔭に贈った二部、(2)一八八三年以前に製作され、一八八四年に酒匂景信が日本に持ちだした酒匂本、(3)一八八六年二月以前に製作され、陳士芸が呉大澂に贈ったもの、(4)張鳳台が張金波の家で見た張金波蔵本、である。ここで指摘しておきたいのは、今日に伝わる廓填本は酒匂本と李鴻裔が潘祖蔭に贈った本以外にもう一部、つまり大東急記念文庫本があるということである。[17]この墨本の様相は酒匂本などと異なっており、同時期の初期廓填本、すなわち一八九〇年代に石灰拓本が出現する前に製作した廓填本とみなすことができない。

第三節　初期廓填本の製作者と製作目的

酒匂本と李鴻裔が潘祖蔭に贈った本の観察によると、両墨本の多くの碑字の字画は原物と一致していない。だからこの種の墨本は碑石上で直接墨鉤して作ったものではない。呉重熹《ごじゅうき》が、鄭文焯の『高麗国永楽太王碑釈文纂攷』（一九〇〇年）に附した跋文に「潘文勤公有一就石上墨鉤本」とあり、劉承幹《りゅうしょうかん》は『海東金石苑補遺』（一九二二年）において「海東工人不善拓墨、但就石勾勒、才可弁字而已」と述べる。これらの記述は事実ではない。日本の学者でこのような廓填本を製作するためには、同時に、いわゆる原石拓本を作って参考とし手本としたと考える研究者がいる。[18] しかし今日手本用の原石拓本の存在を実証する術はない。両廓填本をよく観察してみると、同一の手本をもとに模拓したと考えられるが、それは原石拓本ではなく、ある種の廓填本であったのかもしれない。このことからこれらの墨本を製作する時には、完整なる原石拓本はまだ存在しないと考える。

また両墨本の碑字はきれいに整っていて墨の廓填も極めて精細であるから、この種の墨本の製作者は荒地を開墾する現地の農民だとは考えられない。私は最初にこの種の墨本を作ったのは、懐仁県令章樾とその身近な下級官吏だと推測している。章樾が懐仁県から離れた後もこのような方法で墨本製作は続けられ、本当の拓本を作り始めるまで継承された。

それではなぜ碑を焼き払った後、最初に製作したのが直接碑石から採った拓本ではなく、この種の墨水廓填本なのであろうか。葉昌熾が言った「窮辺無紙」（「奉天一則」『語石』）と張延厚が言った「海東工人不善拓墨」などの原因以外に、手間も時間もかかるこの種の墨本を作るには他の原因がまだあると思われる。初期廓填本が渡った先を見ると、早い時期にこれらを獲得したのは清末の有名な官僚文人である李鴻裔、潘祖蔭、呉大澂であった。これはある程度この種の墨本の製作目的を反映している。東北地方文人の李超瓊が潘祖蔭と李鴻裔に贈った行為と、県令である陳士芸が自ら所蔵する墨本を呉大澂に贈った行為からは、明らかに高官の機嫌を取る意図が窺える。清朝の後期に京城の士大夫が金石を好んで収蔵したことはよく知られる事実である。沈宗畸の『東華瑣録』には、「光緒初元、京師諸士、以文史書画・金石古器相尚(19)」とあり、震鈞の『天咫偶聞』には、「京師士大夫好蔵金石、旧本日貴、看法亦各有訣、如某碑以某字完、為某時拓、某帖以某処不断為最初本、価之軒輊因之(20)」とある。当時の地方官吏は北京の官吏に頼むことがある時よくお好みに応じて金石や古籍を贈った。『小屠摩館脞録』の「宋版『四庫全書』」には地方官吏が金石古籍で北京の官僚の機嫌を取るために犯した官界の笑い話が記述してある。

前清顕官如翁叔平(21)、張孝達(22)、端午橋(23)輩頗好古学、喜収蔵、一時都中古籍金石碑刻、捜羅殆尽。外省属吏欲借内僚為援引、往々以金石書翰代土儀、頗投時好。聞某太守至京師、攜『欽定四庫全書提要』一部、送某相国、外自署「宋板四庫全書」六字、付琉璃廠裝璜。及呈時、某相国笑曰、「提要為本朝著作、君従何処得此宋板也。乃無価瑰宝、実不敢収。」某大慚而出、一時伝為笑談(24)。

以上の史料から分かるように、地方官吏が所轄地で収集した金石墨宝を中央官僚や地方高官に贈るのは当時の官界の風習であった。東北地方文人李超瓊が好太王碑の墨本を潘祖蔭と李鴻裔に、および懐仁県令陳士芸が廓填本を呉大澂に贈るのは、その風習の表れである。章樾と陳士芸が前後して懐仁県令を務めた期間に直接碑石から製作した拓本があるかどうかは分からない。今まで知られる一八八九年前の原石拓本の様相から考えれば、当時直接拓本を作ったとしても字跡が分かりづらい模糊とした拓本に違いない。当然、この種の完全な釈文が作れない模糊とした拓本を贈り物とするのは不適切である。このように考えれば、章樾達が手間も時間もかかる墨水廓填本を作った原因を理解するのは難しくないだろう。

第四節　伝承中の天津工人拓本と亓丹山拓本

碑石が発見された直後に製作した初期拓本に関する記録はもう二種類ある。一つは日本の横井忠直「高句麗碑出土記」に記される天津出身の四名の工人が拓本を採った記録である。「高句麗碑出土記」は一八八九年六月出版の『会余録』の第五集に載せたもので、次のような記述をしている。

拠土人云、此碑旧埋没土中、三百余年前始漸々顕出。前年有人由天津雇工人四名来此、掘出洗刷、費二年之工、稍至可読。然久為渓流所激、缺損処甚多。初掘至四尺許、閲其文始知其為高句麗碑。於是四面搭架、令工氈拓。然碑面凸凹不平、不能用大幅一時施工、不得已用尺余之紙、次第拓取。故工費多而成功少。至今僅得二幅云。日本人某適遊此地、因求得其一齎還。

その後三宅米吉は「高麗古碑考」(25)に、「我が明治十五年（一八八二）、盛京将軍左氏、工人四名を天津より招きて之を撮写せしめしことあり」と記す。以上の天津工人が拓本を作ることに関する二つの記録は、主に酒匂景信が懐仁県現地で集めた伝聞である。清末の他の金石文献には、それと関係する記述は見当たらない。それゆえ酒匂景信が聞いた天津工人が拓碑する伝聞が事実なのかどうかはまだ判断できない。それに明治十五年（一八八二）に盛京の将軍は左氏であるという三宅米吉の記録は間違いである。当時の中国史書によると盛京将軍は崇琦であるはずだ(26)。

もう一つは、栄禧《えいき》の『古高句麗永楽太王墓碑文考』にある亓丹山《きたんさん》が拓本を製作した記述である。栄禧の『碑文考』は一九〇三年一二月に書かれたもので、「高句麗永楽太王墓碑讕言」と当時の拓本に基づいた「高句麗永楽太王墓碑文」が収められた。栄禧は「讕言」でこう記す。

　岔溝一名通溝、久設巡検一缺、部選王君彦荘承其乏、今改設輯安県治。彦荘好古敏学、目睹是碑、備録其文、惜其考定無書、僅言大概。余於光緒八年壬午、曽倩山東布衣亓丹山往拓、得獲完璧。(27)

李進熙氏は栄禧の「讕言」と栄禧と日本人の関口隆正との談話記録(28)について詳しい考証と批判をした。彼は栄禧が王彦荘を好太王碑の発見者と見なすことと、王彦荘が光緒八年（一八八二）以前に輯安通溝口の巡検を担当したことがあること、および栄禧が光緒八年に奉化県知県を勤めたと自称することはすべて事実と合わないと主張する。彼は当地の地方誌の記載に基づいて、王彦荘が輯安通溝口の巡検を担当したのは光緒二十五年（一八九九）であり、栄禧が奉化県知県を務めたのは光緒二十六年（一九〇〇）であると指摘した。だから李進熙氏は、栄禧の記録と口述には事実に合わないところが少なくなく、信用するに足らないと見る。(29)それに対して王健群氏は、栄禧が山東布衣亓丹山を拓本作りに派遣した可能性があると主張するが、彼は亓丹山が拓本製作をした手がかりを提供していない。(30)栄禧が一八八二年に亓丹山を派遣して完全な拓本を作ったかどうかについて、現在はただ栄禧の記録しかなく、まだ真実なのかどうか判断できない状況である。

李進熙氏が行った、栄禧の「讕言」と談話記録の不確実な言葉についての考証と分析は、筋道が通っている。ただしこれらの考証と分析だけでは栄禧が比較的に早い時期、すなわち一八九〇年代以前、碑石が石灰で塗られる前に、拓本を作らせたことを否定することはできない。栄禧の「高句麗永楽太王墓碑文」の最大の特色は、碑石が本来剥落して欠けた部分、例えば第二面末行、第三面第一行と右下部などに、自分の推断で碑石にない文字を入れたところである。栄禧のこういう作業の結果、彼の釈文は総字数がもっとも多いものになった。釈文の内容から見れば、栄禧の釈文はその十四年前に発表された酒匂本に基づいた横井忠直の釈文（一八八九年）と違う処が数多くある。栄禧が釈文を作る時、横井忠直の釈文を参考にしたかどうか知る由はない。栄禧の釈文で注意を要するのは、彼が第三面第一行にも自分の想像した碑字を補充したことである。換言すれば、栄禧は碑文の第三面は全部で十四行と考えている。この点だけを見れば栄禧は正しい。なおかつ正確にこの点を認識したのは、当時にしては画期的なことだった。

好太王碑の第三面は十四行で、碑文の総行数は四十四行である。好太王碑が発見された後しばらくは、数多くの研究者とその釈文は第一行の存在を無視した。つまり第三面の総行数を十三行だと考えている。例えば、中国の金石学者葉昌熾が一八八四年に書いた題跋に第三面の総行数を十三行と記した（第三章参照）。日本参謀本部は、酒匂景信が持ち帰った墨本を復元するとき、第三面を十三行に復元し、第一行第四十一字の「潰」を第二行第四十一字の位置に置いた（一八八九年）、横井忠直の釈文（一八八九年）の第三面も十三行である。王志修の『高句麗永楽太王碑歌』（一八九五年）は碑文の総行数を四十三行としたが、彼は第二面第十行と第三面第一行を漏らしたのではないだろうか。三宅米吉釈文（一八九八年）の第三面も十三行である。鄭文焯『高句麗永楽太王碑文纂攷』（一九〇〇年）も第三面を十三行とする。傅雲龍の「跋文」（一九一〇年、張鳳台『長白彙徴録』所収）も、第三面を十三行とする。筆者はかつて碑文の第三面第一行を最も早く発見したのは、北京琉璃廠拓工李雲従（一八八九年）だと考えていた(31)。中国で栄禧を除いて比較的早い時期に第三面第一行を正確に書きうつしたのは金石学者羅振玉（一九〇九年）であり、日本では今西龍である(32)（一九一五年）。栄禧の第三面第一行に対する判断は羅振玉より六年早かった。

栄禧の釈文の第三面第一行の文字は、全部彼が古代の史籍を参照して作っている。釈文を作るとき、あるいは王志修の『高句麗永楽太王碑歌』の内容を参照した可能性がある(33)。それでは栄禧はどのように第三面を十四行と判断したのだろうか。筆者は二つの解釈があると考える。一つは、第三面第一行は純粋に栄禧が想像したもので、何の根拠もないというものである。もう一つは、何らかの初期拓本を参照したという解釈だ。その拓本は第三面第一行の大部分が欠落したにも関わらず、きちんと着墨し、拓出している。今現在、二番目の可能性は排除できない。もしそうであれば、その拓本は、亓丹山が好太王碑発見のあと、ほどなくして製作した拓本であるかもしれない。また栄禧釈文で人為的に補った碑字の位置から見れば、主に第二面の末行、第三面の右上部と右下部に集中する。実際にこれらの部分の原碑文字は、一八八〇年代初期に碑を焼き払ったときにはもう剥落している。従って栄禧釈文が補った文字から逆に、彼が釈文を作る時参照した拓本は、碑を焼き払った後で製作した、いわゆる火後本であることが証明できる。

第五節　原石拓本製作の始まり

最初の廓填本が誕生してから数年後、現地では正式な拓本を作り始めた。正式な拓本とは直接原碑から採拓してできた完全な拓本である。この種のものを作る目的は、広く伝えるためで、初期廓填本を作るための参考見本ではない。同時に推測できるのは、この種の拓本の出現につれて初期廓填本の製作が次第に停止していったことである。その上、当時現地で好太王碑拓本を作った人はまだ石灰で碑字を補うことを思いつかなかったため、この種の正式拓本からは石灰で補う前の原碑の姿がうかがえる。清朝以来中国の金石収蔵家や鑑賞家が金石を著録する時に、往々にして手を加えていない拓本を原石拓本と言う。(34) 石灰で塗られる前の拓本をもって原石拓本と定義するのがもっとも相応しいのだ。後に述べるように、懐仁県の拓工はなぜ廓填本の製作に代えて原石拓本を作るようになったのだろうか。それは北京の金石学界が廓填本に不満を持っていたことと関連があると考えられる。談国桓が一九〇九年から一九二五年の間に書いた『手札』と一九二九年に書いた『跋語』は、原石拓本に関連する事実を記録している。『手札』は以下のように記す。

近得高句麗好太王碑、尚不悪、当光緒初葉時所拓。此碑最初歴史、弟有所知、敢供左右、籍備参考。奉天懐仁県設治時、首膺其選者為章君樾、字幼樵。幕中関君月山、癖于金石、公余訪諸野、獲此碑於荒煙蔓草中、喜欲狂、手拓数字、分贈同好、弟以髫年猶及見之。字頗精整。当時並未有全拓本、以碑高二丈余、寛六尺強、非築台不能従事、而風日之下、更不易措手也。光緒十三年間、学使楊容浦頤、広東之茂名県人、聞此碑、属家君覓人往拓、約得六本。弟家蔵両本、失於甲午之役（一八九四―一八九五年）。維時倉卒之間、既無良工、又乏佳墨、而碑因歳久剥蝕、石歯嶙峋、非精於此道不能求其美善、故当時所拓者僅字画清楚而已。嗣後、呉清卿中丞亦属家君再拓、思用宣紙、竟（不）如願。以著碑、紙即破砕、乃用単高麗紙拓得数本。至王観察少廬所拓者未経寓目、亦不得其詳。楊学使考訂此碑為晋安帝義熙六年甲寅所建、栄観察亦有考訂之文、不能記憶。王少廬所考与楊学使微有不同、王以此碑為隋開皇時所建也。国光集中有影印本、不知為何人翻刻、真不堪寓目也。聞此碑、数年前有傖父某以苔蘚過厚、不易拓、用馬矢焼之、而碑石本粗劣、経此鍛錬、恒片片墜、碑乃自此燬矣。物成敗有数、惜哉。(35)

『跋語』にもほぼ同じ内容を記す。

章樾、字幼樵、河南光州人、光緒十一年歳在乙酉、先君子宰承徳県首邑、引晋入都、章君代理県事。其書啓西席為関君月山、贈余手拓碑字数枚、毎紙一字、即此碑也。字甚完整、拓工亦精、惜髫年不知宝貴、随手抛棄。唯時奉天督学使為茂名楊蓉浦先生、属先君子用良墨佳紙往拓。初用宣徳紙、以石歯甚利、改用高麗紙先後拓得数本、乃精装両本蔵之。甲午之役失于金州署中。回首前塵、恍如夢寐。按章君宰懐仁、在光緒八、九年。関即発現此碑之人。所謂二年之本、不知従何而得。姑志数語、以俟異日考訂焉。己巳秋八月二十五日、談国桓。[36]

以上二つの文献で言及した「家君」「先君子」は談国桓の父親談広慶である。談広慶は蓋平県知県、承徳県知県、営口庁同知、金州庁同知、寧遠州知州などの職を務めた。李進熙氏は、『奉天通志』の記載に基づいて、好太王碑が発見された時に懐仁県令である章樾は、談広慶のあとを継いで承徳県知県を務めたことがあることを指摘した。章樾は光緒八年（一八八二）正月に、懐徳県知県、光緒九年（一八八三）十一月に康平県知県、光緒十年（一八八四）に懐徳県知県、光緒十一年（一八八五）六月に承徳県知県を歴任したあと、光緒十二年（一八八六）正月に営口庁同知に就任した。[37]任期から見れば談広慶と章樾は前任と後任の関係で、談は章樾が好太王碑を発見したことを知っているはずだ。談国桓は談広慶の息子であり、最初に好太王碑を発見した関月山と交際があったため、以上二つの回想録の信憑性は高いと思われるが、談国桓の記録にも欠点がないとは限らない。

これらの記録はどちらも、最初に談広慶に採拓させるのは奉天府督学使楊頤《ようい》とする。楊頤は順天府丞を務めた後、光緒十一年（一八八五）八月から十三年（一八八七）まで奉天府丞兼学政であった。[38]『手札』と『跋語』において、談広慶が正式に拓本を製作する年代と関連人物についての記述は、おおよそ符合する。しかし細かく分析すると、違う処もある。一九〇九年から一九二五年の『手札』には、二回の拓碑を記載している。一回目は光緒十三年楊蓉浦の要求に応じて拓碑したことで、約六部ができて自家に二部を収蔵した。暫くして談広慶はまた呉大澂のためにもう一回拓碑し数部を製作した。それに対して一九二九年の『跋語』は、ただ談広慶が楊頤のために拓碑して六部を作ったことを記録しただけで、呉大澂のために拓本を作ったことに言及していない。この他、二つの文献の二回の拓碑の具体過程に関する記述はよく似ている。『手札』の中に「思用宣紙、竟（不）如願。以著碑、紙即破砕、乃用単高麗紙拓得数本」と書いてあるが、『跋語』は「初用宣徳紙、以石歯甚利、改用高麗紙先後拓得数本」と書いた。違うのは前者は呉大澂のために拓碑する時の記述で、後者は一八八七年に楊頤のために拓碑する時の記述であるということである。普通に考えると、第一回の拓碑（楊頤のために）に宣徳紙（すなわち宣紙）を使って理想的な拓本ができず失敗したならば、二度目（呉大澂のために）はもう一度同じことをする必要はなく、高麗紙で製作すればいいはずだ。この点で、談国桓の記録は理にかなわないのである。

それでは、この二つの文献の違いはどう理解すればいいだろうか。楊頤と呉大澂はなぜ談広慶に拓碑させたのか。楊頤はなぜ一八八七年に好太王碑拓本を作ろうとしたのか。談国桓は楊頤が「聞此碑、属家君覓人往拓」と書いたが、楊氏はどこからこの碑のことを聞いたのか。楊頤は談広慶に拓碑させる時なぜわざわざ「良墨佳紙」を使うことを要求したのか。私の考えでは、談国桓が記録している談広慶の一八八七年以降二回の拓碑（楊頤の一回、呉大澂の一回）は、どちらも呉大澂と関連する可能性がある。あるいは楊頤と談広慶に正式拓本を作る委託をしたのは、呉大澂なのではないだろうか。呉大澂、楊頤、談広慶などが拓碑を計画し始めたのは一八八六年のことである。この推断は呉大澂がこの時期に残した記録『皇華紀程』を再び考察して導き出した。

第六節　呉大澂と『皇華紀程』

呉大澂は清光緒帝の時代の著名な文人である。『清史稿』、『中国近代学人像伝』(39)、『中国人名大辞典』、『中国歴代書画篆刻家字号索引』などの記載によると、呉大澂の字は清卿、号は恒軒、別号は愙斎ともいい、江蘇省呉県の人である。道光十五年（一八三五）の生まれで、同治六年（一八六七）に進士になり、編修を授かった。後に陝西甘粛学政、河北道、太僕寺卿、左副都禦使、湖南巡撫などを歴任した。光緒十二年（一八八六）、清国代表として東北地方に派遣され、ロシアと国境を画定し、中露国境線に銅柱を立てて、親筆の大篆体文字で「疆界有表国有維、此柱可立不可移」と銘刻した。このために奪われていた土地はまた中国に戻った。甲午戦争の時湘軍を率いて山海関の外側で日本軍と対戦して敗れ、罷免されて、また湖南に戻った。光緒二十八年（一九〇二）に没した。呉大澂は篆書が得意で、人物・山水・花草の絵も秀で、篆刻にも長じて『古籀補』『古玉圖考』『権衡度量考』『恒軒吉金録』『窸斎詩文集』などを著した。

呉大澂の学識は、工部尚書潘祖蔭に高く評価された。清代の金石文献から見れば、潘祖蔭、王懿栄《おういえい》、端方、盛昱《せいいく》、葉昌熾、黄再同、繆荃孫《ぼくせんそん》、王頌蔚等金石家の交流が頻繁で、潘祖蔭を中核とする「金石学サロン」が形成されていた。呉大澂もその中の重要な一員である。したがって呉大澂は潘祖蔭が一八八四年八月以前に最も早く好太王碑墨本を入手したことと、潘氏のその拓本に対する考えはよく知っていたのだ。

光緒十二年（一八八六）に、呉大澂は清政府の代表としてロシアと国境画定の交渉をするために琿春に赴いた。『皇華紀程』は彼がこの期間に書いた日記である。その日記は一八八六年一月一七から同年九月一五日までの記録である。『皇華紀程』の内容から分かるように呉大澂は皇帝の命令で国境を実地調査している間、責任重大な公務を身に帯び、一刻も怠けていない。それにもかかわらず彼は終始文人の風雅を保ち、よく書を習い詩を作り、古跡を尋ね金石の考証をした。彼の日記はとても簡潔に書かれ、時にはわずか数語で場所、人物、事件を明白に記述している。『皇華紀程』からは、呉大澂が通った各地の金石文物によく関心を払ったことがうかがえる。彼の陰暦二月五日の記事は、初期好太王碑墨本の動向に関する記載があるため、研究者によく知られている。実際に呉大澂は赴任の途中で好太王碑初期拓本の製作と収蔵に関わる人に会見したこともある。しかしこの方面についての記載は今までの研究の中であまり言及されなかった。以下に呉大澂日記の中の関連内容を抜粋する（括弧内の番号は筆者が加えたものである）。

(1)（光緒十二年、一八八六）元月二十七日、（中略）錦州太守増芝圃林、県令張金波錫鑾来見。

(2)二月初二日、（中略）又十五里、至大石橋、宿。承徳県談雲浦広慶来見。作家書。致王念劬書。

(3)二月初三日、辰刻、恭謁昭陵。巳刻、至奉天省城西門外関帝廟東宝勝寺。慶蘭圃将軍裕、裕壽泉京兆長、済筠甫都護禄、啓潁之司農秀、吟濤宗伯森、鳳輝堂司馬秀、宝震甫司寇森、阿允亭司空克丹、楊蓉浦学使頤同請聖安。進城住南門内同陞店。蘭圃将軍及諸君子前後来晤。

(4)二月初五日、（中略）又二十五里、至鉄嶺県城外、宿。県令陳鶴舟士芸来見。鶴舟曽任懐仁県、詢以懐仁有高麗古碑、距城百数十里、在深峡中、碑高不能精拓、鶴舟贈余拓本一分、字多清朗、文理不甚貫、蓋以墨水廓填之本、与潘伯寅所蔵拓冊紙墨皆同。惜不得良工一往椎拓耳。

(5)二月十五日、（中略）曹彝卿別駕廷傑以手拓混同江東岸古碑四紙見贈。

(6)三月初五日、復鄭盦師（潘祖蔭）信。復尹伯圜信。書文字説一篇。

(7)五月十一日、謝客杜門、復鄭盦師書。写篆聯四幅。致運斎弟書。

(8)七月十七日、復鄭盦師書。致運斎書。復湯伯碩書。至堯山都護処午飯。致汪荃畑書。致程楽盦書。

一八八六年一月二十七日から二月十五日の間に呉大澂は各地の官吏と会見するうちに、錦県県令張金波、元承徳県令談広慶、奉天府学使楊頤、鉄嶺県令陳士芸および曹廷傑[40]に会っている。その中で陳士芸は一八八二年懐仁県令をしていた時に、初期廓填本の製作を組織した。張金波は先に述べた張鳳台『按説』で、一八八〇年代の好太王碑の初期廓填本を収蔵した人である。曹廷傑は長期間東北三省に任職し、楊守敬の親友でもある。一九〇二年に彼は二種の拓本を楊守敬に贈った。一九〇九年に楊氏は再版した『寰宇貞石図』（上海有正書局、一九〇九年）に曹廷傑からもらった一種の好太王碑拓本を納めた。この拓本は後に楊守敬本と呼ばれ、現在知られる年次が分かるもっとも古い石灰拓本である。以上の三人は、みな一八八〇年代以後に好太王碑拓本に注目した人である。しかし彼らが原石拓本を製作したことを証明する史料は、まだ発見されていない。

呉大澂が会見した他の二人は、のちに好太王碑原石拓本を製作し収蔵した楊頤と談国桓の父談広慶である。談広慶は当時営州庁同知に任命されたばかりであった。呉大澂と彼らが何を話したのか、『皇華紀程』には記述されていない。しかし一八八七年に楊頤が談広慶に連絡して「良墨佳紙」で拓碑する点から考えれば、呉大澂が楊頤と談広慶と会見した時、好太王碑に言及した可能性が高い。そして彼らに北京の潘祖蔭などの初期廓填本に対する不満と、「良墨佳紙」で本当の拓本を作る願望を伝えたと考えられる。談広慶は一八八七年以前に北京で任職した記録がないので、恐らく呉大澂と以前からの知り合いではない。談国桓が『手札』に書いた「呉清卿中丞亦属家君再拓」もこの時期と推測される。酒匂本と同時期の初期廓填本が一八八七年以後次第に減少し、流行しないことと、呉大澂と楊頤・談広慶との会見は直接関連づけられるかもしれない。

また注目しておきたいことは、呉大澂は吉林赴任中にも北京の潘祖蔭との金石学の交流を中断していないことである。『皇華紀程』の引用文に見られるように、呉は三回も潘祖蔭に手紙の返事を書いた。当時潘祖蔭の身近で仕えた葉昌熾もそれを知っていたようだ。葉昌熾は、後に次のように記憶を語る。

潘文勤（祖蔭）師毎得一器、輒拓其文、命門下共釈之。時中丞（呉大澂）回翔邊寄、己離都下、一字異同、郵筒商榷。昌熾亦得於侍坐、時窃聞其緒論。(41)

潘祖蔭と呉大澂の書簡往来において好太王碑拓本に言及したかどうか、現在ではまだはっきりしていない。

総じて言えば、談国桓の記録と『皇華紀程』の記載に基づいて、好太王碑正式拓本の製作開始と初期廓填本製作が減少から停止へ至ったこととは、北京官僚文人の初期廓填本への不満と真正な拓本への希求とに直接的な関連がある。

しかも現地の官吏にそのメッセージを伝えたのは呉大澂であると思う。

第七節　一八八八年に北京に流入した拓本

一八八七年以後、談広慶は依頼を受けて数部の好太王碑拓本を製作させた。これは金石文献で記載した最も古い原石拓本である。この種の拓本はいかにして呉大澂に贈られたか、呉はこの種の拓本をどう評価したかを、現在まだ説明できる史料がない。日本の古畑徹氏は、楊頤が談広慶に拓碑を委託した翌年に北京に転勤したことを指摘している。(42)彼は北京に赴任する時一八八七年の拓本を持っていた可能性がある。楊頤は北京に戻った後都察院左副都禦使、兵部右侍郎、兵部左侍郎などを歴任して、一八九九年に没した。(43)

北京では葉昌熾も積極的に好太王碑の正式拓本を求めている。彼は一八八八年に親友の王頌蔚（茀卿）を通して奉天から一種の拓本を手に入れた。葉昌熾はこのことを日記に記録した。

（光緒戊子、一八八八年）六月廿九日、得茀卿（即ち王頌蔚）為余至奉天拓好太王碑、又続得経幢、可感也。(44)

この記載から、王頌蔚は葉昌熾のために奉天に行って好太王碑の拓本製作することを承諾したことが分かる。数ヶ月後、王頌蔚は葉昌熾に拓本を持ち帰った。

（光緒戊子、一八八八年）十一月初五日、茀卿来、攜到好太王碑及経幢拓本十種、可感可佩。好太王碑不如鄭盦（潘祖蔭）本之精、據紱（茀）卿云、鄭盦本用墨描画、非廬山真面目也。(45)

王頌蔚が葉昌熾に持ってきたのはどのような拓本であろうか。製作年代（一八八八年前）から考えると、当時はまだ石灰拓本が出現していないため、初期廓填本か原石拓本である。葉昌熾の簡単な記述から分かるのは、この拓本は潘祖蔭所蔵の初期廓填本とは異なり、彼の言葉でいえば潘祖蔭本のような精細さに及ばないのである。王頌蔚はまた潘祖蔭本が墨で描画したものであると言ったが、言外には彼が持ち帰った拓本が描画されていない拓本だという意味である。こう考えると、一八八八年に王頌蔚が葉昌熾にもたらした拓本は原石拓本である可能性が極めて高い。王頌蔚が持ち帰った拓本が、王氏が直接人に製作させたものか、一八八七年以後談広慶が製作した拓本を見つけたものかに関しては、葉昌熾の日記では詳しい記述がない。

第八節　ま と め

最後に、以上考察してきた好太王碑の発見前後から一八八八年までの関連事項及び初期墨本・拓本の製作と伝来状況を、以下のように年表形式で整理する。


一八七五年（光緒元）盛京将軍崇實は通溝地区に兵を派遣して討伐させ、治安を整えた。

一八七七年（光緒三）懐仁県を設置。設治委員章樾が赴任。間もなく初代知県に任命された。

一八八〇年（光緒六）章樾の幕僚である書啓関月山は地方の古跡を調査し、好太王碑を発見した。

一八八〇～八一年（光緒六、七）章樾は明瞭な拓本を作るために碑を焼く。後に初期廓填本の製作開始。

一八八一年（光緒七）李超瓊は遼西鳳凰城で章樾から初期廓填本を贈られる（少なくとも二部）。

一八八二年（光緒八）栄禧はこの年に山東布衣の亓丹山を完全な拓本作りに派遣したと自称する。後の彼の釈文から、彼の依拠した拓本が焚碑後の「火後本」であることは疑いない。八月に陳士芸は懐仁県の二代知県に任命される。

一八八三年（光緒九）李超瓊は一八八一年に得た廓塡本を蘇州に持ってゆく。その後一部を蘇州に住む李鴻裔（眉生）に贈った。間もなく潘祖蔭は故郷呉県で李鴻裔から廓塡本を贈られた。この本も李超瓊が持ってきた廓塡本の一部である。日本陸軍参謀本部の酒匂景信は、懐仁県に潜入して初期廓塡本を入手した。張鳳台が張金波の家で見た拓本はこの頃製作したものである。

一八八四年（光緒十）五月に酒匂景信は初期廓塡本を日本に持ち帰り、陸軍参謀本部に研究のために送った。(46)

一八八五年（光緒十一）五月に潘祖蔭は李鴻裔から贈られた墨本を北京に持ち帰り、好太王碑の墨本は初めて北京に伝わった。碑の発見者である関月山は手拓した数枚の碑文を年少の談国桓に贈った。

一八八六年（光緒十二）一月から二月にかけて、呉大澂はロシアと国境画定の交渉をするため暉春に赴く途中で、奉天の地方官吏であった張金波、談広慶、楊頤、陳士芸、曹廷傑などと会見した。彼は鉄嶺県令陳士芸から初期廓塡本を一部贈られ、「墨水廓塡之本」と名づけた。同時に呉大澂は楊頤と談広慶に、北京金石学者のこの種の廓塡本に対する不満と真正な拓本を希求する旨を伝えた可能性が高い。

一八八七年（光緒十三）楊頤は談広慶に拓本製作を委託して、六部（原石拓本）ができた。談広慶は精装した二部を収蔵したが、その後一八九四年から九五年の中日甲午戦争（日清戦争）の際、金州衙署で失った。楊頤のために製作した後間もなく、談広慶はまた呉大澂のために数種類の拓本を作った。

一八八八年（光緒十四）楊頤は五月に昇進して北京に行っていたので、前年談広慶に製作してもらった拓本（原石拓本）を持ってきた可能性がある。六月王頌蔚は葉昌熾のために好太王碑の拓本を探しに奉天に赴いた。拓本を手に入れた後十一月に葉昌熾に贈った。この拓本も原石拓本であろう。

以上の整理から分かるように清の光緒年間には金石学が盛んで、好太王碑初期墨本の流伝は終始一貫して中国、特に北京の金石学者の好太王碑に対する関心と密接に関連している。好太王碑初期墨本は京城に伝わっただけではなく、情報収集のために中国に潜入した日本参謀本部の軍人酒匂景信によって日本にももたらされた。十九世紀後期、日本の軍部は朝鮮進攻およびアジア侵略を積極的に準備していて、碑文に「百残新羅旧是属民」とあるのを見て驚喜し、直ちに参謀本部内で碑文についての秘密研究を組織した。参謀本部の軍官横井忠直は碑文を研究した後こう書いた。

碑文中有大関係于我者、辛卯渡海、破百残、新羅為臣民数句是也。古来漢韓史乗、唯書我寇辺通聘、未嘗書百残新羅臣民於我、蓋諱国悪也。此碑建於三朝鼎峙之世、成于高句麗人之手、故不復為二国諱、能使当日事実、暴白於一千六百餘年之後、其功可謂偉矣。(47)

要するに、当時の好太王碑研究は事実上日本の軍国主義勢力が朝鮮を侵略・合併するための準備の一部になっている。すなわち碑文研究の最終目的は、日本の東アジア大陸侵略計画に歴史的根拠を提供することであった。

これと対照的に、好太王碑発見後の中国金石学者の碑文に対する研究は、終始一貫して純学術的なものであった。最初に北京に伝わった墨本は連綴できないため金石学者が不満を抱いた。後に墨本に填墨したことがまた金石学者に疑問を抱かせた。碑石が発見された最初の数年間、碑石本来の様相を反映しうる拓本を探し出すことが北京金石学者の最大の願いだった。彼らと碑所在地の金石愛好者の関心、努力によって、一八八九年以前に何種類もの好太王碑墨本（初期廓填本と原石拓本）が北京に伝入した。しかし原石拓本が北京に流伝しても、金石学者たちは初期廓填本が彼らにもたらした困惑を払拭することができなかった。そこで彼らは心中に渦巻く謎を解くため、一八八九年、ついに彼らが信頼する琉璃廠の拓工李雲従を懐仁県に派遣し好太王碑の採拓をさせるという決断を下した。

註

（1）水谷悌二郎「好太王碑考」『書品』第一〇〇号、一九五九年、高明士「台湾所蔵高句麗好太王碑拓本」『韓国学報』一九八三年12期、武田幸男『広開土王碑原石拓本集成』東京大学出版会、一九八八年、王培真・徐建新「好太王碑原石拓本的新発見及其研究」『世界歴史』一九九三年第2期、徐建新「北京に現存する好太王碑原石拓本の調査と研究―王少箴旧蔵本と北京図書館蔵本を中心にして」『史学雑誌』一九九四年一二月号、徐建新「関於北京大学図書館所蔵好太王碑原石拓本」『世界歴史』一九九五年第2期、高明士「中央研究院歴史語言研究所蔵好太王碑乙本原石拓本的史学価値」『古今論衡』一九九八年3期、任世權・李宇泰『韓国金石文集成（一）高句麗（一）広開土王碑（図録編）』韓国国学振興院、二〇〇二年

（2）耿鉄華「好太王碑火前無完整本」『好太王碑新考』吉林人民出版社、一九九四年

（3）王志修『高句麗永楽太王碑考』一八九五年

（4）顧燮光「好太王碑」『夢碧簃石言』巻四、一九一八年

（5）金毓黻『遼東文獻徴略』一九二五年

（6）金毓黻の『遼東文獻徴略』に載せた「張伯未延厚跋語」一九二五年

（7）楊守敬『高句麗広開土王好土王談徳碑跋』。関野貞「満州輯安県及び平壌附近に於ける高句麗時代の遺蹟」『考古学雑誌』第五巻第三・四号、一九一四年、今西龍「広開土境好太王陵碑に就て」『訂正増補大日本時代史』古代、下巻、一九一五年、上巻に今西龍の釈文「好太王碑文」がある。

（8）徐友春主編『民国人物大辞典』（河北人民出版社、一九九一年）には、談国桓の履歴を次のように記述している。「談国桓（一八七五年―）字鉄隍、奉天（今遼寧）瀋陽人、一八七五年（清光緒元年）生。清挙人。歴任奉天税捐総局長、奉天都督府総務処秘書、奉天省官銀号監理官、東三省屯墾局副局長等職。一九一九年八月任奉天実業局局長、東三省巡閲使署秘書処処長。一九二三年任東三省保安総司令部秘書処処長、安国軍政務処処長、蒙疆経略使署祕書処処長、一九二六年任北京税務処会弁、任安国軍政務処長。其後、経東三省保安総司令部参議。一九三一年五月任熱河省政府秘書長兼熱河清郷総局副局長等職」

（9）「談鉄隍国桓手札」、金毓黻『遼東文献徴略』（一九二五年）所収

（10）李進熙『広開土王陵碑の研究』、吉川弘文館、一九七二年、第一一九頁。

（11）武田幸男「広開土王碑おぼえがき（下）伝承のなかの原石拓本」『ＵＰ』第一八五号、東京大学出版会、一九八八年三月

（12）呉大澂『皇華紀程』光緒十二（一八八六）年条

（13）張鳳台、字鳴歧、清朝の進士である。清末から民国にかけて長白府知府、輿京府知府、海龍府知府、参政院参政を歴任した。『長白彙徴録』を著した。

（14）張度支司憲は、すなわち張金波。張金波、名は錫鑾で、浙江銭塘江県の人である。光緒年間通化、錦県などの県知事を務めた。宣統年間は東三省の総督も務めた。『中国地方誌叢書、錦県誌』五巻「職官」の条を参照。

（15）張鳳台『長白彙徴録』一九一〇年。『長白叢書（初集）』吉林文史出版社、一九八七年に納める。

（16）ただし、李進熙氏が、張金波双鉤本は酒匂景信が碑文を修正した後に作ったものであると判断するのは根拠不足である。李進熙『広開土王陵碑の研究』吉川弘文館、一九七二年、一八〇頁

（17）藤田友治『好太王碑論争の解明』新泉社、一九八六年

（18）末松保和「好太王碑と私」『古代東アジア論集』上巻、吉川弘文館、一九七八年

（19）沈太侔撰、朱滌秋編『東華瑣録』鉛印本、天津北洋広告公司図書部、民国十七年（一九二八）

（20）震鈞『天咫偶聞』、刻本、甘棠轉舍、光緒三十三年（一九〇七）

（21）翁同龢（一八三〇年―一九〇四年）、字は叔平、江蘇常熟人。咸豊丙辰一甲一番目進士である。戸部尚書まで昇進した。『瓶廬詩稿』『翁同龢日記』などを著した。『清史稿』に伝がある。『中国人名大辞典』を参照。

（22）張之洞（一八三七―一九〇九）、河北南皮の人。字孝達、香涛と号し、別号は无競居士・壺公・抱冰、謚は文襄。咸豊二年挙人、翰林院編修、四川学政、内閣学士兼礼部侍郎、山西巡撫を歴任。光緒年間に官職は両広総督に至る。

（23）端方（一八六一―一九一一）、托忒克氏、字は午橋、満州正白旗人。光緒年間、挙人になり、直隷総督まで昇進した。金石学

に詳しい。『端匋斎吉金録』『蔵石録』などを著した。

(24)『小居摩館脞録』、『清代野史』第七輯、成都巴蜀書社、一九八八年版

(25)『考古学会雑誌』第二編第一～三号、一八九八年

(26)『清史稿』巻二〇七疆臣年表一一

(27) 李進熙『広開土王陵碑の研究　資料編』吉川弘文館、一九七二年

(28) 関口隆正『満州物産字彙』（一九一〇年）に載せる。李進熙『広開土王陵碑の研究』（吉川弘文館、一九七二年）に拠る。

(29) 李進熙『広開土王陵碑の研究』吉川弘文館、一九七二年、第一一二頁～一一五頁

(30) 王健群『好太王碑研究』吉林人民出版社、一九八四年、第五七～五九頁

(31) 徐建新「北京に現存する好太王碑原石拓本の調査と研究―王少箴旧蔵本と北京図書館蔵本を中心にして」『史学雑誌』一九九四年一二月号

(32) 佐伯有清『研究史広開土王碑』吉川弘文館、一九七四年

(33) 栄禧釈文の第三面第一行の文字は、「官兵移師百残、囲其城。百残王懼、複遣使献五尺珊瑚樹二、朱紅宝石筆床一、他倍前。質其子勾拏」である。この文は恐らく王志修の『高句麗永楽太王碑歌』の「囲城三匝勢将下、坐使肉袒降牽羊。五尺珊瑚献二樹、朱紅宝石横筆床」を参照したのであろう。王健群もこの点を指摘している。王健群『好太王碑研究』第五九頁

(34) 例えば、繆荃孫は北京の文人が琉璃廠で買い物することに言及する時に「（前略）子培（沈曽植）得馬天袂造像原石拓本、云云」（李文藻撰『琉璃廠書肆記』所収繆荃孫「琉璃廠書肆記・後記」、孫殿起輯『琉璃廠小志』北京出版社・九六二年、第九三～九六頁所収）と記す。張彦生は好太王碑拓本を言う時にも「見其拓本（中略）是原石原字未動」（張彦生『善本碑貼録』考古学専刊、乙種第一九号、中華書局、一九八四年）と記す。

(35) 金毓黻「談鉄隍国桓手札」『遼東文献徴略』所収

(36) 李進熙『広開土王陵碑の研究　資料編』吉川弘文館、一九七二年

(37) 李進熙『広開土王陵碑の研究』、第一〇八～一一一頁。

(38)『中国人名大辞典』によると「楊頤、清茂名人、字子異、号蓉浦、晩号蔗農、同治進士、累官兵部左侍郎。光緒間中外多故、屢疏陳事。甲午日本之役、請懲失律、以肅軍令。雖未施行、時論韙之」とある。

(39)『中国近代学人像伝』大陸雑誌社。沈雲龍主編『近代中国史料叢刊』第三編第一輯、台湾文海出版社。

(40) 曹廷傑（一八五〇―一九二六）、字は彝卿、湖北省枝江人。知事、知府などを務めたことがある。東北で二十余年官職についた。光緒十二年（一八八六）、烏蘇里江の東の方に考察に行ったことがある。『西伯利亜東偏記』『東北辺防輯要』『東三省輿地図説』などを著した。叢佩遠、趙鳴岐編『（中國近代人物文集叢書）曹廷傑集』上冊、中華書局一九八五年第一―九頁を参照。

(41) 呉大澂『愙斎集古録』一九一七年、葉昌熾序。

(42)『清徳宗実録』巻二五五、光緒十四年五月癸丑条。古畑徹「広開土王碑の発見・採拓に関する若干の史料紹介」『朝鮮学報』第一二三輯、一九八七年

(43)『清史稿』巻一九四、表三四、三五「部院大臣年表九」

(44) 葉昌熾『縁督廬日記』

(45) 葉昌熾『縁督廬日記』

(46) 佐伯有清の研究によると酒匂景信が日本に帰った時間は一八八四年五月で彼が墨本を持ち帰ったことが一番早く報道されたのは一八八四年（明治十七）六月二十九日付の『東京横浜毎日新聞』である。佐伯有清「広開土王碑文研究余論」『古代東アジア金石文論考』吉川弘文館、平成七年四月、第九一～九八頁を参照

(47) 横井忠直「高句麗古碑考」『会余録』第五集、一八八九年

第三章　一八八一年旧蔵本の発見とその基礎的調査
——兼ねて〝酒匂本改ざん説〟の問題を論ず

第一節　一八八一年旧蔵本の発見

好太王碑の初期採拓史の研究が今日これ以上ないほど緻密になったのは、碑文の採拓史と密接に関わるもう一つの論争に起因する。それは一九世紀末から二〇世紀の初めにかけて、日本の陸軍参謀本部が好太王碑の碑文に改ざんを加えたか否かという論争である。二〇世紀七〇年代の初めに日本の史学界で活躍した在日韓国人学者李進熙氏は、大量の拓本や碑石写真と文献資料の分析を通して刺激的な見解を提起した。それは、好太王碑は発見されてまもなく、日本の参謀本部の画策により、碑文の内容が日本にとって都合の良いように、三度に亘って改ざんされたという説である。具体的にいうと、一八八三年に日本参謀本部の酒匂景信陸軍中尉は懐仁県に潜入し、当地で一部の墨本を手に入れ、墨本の碑文を改ざんした。その後参謀本部は碑石の原文を酒匂が持ち帰った墨本と一致させるために、一八九〇年代末頃から一九〇〇年代初めにかけて二度に亘って人を懐仁に潜入させ、碑石の原文を改ざんしたという(1)。こうした李氏の見解は「改ざん説」と呼ばれる。一九七二年に発表されたこの「改ざん説」に対する反響は、大変なものであった。このため、中国の文物機構は一九七三年に北京の碑帖専門家の張明善を派遣して石灰で文字を改ざんした状況を調査させた。(2) 李進熙氏の「改ざん説」に対しては賛否両論が巻き起こり、両説の対立は今日に至るまで続いている。

李氏の好太王碑研究の出発点と動機は、戦後日本の歴史学界に抜きがたく存在する皇国史観、侵略史観の影響に対して、痛烈な批判と徹底的な糾弾を加えることにあった。彼は改ざんされた原碑から採った拓本、及びそれらの拓本に基づいた釈文は、古代史を研究する基本史料とするべきではないと指摘した。この出発点だけは、高く評価すべきである。しかしながら、酒匂本の製作者は何者か、そしてこの墨本は改ざんされたか、もまた真っ先に考察すべき学術的な問題であると筆者は考える。このことは、学術的な方法を用いて検討しなければならないが、その際もっとも有効な方法は、酒匂本を同時期・同種類の墨本と比較することである。従来の研究では、清末の金石学家や収蔵家が酒匂本と類似した墨本を所蔵していたことが知られている。例えば、一八八四年に李鴻裔が潘祖蔭に贈った墨本や、一八八六年に呉大澂が鉄嶺県令の陳士芸から贈られたいわゆる墨水廓填本などがそれである。しかしこれらの墨本はごく最近まで行方不明であった。このため酒匂本と同種類の墨本は、これまで酒匂本ただ一部しか存在しなかった。

最近北京で行われた文物競売会において、一つの好太王碑の墨本が非常に注目を集めた。この墨本は国内のある民間収蔵家が提供したものである。筆者は競売会直前の競売品展示会を訪れ、墨本の全貌を実見する機会を得た。子細に検討した結果、この墨本は一二〇年前、即ち一八八一年に収蔵され、一八八四年に江南の文人の李鴻裔が潘祖蔭に贈った墨本であることがわかった。以下、この墨本の現存状況を述べ、あわせて基礎的な考察を行いたい。

第二節　新発見墨本の現況

この墨本は剪装本である。表装された冊子の内容部分は縦三六㎝、横二五㎝である。墨本は各開葉にしてある。表装に用いられた紙の色は黄色く変色しているが、表装は極めて精巧である。冊子の碑字がある葉は全部で一三四開葉、半開葉毎に二行あり、毎行三字ある。また二開葉の題跋もある。墨本の木質表紙上に暗赤色の紙に書いた題箋があり、「古丸都城北高句麗平安好太王碑　蘇州□□装□」とある。墨本の紙はとても薄い。紙色は灰白で、簾紋がある。

この墨本で特に注意すべき部分は三点ある。第一に、好太王碑の碑文は陰刻であり、もし拓本であれば、紙面は採拓のときに字のへりが凹み、痕跡が残るはずだが、この墨本の紙の大部分は平坦で顕著な字口が見えない。これによりこの墨本はある手本の上に紙を当て、墨鉤廓填という方法で摸拓したものであることが分かる。中国ではこのような方法で作った墨本を「摹（模）拓本」或いは「影拓本」と言う。本稿でこれを「拓本」とは呼ばず、「墨本」と称するのはこのためである。第二に、この墨本の碑字の両側に朱筆で書いた数字記号が見える。これらの記号は表装する時に切り落として、部分的にしか残っていないのもあるが、完全に残っているものもある。例えば、筆者はある頁の碑字の側に朱筆で書いた「西二八」という三字を発見した。こうした現象は、この墨本が最初はたくさんの小さな紙に模拓したもので、製作者は順番の混乱を避けるために紙で番号を付けたことを表している。「西二八」というのはおそらく西面の第二行第八紙の意味であろう。このような小さな紙で番号表記をする方法は、現在日本東京国立博物館に所蔵される酒匂景信本の製作方法とよく似ている（口絵1参照）。第三に、この墨本は文字の順番が正しくない部分があり、いくつかの文字は表装の際に間違って配置されたために通読することができない。

この墨本には四つの題跋が附されている。ここには初期墨本の製作と流伝に関する重要な手がかりが記されている。ここで墨本の本来の配列に従ってこれらの題跋を示すと以下のようになる（資料①②④参照）。

題跋の一　高句麗碑

潘司寇加跋送来、即以塵覧。装者為道前街宝墨斎顧翁、呉門第一手也。子璈賢阮足下　　蘊隣頓首

題跋の二　高句麗王墓碑　共四篇　元（この行の下部には朱印があり、印文には「惕夫」とある）

此碑余得自遼左、癸未携之来呉。以一帙転贈中江眉生丈鴻裔、極蒙賞愛。時呉潘文勤公奉諱在籍、見之亦甄異焉。因複来索、既応之矣。故此帙後文勤跋数百言、甲午乃為人窃割以去、異矣。（この行の下部に陽文と陰文の朱印が一つずつある。陽文は「臣」で、陰文は識別できない。）

題跋の三　高句麗王墓碑跋（この行の下部に陽文と陰文の朱印が一つずつある。陽文は「石船」とある。陰文は七字あり、「我家門対少□山」とある。）

高句麗王墓碑在奉天懐仁県東三百九十里通溝口。其文四面刻、従東面起、次南、次西、次北。東面剥蝕、南面十行、西十三行、北九行、行皆四十一字、高三丈余。碑為広開土境好太王立、攷東鑑提綱、広開土王立於晋太元十八年癸巳、其六年為戊戌、七年為己亥。今碑云八年戊戌、九年己亥、則差一年。前有西川王、晋泰始七年立、八年為戊戌、与碑文合。此石当是西川王紀功之碑。広開土境、臣子尊称之詞、非其号也。

戊戌以前皆紀破百残事、百残即百済、曰残、悪之之詞。十年庚子破倭、則為晋太康元年也。廿年上二字已泐、当為庚戌、晋之永熙元年。其年討東艾余、即疑扶之俗字、即扶余也。漢元帝時、扶余王解扶婁得小児、曰金蛙、立為太子、遷於東海之浜、国号東扶余。高句麗始祖朱蒙即自東扶余出奔沸流水上立国。百済又出自高句麗。然則東夷諸国多本扶余、其後同類呑噬、幾於無歳不戦、即如碑云。十四年甲辰倭侵帯方、又云倭寇潰敗、自是倭入帯方

而高麗救之。然攷西川王十六年伐帯方相去僅二年耳、何以旋救之。而旋伐之則当時之蝸争蛮触亦可見矣。帯方、漢楽浪郡地、見漢書地理志。其自立為国亦不知在何時。破百済後、又云因便抄得加太羅谷男女三百人。攷南斉書加羅国、三韓種也。朝鮮人柳得恭懐古詩引三国史注云、加羅亦作伽倻、或云駕洛。東鑑多載三国与駕洛交兵事、則加太羅谷疑即駕洛、急呼之則為二字、緩呼之則為四字耳。

後列新旧国煙三十、看煙三百。看煙、守墓之戸、国煙、其長也。其民皆取之各城、如漢徙民実陵邑之例。戸有新旧、旧者属民、新則戦勝略定各城也。百済之城凡五十八、多不可攷。惟弥鄒見朝鮮史略云、百済始祖温祚与兄沸流南行、沸流居弥鄒忽、温祚都慰礼城、弥鄒当即沸流旧地、省忽字耳。又北史百済伝有古沙城、此碑沙城上脱一字、或即古字。穣城上一字亦泐。攷東鑑、百済自慰礼城遷都、北至浿沙、南極走壌。又有雉壌城、屢見東鑑。穣上非走字即雉字。壌、此碑皆作穣、観平穣可知也。東鑑又云、燕光始六年慕容熈襲高句麗、攻木底城不克而旋。此碑有木底韓、當即其城。謂之韓者、指其人民。東国皆古三韓濊貊之地、故其民通曰韓、亦曰濊。碑所列有鴨岑韓、客賢韓、巴奴城韓、而総冠之曰新来韓濊。蓋以是爾新来各城中有牟婁。按、漢志無慮属遼東郡、牟婁疑無慮之転音、師古注謂即醫無閭。按、周礼職方氏幽州其鎮曰醫無閭、鄭注在遼東、以地証之亦合。又有若模盧城、晋書東夷伝稗離諸部有模盧国、北史勿吉旁有大模盧国、或即其地而高麗并之。牟婁、若模盧外、又有古牟婁城、若模盧城。若或古字之誤、其城既遷、因於旧城加古字以別之。其余旧属各城、惟南蘇新城屢見於史。東鑑晋元康六年、慕容廆侵高句麗、王以北部大兄高努子為新城太守、努子有威声、廆不敢犯。又隆安四年、燕王盛以高句麗礼慢、自将拔南蘇新城。朝鮮史略唐貞観二十一年伐高句麗、攻南蘇拔之。此必在高麗西境与燕接壌、故屢受兵歟。他如売句余即為句茶、史略太武神王賛云、扶余奔竄而自避、句茶畏威而来降。太武為東蒙之孫在東漢初、則其地之入高麗久矣。

又攷百残之役、王渡阿被水迫其国城、百済国都北至浿沙。而水経注云、余訪蕃使者、高句麗城在浿水之陽、意阿被水、即浿水。国語不同耳。二国以此水為界、高麗在此北、欲伐百済必渡水撃之也。碑以住為往、冊為開、遝為還、板為叛、羸為羸、皆与六書不合。南面盪剌上西歳二字、疑是囲截。鎧鉀上苾稚二字、疑是収穫、未可臆定。其余不可弁者約十余字。

東国石刻平百済碑在唐初、此碑更前数百年、従来未著録。光緒六年、辺民斬山刊木始捜得之。豈非顕晦有其時邪。東鑑西川王薨後四年、慕容廆来侵、至故国原、見王冢発之、役者暴死、聞壙内有楽声、乃引退。此墓素著霊異、千秋片石巍然無恙有以也。

夫時甲申仲秋、鄭盦尊丈出以見示、謹攄所見詮次如右。長州葉昌熾菊裳（署名の下に葉氏の生年の印章があり、印文には「丙午生」とある。）

題跋の四

是碑余以光緒辛巳客鳳凰城時得之。碑在懐仁県之通溝口、今有分防巡検駐焉。東瀕鴨淥江、西則佟佳水、経通化、東南流、歴懐仁之黒熊溝、至是与鴨緑合、水勢迅急、古所謂沸流水者也。墓之南有廃城遺址、周十数里、土人以高麗城呼之、当即魏土(3)（志）所謂丸都者。其西南諸山、非懸車束馬未易攀陟、毌邱倹之東銘不耐乃其遺墟。同治以前為鹹廠辺門外封禁之地。光緒建元後、乃馳禁開墾為懐仁県境。設官莅治、皆吾邑陳海珊観察本植之功、余佐幕其間。友人祥苻章幼樵樾首任県事、既得此碑摹搨見貽、故携之呉中、装池為帙也。（文末に陰文、陽文の朱印が一つずつあり、上の陰文は「超□」、下の陽文は「子翱」である。）

ここで指摘しておきたいのは、題跋の一に「潘司寇加跋送来」とあり、題跋の二でも「此帙後文勤跋数百言」とあることである。「潘司寇」および「文勤」とは、皆清光緒年間の刑部尚書、工部尚書である潘祖蔭を指す。これにより、最初この墨本の後部には潘祖蔭の跋文が附されていたと断定することができる。しかし筆者の見たところでは、潘氏の題跋を発見することはできなかった。題跋の二に「甲午乃為人窃割以去」とあることから考えて、潘氏の跋文はこの墨本が流伝する過程で何者かによって盗まれたのであろう。潘氏の跋文には好太王碑に関する考証が含まれていたと思われるが、もはやその内容を知るすべはなく、誠に残念と言うほかない。

第三節　題跋の作者と書写年代

この新しい墨本の史料価値を探るためには、まず墨本の製作年代を明らかにしなければならない。そのためには上述の四種類の題跋の作者は誰か、そしてそれはいつ書かれたのかを明らかにする必要がある。

題跋一は、子璈という字を持つ人物に宛てたものである。子璈の下部の「賢阮」とは「賢侄」の意味である。ここから題跋者は子璈という字を持つ人物とは叔父と侄で呼び合う仲であったことが分かる。題跋の署名は「蘇鄰」である。蘇鄰とは清同光年間江南文人李鴻裔の別号である。『中国歴代書画篆刻家字号索引』、『中国人名大辞典』等によると、李鴻裔は清四川省中江の人で、字は眉生、別号は香巖である。道光十一年（一八三一）に生まれ、光緒十一年（一八八五）に死去。咸豊年間に挙人になり、江蘇按察使まで上がった。辞任した後、蘇州に居を定め、住居が蘇子美の滄浪亭に近かったので「蘇鄰」と号した。『蘇隣詩集』を著す。筆者は筆跡を確認するため題跋一の文字をほかの李鴻裔の筆跡と比較したが、真筆に間違いない。したがって題跋一は「李鴻裔題跋」と呼んでもよいであろう。

李鴻裔の履歴、および題跋にこの墨本の表装者が呉門（古代における蘇州の別名）宝墨斎の顧氏とあることから、この墨本が最初に表装された場所と題跋の書かれた場所はともに蘇州と考えられる。李鴻裔は一八八五年に死去したため、彼がこの墨本に題跋を書いた時期はこの時より下らないはずである。

　題跋一にいう潘司寇は、清光緒朝の刑部尚書、工部尚書の潘祖蔭を指す。『中国人名大辞典』などによると、潘祖蔭（一八三〇～一八九〇）、字は伯寅で、号は鄭盦であり、江蘇省呉県の人である。咸豊二年に進士になり、官は工部尚書に至り、文勤と謚された。収蔵に意を注ぎ、蒐集した金石は膨大な量に昇る。その著書には『滂喜斎叢書』と『功順堂叢書』等がある。潘祖蔭は京城で官途に就いていた頃、父親の喪に服するため故郷の呉県（清蘇州府の所轄地の一つ）に帰ったことがある。それは一八八三年四月から一八八五年五月の間のことであった。このことについては、「潘祖蔭年譜」[4]、「潘祖蔭墓誌銘」、「葉昌熾墓誌銘」[5]、などにみえる。

　李慈銘撰「工部尚書兼順天府尹潘文勤公墓誌銘」[6]によれば、潘祖蔭は「五十四歳（一八八三年）正月、丁光禄公憂、四月扶輀還葬。五十六歳（一八八五年）五月、服闋至都、属兵部尚書、仍在南書房行走。充乙酉科順天郷試正考官。十一月、補工部尚書」とある。即ち、潘祖蔭は一八八三年四月に父親の光禄公の霊柩車に伴なって呉県に帰郷し、一八八五年五月に父親の服喪期を終えて北京に帰り、官職を回復された。そして、題跋二にある「時呉潘文勤奉諱在籍」の一句はこのことを改めて裏書きするものとなった。

　潘祖蔭は「諱を奉じて籍に在」った時、蘇州に居を構える文人李鴻裔と非常に親しく交流していた。潘祖年著『潘祖蔭年譜』には、「兄（潘祖蔭）奉諱在里、杜門不出、唯与李香岩廉訪鴻裔以学問相切、劘書簡来無虚日」[7]とある。李鴻裔の題跋に「潘司寇加跋送来、即以塵覧」とあるのは、この跋が潘祖蔭が亡父の喪に服している時期、つまり一八八三年四月から一八八五年五月の間に書かれたことを明示している。この年次はこの墨本の年代を判断する一つの手がかりとなろう。

　題跋二と題跋四の内容は相互に補い合い、書体と筆跡もまったく同じであることから、同一人物によって書かれたと考えられる。両題跋には印章が五箇所に押されていて、筆者はまだすべてを識別できない。しかし題跋一に書かれた「子璈」、および題跋二の「惕夫」印、題跋四の「子翺」印、題跋三の「石船」印などに基づいて、題跋二と題跋四の作者を李超瓊という人物であると判断する。『中国歴代人名大辞典』の記載によると、

李超瓊、清四川合江人、字紫璈。同治十二年挙人、暦官陽湖、江陰。光緒三十三年任上海知県、有循声。公余喜賦詩、書法縦横灑落、別有意趣。有《石船居詩集》。(8)

とある。その大意は、李超瓊は清四川省合江の人で、字は紫璈。同治十二年（一八七三）に挙人になり、陽湖、江陰の官を歴任した。光緒三十三年（一九〇七）上海知県に任ぜられ、世評が高かった。余暇に詩を善くし、また書はのびやかで、格別な趣がある。著書に『石船居詩集』がある。また、清『呉県志』巻六十四「名宦」三の記載には、「李超瓊、字紫璈、又字惕夫、合江人、光緒己卯（一八七九）順天挙人。初以優貢出佐戎幕、保知県、分発江蘇歴任各県、両膺大計卓異、四奉朝命嘉奨」とある。(9)

以上の史料には李超瓊が挙人になる年代において多少の相違があるが、その他の記録はほぼ一致する。これらのことから、題跋一の「子璈」と題跋二の「惕夫」はともに李超瓊の字であることがわかる。また「紫璈」と題跋の「子璈」「子翺」はいずれも字音が同じであり、「zi'ao」と読む同音異字である。また、彼には「石船居」という別号があるので、これは題跋三の「石船」という印文と符合する。

このほか、李超瓊の出身地も李鴻裔との関係を暗示している。李鴻裔は四川中江県の人である。一方、李超瓊は四川合江県の人である。中江県（今の四川省内江市西部にあり）と合江県（今の四川省合江県）は非常に近接している。李鴻裔と李超瓊の父親はおそらく親友の関係にあった。そのゆえにこそ、李鴻裔の題跋に「賢阮」（賢侄）とあるような親密な呼称が現れているのである。以上の考証から、題跋二と題跋四の作者及び李鴻裔の題跋で言及した字子璈の人と

は、李超瓊であることが明らかである。

題跋四にいう「陳海珊観察本植」は奉天将軍崇実が大東溝地方（今集安地区）平定してから始めて現地に派出した地方長官で、この人こそ後の懐仁県の主な創立者である。『安東省・安東県志』巻八・人物・名宦の条の記録によると[10]

陳本植、字海柵（珊）。四川合江挙人。精明強幹、勇于任事。光緒元年（一八七五）、以直隷候補道、経奉天将軍崇実奏調来奉、委辦大東溝善後事宜。時際賊匪初平、民未安謐、公体察情形、无論旗民、凡任地開墾者、概令升科、永遠承種。相度地勢、建設県治、扶綏経劃、咸得其宜。居民安帖、同心感激。二年（一八七六）五月、旗民人等公立徳政碑于県治東北二十里九連城鎮東山之麓、以頌其功。三年（一八七七）任東辺兵備道兼練軍翼長。綏靖有方、辺民楽業。五年（一八七九）、創建啓鳳書院于鳳城、招轄縣士子肆業其中。誘掖奨励、多所成就。辺鄙之地人知向学者、由陳公倡其教云。

陳本植が四川省合江県の出身で、題跋四の「吾邑陳海珊観察本植」の一句も李超瓊と陳本植は同郷であることを証明した。陳本植は現地を管轄する期間に懐仁県創立のため多くの準備をした。光緒三年（一八七七）彼が東辺兵備道兼練軍翼長に転任した。

題跋二と題跋四の内容から、李超瓊は好太王碑の所在地懐仁県の状況に詳しかったことがわかる。彼は現地の地方長官陳本植（海珊）の幕客として、懐仁県設置工作に直接関与したことがある。題跋四に「碑在懐仁県之通溝口、今有分防巡検駐焉」とある。かつて李進熙氏は、清末の通溝地区に巡検の職が設置されたのは光緒四年（一八七八年）と論定したが[11]、この題跋の記事は李氏の考証を裏付けるとともに、題跋の内容の信憑性をも明らかにする。題跋四にみえる「友人祥荇章幼樵槭」は懐仁県の初代県令の章樾である[12]。『宮中檔光緒朝奏摺』等によれば、彼の就任期間は一八七七年から一八八二年である。好太王碑はちょうど章樾の任期中に、彼の部下である文官関月山によって発見されたものである。題跋四のいうところでは、一八八一年（光緒辛巳）に章樾は少なくとも二部の墨本を遼西鳳凰城[13]に客居していた李超瓊に贈ったとのことである。これによれば、これらの墨本の製作年代を一八八一年、或いはそれ以前と判定することができる。

李超瓊は題跋に彼が二部の墨本を李鴻裔と潘祖蔭（潘祖蔭が得た墨本は李鴻裔から転贈されたものである）に贈った経緯を書き記した。潘祖蔭が帰郷して父の喪に服していた時、葉昌熾も彼に随行した。このため、李鴻裔と潘祖蔭が光緒年間にはじめて好太王碑の墨本を入手したことは葉昌熾の著書にもみえる。葉氏の『語石』は以下のように記す。

高句麗好太王碑、在奉天懐仁県東三百九十里通溝口、高三丈余。其文四面環刻、略如平百済碑。光緒六年、辺民斬山刊木始得之。窮辺無紙墨、土人以径尺皮紙搗煤汁拓之。苔蘚封蝕、其坳垤之処、拓者又以意描画、往往失真。乙酉年（光緒十一、一八八五）、中江李眉生丈得両本、以其一贈潘文勤師。共三四十紙、属余為排比攷釈、竭旬日之力、未能連綴。[14]

「乙酉年」とあるのは葉氏の誤りであり、彼の『縁督廬日記』[15]によれば、李鴻裔が潘祖蔭に好太王碑の墨本を贈ったのはその前年の一八八四年であることがわかる。また、李鴻裔が潘祖蔭に贈った墨本が「共三四十紙」とあるのも、やはり誤りと思われる。先に述べたように、新発見の一八八四年潘祖蔭本は一三四葉であるので、『語石』の「三四十紙」という記述の前には「百」という字が脱落していると推測される。

葉氏の記述に比べると、李超瓊の題跋の初期墨本の流伝に関する記述のほうがより具体的である。これまで葉昌熾『語石』の記事によって、李鴻裔（眉生）が一八八四年に最も早く二部の好太王碑墨本を入手したことは知られていたが、どこから手に入れたのかは不明であった。このたび新たに見つかった墨本はこの事実の空白部分を補填した。

この二つの題跋は恐らく同時期に書かれたものではない。題跋四の年代がやや古く、題跋二はその後に書かれた。

外見から見て題跋四は題跋三の葉昌熾の跋文の後ろの余白に記されている。これにより題跋四は葉昌熾の跋より後に書かれたことが明らかである。葉昌熾の跋文には「甲申（一八八四年）仲秋」とあるので、題跋四が書かれたのはこれよりも遅い。おそらく葉昌熾が跋を作って間もなく書かれたと思われる。題跋二は潘祖蔭を記すときに諡の文勤を使っているので、その製作年代は潘氏が死去した一八九〇年一〇月三〇日以後であることがわかる。また題跋二には甲午年（一八九四）に潘祖蔭の題跋が失われたとあるので、さらに進めて題跋二は一八九四年以降に書いたことがわかる。

最後にいまひとつ注目すべきは、題跋二の標題の下部にある「共四冊」と「元」という記述である。これはこの墨本がはじめ四冊に表装したことを表している。「元」は番号を表しており、第一という意味である。中国古代の文人は書籍に番号を付ける際、「一、二、三、四」を「元、亨、利、貞」というように、しばしば数字の代わりに漢字で書きあらわした。つまり「元」とは四冊の中の第一冊にあたる。以上の状況から題跋二は初めに第一冊の題箋として貼付され、四冊に分けて墨本にされた後、再び一冊に合訂されたことがわかり、その時期は甲午年（一八九四年）以降と考えられる。また、現存の冊子の表紙の題箋の筆跡（「古丸都城北高句麗平安好太王碑」）と題跋二及び題跋四の筆跡は同一なので、新発見の墨本の冊子の題箋も、李超瓊の手によるものと考えられる。以上に述べた題跋と題箋の状況から、この墨本は李鴻裔から潘祖蔭の手に渡った後、最終的には李超瓊の手に戻ったことがわかる。

題跋三の署名は清末の著名な金石学者葉昌熾である。葉昌熾は好太王碑のために作った千余字に及ぶ長文の跋において、碑文の内容について膨大な考証を行っている。彼は碑文を釈読しただけでなく、碑文に記された史実についても考証した。彼はこの碑を高句麗西川王の紀功碑と論定したが、これは今日では明らかに誤りである。跋文末尾に「甲申（一八八四）仲秋、鄭盦尊丈出以見示、謹拠所見詮次如右」とあるのは、この題跋が一八八四年の陰暦七、八月の間に書かれたことを表している。潘祖蔭が葉昌熾に好太王碑の考証を委嘱したことについては、葉昌熾の『縁督廬日記』に次のように記される。

（甲申年、清光緒十年、一八八四年陰暦七月）廿二日、鄭盦丈出示高句麗王碑。其碑在奉天懐仁県、高三丈許、四面刻字、前人無著録者。此本逐段逐字拓之、必須聯綴成文方可読也。

（同年七月）廿五日、閲朝鮮史略及東国通鑑、高句麗碑、以文中八年戊戌・九年己亥考之、乃是西川王紀功碑也。

（同年八月）初一日、連日録高句麗碑全文、至是方卒業。約一千数百字、有十余字不可聯属、別紙録之。

（同年八月）初二日、作高句麗碑跋一首。

（同年八月）初五日、李香岩丈介居停、以急就拓本見贈、索観高句麗碑跋。（介居停は臨時住所を訪れる意味）[16]

これらの記載から、潘祖蔭が墨本を提示して葉昌熾に考釈させた具体的な時期が光緒十年（一八八四）七月廿二日であったこと、および葉昌熾が好太王碑について跋文を書いたのが同年八月二日であったことがわかる。また跋文のほかにも、八月一日以前に葉昌熾は碑文を書き写していた。

以上に取上げた四つの題跋の内容の考証と葉昌熾『語石』『縁督廬日記』等の記載を考え合わせると、新発見の墨本の製作年代と初期の流伝状況は以下のように復元することができる。

一八八一年、東北地方の文人である李超瓊は遼西鳳凰城において、友人の懐仁県令章樾から好太王碑の墨本（少なくとも二部）を贈られた。一八八三年（光緒九年癸未）、李超瓊は墨本を蘇州に運び、そこで各々を四冊に分けて表装した。一八八三年から一八八四年の間に彼は一部を蘇州の文人李鴻裔に贈った。のちに潘祖蔭の求めに応じて、李鴻裔を通じて服喪中で故郷にいた潘氏にもう一部の墨本を贈った。これはおそらく光緒十年（一八八四）七月廿二日以前のことと思われる。本章で紹介している新発見の墨本はまさにこれである。潘祖蔭は墨本を読んで数百字にわたる跋文を作り、跋文と墨本を李鴻裔に渡して見てもらった。一八八四年七月から八月にかけて、潘祖蔭は、今度は墨本を葉昌熾に渡して考証を任せた。しかし錯簡が多かったため、葉昌熾は旬日（十日間）をかけても碑文の綴り合わせができなかった。こうした状況のなか、葉昌熾は録文と一三〇〇字あまりにわたる長文の跋を作り、彼自身がこの碑について考証した結果を記した。葉昌熾の題跋の後ろには李超瓊も跋文を附し、墨本の由来を説明した（題跋四）。一八八五年、潘祖蔭は墨本を携えて北京に帰った。一八八六年以前に、金石学者の呉大澂が北京でこの墨本を実見しており、彼はこの墨本を「墨水廓填之本」と称した(17)。

この最初に北京に伝えられた好太王碑墨本は、やがて潘祖蔭の手を離れた。一八八九年に潘氏はこの墨本を京城の文人黄再同（字は国瑾、貴州貴筑の人。一八四九年生まれ、一八九一年卒。光緒丙子年の翰林である）に贈った。これについて葉昌熾は日記に「鄭盦丈以好太王碑贈再同、而余所作跋文一首及釈文、仍欲索帰、因与本甫（黄本甫、再同の息子）分録之、黄昏始畢」と記している(18)。ここにいう「余所作跋文」とは今回発見された葉氏の跋文を指すと思われる。この日記の記述によれば、一八八九年、彼は黄再同の息子の黄本甫とともに自分が書いた跋文と釈文を再び書き写したが、この跋文と釈文については今日行方がわからない。

一八九四年以後、李超瓊は再び跋文を作り、この墨本の流伝の経緯を記した（題跋二）。同時に彼は四冊に分かれた墨本を一冊に合訂した。この墨本がいかにして黄再同の手から再び南方の李超瓊のもとに戻ったかについては、目下のところ不明といわざるを得ない。

第四節　新発見墨本の学術的価値

一二〇年の時を経て、李鴻裔が潘祖蔭に贈った墨本は今ようやく世に現れた。この墨本の出現は清末金石学者の著述を傍証しただけではなく、今日の研究者に新たな史実と研究の手がかりを提供した。新発見の墨本とその題跋に関する基礎的考察を通して、筆者は以下のような結論を得た。

第一、最近まで学界で好太王碑の最古の墨本と考えられていたのは、日本の酒匂景信本（一八八三年に懐仁県当地で獲得した）であった。ところが新たに発見された墨本の年次記録は酒匂景信本よりさらに古く、現存の好太王碑墨本の中で最初期の墨本である。この発見によって好太王碑墨本の製作年代は一八八一年以前にまで溯った。

第二、新発見の墨本は碑石を焼いた時期の下限を新たに確定した。好太王碑の発見後、現地の人は碑石を覆った苔蘚をはらうために碑石を焼いたことがあるが、この墨本は碑石を焼いた後の様相を反映しているので、これより前に焼かれたことが分かる。従来の研究では好太王碑発見後の焚碑と墨本の製作開始は、二代目の懐仁県令陳士芸が就任した一八八二年以後と考えられていたが[19]、この見解は改めて検討する必要があろう。前掲の題跋の内容から考えて、碑が焼かれ墨本の製作が始められたのは一八八一年以前と思われる。

第三、潘祖蔭は北京の金石学者の中で最も早く好太王碑の墨本を手に入れた人である。新発見の墨本は潘祖蔭が墨本を得た時期と場所について新たな証拠を提供した。先に挙げた葉昌熾「奉天一則」（『語石』所収）の「乙酉年、中江李眉生（鴻裔）丈得両本、以其一贈潘文勤師」という記事について、武田幸男氏は葉氏の『縁督廬日記』の記事をもとに、「乙酉年」とは葉氏の記憶違いであり、それは前年の光緒甲申の年（一八八四）のことであると述べた。その後、古畑徹氏は、『潘祖蔭年譜』にもとづいて同様の結論を出した。(20) 一八八五年五月に潘祖蔭は北京に帰った。ここから好太王碑墨本は彼が北京に持ち帰ったことが容易に推測される。つまり、上述の史料はみな、潘祖蔭が李鴻裔から墨本を贈られた場所が呉県であり、その時期は一八八三年から一八八四年の間であることを証明しているのである。今回の新発見墨本にみえる李超瓊の跋文は、李鴻裔と潘祖蔭が蘇州と呉県で墨本を入手した経緯を詳細に記述しており、上述の結論に対して新しい史料を提示したといえる。

第四、新発見の墨本は、好太王碑の発見時期を判断するための間接的な証拠を提供した。従来の研究では碑石の発見時期について「同治末年説」「光緒初年説」「光緒二年説」「光緒三年説」「光緒六年説」「光緒八年説」など諸説紛々であった。その中でも筆者は葉昌熾の光緒六年（一八八〇）発見説に賛同する。先に述べたように題跋二と題跋四の作者李超瓊は懐仁県の初代県令章樾の友人であるので、彼は墨本を入手した際に間違いなく章樾から碑石の発見経過を聞いている。また、彼は墨本を李鴻裔と潘祖蔭に贈った時にこうした情報を二人に当然伝えたはずである。当時潘文勤の身近にいた葉昌熾も当然これらの情報を知ったであろう。葉昌熾の跋文で好太王碑の方位、向き、行数および各行の字数について極めて詳細に書かれているのは、そのことを裏書する。このようにみると、葉昌熾が跋文にいう「光緒六年、辺民斬山刊木始捜得之」は単なる空想ではなく、章樾の証言に基づいたものと考えられる。要するに、新発見の墨本はこれまで葉昌熾の主張する碑石の光緒六年発見説を側面から補強するものといえる。

第五、新発見墨本の流伝が始まった一八八一年は、まさに懐仁県令章樾が在任していた時である。ここから推測されるのは、章樾と関月山および懐仁県の下級官吏たちがこの墨本を作ったということである。日本の酒匂景信本（以下、酒匂本と略す）は一八八三年に入手したものである。しかしながら、これは酒匂本の年代の下限にすぎず、実際にはこれより前に作られたのかもしれない。こうして考えると、酒匂本は潘祖蔭蔵本と同じく章樾と関月山らの人たちによって作られた可能性が高い。

第六、新発見の墨本には、中国の著名な金石学者葉昌熾による千字余りの長きに及ぶ跋文が附されている。葉氏は清末の中国で好太王碑碑文を考証した最初の学者の一人である。これまで考証成果が彼の他の著作に見えないため、その見解はあまり知られていなかった。今回の葉昌熾の跋文の発見は、中国学者による初期の研究状況を知らしめることとなった。

第七、新発見の墨本は初期の墨本製作方法に関する実物資料となる。かつて日本の末松保和氏は酒匂本のような墨本は何らかの初期の拓本をもとにして直接墨鉤したものであると述べた(21)。新発見本と酒匂本の両種の塡墨本を子細に観ると、これらの紙面はすべすべして凹凸がなく、両墨本は同一の手本から模拓されたものと推定される。しかしこのような手本が原石拓本であるかどうかは判断できない。同時に、これらのような初期墨本は、その製作に際して多くの方法が行われたと考えられる。筆者の観察したところでは、新発見本と酒匂本のいくつかの文字にはわずかではあるが軽くたたいて採拓した痕跡が残っている。これは、両墨本の一部の文字が、まず軽くたたいて字形を採拓し、その後塡墨する方法で作られたことを物語る。初期塡墨本の製作方法については、後考に俟ちたい。

第八、新発見墨本は、学界を席捲する酒匂本に関する議論に対して、実物の証拠を提示した。酒匂本は多年に亘って好太王碑研究者の主たる関心事であった。その製作者や製作方法をめぐっては、学界において異なった観点が混在する。新発見の墨本の観察によって、当本が模拓の方法によって作られた墨本であることが明らかになった。新発見本と酒匂本の文字筆画は基本的に同一である。両本の比較を行うことが、酒匂本論争を解決する一助になると考えられる。

第五節　新発見墨本と酒匂本との文字比較

今回の新たに発見された墨本は、酒匂本の碑字の検証にまたとない機会を作ってくれた。酒匂本と新発見本はすべて一九世紀八〇年代初めに作られた墨本で、製作年代が近い上に、両本とも模拓という方法で製作された墨本である。以前、筆者は日本の東京国立博物館が所蔵する酒匂本を二度に亘って実見し、新発見本を観察するにあたっても酒匂本の複写を参考にした。この比較考察を通して以下のような結論を得た。

(1)二部の墨本の墨の色が違う。これは酒匂本が日本で表装する時、少なくとも一度墨を入れたことがわかった。このため碑字の周囲の墨色は濃い。新発見本も少量の填墨痕跡はあるが、基本的に墨本本来の状態を保っている。新発見本を通して酒匂本のもとの姿を推測することができる。（資料③参照）

(2)両墨本は直接原碑から採拓したのではなく、模拓の方法で製作されたため、筆画が同じ碑字でも細かいところまで同じとはいえない。

(3)筆者は議論になっている文字と筆画が特殊な文字について比較を行った。例えば第1面2行2字の「幸」は、両本とも「車」字の半分に誤る。第1面3行5字の「然」字、第1面3行10字の「沸」字、第1面6行13字から17字の「九月廿九日」の五字、第1面9行6字から14字の「倭以辛卯年来渡海破」の九字は、両本の筆画はほぼ同じである。第1面5行19字の「振」字は、両本とも「柳」の古体字に誤る。第1面7行39字の「牛」字は、両本とも「用」字に誤る。第1面7行41字の「群」字は両本とも「兼」字に誤る。第2面3行26字の「百」は両本とも「交」の草書体に誤る。第2面4行7字の「而」字は両本とも「百」字に誤る。第2面9行36字から39字の「倭寇大潰」の四文字は両本とも「倭満倭潰」に誤る。

(4)中には両本で筆画の異なる碑字も存在する。例えば、第1面3行27字の「天」字については、酒匂本は「因」としたが、新発見本は「天」に近い。また、第1面9行25字の「渡」字、第2面6行39字の「與」字、第4面8行12字の「盡」字、第4面9行25字の「擅」字は、両本では筆画に微妙な違いがみられる。

両本の基礎的比較を通して、大部分の文字の筆画が同じであること、中には原碑の文字が欠損しているために誤写した部分も同じであるものも少なからず存在することが明らかになった。ただ、一方ではわずかながら両本で筆画の異なる文字が存在する。これらの違いは恐らく墨本の製作者が模拓の過程で文字の筆画に対する理解が異なっていたことと関係がある。以上に述べた両本碑字の比較により、筆者は酒匂本が流伝する過程で意図的に改ざんされたのではないと考える。従って酒匂本改ざん説については直接的根拠を欠いたものといわざるを得ない。

註

（1）李進熙「広開土王陵碑文の謎――初期朝日関係史上の問題点」『思想』第五七五号、一九七二年五月、同『広開土王陵碑の研究』吉川弘文館、一九七二年一〇月

（2）筆者が一九九四年六月二三日と同一〇月一一日に北京の張明善氏を訪問した際の記録による。

（3）「土」字は誤字であるので、作者に「志」字に書き直された。

（4）潘祖年「潘祖蔭年譜」沈雲龍主編『近代中国史料叢刊』第一九輯、文海出版社、に所収。

（5）曹元弼撰「葉侍講墓誌銘」汪兆鏞輯『碑伝集三編』第二冊所収。また沈雲龍主編『近代中国史料叢刊』続編第七三輯、文海出版社、に所収。

（6）李慈銘撰「工部尚書兼順天府尹潘文勤公墓誌銘」、汪兆鏞輯『碑伝集三編』第一冊所収。また沈雲龍主編『近代中国史料叢刊』

続編第七三輯、文海出版社、に所収。
(7) 潘祖年「潘祖蔭年譜」、沈雲龍主編『近代中国史料叢刊』第一九輯、文海出版社、に所収。
(8) 張撝之等主編『中国歴代人名大辞典』上海古籍出版社、一九九九年、第一〇〇八頁
(9) 中国地方志叢書『呉県志』巻六四・「名宦」三、台湾成文出版社影印、第一一一九頁
(10) 王介公修・于雲峰纂『安東省・安東県志』中国地方誌叢書・東北地方・第十八号、民国二十年鉛印本、台湾成文出版社影印
(11) 李進熙「広開土王陵碑をめぐる論争」『青丘学術論集』二、一九九二年
(12) 古畑徹氏は『宮中檔光緒朝奏摺』（第二輯、故宮博物院、一九七三年）の盛京将軍崇綺等の上奏「奏為知県姻親回避同府折」、および盛京将軍崇綺の上奏「奏陳雖員調補要缺知県折」に基づいて、章樾の懐仁県令に就任した時期と離任した時期を、それぞれ光緒三年（一八七七）九月と光緒八年（一八八二）七月から九月の間と論定した。古畑徹「広開土王碑の発見・採拓に関する若干の史料紹介」『朝鮮学報』一一三輯、一九八七年
(13) 遼寧省丹東西部を指す。清代にはここに直隷撫民府が置かれた。すなわち鳳凰庁であり、これは今の中国遼寧省鳳城県にあたる。
(14) 葉昌熾「奉天一則」『語石』蘇州振新書社、一九〇九年
(15) 武田幸男氏は葉昌熾『縁督廬日記』にもとづいて、葉氏が記した出来事は前年の光緒甲申の年（一八八四）のことであると指摘した。武田幸男「広開土王碑おぼえがき（下）伝承のなかの原石拓本」『ＵＰ』一八五、東京大学出版会、一九八八年三月。
(16) 葉昌熾撰、王季烈輯『縁督廬日記』（呉相湘主編『中国史学叢書』台湾学生書局、一九六三年所収）の清光緒甲申年（一八八四年）七月廿二日の条、七月廿五日の条、八月初一日の条、八月初二日の条、八月初五日の条を参照。
(17) 呉大澂の一八八六年の日記『皇華紀程』二月初五日の条を参照。
(18) 葉昌熾撰、王季烈輯『縁督廬日記』己丑二月十八日の条を参照。
(19) 李進熙「広開土王陵碑をめぐる論争」『青丘学術論集』二、一九九二年、七一頁

（20）古畑氏は葉昌熾の日記と潘祖年の『潘祖蔭年譜』をもとにして、一八八四年には潘祖蔭も李眉生も、そして葉昌熾も北京にはおらず、潘祖蔭の故郷である呉県（今の蘇州）にいたと指摘した。潘祖蔭はだいたい一八八三年二月から一八八四年七月の間に李眉生から拓本を送られたと推測された。古畑徹「広開土王碑の発見・採拓に関する若干の史料紹介」『朝鮮学報』第一二三輯、一九八七年

（21）末松保和「好太王碑と私」『古代アジア史論集』上巻、吉川弘文館、一九七八年所収。

第四章　高句麗好太王碑の初期拓本製作者李雲従考

第一節　緒　言

好太王碑が発見された時は、碑石が苔蘚に覆われ、碑の文字も風化していたため多くを読むことができず、明晰な拓本が採り難かった。採拓のために現地の拓碑者は、牛糞を碑面に塗り火で焼いた。これは一八八〇年から八一年のことである。焚碑のあと苔蘚は除かれたが、碑面の一部も剥落してしまった。これにより碑字の一部も損なわれ、取り返しのつかない損失を被った。一八九〇年代の前半に現地の拓工はまた、碑石の表面が凹凸で採拓し難いため石灰で欠けた部分の碑字を補修した。これにより一部の碑字が本来の姿を変えた。このように石灰を塗られてから製作された拓本は、研究者に「灰後本」や「石灰拓本」と呼ばれる。一方、清末の金石文献の記録によれば、石灰拓本が出る前に現地でまた別の種類の拓本も製作されたという。このような拓本は石灰を塗らずに原石そのままを採拓したので、一部の研究者に「原石拓本」ともいわれた。歴史上にいったい何部の原石拓本が製作されたのか、いまはもう知ることができない。清末の金石文献によれば、少なくとも五、六十部あったはずである。好太王碑碑文の本来の姿を追求するため、長期にわたり東アジア各国の学者は碑の現地調査をするほかに、好太王碑の原石拓本を探してきた。

各国の学者の絶え間ない努力によって一二種の原石拓本が世に知られるようになった。

この一二種の原石拓本はすべて碑石に石灰が塗られる前に採拓されたもので、碑字の様相は大体同じであるが、採拓技術、碑字の着墨状態などの面においては各拓本間の差異も少なくない。したがって製作年の前後関係について、正確な年代判断が必要になってくる。拓本の編年研究で主な根拠として使われたのは、やはり清末の金石収集家たちが書いた記録である。

好太王碑原石拓本に関する伝承の中で最も著名なものは、一八八九年に清朝の金石学者の潘祖蔭、盛昱[1]などが琉璃廠の拓工の李雲従を派遣して拓本を作らせたことである。李雲従は清末の北京琉璃廠ではかなり有名な拓工で、金石碑帖の道に精通していた。彼の拓技は優れていたので、製作した好太王碑拓本は京師の官吏と学者に精拓本と讃えられ、競って買われた。これら一二種の既知の原石拓本中、少なくとも一種（韓国の任昌淳蔵本と北京大学A本）が附する跋文から李雲従拓本と判断でき[2]、この他一〇種類のうちにも、李雲従拓本と考えられるものが多い。それらは拓技の細密周到さ、着墨の均等さ、字体がすっきりと痩せていること、原碑字の精気を失っていないことなど、研究と収蔵の上で上質なものであるとすぐに分かる。特に称えるべきは、李雲従拓本は碑石が焼かれて剥落したところにも着墨して、その後の石灰拓本に見えない残留碑字も見えていることである（たとえば、第1面9行41字の「残」、第3面1行27字の「辞」、第4面1行5～8字の「七也利城」など）。

一八八九年（光緒十五）に李雲従が懐仁県に行って採拓したことは、好太王碑初期拓本の製作史上において最も重要な出来事の一つである。しかし、当時の金石学者たちの記述がそれぞれ異なるので、今日の学界でも李雲従が好太王碑を採拓したことの実態をいまだに明らかにできていない。たとえば、李雲従がいったいどのような人物であったのか、彼が光緒期の金石学者とどのような交流をしてきたか、首都の金石学者がなぜ彼を拓碑に行かせたか、李雲従が何度懐仁県に行って好太王碑を採拓したか、彼がいったい何部の好太王碑拓本を製作したか、などである。これらの問題は、中・日・韓・朝の学者の間で議論が交わされてきたが、今日でも多くの点で意見が一致しておらず、李雲従に対する認識も明確ではない。これらの問題を解決しないことには、好太王碑の初期拓本採拓史の研究、初期拓本編年の研究に直接影響を与える。本章は、これらの問題に基づき琉璃廠碑估李雲従の経歴および好太王碑拓本製作との関連を探究する。

第二節　清末碑估李雲従行跡考

文化商品の集散地としての北京琉璃廠

琉璃廠は、北京城南の和平門の外にある。遼代の御史大夫李内貞の墓誌(3)の記載によれば、遼代の琉璃廠周辺は小さい村で名を「海王邨」といった。元朝になると北京で宮城を建設し始めたため、宮廷建築用の琉璃瓦がたくさん必要になった。そこで海王邨が皇室専用の琉璃窯廠になって名前も琉璃廠に変わった。清康熙朝以後、北京の文物商人が次第に和平門外の琉璃廠に集まってきた。琉璃廠の繁盛は、清中期以後の北京の文化風習と密接な関係があった。清乾隆年間には朝廷が大勢の文人学者を集めて『四庫全書』の編纂に従事させた。この重大な文化事業が大いに琉璃廠の古書業および骨董業に繁栄をもたらした。まさに金石学者繆荃孫が言ったように、「時四庫館開、文士雲集、四方書籍、聚于輦下、為国朝極盛之時(4)」という情況になったのである。

当時、『四庫全書』の編纂に参加した多くの文人学者は校閲、校訂するとき、問題があれば参考書が必要となるので、書物のリストを作り琉璃廠書肆に探しに行った。書店も彼らの必要に応じて人を地方に派遣して書籍を探した。嘉慶年間の文人翁方綱は、このことについて次のように詳しく描写している。

乾隆癸巳（一七七三年）、開四庫館、即于翰林院蔵書之所、分三処。凡内府秘書発出到院為一処、院中旧蔵『永楽大典』内有摘抄成巻彙編成部者為一処、各省採民間蔵書為一処。毎日清晨、諸臣入院、設大厨、供茶飯、午後帰寓、各以所校閲某書応考某典、詳列書目、至琉璃廠書肆訪之。是時江浙書賈奔輳輦下、書坊以五柳居、文粋店為最。(5)

経史の校訂のため清代の文人は古代の書籍を多く買うと同時に、歴代の金石碑帖も多く購入して収蔵した。このように考証学の流行にしたがって、金石学も当時、流行となった。文人たちは衣食を節約し、極端な場合には全財産を惜しまず金石碑帖の収蔵に熱中していた。清末の金石収集家繆荃孫は、一度に拓本を三千種ほど買ったことがある(6)という（繆荃孫『芸風堂金石存目』自序）。もう一人の有名な金石収集家で、拓本収蔵量八千種といわれる葉昌熾は、老後、その一生をかけて収蔵した拓本を売りに出したところ、その量は九つの篋もあった。運ぶには五つの大箱と風呂敷き一つを使った（葉昌熾『縁督廬日記』巻一六、丙辰年六月十一日から十三日）。(7)京師文人の古籍と文物に対する希求が、琉璃廠の文化商業の発展を促したと同時に、文物商人をも育てた。彼らは首都の文人たちとの交際が親密で、常に一緒に検討しあったので、文物の価値と真偽の鑑識における知識は新参の文人より深かった。

廠肆碑估李雲従

「碑估」「碑賈」「打碑人」などはみな清代の人々が碑帖製作と販売をする文物商人に対する称呼であった。『琉璃廠小誌』の統計によれば、清代の琉璃廠に碑帖業専門の店が二、三〇軒もあり、抱えた碑估も百人を下らなかった。当時の大勢の碑估の中で李雲従は最も金石学者に信頼された一人であった。民国年間に、陸和九が『中国金石学』を編集する時、七名の清代石刻拓工の名人の名をあげた。その中には李雲従の名もあった。(8)

好太王碑の初期拓本の採拓者として、李雲従の名は何度も収蔵家の著書に現れている。そのうち、葉昌熾の「奉天一則」(9)と羅振玉の「俑廬日札」(10)の関係記述が、好太王碑研究者によく知られていた。しかし、これらの記述だけでは李雲従その人の全貌をまだ明らかにできないので、次に筆者が収集した李雲従の経歴および人々からの評価などの史料を整理して更なる考察をしてみる。

史料一（清梁溪坐観老人『清代野記』、成都巴蜀書社、一九八八年出版。孫殿起『琉璃廠小記』にも所収、北京古籍出版社、一九八二年）

有若李雲従、直隷故城人。幼習碑賈、長益肆力于考拠。当光緒初年、各衙門派員恭送玉牒至盛京、盛伯羲侍郎、王蓮生祭酒(11)、端匋斎尚書皆在其中。一日、夜宿某站、盛与王縦談碑版、端詢之。王奮然曰、爾但知挟優飲酒耳、何足語此。端拍案曰、三年後再見。及帰、遂訪廠肆之精于碑版者、得李雲従。朝夕討論、購宋明拓本無数。又購碑碣亦無数、其第一次所購、即郛休碑(12)也、以五百金購之(13)、羅列満庭院、果不出三年而負精鑑之名矣。雲従為潘文勤所賞識、有所售、輒如数以償。故雲従得以揮霍十余年、終以貧死。

史料二（葉昌熾「遼金五則」『語石』巻一、蘇州振新書社、一九〇九年）

遼碑文字皆出自釈子及村学究、絶無佳蹟。間有不書大遼書大契丹者、猶之拓跋氏代魏兼書、示不忘本之義也。同治以前出土尚少、孫氏訪碑録(14)不及五十種、趙撝叔所続(15)、皆朝鮮碑。系遼紀年者、中国惟咸雍四年清水院蔵経記一刻。光緒四五年、重修順天府志、碑估李雲従承当事之命、裹糧襆被、狂走京畿諸邑、荒村古刹、足跡殆遍。所得遼碑視孫、趙倍蓰過之。余著録遼幢五十余通、皆其時拓本也。

遼之景福与唐昭宗年号同、金之貞元与唐徳宗年号同。然年紀綿遠、書体迥異、著録家不至誤収。惟遼金各有大安、相距不過両周甲子、易滋疑竇。曩時、黄仲弢学士(16)収得一大安碑、以為金刻。碑估李雲従折之云、金大安祇有三年即改元、崇慶此碑立于大安六年、乃遼刻耳。仲弢不覚愧服。

史料三（葉昌熾「求碑因宜地一則」『語石』巻二、蘇州振新書社、一九〇九年）

古人著録郡邑之外、毎多略而不詳、平津訪碑録亦第有某省某県。好古者往往迷于物色、余所見惟林侗昭陵石跡考詳著第幾列第幾区、村落方向。碑估李雲従毎拓一碑、必于紙背書在某村某寺或某塚、距某県城若干里、可謂有心人也。

史料四（葉昌熾「碑估一則」『語石』巻十、蘇州振新書社、一九〇九年）

余在京師十年、識冀州李雲従、其人少不羈、喜生色。所得打碑銭皆以付夜合資。黄子寿（彭年）師輯畿輔通志、繆筱珊（荃孫）修順天府志、所得打本、皆出自其手。荒巌断碉、古刹幽宮、裹糧遐訪、無所不至。夜無投宿之処、拾土塊為枕、飢寒風雪、甘之如飴、亦一奇人也。（中略）筱珊（繆荃孫）在南中得江寧聶某（拓工の聶明山を指す――筆者）、善捜訪、耐労苦不減李雲従。余所得江上、皖南諸碑、皆其所拓、戯呼為南聶北李云。

史料五（繆荃孫『芸風堂金石存目』自序、一九〇六年）（資料⑤参照）

丙子（光緒二、一八七六年）成翰林、供職京師。廠肆所謂帖片者、不甚貴重、当十銭数百即可購得一紙、而旧拓往々雑出其中。時韓小亭観察〈泰華〉、馬硯孫封翁〈書奎〉、瑛蘭坡〈棨〉、崇雨舲〈恩〉両中丞、樊文卿〈彬〉大令所蔵悉帰廠肆、典衣質物而悉収之。又得打碑人故城李雲従、善於捜訪、約潘文勤師〈祖蔭〉、王蒂卿戸部〈頌蔚〉、梁杭叔礼部〈于渭〉、葉鞠裳編修〈昌熾〉、糾資往拓順天、易州、宣化、定州、真定碑刻、大半前人所未見。即遼刻得一百六十幢、其他可知。

史料六（黄任恒「総論」『遼代金石録』、『石刻史料新編』（十）、台湾新文豊出版公司、一九七六年）

繆荃孫芸風堂金石存目自序曰、打碑人故城李雲従善捜訪、約潘文勤師等糾資往拓順天、易州、宣化、定州、真定碑刻、大半前人所未見。即遼刻得一百六十幢、其他可知。葉昌熾語石一曰、遼碑文字皆出自釈子及村学究、絶無佳蹟。間有不書大遼書大契丹者猶之拓跋氏代魏兼書、示不忘本之義也。同治以前出土尚少、孫氏訪碑録不及五十種、趙撝叔所続皆朝鮮碑。系遼紀年者、中国惟咸雍四年清水院蔵経記一刻。光緒四五年、重修順天府志、碑估李雲従承当事之命、裹糧襆被、狂走京畿諸邑、荒村古刹、足跡殆遍。所得遼碑視孫、趙倍蓰過之。余著録遼幢五十余通、皆其時拓本也。又曰、遼之景福与唐昭宗年号同、金之貞元与唐徳宗年号同。然年紀綿遠、書体迥異、著録家不至誤収。惟遼金各有大安、相距不過両周甲子、易滋疑竇。曩時、黄仲弢学士収得一大安碑、以為金刻。碑估李雲従折之云、金大安祇有三年即改元、崇慶此碑立于大安六年、乃遼刻耳。仲弢不覚愧服。

史料七（北京大学図書館蔵好太王碑拓本の陸和九跋文。徐建新「関於北京大学図書館所蔵好太王碑原石拓本」『世界歴史』一九九五年第二号）

右好太王石刻、潘伯寅丈倩工李龍精拓者、題簽即丈親写。其云五分之第三者、即所拓五分之第三次拓者。即此四字、已足証為金石家之詞。龍号雲従、隷古斎所售三闕即李龍手拓、勝王可群手芸多矣。

以上は筆者が見た李雲従の経歴及び他人からの評価の史料である。以下これらの史料に基づき更なる分析を試みよう。

李雲従の名前、出身地と生没年について　李雲従の名前については、王健群氏がかつて次のように指摘した。

張延厚がある好太王碑拓本の跋語（一九二四年）に書いた「李大龍」が李雲従であり、中国人の名前は名と字からなるので、李大龍の大龍はすなわち名で、雲従は字だという。[17] その後、史料から得られた記録により、王氏の判断が正しいと証明された。史料七の陸和九跋文がまず「潘伯寅丈倩工李龍精拓」といい、また「龍号雲従」とある。このほか武田幸男氏は、日本の学者内藤湖南も「盛伯羲祭酒」[18]（一九一一年発表）の中で、かつて盛昱が李龍児を好太王碑の採拓に遣わしたと述べていたことを指摘した。武田氏はまた諸徳彝の『金石学録補付録』の記載から、李龍児が李雲従であると指摘した。[19] 以上の分析から、李雲従は李姓、名は龍、字は雲従である。また大龍、龍児などの呼び名があった。こうしてみれば清末、民国の金石学史料の中にいわれた李雲従、李龍、李大龍、李龍児などは、現実にはみな同一人物を指している。

李雲従の出身地について、史料一『清代野記』（以下、『野記』と記す）に、李雲従は直隷故城の人としている。故城は今の河北省の故県にあり、清代では直隷河間府に属したので、直隷故城といわれた。史料五にある繆荃孫の記述も『野記』と合致する。このほか史料四の葉昌熾『語石』に、李雲従が冀州の人といっているが、冀州のどの県の人とはいっていない。『嘉慶重修大清一統誌』の「冀州直隷州」の条を調べると、冀州は清雍正二年（一七二四）後に直隷州に昇格し、下には五つの県、つまり南宮県、新河県、棗強県、武邑県、衡水県を所轄した。五つの県の中には故城はない。しかし冀州棗強県は河間府故城県と隣り合い、故城は冀州と非常に近かった。葉昌熾は広い意味で冀州と言ったのかもしれない。故城県が位置する河北省東南地域は、古代ではみな九州のひとつの冀州に属した。こうして見ると、李雲従の出身地は、『野記』と繆荃孫の記述のように故城県が正しいとするべきであろう。孫殿起の『琉璃廠小誌』によれば、光緒朝時期に琉璃廠で古書画店を経営する商人の多くは、河北省東南地域から出たもので、李雲従はその中の一人であろう。

李雲従の具体的な生没年について、上に述べた史料はいずれも触れていない。史料二の葉昌熾「遼金五則」は「光緒四五年、重修順天府誌、碑估李雲従承当事之命、裹糧襆被、狂走京畿諸邑、云云」といい、史料五の繆荃孫『芸風堂金石存目』も「又得打碑人故城李雲従、善于捜訪、約潘文勤師〈祖蔭〉、王芾卿戸部〈頌蔚〉、梁杭叔礼部〈于渭〉、葉鞠裳編集〈昌熾〉、糾資往拓順天、易州、宣化、定州、真定碑刻、大半前人所未見」という。「遼金五則」にいう「碑估李雲従承当事之命」の当事とは、順天府誌を編集した繆荃孫を指す。史料五の繆荃孫の記述も葉昌熾の記述を証明している。この二人の記述からは、李雲従が光緒四、五年（一八七八〜七九）にすでに北京の金石学者に重視された著名な拓工になっていたことがわかる。筆者はこのような拓工が二〇歳以下の青年だとは思わない。したがって李雲従の生年は少なくとも一八七八年から二〇年以上前、すなわち一八五〇年代中頃にすべきである。もちろんこれもただ李雲従の生年についての一つの推測にすぎない。

李雲従の没年について、史料一『野記』が「当光緒初年、（中略）一日、夜宿某站、盛与王縦談碑版、端詢之。王奮然曰、爾但知挟優飲酒耳、何足語此。端拍案曰、三年後再見。及帰、遂訪廠肆之精于碑版者、得李雲従。（中略）雲従為潘文勤所賞識、有所售、輒如数以償。故雲従得以揮霍十余年、終以貧死」と記す。この史料によれば、端方が碑版を議論することで盛昱、王懿栄に笑われたため、李雲従に教わったのは光緒初年のことである。上述の李雲従の生年についての推測に従えば、彼が潘祖蔭に重視されたのは、およそ同治末年か光緒初年の間になる。もし『野記』の「雲従得以揮霍十余年、終以貧死」の記述に従うのであれば、李雲従の没年は光緒初年から十余年後の一八九〇年代始めになるであろう。しかし『野記』から推測する、この時間は正確ではない。

日本の古畑徹氏は、葉昌熾の『縁督廬日記』の研究を通して、李雲従の名前が最後に日記に載るのが一九〇七年一一月八日であると指摘した。古畑氏はこれを李雲従がまだ生きている証拠とした[20]。しかし、古畑氏は葉氏の日記の内容を誤解している。葉昌熾の『縁督廬日記』巻十三の丁未年（光緒三十三、一九〇七年）一一月八日の日記にはこうある。

録天福八年郭存実経幢一通。此刻李雲従自山右拓帰、共有八幢。適逢庚子之乱、寄寓徳勝門外禅刹。迻録至第七通、而都城不守、留此一種、匆匆携赴昌平。回京後、遂束高閣。今閲七年之久、猶能従故紙堆中理紛糸而出之、師丹健忘非仏力有以護持之邪。

右の日記の内容はおおよそ次のようなものである。葉昌熾は一九〇七年一一月八日に天福八年の郭存実経幢を書写した。この経幢は李雲従が山右（山西）から持ち帰ったもので、あわせて八通あった。七年前の庚子の乱（一九〇〇年の義和団蜂起）の時、葉氏が北京の郊外に避難する間に第七通まで書写したが、都城の陥落により一通は書写できなかった。そして昌平まで持っていった。後に帰京してもそのままにしてずっと手をつけなかった。七年後の今日になってやっと自宅の古書からそれを探し出した。この内容から分かるのは、葉氏が日記で李雲従に触れているのは、李雲従が庚子の乱の前に持ち帰った拓本を指しているということで、一九〇七年一一月八日その日に葉昌熾を訪ねたとは言っていないことである。したがって、この日記の内容から一九〇七年一一月八日に李雲従が未だ健在であるとは証明できない。葉昌熾の日記によると、李雲従が最後に彼を訪ねたのは一八九七年七月二八日であって、一九〇七年一一月八日は、以前に李雲従が山右（山西省）から持ち帰った拓本を書写した日である。

筆者が調べた李雲従に関する最も新しい記録は繆荃孫のものである。繆荃孫は自ら訂正した『芸風老人年譜』に彼が一八九九年北京琉璃廠で旧友を尋ねた時、李雲従に会っている（繆荃孫『芸風老人年譜』、「光緒二十五年己亥」条。瀋雲龍主編『近代中国史料叢刊』第五一輯第五〇六冊第四八頁）。とするならば、李雲従の没日の上限はこの年にしなければならないだろう。

以上の分析によれば、李雲従の生年は大体一八五〇年代の中頃で、その卒年は一八九九年より後のことであろう。

すなわち光緒初年から一九世紀末まで、李雲従は北京の金石学界で少なくとも二〇年以上活躍していたことが分かる。

李雲従の学識と人柄

潘祖蔭など京師の金石学者の李雲従に対する信頼は、彼が拓碑するときの勤勉さと忍耐精神、また優秀な採拓技術と豊富な石刻鑑識知識によるものであった。光緒四五年に李雲従は繆荃孫、潘祖蔭らの命令に従い、順天、易州、定州、真定などの各地を奔走して多くの前人未見の石刻を採拓した。その中で遼代の石刻は一六〇余種もあり、繆荃孫の『順天府誌志』の再編集事業に大きく貢献した（史料一、五、六を参照）。好太王碑を採拓するときも彼は苦労して多くの精拓本を製作し、首都の金石収蔵者の渇望を満たしたため、更に高い評価を得た[21]。拓碑するときの忍耐強さを葉昌熾は、「荒巌断磵、古刹幽宮、裏糧遐訪、無所不至」といった。彼は拓碑のために風餐露宿に甘んじ、土の塊を拾って枕にし、苦しみを楽しみにする「奇人」であった（史料四）。

葉昌熾は、また李雲従が豊富な拓碑の経験と素養を持っていると認めていた。一部の金石著録者が、ただ「迷于物色」で石刻そのものを重んじ、関連する他の情報の著述を軽視していることも指摘した。李雲従は拓碑するとき注意深く、毎回必ず拓紙の後ろに石刻の具体的場所、たとえば某村、某寺、県城からの距離などを記しておく、と葉氏は述べた。このような注意が、碑の現場に来ることができない金石学者に豊富な石刻の著述史料を提供した（史料三）。

李雲従の石刻考証における知識も、金石学者を感心させた。『野記』には李雲従が幼い頃から拓碑を勉強し、特に考究を重んじると書いてある。文中の端匋斎尚書とは、すなわち清光緒朝に直隷総督の官位まで上がった端方である。『野記』は端方が李雲従と知り合い、李に碑刻鑑識の知識を教わる物語によって、間接的に李雲従の碑刻についての造詣を称えた。端方は李雲従の助けを借り、わずか三年間で京城において精鑑の名を負う金石収蔵家になったという（史料一）。『野記』の作者の梁渓坐観老人は清末民初の人で、生没年不詳。『野記』は清末社会の多くの逸聞故事を記述したものである。坐観老人の記述は同時代の記述なので信頼度がかなり高い。ほかに李雲従は、時々金石学者が石刻を鑑識するとき犯した間違いを指摘している。たとえば、金石家黄紹箕（仲弢）は誤って遼代の大安紀年碑を金代の大安紀年碑としたが、李雲従に一言で喝破された（史料二）。

李雲従は放縦で束縛を受けない人で、お金に節度がなかった。葉昌熾は彼が拓碑で稼いたお金を「皆以付夜合資」、すなわち女性との付き合いに使い果たしてしまったと記し、終には貧しくて死んでしまった（史料一、四）。

以上の史料から、李雲従が北京の金石学者にはかなり好評であって信頼されていたことがわかる。光緒年間に北京の金石学者が李雲従を好太王碑の拓碑に遣わしたのも偶然ではなかった。これは当時の金石学者が慎重に考えた結果であり、彼らの李雲従に対する信頼が一八八九年のあの名碑と名工の出会いを促したのである。

第三節　李雲従の碑帖経営方式と集資による拓碑

李雲従は博古斎の拓工か　清末の文献で李雲従を取り上げる時、よく李雲従は琉璃廠と関連づけられている。たとえば『野記』には「遂訪廠肆之精于碑版者、得李雲従」と書いてある。韓国の任昌淳氏所蔵本の蔡右年跋文に「廠肆博古斎遣工往拓、経数月之久、得十数本」（「工」は李雲従を指す）と書かれている。[22]北京大学図書館蔵本の陸和九跋文にも「龍号雲従、隷古斎所售三闕即李龍手拓」と書かれている。これらの記述によれば、李雲従の碑帖経営が琉璃廠と密接な関係があったことが理解される。それでは李雲従は琉璃廠のどの店の碑估であったのだろうか。

清代末期には琉璃廠に碑帖書画を経営する店が多かった。孫殿起の『琉璃廠小記』の統計によれば、清同治年間から民国初年まで琉璃廠に碑帖書画を経営する専門店は博古斎、隷古斎、大観斎、賞古斎、茹古斎、典古斎、宝古斎、文珍斎など多くあった。[23]蔡右年の跋文によれば、李雲従は博古斎の拓工だったはずだが、本章第二節に紹介した史料七の陸和九跋文では、李雲従が得た拓本を隷古斎に収めたようである。従前、研究者がこの問題についての考察を加えたが、一致した見解が得られなかった。

たとえば李進熙氏は、蔡右年の跋文にいう拓工を派遣して好太王碑拓本を製作した博古斎が、一八八三年以後に存在した証拠がないと考えた[24]。市川繁氏は『琉璃廠小誌』の記録により、博古斎が一八八三年以後に存在した証拠がなくても一八八九年以後に存在した可能性が大きいと考えた[25]。武田幸男氏は、蔡右年の跋文を考察した後、盛昱らは博古斎を通して李雲従拓本を得たが、李雲従はどの店も経営してない、あちこちを回る「個人経営者」ではないかと推測した[26]。中国の文物愛好者の陳重遠氏は、『古玩史話と鑑賞』で『琉璃廠小誌』などの文献に基づき再び琉璃廠老店舗の一覧表を作った。この一覧表には、李雲従の名前が咸豊九年（一八六〇）に開設された宜古斎の店員名簿の中に入っている[27]。陳氏の『古玩史話と鑑賞』は基本的に琉璃廠骨董業の大先輩たちの思い出に基づいて書かれたもので、信頼度がかなり高い。しかし、年代の離れた口述史料は事件、人物、時間などについて間違いやすいことから、この本の記述を研究資料としては利用できない。

李雲従が琉璃廠のどの店に属していたか、現状ではまだ結論が出ない。それでは李雲従がどのように拓本営業をしていたか、彼は北京の金石学者とどんな関係を持ったか、北京の金石学者の集資拓碑はどのように行われたか、だれが好太王碑の採拓に李雲従を派遣した中心人物なのか。これらの問題の解決には李雲従の拓本経営活動に対する考察が必要になる。

琉璃廠商人の経営方式　清末の金石学者の記述によると、琉璃廠の碑帖商人の経営方式はおおよそ三種類がある。第一種は廠肆での販売。すなわち琉璃廠で店舗を経営する商人が拓碑者（時には亡くなった収蔵家の家）から金石碑帖を買い集めて店舗で販売するものである。北京の文人や収蔵者が余暇の時、これらの店舗を回って自分の収蔵したい碑帖を捜す。上述した繆荃孫『芸風堂金石存目』に「廠肆所謂帖片者、不甚貴重、当十銭数百即可購得一紙、而旧拓往々雑出其中」とあるのは、すなわち廠肆での碑帖業経営についての記述である。清乾隆朝で有名な文人の銭大昕も、琉璃廠で多くの石刻拓本の購入を通して金石学の研究を始めたのである。銭慶曽撰の『銭辛楣（大昕）先生年譜』の中に次のように記載されている。

> 二十二年丁丑（乾隆二十二、一七五七年）、年三十歳。（中略）欽取一等一名、授翰林院編修。公事之暇、入琉璃廠書肆、購得漢唐石刻二三百種、晨夕校勘、証以史事、輒為跋尾。収蔵金石文字自此始。(28)

銭大昕の収蔵した貴重な書籍の一部は琉璃廠から手に入れたようである。彼は珍しい『元詩前後集』を手に入れた後、「然近世博雅収蔵之家皆未見此書、予于京師琉璃廠以一百銭得之(29)」と書いている。このほか葉昌熾の日記にも廠肆で購入した記録が頻出する。たとえば、光緒十八年（一八九二）八月二日の日記には「赴廠肆流覧、購頤志斎叢書一部」とある。以上の例はすべて第一種の経営方式を指している。また碑帖の店舗だけではなく琉璃廠のほかの骨董書画を経営する店舗も大体このような経営方式をしていた。

李雲従は長い間外で奔走していたが、琉璃廠の各碑帖店舗とは密接な関係を保っていた。彼は独立した碑估で琉璃廠のどの店舗にも雇われていなかった可能性が高い。彼の琉璃廠碑帖店との関係は、あるいは商品製作者と販売者（仲介商人）という関係だけかもしれない。したがって、彼が拓本を碑帖店舗に売り、店舗がそれを金石収蔵者に転売したときに「隷古斎所售三闕即李龍手拓」（北京大学図書館蔵本の陸和九跋文）という記録が出るわけである。

第二種経営方式は訪問販売、すなわち琉璃廠商人や碑估が需要に応じて拓本を直接金石収蔵者の家に持っていき選ばせるものである。この方式も碑估李雲従の主な経営方式の一つと思われる。

葉昌熾の『縁督廬日記』の記載によれば、李雲従は一八九〇年以後、時々葉昌熾の家に出入りして葉に碑帖書画を売っていた。古畑徹氏は『縁督廬日記』に基づいて李雲従の経営活動の統計をとった。ここでは彼の研究を基に次のような表を作成し、李雲従の活動を探る。

年次	葉昌熾の日記の内容写し
庚寅年（光緒十六、一八九〇）	八月初二日　梁杭叔（于謂）同年来云、李雲従将赴晋打碑、聞鄭盦師新輯山右金石志、属借録一目。 九月十五日　蒿隠来談云、李雲従新有石幢二座、輦至京出售、毎石索価八金。
辛卯年（光緒十七、一八九一）	六月二十三日　李雲従以拓本求售、得二十通。直（値）二十千。内南海廟宋碑八種、房山安禄山造像、曲陽呂恵卿題詩及光啓景祐二経幢。 七月初三日　李雲従来見、示高頤闕並画像。 七月十一日　李雲従来、得超然台記、威神寺大徳禅師墓誌、曹文玉造灯台銘、漢楊公闕、晋賈公闕。 七月十六日　李雲従来、得拓本二通。
	七月二十九日　建霞新得大房山投龍壁記、原石旧蔵瑜貝勒邸第。今為一碑估輦至、索値四十金、尚不昂也。投龍壁記、開元二十七年張湛詞。外間久無拓本。前日李雲従以一通求售、以為旧拓、而不知其石己出矣。
壬辰年（光緒十八、一八九二）	七月二十九日　李雲従来、得石幢二通。一唐広明二祀、一宋乾徳六年（九六八）、又唐墓誌一、宋元碑各一、値八千。 八月初三日　李雲従来、得造像二通。 八月十二日　李雲従来、得韓顕宗墓誌一通。 八月二十五日　李雲従来、得巴州水調歌頭詞拓本一通。

	十月十三日　李雲従来、購拓本六通、旧扇面二幅、一衡山画山水、一文休承陶隠居水僊賦。 十月二十四日　李雲従来、得玄林禅師碑一通。 十月二十八日　李雲従来、得李光顔碑一通、李程文、郭虔書恵明寺舎利塔碑一通。
癸巳年（光緒十九、一八九三）	五月二十四日　李雲従自山左来、得石刻十四通。 五月二十六日　李估来、得蓮花洞造像一通。
甲午年（光緒二十、一八九四）	九月十五日　李雲従来、得嵩山唐宋金碑各一通。 九月二十六日　李雲従来、得八関斎報徳記一通。
乙未年（光緒二十一、一八九五）	九月初三日　李雲従来、得唐金剛経残石一通、宋元拓本各一通。 九月初六日　李雲従来、得旧拓東方朔画像賛。 九月十二日　李雲従来、得襄陽峴山題石石幢、龍華寺韋和尚墓誌、又宋元石刻五通。 九月十六日　李雲従来、得残金剛経一通、〓空和上塔銘一通。
丁酉年（光緒二十三、一八九七）	七月二十八日　李雲従自山右帰来見、僅至沢州、寿陽両処、得石刻八十余通。

（典拠　葉昌熾『縁督廬日記』、呉相湘編集『中国史学叢書』所収、台湾学生書局、一九六三年、）

右の統計を見ると、一八九〇～九七年までの八年間、李雲従は金石拓本を販売するために二〇回ほど葉昌熾邸に出入りしている。また日記には、李雲従だけでなく他の文物商人も邸宅に出入りしたと記載される。したがって、このような直接販売する方式は、廠肆商人の重要な経営方式の一つだったと分かる。

琉璃廠碑帖商人の第三種の経営方式は、予め資金援助を受けて拓本を製作し、後で販売するというものである。これを集資（清代の金石文献にまた「聚資」、「斜資」、「鳩資」とある）といい、金石収蔵者がある石刻、或いはある地域の各種石刻を手に入れたくとも拓工に十分な資金がなくて採択に行けないとき、拓本需要者たちが共同で資金を出しあい、拓本製作にかかるあらゆる費用を援助して（交通費と食費、宿泊費なども含む）採拓に行かせる方法である。拓工が拓本を持ち帰ると出資者はまた別に代金を出して拓本を買う。この方法では金石収蔵者が拓本を収蔵するために、普段廠肆で買うよりもっと高い費用を支払わなければならないのである。したがって集資は、特別な需要があるときにやむを得ず採用した方法と言える。

集資による拓碑は、すなわち拓本入手以前に出資する方法である。先払いをするとなれば、任務を全うするためにできるだけ信頼できる拓工を探す必要がある。京師の金石学者には、李雲従が一番適当な人選と思われたに違いない。光緒朝の前期に好太王碑の拓本が初めて京師に流入したが、この碑の実相は当時の金石学者にはまだ謎であった。そこで北京の金石学者たちが集資して李雲従を遣わし採拓させた。この後、好太王碑拓本が首都で流布し始めた。実際、李雲従は碑估人生のうちに何度か資金援助を受けて拓碑に行った経験がある。好太王碑の他、光緒初年に繆荃孫、潘祖蔭などの委託で順天、易州などの近畿地方に行き、多くの前人未見の石刻拓本を作っている（第一節史料五を参照）。李雲従はその人生の後期にも再び援助を受けて地方に拓碑に行った。この資金援助による拓碑の経過について、筆者は最近発見された史料を通して知ることができた。それは葉昌熾自筆の一通の手紙である（以下、葉昌熾尺牘とする）。

葉昌熾尺牘の内容　李雲従の拓碑活動を記録した葉昌熾尺牘の最初の発見者は、京都大学人文科学研究所教授の日比野丈夫氏である。一九七〇年代に省心書房が葉昌熾の『語石』を翻訳して出版した。本の名前は『訳注・語石』といい、上中下三巻に分けて『石刻書道考古大系』に収められている。出版の過程で省心書房は「訳注語石月報」を各巻に附した。上巻の月報（一九七四年版）に葉昌熾尺牘の写真版と、日比野教授が書いた「葉昌熾の一尺牘」が掲載されている。同じ月報にはまた著名な漢学者、書誌学者である神田喜一郎の短文「葉昌熾について」も載っている。ここで神田氏は葉昌熾の経歴と業績を紹介し、当時の中国人の中で珍しく科学的な頭脳をもつ人としてその学識を称えた。この他、この月報の第三期（一九七八年）に日比野丈夫氏の「葉昌熾の二三事」も載せられている。ここで葉昌熾は清光緒朝の文人張鳴鑾との交流があったこと、および彼の蔵拓の行方を紹介した。

日比野氏によって発見された葉昌熾の尺牘は、李雲従の拓碑活動を知る上で希少な史料である。日比野氏の紹介によれば、この尺牘は現在京都大学人文科学研究所に所蔵されている。彼の「葉昌熾の一尺牘」は非常に優れた論考と言えるが、残念なことに録文を附していない。今まで好太王碑研究者が李雲従について議論するとき、この史料を利用していなかったようだ。次にこの尺牘を書写すると同時に、日比野氏の研究を参考にしていくつかの関連する問題を論ずる。

葉昌熾尺牘の録文

新甫仁兄同年大人執事　都門握別、歳琯両更。

敬維

皇華納福、衡校賢労。

滌蕩所臨、士林歌舞。弟等沈浮人海、碌碌如恒。茲敬懇者、弟等聞山右古刻、多前人椎氈所未及、特命打碑人李雲従、前赴沢州一帯、捜訪椎拓。但李估人地生疎、琳宮梵刹、既需先導。官廨深厳、尤非旅人所敢擅入。為此、属令到晋之後叩謁鈴轅、其所到之処、如有地方官可与譚古者、敬求賜以一函、請其設法招呼。至為感荷。李估老於行旅、人亦謹飭。弟等已共助以川資、断不至有所滋擾、恃愛奉続、臨穎毋任感悚。専粛、敬請台安。

年愚弟李伝元　葉昌熾　同頓首　七月二十一日

李伝元の追伸部分の内容

此信鞠常（裳）同年本属弟主稿。弟以鞠老知之加詳、故伝聴執筆、而注数語於後。李君到後、一切務祈具弁。余

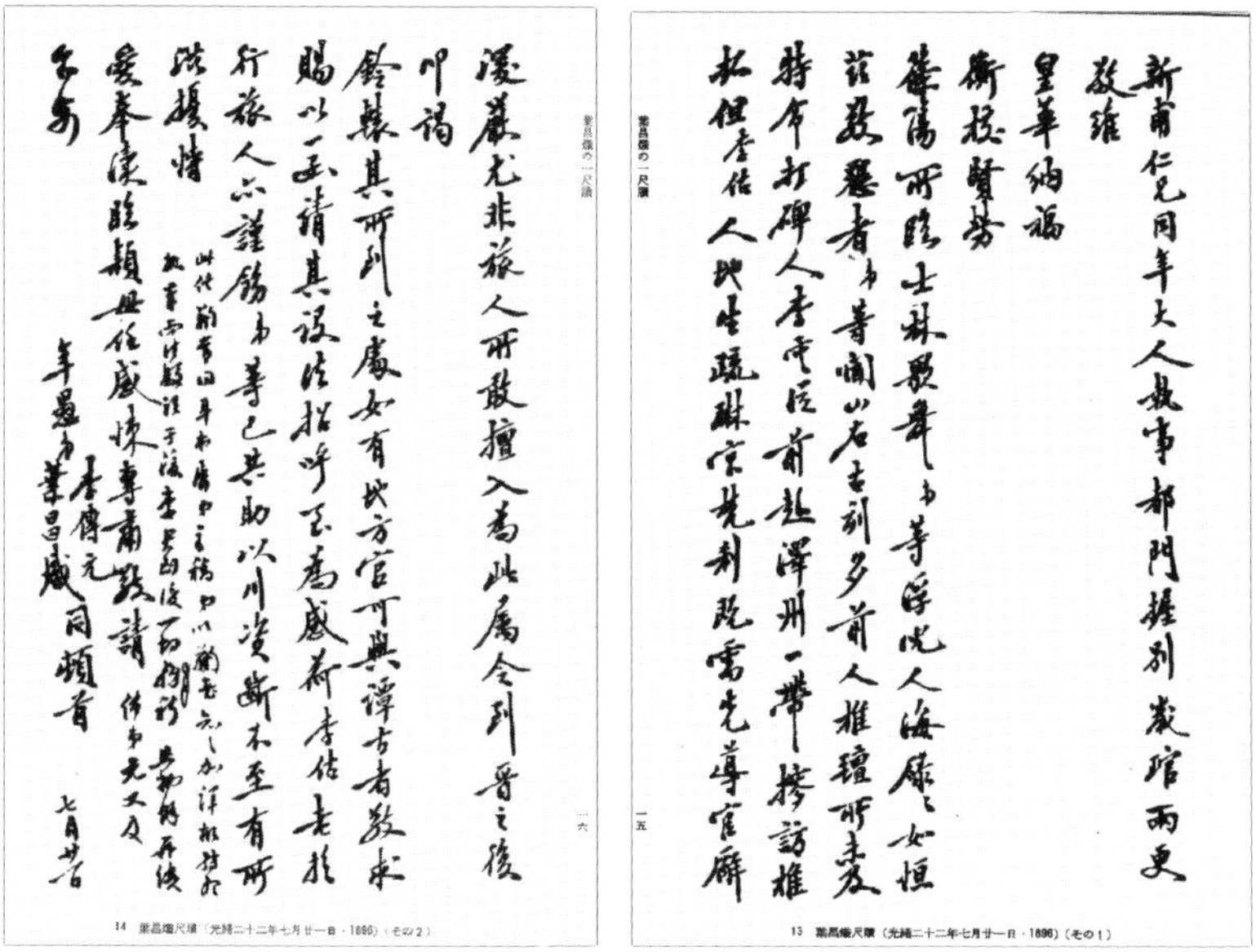

（図一）葉昌熾尺牘影印

再続布。弟元又及[30]。

葉昌熾尺牘の大意はこうである。「北京で別れた後、早いもので二年が経過しました。貴殿におかれては、地方で大変ご活躍と伺っております。我々は相変わらず指令のままに忙しい日々を送っております。今日は手紙で御願いしたいことがございます。山西省には古代の石刻がたくさんあり、まだ人に採拓されていないと聞いております。そこで李雲従という者を沢州一帯に遣わし、採拓させようと思います。しかし、李佸（李雲従を指す）はその地方を知らず、道観仏寺に入るのも人の導きが必要で、まして森厳の官府は旅人の近寄れるところではございません。そのため、山西に着きましたらお宅に伺わせます。もし彼の行く所に歴史に詳しい地方役人があれば、御手紙を賜り、その面倒を見る手立てを講じていただければ幸甚です。李佸は旅慣れていて、人柄も大人しく勤勉です。我々はすでに費用を渡しましたので、決してご面倒はかけません」。手紙の終わりに葉昌熾と共同で署名しているのは李伝元である。手紙の本文を葉昌熾が書き、李伝元が末尾に追伸の形で言葉を添えている。その大意は、この手紙は本来葉昌熾が私に書かせようとしたところ、彼が石刻に十分詳しいので彼の執筆となり、私が二言三言書き足す次第です。李雲従が着きましたら、一切を手紙に書きましたようにお取り計らいください、というものである。

また日比野氏の考証によれば、李伝元は、字は鞠農、江蘇省新陽県の人である。葉昌熾と同じく光緒十五年（一八八九）己丑年科挙の進士であった。翰林院の編修になり、後に浙江提法使に昇進した。この尺牘の受け手の新甫は、清末の文人銭駿祥を指す。銭駿祥、字は新甫、浙江嘉興の人で、光緒十五年己丑年科挙の進士である。翰林院の吉士、同検討官を務めた後、山西省学政に転任した。

葉昌熾の尺牘は七月二十一日に書かれたが、年代は記されていなかった。銭駿祥の墓誌銘(31)に対する日比野氏の考証によれば、銭氏が山西省学政に昇進したのは光緒二十年（一八九四）である。葉昌熾の尺牘はその二年後に書かれたので、尺牘の年代は一八九六年になるはずである。

葉昌熾、李伝元らが集資して李雲従を山西へ拓碑に行かせた結果はどうなったのであろうか。奇遇にも葉昌熾の日記に尺牘と内容が一致する部分が見つかった。光緒二十三年（一八九七）七月二十八日の日記に次のような記載がある。

李雲従自山右来見。僅至沢州、寿陽両処、得石刻八十通。去歳束装時、亡児尚商榷目録、今祇能陳之霊座、平生苦心捜訪、将来誰為収拾、言之増慟(32)。

この日記の内容は、葉昌熾が前年（一八九六）に李雲従を拓碑に遣わした事を証明している。それと同時に、李雲従が山西沢州、寿陽で採択し、拓本を八〇種得たことがわかる。李雲従の研究にとって、葉昌熾の尺牘は実に価値ある実物史料である。この尺牘と葉昌熾の日記の組み合わせによって、李雲従の集資による拓碑活動の一部始終をほぼ再現できた。

葉昌熾尺牘の意義　李雲従の光緒年間の活動の分析と好太王碑初期採拓史の研究からみれば、葉昌熾尺牘と日記が提供してくれる情報は次のとおりである。

その一、具体的な集資拓碑の内容が再現された。たとえば出資者が碑估に一切の費用を提供しただけでなく、地方の役人に手紙を出して協力を依頼した。

その二、李雲従が一八九六～九七年に、北京の金石学者のために積極的に拓本を収集して製作していることが証明された。したがって、李雲従が廠肆で営業をした年代およびその生没年代を判断する証拠が提供された。

その三、葉昌熾と李雲従の密接な付き合いがここでも明らかになった。清末の金石収蔵者と碑估の関係は、好太王碑文の内容研究に対してあまり重要ではないかもしれないが、当時の好太王碑に関する著述の内容を考察、分析するには重要な意義をもつ。清末金石学研究の基本的な特徴は、北京の金石収蔵者が大量の石刻拓本を収蔵していたにもかかわらず、ほとんど自分の目でその石刻の実物を見たことがないということにある。彼らの多くは朝廷の役人であり、職務の制限で今日の考古学者のように金石文物を実地調査することができなかった。したがって、彼らの文物に関する知識はほとんど碑估か廠肆の紹介から得たもので、著述する金石の実物およびその流伝過程についての紹介が正しいかどうかは、直接現場に行った拓工が彼らに正確な情報を提供したかどうかで決まることが多かった。

葉昌熾と李雲従は長期にわたる交流があったので、お互いに信頼し合っている。したがって李雲従が葉昌熾に提供した情報は確実なものであろう。葉昌熾は「奉天一則」において好太王碑の発見時期、碑面状況及び現地の人がいかに拓碑をしたかなどの情報を紹介した。これらの記述は、一八八四年に潘祖蔭に好太王碑墨本を贈った李鴻裔、李超瓊からもたらされたものかもしれないが、あるいは李雲従から紹介されたものかもしれない。葉氏のこれらの記録は今日でも信頼しうる。反対に碑估と廠肆が金石収蔵者に真実の情報を提供していなかったら、金石学者の著述に相違がでるだろう。実際、経済利益を考慮して碑估が拓本を廠肆に、また廠肆の店舗が拓本を金石学者に売るときには、必ずしも拓本の買い手に原碑実物のありのままの情報を提供するわけではない。時には事実を拡大して文物の値段を吊り上げることもある。このように考えると、正確な情報を得られなかったために、金石収蔵者が碑刻を著録するとき、時々間違いが出るのも不思議ではない。

その四、李雲従が今回の集資拓碑活動で製作した数量から判断して、彼が過去に製作した好太王碑拓本数に参考となる手がかりを提供してくれた。任昌淳氏蔵本の蔡右年跋文に「光緒己丑（一八八九）廠肆博古斎遣工往拓、経数月之久、得十数本」（ここでの工は李雲従を指す）とあるが、一九二四年の張延厚の『跋語』には、李大龍（李雲従）がかつて「歴尽艱険得五十本」とある。それでは李雲従は何部の好太王碑拓本を作ったのであろうか。李雲従の好太王碑採拓は、北京の金石収蔵者の集資を通して実現できたもので、一種の団体注文になり、必ずや出資者全体の需要を満足させなければならない。この他に廠肆、碑帖店舗などの市場需要も考慮する必要がある。このように考えると、少量の拓本では賄いきれないであろう。実際、すでに知られている他の二回の集資拓碑活動において、どちらも大量の拓本を製作している。光緒初年には繆荃孫らのために少なくとも一六〇部の拓本を製作し、一八九六年には葉昌熾らのために山西から八〇部の拓本を持ち帰っているのである。以上の事実に基づいて分析すれば、蔡右年跋文にいう「十数本」は正確ではなく、張延厚の『跋語』がいう「五十本」の方が事実に近いと考える。

好太王碑採拓の組織者と出資者は誰か　集資問題と関連するもうひとつの問題は、李雲従が好太王碑を採拓するとき、いったい誰が中心人物であり出資者であったのかということである。清末金石収蔵者のこの事についての記録はさまざまである。呉重憙と劉承幹は国子監祭酒盛昱が集資して拓碑に李雲従を遣わしたという(33)。葉昌熾、張延厚、陸和九は潘祖蔭の命令で李大龍（李雲従）が「裹糧往拓」したという。[34]このほか羅振玉は『満州金石志』の序で、盛伯羲（盛昱）が京估の李雲従を遣わして拓碑させたといい、後に別の好太王碑拓本跋文では王懿栄、潘祖蔭、盛昱が李雲従を派遣したという。[35]琉璃廠碑帖店出身の金石学者張彦生はその著書の『善本碑帖録』の中で、王懿栄、潘祖蔭、葉昌熾が李雲従を拓碑に行かせたと記す。[36]

以上の様々な記述が後の好太王碑研究者を迷わせただけではなく、一部の研究者に間違った判断をさせて、潘祖蔭と盛昱がそれぞれ李雲従を遣わして拓碑させたと認識させるに至った。[37]筆者は李雲従を遣わしたのは一度だけであると考えるが、この問題については次節に譲り、ここでは主に集資問題を考える。

筆者は、文献にみえる潘祖蔭、盛昱、王懿栄、葉昌熾らはみな出資者になった可能性があると考える。琉璃廠の博古斎が集資に加わったかどうかについてははっきり言えない。しかし、任昌淳拓本に附する蔡右年跋文によれば、博古斎が李雲従の持ち帰った好太王碑拓本を販売したのは確かなことである。潘祖蔭がこの集資活動の発案者で、盛昱がこの活動の具体的な組織者だと推測したい。上の各著述の集資の中心人物についての記載の相違は、多分この二人の違った役割によると考える。集資活動を提案する上で、潘祖蔭はその中心人物である。京城の金石収蔵者の中では潘祖蔭が最初に好太王碑拓本を手に入れた。すなわち、一八八四年に李鴻裔から贈られた初期廓填本である。しかし、この拓本の様相が潘祖蔭を困惑させた。この他、呉大澂の『皇華紀程』と葉昌熾が呉大澂の『愙斎集古録』のために書いた序文には、潘祖蔭と呉大澂の親密な関係が記述されている。この関係から次のように判断できる。一八八六年の後に潘祖蔭は呉大澂が東北辺境から持ち帰った拓本（陳士芸が贈った墨本）を見た。しかし、呉大澂の拓本も模拓して製作した廓填本で、彼の困惑は解消できなかった。したがって、潘祖蔭はこの碑の精拓本を得ることを切望した。しかし当時の金石収蔵方式から見れば、彼はただ好太王碑採拓の提案をして集資に参加しただけで、自ら廠肆に行って李雲従を探さなかったと考える。この点は潘祖蔭の社会的地位によるものである。北京の金石学界に詳しい繆荃孫は『琉璃廠書肆記』の後記で、潘祖蔭などの清朝高級官僚と琉璃廠との関係をはっきり描いている。

旧友日々来廠者、朱子清、孫銓伯、黄再同、沈子培、子封、徐梧生。若盛伯希、王廉生、間或一至、来則高車駟馬、未及門而已知。至潘、翁諸老、則耑候廠友之自送、罕見莅肆。[38]

繆荃孫の大体の意味は次のようである。私の昔の友だちで毎日琉璃廠に来る者は、朱子清（澂）、孫銓伯（鳳鈞）、黄国謹（再同）、沈曽植（子培）、沈子封（曽桐、沈曽植の弟）、徐梧生（坊）らである。盛伯希（昱）と王廉生（懿栄）がたまに来るが、来る度に豪華な馬車に乗っていて、人が降りなくても偉い人が来たとすぐ分かる。潘（潘祖蔭）と翁（翁同龢）[39]などの大先輩になると、もっぱら廠友（常に琉璃廠に行く文人を指す）の持ってくるのを待つだけで本人はあまり琉璃廠に来ないのだ。

この史料から分かるように、清光緒年間によく琉璃廠の廠肆に出入りするのは、官職が低い文人たちであった。身分地位の上下に厳しい中国封建社会では、潘祖蔭と翁同龢のような工部尚書、戸部尚書の官職につく高級官僚は、めったに自分で琉璃廠に行くことがないのである。彼らが金石文物を獲得するには、主に廠肆によく行く下級官吏（廠友）からの進呈に頼ることが多かった。

この分析によれば、北京の金石学者が集資して好太王碑を採拓する過程で、当時の工部尚書である潘祖蔭が、一般庶民である李雲従と直接交渉して指図することは考えられない。金石文献中にみえる潘祖蔭が李雲従を遣わして好太王碑の採拓をさせたとの記述は、潘祖蔭がただ集資拓碑の提案だけをしたとしか理解できない。集資の中心人物であり具体的な実行者、すなわち李雲従に直接命令したのは盛昱だったはずである。

李雲従を懐仁県に派遣した人物が盛昱であるということを証明するには、その直接証拠を探し出す必要がある。直接証拠とは、金石学者や収蔵家らによる伝承ではなく、李雲従・潘祖蔭・盛昱などの当事者が直接残した記録でなければならない。しかし従来の研究では、このような証拠は知られていなかった。近年の調査において、筆者はこの問題に関係する史料を発見した。それは、盛昱がある好太王陵磚銘の拓本に記した題記である。

盛昱が書いた『好太王陵磚銘題記』

好太王陵磚銘の拓本はすでに掛け軸に表装され、北京の中国国家図書館に所蔵されている。（次頁の図版を参照）掛け軸には、清末の金石家徐坊（梧生と号す、一八五一―一九二〇）が記した題字があり、「好大王陵専」（「専」は「磚」に通じる）とある。この題字の落款年代は、丁酉年（一八九七）十月である。徐坊の題字の次に磚銘の拓本があり、「願太王陵安如山固如嶽」の文字がある。拓本の次に、盛昱と姚華の題記が書かれる。姚華の題記は戊午年（一九一八）に書かれたもので、何種類かの太王陵磚銘の比較を行っている。この内容と本論は関係が薄いので、ここでは考証しない。以下に盛昱の題記を記す。

蔵専者多矣、陵専未之見、外国専尤未之見。此高麗好大王墓専、在今東辺懐仁県、自好太王碑為世所伝、墓亦被発、拓工李雲従求余致書召南観察奭良拓好大王碑数百幅来、以此専為報。別有二専、為廉生及潘文勤購去、雲従攜以入関者、僅此三枚。余専尚多、大抵為倭人取入博物館。謀韓之意、蓋早見矣。嗚呼、中国所争翰生好専、蔵専亦至富、孝昌従翰生遊、亦篤嗜専、以其陵専希覯也、各拓一紙以去、属為題記。乃僅此耶。盛昱（署名の下部に陰刻の私章二枚が押されている。一つの印文には「白（伯）兮」とあり、もう一つの印文には「宗室盛昱之印」とある。また、好太王陵専銘の拓本の右下部にも盛昱の収蔵印があり、印文は「鬱華閣金石文字記」とある。）

盛昱題記の大略はこうである。磚銘を収集する人は多いが、陵磚はあまりみかけない、とりわけ外国の陵磚はほとんど見たことがない。この高麗好太王墓の墓磚は懐仁県より出土した。好太王碑が世にあらわれてより、その陵墓も発掘された。拓工の李雲従は我（盛昱）に頼んで召南観察奭良宛ての紹介状を書いて取り次いでもらい、好太王碑の

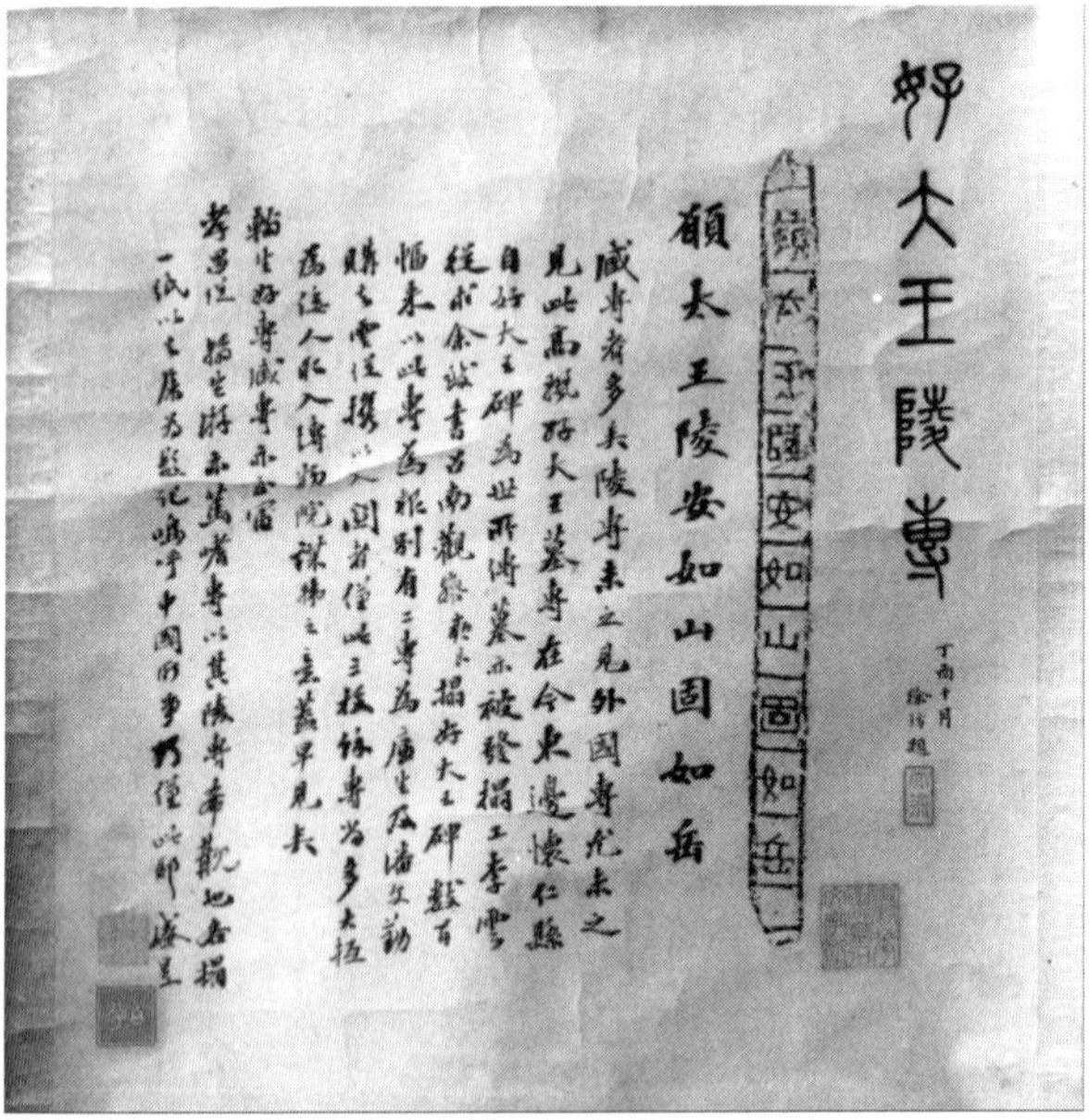

（図二）盛昱の好太王陵專銘題記（中国国家図書館蔵）

拓本を製作した。その結果、李雲従は数百幅の好太王碑の拓本を携えて帰った。感謝の意を込めて、彼はこの磚の実物を贈った。李雲従が持ち帰った磚はほかにも二枚あり、王廉生（懿榮）と潘文勤（祖蔭）に売却した。李雲従が持ち帰った磚はこの三枚のみである。しかし現地にはまだ多くの磚があるが、そのほとんどは日本人によって博物院（日本帝室博物館を指す。現在の東京国立博物館）に送られ、その所蔵となった。このことから、日本には早くから朝鮮に対する企てがあったと思われる。翰生は磚銘を愛好しており、収蔵品も非常に豊富であった。孝昌はいつも翰生と一緒にいたため、やはり磚銘の収蔵に意を注いでいた。この磚銘がたいへん希少なものであるため、彼らはそれぞれ一枚の拓本を採って、私にこの題記を書かせたのである。

盛昱の題記の中に廉生（王懿榮）が嘗て好太王陵磚を収蔵していたことに触れたが、この事は鄭文焯の『高句麗永楽好太王碑釈文纂攷』（一九〇〇年）にも記載されていた[40]。今回の盛昱題記の発見は鄭文焯の記録の正しさを証明した。盛昱の題記には年代の落款がなく、その記録年代は後考に俟つことにするが、盛昱は一八九九年に亡くなったので、この題記の記録年代はこの時より下らないであろう。また題記に潘祖蔭の謚「文勤」を使ったため、題記は一八九〇年以後に書かれたに違いない。この題記の主な内容は陵磚の来歴と彼が磚銘のために題記を作った縁起である。盛昱は陵磚の来歴に触れて「自好太王碑為世所伝、墓亦被発、拓工李雲従求余致書召南観察奭良拓好太王碑数百幅来、以此専為報」と述べている。この記事はきわめて重要である。この記事が語るところの事実は従来知られていた一八八九年に李雲従が好太王碑の拓本を採ったことに関する伝承の性格と違って、現在知られている唯一の当事者によって記されたものである。題記にみえる李雲従が盛昱に地方文人の召南観察奭良宛ての手紙を書いてもらうことを依頼した事実は、前掲の「葉昌熾尺牘」の内容とよく似ている。採拓者（李雲従）を派遣した者は地方の友人に紹介状を書いて、採拓の便宜を図ってもらうよう依頼した。奭良は吉林省の満州族の人[41]、盛昱の親友である。彼は盛昱との間柄を「骨肉生死之交」と記す[42]。李雲従は好太王碑を採るときに盛昱の最も信頼する友人の援助を得たことになる。このことから考えると盛昱こそ一八八九年に李雲従に好太王碑の拓本を採らせた主導者にほかならない。盛昱の題記にはまた、李雲従が製作した好太王碑拓本の数が「数百幅」にのぼったとある。一幅は一紙であり、一セットの好太王碑拓本は四幅であった。そのほか、李雲従拓本の中にはおそらく水谷拓本や北京大学B本、C本、D本のような面ごとに段を分けて製作した拓本が含まれていたと考えられる。このような拓本は面ごとに三段に分けて拓本を採ったので、四面の碑文ならば合計一二幅になる。このように計算すると、「数百幅」の拓本の中には、少なくとも数十部の完全な好太王碑拓本が含まれていたと考えられる。

以上の分析と新発見の盛昱題記の考証を通して、盛昱が一八八九年に李雲従を遣わした主導者であり、潘祖蔭と王懿栄らが出資者であると判断することができた。要するに、好太王碑の採拓に李雲従を遣わした中心人物、出資者の問題については、上述の角度から清末金石文献におけるさまざまな記述を理解する方が、より当時の実際状況に合うだろう。

第四節　李雲従の好太王碑採拓回数考

金石学者の記録　李雲従が好太王碑を採拓したことについての初期の記録は、呉重憙の「高句麗永楽太王碑釈文纂考後跋」である。これは呉重憙が親友の鄭文焯の『高句麗永楽太王碑釈文纂攷』（一九〇〇年）刊行のために書いた跋文である。呉重憙は、字は仲懌、江蘇海豊の人で、江蘇布政使を務めた。呉氏は跋文の中で、鄭文焯と「両世故交」であると称し、この故に『釈文纂攷』に跋を書いたと述べている。跋文は次のように言う。

初拓墨罕見、祇潘文勤師有一就石上墨鉤本。歳己丑（光緒十五、一八八九年）、伯羲祭酒盛昱鳩資遣工往精拓、始散見於京師。重憙是年在都獲焉。

この後、さらに詳しくこの事を記述したのは葉昌熾である。葉氏は「奉天一則」『語石』（一九〇九年）で次のように記す。

高句麗好太王碑、在奉天懐仁県東三百九十里通溝口子、高三丈余。其碑文四面環刻、略如平百済碑。光緒六年、辺民斬山刊木始得之。窮辺無紙墨、土人以径尺皮紙、搗煤煙拓之。苔蘚封蝕、其坳垤之処、拓者又以意描画、往々失真。乙酉年（実は前年の一八八四年）、中江李眉生丈得両本、以其一贈潘文勤師。共三四十紙、属余為排比考釈、竭旬日之力、未能連綴。其後碑估李雲従裹糧挟紙墨跋渉数千里、再往返、始得精拓本。

劉承幹も『海東金石苑補遺』（一九二二年）で述べる。

此碑同治末年始伝入京師、呉県潘文勤公祖蔭先得之、海東工人不善拓墨、但就石勾勒、才可弁字而已。光緒己丑、宗室伯羲祭酒盛昱始集資、令廠肆碑估李雲従裹糧往拓、於是流傳稍廣。

このほか、民国十四年（一九二四）に張延厚がある好太王碑拓本のために書いた跋語で似たような記述をしている。

勝清光緒初、呉県潘鄭盦尚書始訪得之。命京師李大龍裹糧往拓、歴尽艱険得五十本、一時貴遊争相購玩。大龍頗欲再往、以道遠工巨而止。因是流伝日寡。(43)

この後、羅振玉が『満州金石誌』（一九三七年）の序文で、劉承幹の言葉を踏襲して次のように書く。

歳乙酉、宗室伯羲祭酒始遣京估李雲従、拓輯安之高句麗好太王碑。

羅氏序文の「乙酉」という年次に対して、李進熙氏は「己丑」の二字の誤植か、或いは羅振玉は乙酉年すなわち一八八五年に、李鴻裔が双鈎加墨本を手に入れたのを盛昱が李雲従に採拓させたと誤解したと考えた。(44) また武田幸男氏は、内藤湖南が「盛伯羲祭酒」（一九二一年刊行）の中で、昔日盛昱が李龍児（李雲従）を遣わして好太王碑の拓碑をさせたことに言及していることを紹介している。(45)

「再往返」の意味　以上の各種の記述は、時間と関連人物について一致していない。したがって、後の研究者に認識上の混乱をもたらした。研究者たちの議論は主に三つの問題をめぐって展開している。一つには李雲従、李大龍、李龍児が同じ人物なのか。二つには李雲従の拓碑を資金援助したのは誰か。三つには李雲従が懐仁に拓碑に行ったのは一回なのかそれとも二回か。第一と第二の問題については、前の二節で既に結論を述べたので繰り返さない。第三の問題は李雲従の拓碑回数の問題で、それは拓本を製作した時間と製作した数とに直接関連している。

かつて学界では、一部の学者が李雲従は二度懐仁に行って拓碑したと考えた。明確にこのように主張したのは王健群氏である。王氏は李雲従と李大龍は同一人物であると正確に推測したが、同時にまた『好太王碑研究』で、葉昌熾の「奉天一則」（『語石』）の記述を張延厚の『跋語』と関連させて、李雲従が光緒二年（一八七六）と光緒十五年（一八八九）の二回懐仁に行って拓本を製作したと考えた。彼は「奉天一則」に「其後碑估李雲従裹糧挾紙墨跋渉数千里、再往返、始得精拓本」とある「再往返」の語を、二度目に採拓に行った意味と考えたのである。彼のこの「二回」の主張が、その後中国の朴真奭、耿鉄華などの研究者にも受け継がれた。

王健群氏の「二回」説に対して明確に批判したのは劉永智氏である。彼は王健群氏の「二回」説が「奉天一則」の原意に反すると指摘した。彼は「再往返」の「再」は現地の人が拓碑して潘祖蔭が拓本を得た後に、李雲従が再び拓碑に行く意味であると考えた(46)。

古畑徹氏は王氏と劉氏の考え方を吟味した後、もし葉昌熾の記録が劉永智氏の言った意味であったら、「再往返」の「再」の字が「碑估」か「裹糧」の前に来るべきだと考えた。彼は、『語石』の原意を忠実に反映すれば、「再往返」の意味は「跋渉数千里」の後に「再び」一度往復した意味であるとする。すなわち、精拓本を製作するために李雲従は二回懐仁に行き、二度目にやっと「始得精拓本」したと考える。しかし古畑徹氏はこの記述が事実かどうかについて別に研究する必要があり、李雲従が拓碑から帰った後の状況もはっきりしていないと認める(47)。古畑氏の「二回」説は王健群氏の説とやや異なり、李雲従が短時間で連続二回懐仁に行ったと考えている。筆者は古畑氏の理解も一種の誤解だと思う。

最近、中国の耿鉄華氏は「三回説」を出して、好太王碑が発見されてから北京の拓工が三回採拓に行ったと考えた。一度目は光緒八年（一八八二）に潘祖蔭が京師の李大龍を派遣して拓碑させ、二度目は盛昱が一八八九年に李雲従を派遣して拓碑させ、最後は李が翌年の一八九〇年に再び拓碑に行ってやっと精拓本を獲得したと論じる。と同時に李大龍と李雲従は別の人とするのである[48]。李雲従が二回拓碑に行ったという点において、耿氏の見解は古畑徹氏の観点と似ている。しかし本論の葉昌熾の日記の考察から分かるように、一八九〇年八月初めから九月中旬まで李雲従は山西で拓碑をしているのである（本章第三節の葉昌熾日記の統計表を参照）。もし好太王碑の所在地の天候および北京から懐仁までの往復にかかる時間を考慮すれば、一八九〇年に李雲従が懐仁に拓碑に行けないことが分かるであろう。この他、先に分析したように李大龍と李雲従は同一人物なので、いわゆる光緒八年の李大龍拓碑ということも実際上存在しない。したがってこの「三回説」も成り立たないと考える。

筆者は劉永智の見解に賛同する、すなわち李雲従は一度だけ懐仁に拓碑に行ったと考えるのである。葉昌熾の「再往返」の意味は、李雲従が二回往復して拓碑した意味ではない。単純に言葉の意味から見れば、「往返」は「行って返る」すなわち「一回行った」という意味であり、「再」という字があれば「もう一回行った」との意味になる。しかし葉昌熾の「奉天一則」の「再往返」の上下文脈から見れば、「再往返」は李雲従の前の一回の拓碑（もし本当に前の一度目の拓碑があったとすれば）に対してではなく、潘祖蔭が李鴻裔から得た墨本（初期廓填本）に対して、いくら工夫しても結局この数十枚（実は百数十枚）に分かれた拓本を連綴できなかった事実に対して言ったのである。このことから、葉昌熾の「再往返」という言葉の前後内容に対する正確な理解とは、潘祖蔭がまず李鴻裔から墨本を得、連綴することができなかったために、考証解釈ができなかったということである。碑文の真相を明らかにするために、潘祖蔭の信頼する拓工李雲従を遣わして再び採択させ、これによって精拓本を獲得したわけである。

『皇華紀程』の記述

好太王碑の発見された時間から見ても、いわゆる李雲従が二度拓碑に行った説は成り立たない。第三章の李超瓊の跋文分析から、好太王碑の発見時間は光緒六年（一八八〇）で、碑石の発見者は懐仁県令章樾の部下の書啓（下級文官幕僚）であった。したがって碑石の発見は懐仁県令章樾の着任の光緒三年（一八七七）より早いことはありえない。王健群氏が言った李雲従の一度目の拓碑、すなわち光緒二年（一八七六）には、好太王碑はまだ発見されていないのである。碑石が発見されていないのであるから、李雲従の拓碑も語りようがない。

他の記録から見ても「二度説」は成り立たない。清代の金石学者の記録によれば、京師の学者で一番早く好太王碑墨本を手に入れたのは、工部尚書の潘祖蔭であった。葉昌熾の「奉天一則」の中に次のように記述されている。

乙酉年（一八八五）、中江李眉生丈得両本、以其一贈潘文勤師。

本論文第三章の考証によれば、乙酉年の年次記載は葉昌熾の間違いである。他のより信頼できる史料によれば、潘文勤（祖蔭）が最初に好太王碑墨本を手に入れたのは江蘇省呉県で、一八八三〜八四年の間に李鴻裔から贈られたものである。この他、呉大澂が『皇華紀程』の一八八六年陰暦二月五日の日記に、彼が懐仁県令の陳鶴舟（士芸）から拓本を一部もらったと触れている。（第二章第六節を参照）

呉大澂の記述から分かるように、一八八六年までに、呉大澂は潘祖蔭が一部の初期廓填本（すなわち一八八三年―八四年の間に李鴻裔から贈られた本）を持っていることのみを知っていて、葉昌熾と同じように潘祖蔭が他の拓本を所蔵しているか、人を派遣して好太王碑拓本を製作させたことがあるとは言っていない。呉大澂と葉昌熾はともに金石学方面で潘祖蔭と密接に付き合っていた人である。これらの史料分析から分かることは、呉と葉の二人が潘祖蔭の収蔵を詳しく知っていて、しかしながら一八八六年以前に、二人とも潘祖蔭が初期廓填本以外に好太王碑拓本を所有していると言わない。これは一つの事実だけを示している。すなわち潘祖蔭は一八八六年までに李鴻裔から贈られた初期廓填本だけを持ち、いわゆる李大龍が製作した拓本を持っていなかったという事実である。したがって、張延厚『跋語』の「盛清光緒初、呉県潘鄭盦（祖蔭）尚書始訪得之」の時間記述も正確ではなかったのである。

また李雲従本人の活動から見ても、彼が光緒初年に好太王碑の拓碑に行った可能性は低い。本章第二節で紹介した繆荃孫と葉昌熾の記述によれば、光緒四五年に李雲従はちょうど近畿各地を奔走していて、京師の金石学者のために遼代石刻の拓本を製作していたのである。同時に彼は端方のために金石を収集したり、金石学知識を教えたりしなければならなかった。この時の彼は好太王碑に意を向ける暇はなかったであろう。

一八八九年以前に李雲従は好太王碑を採拓していなかった。一八八九年以後に再び拓碑に行った記録もない。張延厚『跋語』に「大龍頗欲再往、因道遠工巨而止」と記されているが、今日明らかにした資料から見れば、まさに事実であったと言えよう。

結論として、李雲従が好太王碑を採拓したのは一回だけ、すなわち一八八九年のその一回である。

李雲従拓碑の日程時間について　それでは、李雲従は一八八九年のいつ頃懐仁に拓碑に行ったのであろうか。これについて今日知られる金石文献にはあまり記録は残されていない。僅かに蔡右年が一部の拓本（韓国任昌淳氏蔵本）の跋文中に、李雲従の拓碑が「経数月之久」と触れているだけである。(49) 葉昌熾の『縁督廬日記』の中で李雲従に関する最初の記録は一八九〇年（光緒十六年）八月二日に見える。(50) これは一八九〇年に李雲従がすでに京師に戻ったことを示しているが、これ以前の一八八九年の葉氏の日記には李雲従に関する記録が見えない。これは李雲従が当時すでに拓碑に行って京師にいなかったからかも知れない。

冬季は野外で拓碑することに対して理想的とはいえない。一九七三年一一月に北京の拓工張明善が碑石の現地調査に行ったが、雪が降ったため完全な拓本が製作できなかった。寒冷気候の条件下では紙が容易に硬化して脆くなり、採拓し難くなるのである。中国の東北地域では冬が長く、拓碑にふさわしい時期はおよそ毎年五月から十月の間とされる。李雲従が好太王碑を拓碑したのは多分この時期と思われる。このように考えると、李雲従は一八八九年の春に京城を離れ、五月か六月に好太王碑に着き、七、八月に現地で拓碑して、九、十月に懐仁から北京に戻った。「歴尽艱険」、「道遠工巨」というのは、まさに李雲従の一八八九年における好太王碑採拓の適切な描写であろう。

第五節　まとめ

清末の社会において、李雲従は歴史発展に影響するほどの偉人ではないが、好太王碑の調査と採拓においては他人ができない役割を果たした。李雲従は研究に熱心で考証に力を注いだ。このことが高級官僚の端方に金石学知識を直接伝授するという栄誉につながった。彼は拓技が優秀で忍耐強く、勤勉でもあった。したがって潘祖蔭、盛昱、葉昌熾、繆荃孫などの金石学者から口をそろえて賞賛された。一八八九年に北京の金石学者たちが集資をして好太王碑を採拓する時、李雲従は最も適当な人物として選ばれた。これはあるいは偶然の一致かもしれないが、現在の好太王碑の研究者たちは清末の金石学者のこの歴史的な選択に感謝しなければならないのである。というのも李雲従の参加があったからこそ、現代の人たちは完全でかつ拓技抜群の優良な拓本を手に入れることができ、また百年前の好太王碑が発見された当時の様相を観察できるのである。

清光緒年間に中国の金石学はまだ繁栄と発達の時期にあった。高句麗好太王碑の発見と採拓は、当時の中国の金石学と密接な関係があった。清末の金石学者の好太王碑に対する考証と著述は、後の人々に豊富な記録を残した。しかし、彼らの研究は善美を尽くしたものとはいえない。時代の制約で清末の金石学者はまだ現代的な考古学意識を持っていなかった。彼らの石刻研究は文字の考証と書道の鑑賞に集中して、遺物そのものの科学調査は往々にして軽視され、遺物の発見と出土経過および拓本の流伝についてもよく知らなかった。これも金石学が後に次第に現代考古学に取って代わられた重要な原因の一つであろう。

好太王碑を例とすれば、碑石を発見した後に清末の金石学者で自ら現場に調査に行く者は少なかった。これは彼らが長期にわたって碑石に石灰が塗られたことを知らない原因となった。これと反対に石刻の実物を詳しく考察した人は、往々にして碑石の現場で拓本を製作する碑估たちであった。彼らの中には李雲従のような優秀な拓工がいて、いろいろと思案をめぐらして原碑の現実の形を拓本に反映させただけではなく、石刻そのものの関連情報もできるだけ収集してきた。彼らの観察は自分自身の鑑識眼を高めたばかりでなく、金石学者の著述にも多くの根拠を提供したのである。この意味からいえば、碑估が果たした中国金石学の発展に対する役割は看過すべきではない。これも筆者が碑估李雲従の経歴を考察し、彼の伝を書いた動機の一つである。

註

(1) 盛昱(一八五〇―一八九九)は、字伯兮、号意園また韵蒔である。清宗室鑲白旗人で、光緒二年に進士になり、官職は国子監祭酒に至る。鑑賞に精通し経史と中外地理などの学問も研究した。著書は『郁華閣遺集』、『雪履尋碑録』などがある。『清史稿』に伝記がある。『中国人名大辞典』を参照。

(2) 武田幸男『広開土王碑原石拓本集成』東京大学出版会、一九八八年、徐建新「関於北京大学図書館所蔵好太王碑原石拓本」『世界歴史』一九九五年第二号、などを参照。

(3) 銭大昕「記琉璃廠李公墓誌」『潜研堂文集』上海涵芬楼影印版

(4) 繆荃孫「琉璃廠書肆後記」、清李文藻『琉璃廠書肆記』に収め、中国書店影印版

(5) 翁方綱『復出斎詩注』、侯仁之、金禜『北京史話』上海人民出版社、一九八〇年、一七九頁を参照

(6) 繆荃孫(一八四四―一九一九)は、号は筱珊、または芸風、江陰の人である。光緒丙子の翰林で官職は学部参議に至る。京師図書館の監督だった。著書に『遼文存』、『芸風堂文集』、『芸風堂金石存目』、『続碑伝集』などがある。『近代名人翰墨』による。

沈雲龍監修『近代中国史料叢刊続編』第六三号、台湾文海出版社、一九七八年

（7）葉昌熾（一八四七―一九一六）は、字鞠裳、号縁督。江蘇長州の人。光緒十五（一八八九）年の進士。官職は翰林院侍講に至る。著書は『寒山寺誌』、『語石』、『蔵書紀事詩』、『縁督廬日記』などがある。『清史稿』に伝記がある。『中国歴代書画篆刻家字号索引』、『清朝続文献通考経籍考』を参照。

（8）陸和九「清代金石家氏姓表・付録」『中国金石学』、一九三三年。この七名の拓工名人は次の通りである。黄士林、聶明山、劉守業、李月渓、李雲従、李寿山、李景春。

（9）葉昌熾『語石』蘇州振新書社、一九〇九年

（10）羅振玉『神州国光集』第九集、一九〇九年

（11）王蓮生（一八四五―一九〇〇）は、字正孺また廉生、諱は懿栄、謚は文敏、山東省福山の人。光緒五年の挙人、六年の進士。光緒十二年に入京し三回ほど国子監祭酒を担当。特に金石文字を篤く嗜む。著書は『天壌閣蔵器目』一巻。『清史稿』に伝記がある。『中国人名大辞典』より。

（12）郛休碑の全称は、明威将軍郛休碑という。隷書体。郛休は、字公彦、山東省東莱の人。晋南郷東莱太守を担当したことがある。碑は晋の泰始六年（二七〇）に立てられた。飯島春敬『書道辞典』日本東京堂、一九九五年

（13）過去、韓国と日本の研究者がこの史料を引用するとき、その中の「以五百金購之」の言葉に誤解があった。たとえば、李進熙氏はこの五百金を、李雲従が好太王碑拓本を売って得た金と理解した。この額が韓国任昌淳拓本の上の蔡右年跋文の数字と違うのを理由に、蔡右年跋文の真実性を疑った（李進熙「広開土王陵碑をめぐる論争」『青丘学術論集』第二集、一九九二年）。その後、日本の市川繁氏が、李氏の間違いを指摘したが、同時に前の五百金を李雲従が端方に多くの拓本を売って得た金と誤解した（市川繁「任昌淳氏所蔵広開土王碑拓本の跋文について」『東アジアの古代文化』第一一〇号、二〇〇二年）。前後の文脈からすると、史料の中の五百金は明らかに端方が第一回目に買った碑碣、すなわち郛休碑のために支払ったお金と考えられる。拓本ではなく、碑碣そのものを買ったため値段が高かったのであろう。しかし、このことは李雲従の好太王碑拓本の販売とは全く関係

ない。

(14) 孫星衍、刑澍同撰『寰宇訪碑録』十二巻を指す。

(15) 趙之謙（字撝叔）撰『補寰宇訪碑録』五巻を指す。

(16) 黄仲弢（一八五四―一九〇七）は、名紹箕、浙江省瑞安の人。光緒庚辰の翰林、官職は湖北提学使。著書に『鮮庵遺稿』がある。『近代名人翰墨』より。

(17) 王健群『好太王碑研究』吉林人民出版社、一九八四年、第一二頁

(18) 『内藤湖南全集』第七巻所収、筑摩書房、一九七〇年

(19) 武田幸男「広開土王碑おぼえがき（下）伝承のなかの原石拓本」『ＵＰ』第一八五号、東京大学出版会一九八八年三月

(20) 古畑徹「広開土王碑の発見・採拓に関する若干の史料紹介」『朝鮮学報』一二三輯、一九八七年

(21) 繆荃孫は（李）雲従が好太王碑を採拓することで有名になったといった。繆荃孫『芸風堂文漫存』一九一〇年、を参照。

(22) 武田幸男『広開土王碑原石拓本集成』東京大学出版会、一九八八年、第二五三頁

(23) 孫殿起「販書伝薪記・附古玩字画業」『琉璃廠小誌』を参照。

(24) 李進熙「広開土王陵碑をめぐる論争」『青丘学術論集』第二集、一九九二年、に収める。

(25) 市川繁「任昌淳氏所蔵広開土王碑拓本の跋文について」『東アジアの古代文化』第一一〇号、二〇〇二年、に収める。

(26) 武田幸男「広開土王碑おぼえがき（下）伝承のなかの原石拓本」『ＵＰ』第一八五号、東京大学出版会、一九八八年三月

(27) 陳重遠『古玩史話与鑑賞』国際文化出版公司、一九九〇年、第四〇四頁

(28) 銭慶曽「銭辛楣（大昕）先生年譜」『嘉定銭大昕全集』第一冊、江蘇古籍出版社、に収める。

(29) 銭大昕「跋元詩前後集」『潜研堂文集』嘉慶二年版。『嘉定銭大昕全集』第九冊、江蘇古籍出版社、に収める。

(30) 葉昌熾の尺牘の原文を判別するとき、中国社会科学院歴史研究所宋鎮豪研究員にご教示をいただいたのでここで感謝の意を表したい。

(31)「章鈺手書翰林院侍講嘉興銭公墓誌銘」を参照。章鈺『四当斎集』巻八に収める。

(32)葉昌熾『縁督廬日記』

(33)呉重憙「高句麗永楽太王碑釈文纂考後跋」一八九八年、劉承幹「海東金石苑補遺」一九二二年

(34)葉昌熾『語石』「奉天一則」、『遼東文献徴略』「張伯未延厚跋語」、北京大学図書館蔵本に附する陸和九跋文（徐建新「好太王碑原石拓本の調査と研究――北京大学所蔵拓本を中心に――」東京大学『朝鮮文化研究』一九九六年第三号）

(35)比田井南谷「わが好太王碑拓本考」『書道研究』創刊号、一九八七年六月号

(36)張彦生『善本碑帖録』考古学専刊乙種第十九号、中華書局、一九八四年

(37)王健群『好太王碑研究』吉林人民出版社、一九八四年、朴真奭『好太王碑拓本研究』黒龍江朝鮮民族出版社、二〇〇一年、耿鉄華『好太王碑一千五百八十年祭』社会科学出版社、二〇〇三年、を参照。

(38)繆荃孫「琉璃廠書肆記・後記」、李文藻『琉璃廠書肆記』中国書店影印版に収める。

(39)翁同龢（一八三〇―一九〇四）は、字は叔平、江蘇常熟の人。咸豊丙辰一甲第一名進士。官職は戸部尚書まで。著述には『瓶廬詩稿』、『翁同龢日記』などがある。『清史稿』に伝記がある。『中国人名大辞典』を参照。

(40)鄭文焯は「高句麗永楽好太王碑釈文纂攷」に次のように記している。「碑估為余言、其墓如巨阜類、甃石為之、構火深入、乃施氈椎、証以後漢（書）高句驪伝所云、其国厚葬、積石為封、殆其旧俗也。又言、墓隧四壁皆画像、鐫迹精詭、如魯峻冢、郭巨室、武梁祠之類、則猶漢之遺制也。廉生嘗得其墓磚二、拓以見贈、其文曰「願太王陵安如山固如岳」、字亦八分、文則祝詞、古甃文之異撰、足備一格者」

(41)奭良（一八五一―一九三〇）、満洲鑲紅旗の人。姓は裕瑚瑺氏、字は召南、室名は野棠軒である。史学と清史の掌故に精通し、また詩詞をよくした。何回も入試して合格できず、後に清史館総裁趙爾巽の聘に応じて、長く同館に勤めた。『野棠軒文集・詞集・摭言・遊戯集・献酬集』と『史亭小録』を著し、合わせて『野棠軒叢書』として出版（一九二九年）。陳玉堂編『中国近現代人物名号大辞典』浙江古籍出版社、一九九三年版を参照。

（42）奭良撰『野棠軒文集』巻二「伯義先生伝」、瀋雲龍主編『近代中国史料叢刊』第一七輯所收、台湾文海出版社。
（43）金毓黻『遼東文献徴略』一九二五年、に収める。
（44）李進熙『広開土王陵碑の研究』吉川弘文館、一九七二年、第一一七頁
（45）武田幸男「広開土王碑おぼえがき（下）伝承のなかの原石拓本」『ＵＰ』一八五、東京大学出版会、一九八八年三月。
（46）劉永智「好太王碑的発見及其他」『社会科学戦線』、一九八五年第一期
（47）古畑徹「広開土王碑の発見・採拓に関する若干の史料紹介」『朝鮮学報』一二三輯、一九八七年、第一九四頁の注
（48）耿鉄華『好太王碑一千五百八十年祭』中国社会科学院出版社、二〇〇三年
（49）任昌淳氏蔵本の跋文原文が次のようである。「光緒己丑、廠肆博古斎遣工往拓、経数月之久、得十数本」。ここの「工」は李雲従を指すと思われる。
（50）葉昌熾『縁督廬日記』巻六、庚寅八月二日の条に「李雲従将赴晋省拓碑」とある。

第五章　好太王碑原石拓本の調査と研究

第一節　北京などで所蔵される好太王碑拓本の調査

清朝後期に好太王碑が発見されてから、中国の金石学者たちは深い関心を寄せてきた。しかし清末から民国の間、金石学者たちが自分で収蔵する拓本を刊行した例は少ない。解放前に出版された拓本は、

楊守敬蔵本　楊守敬『寰守貞石図』所収、一九〇九年再版

楊守敬双鉤本　揚守敬編『高麗好太王碑』一九〇九年所収・北京大学図書館と北京国子監首都図書館にそれぞれ一部ずつを所蔵

羅振玉蔵本『神州国光集』第九集所収、一九〇九年、中国社会科学院歴史研究所図書館にこの一部を所蔵

呉椒甫蔵本『旧拓好太王碑』、上海有正書局版、一九〇九年

である。

一九四九年に新中国が成立してから二〇〇〇年に至るまでに、影印出版された拓本は下記のようなものがある。

周雲台拓本　王健群『好太王碑研究』所載。吉林人民出版、一九八四年

北京文物商店旧蔵拓本　秦公編『碑帖名品録・晋好太王碑』所載。中華書局香港分局、北京文物商店慶雲堂出版、一九八五年

故宮博物院所蔵旧拓本　『中国美術全集書法二・篆刻・魏晋南北朝書法』（部分写真を掲載）、人民美術出版社、一九八六年

鄒宗緒編輯『好太王碑』　陝西旅遊出版社、一九九二年。所載の二種の拓本の一つは周雲台拓本、もう一つは収蔵場所不明の初期石灰拓本で、様相はシャバンヌ本に似る

四川美術出版社刊本　四川美術出版社、一九九二年。この本は陝西旅游出版社の刊本と同一原本に基づく。

張明善拓本　朴真奭『好太王碑与古代朝日関係史』所載。延辺大学出版社、一九九三年

蘇州古呉軒出版社刊本　蘇州古呉軒出版社、一九九九年

しかし上記の拓本は、全て石灰補字後に製作した拓本である。では、中国大陸、特に北京地域において、石灰補字前の拓本は伝世していないのだろうか。北京は清朝の都である。当時の好太王碑拓本、とりわけ李雲従製作の原石拓本はほとんど京城の官僚文人に購買され収蔵された。これら拓本の一部でも、文物関係者や収蔵家の手に保存されていると考えられるのではないか。

一九八九年以来、筆者は北京をはじめ天津、南京、上海などにも好太王碑拓本の調査を繰り広げた。石灰補字前の原石拓本を探すためである。調査研究中には、合計五〇種の拓本の実物を訪ね、そのうち三五種は現在も中国各地に所蔵され、しかも筆者が調査するまでに未だに学界に紹介されたことのないものであった。この他一五種は過去に学界に知られている拓本や墨本であり、中国・台湾・日本などに所蔵されていて、今回の比較研究をするにあたり、再度調査を実施した。

中国国内でさがしだした三五種の好太王碑拓本は、おおよそ四種の類型に分けることができる。すなわち初期廓填本（墨水廓填本ともいう）、原石拓本、石灰拓本と模刻本（翻刻本とも言う）である。初期廓填本とは、おおよそ一八八〇年以降数年間に製作されたもので、このような墨本は碑石の上で作った拓本ではなく、碑字の字形に基づいて、直接填墨、模拓して作ったものである。原石拓本とは、好太王碑が石灰で塗られる前に製作した拓本を指す。これらの拓本は石灰塗布前の碑字の様相を反映している。石灰拓本とは、石灰で碑を補修した後に製作された拓本である。石灰拓本という語は、好太王碑研究の中で造り出された、いわば学術用語であり、過去の金石学において使われたことはなく、おおよそ一九七〇年代以降の碑文研究において使われ始めた。模刻本とは複製された碑、すなわち碑石のレプリカの上で製作された拓本を指す。模刻本は碑字本来の様相を忠実に反映しているとはいえない。

第二節　中国に現存する七種の原石拓本の保存状況

中国各地に収蔵される三五種類の拓本のうち、原石から採った拓本は七種類がある。これらを原石拓本であると判定したのは、以下に行う比較研究によって得た結論である。原石拓本と一九三〇年代以降の石灰が次第に剥落した時の拓本との区別については後述する。

七種類の原石拓本の名称を次に挙げる。

(1)王少箴旧蔵原石拓本。整紙本、全四幅、表装、淡墨拓、現在は北京王培真氏収蔵。王氏蔵本と略す。

(2)中国国家図書館蔵原石拓本。すなわち元北京図書館本。北京図書館が中国国家図書館と名称を変更したために現名に改めた。整紙本、全四幅、未表装、淡墨拓、中国国家図書館金石組収蔵。中国国図蔵本と略す。

(3)北京大学図書館蔵原石拓本。潘祖蔭と陸和九の題箋あり、一八八九年の李雲従精拓本、全四幅、濃墨拓、未表装、北大金石善本閲覧室収蔵。北大A本と略す。

(4)北京大学図書館蔵原石分段拓出本。完本、淡墨拓、一二紙の分拓、未表装、北大金石善本閲覧室収蔵。北大B本と略す。

(5)北京大学図書館蔵原石分段拓出本。完本、淡墨拓、一二紙の分拓、二重紙、未表装、北大金石善本閲覧室収蔵。北大C本と略す。

(6)北京大学図書館蔵原石分段拓出本。完本、濃墨拓、一二紙の分拓、表装、北大金石善本閲覧室収蔵。北大D本と略す。

(7)北京大学図書館蔵原石拓本。全四幅、淡墨拓、未表装、北大金石善本閲覧室収蔵。北大E本と略す。

次に七種類の原石拓本の現状を紹介する。

(1)王氏蔵本。当本は七種のうちで最初に実見した拓本であり、収蔵家である王少箴氏旧蔵本である。この王少箴とは王維城のことで、『中国近代人名大辞典』にはこうある。

王維城、原名王済民、字少珍、河北任丘人。直系軍閥曹錕部属。歴任陸軍第三師及直隷陸軍第一混成旅軍官。陸軍第二十三師旅長、師長。討奉第一軍副司令兼第二路軍司令。直系失敗後解職。呉佩孚再起、一度再任十四省聯軍師長。

王少箴氏は、金石の収蔵を好み、雅号は少箴堂、収蔵する拓本は数千に及んだ。王氏の没後、その拓本は彼の息子で北京の碑帖収蔵家の王鈞(王培真)氏が収蔵している。王少箴氏がこの拓本を手に入れた具体的な年代は、なおはっきりとしない。だが、この拓本には清末民国初期の北京の著名な書画家であり収蔵家である姚華(字は重光、号は茫

父、一八七六～一九三〇年）の題跋がある。これにより当本はかつて姚氏が所有していたことがわかる。（後述）

この拓本は整紙で拓出したもので、四幅の掛軸に表装されている。表装後の拓本各幅の計測値は以下の通りである。

第一幅　縦五四八㎝×横一五四㎝
第二幅　縦五四七㎝×横一三九㎝
第三幅　縦五四五㎝×横一八二㎝
第四幅　縦五四八㎝×横一二五㎝

王氏蔵本は、一枚紙に拓出されている。紙はやや厚めで黄変しており、紙面には原料かすが多い。紙の種類は毛頭紙と推定される。碑石表面は凸凹していて尖った部分は鋭く、一枚紙を用いたために破れてしまったという箇所が比較的多い。拓本の各幅の用紙は上下は一一段で、各段の用紙は三～五枚、用紙の総数は一五一枚である。

この拓本は淡墨拓で、墨付きは薄く、墨の色は灰黒色である。碑面上の細かな凸凹のために、拓本には墨斑と大小多くの石華が見られる。拓本はすでに表装されているので、背面に石灰塗抹があるかどうか観察できない。四幅の碑字を細かく観察しても、塡墨の痕跡は認められない。着墨の特徴からすると、この拓本は碑石の破損状態のひどい部分には着墨しない、という方法がとられている。好太王碑碑文の上下と各行間には界格を示す横線と縦線があり、王少箴旧蔵本には、縦線と横線がはっきりと拓出されている（資料⑥参照）。

⑵中国国家図書館蔵本。この拓本は、筆者が過去に紹介した「北図蔵本」である。現在は国家図書館善本部が収蔵、管理している。拓本背面の題箋には「好大王碑、無年月（東晋義熙十年）」の文字があり、拓本製作時に書かれたものではなく、後に付け加えられたものであろう。拓出年代と収蔵経過について、拓本には記載が無い。

中国国図蔵本は整紙で拓出した本で、全部で四幅ある。未表装で、各幅拓本の下には一枚の敷紙があり、敷紙と拓本の裏面は糊付けされていない。敷紙の面積は拓本よりもやや大きく、その縁を拓本の表側向きに折り、拓本の縁を押さえるようにしっかりと糊付けし、幅約五cmの白い紙のへリを成している。各幅の計測値は以下の通りである（敷紙で覆われている部分は含まない）。

第一幅　縦五二八cm×横一四五cm

第二幅　縦五三六cm×横一二六cm

第三幅　縦五五二cm×横一七七cm

第四幅　縦五三三cm×横一二五cm

この拓本は王氏蔵本と同じく、数多くの小紙をつなぎ合わせて作られている。各小紙の大きさは五〇～五一cm×四四～四六cmで、整紙の不足部分は細長い紙で補っている。各幅の用紙は一一段から成り、毎段三～四枚である。ただ第四幅の第十一段は二小段からなり、六枚を用いている。用紙枚数は、第一幅四十一枚、第二幅三十三枚、第三幅四十四枚、第四幅三十七枚で、総数は一五五枚である。この用紙は黄変しており、紙質はやや薄く破れやすい。中国国家図書館善本部金石班冀亜平、杜偉生両氏の推測によると、皮紙か加皮竹紙である、とのことである。拓本面を見ると、恐らく採拓の時に力を入れ過ぎたため、破れた箇所が多い。

当拓本は淡墨拓で、墨の色は王氏蔵本よりも少し濃い。着墨の特徴は王氏蔵本によく似ており、碑面が破損し欠字になっている部分には着墨していない。縦線の拓出状態も前者と大体同じである。また塡墨の痕跡も見られない。拓本の背面に石灰が付着しているかどうかは、敷紙があるため調査できない（資料⑧参照）。

北京大学図書館所蔵拓本の正式調査は一九九三年八月から一二月にかけて行った。調査中に、同大古籍善本室には七種類の好太王碑拓本の実物が収蔵されていることがわかった。比較研究を経て、これらのうちの四種類は原石拓本であると判定し、他の二種類は石灰拓本、もう一種類は模刻本であると判定した。一九九六年になってから同図書館にはもう一種類の拓本があることがわかり、観察の結果、原石拓本の一種と認定して北大E本と略称した。このように北京大学図書館で収蔵する原石拓本の総数は五種類となる。

⑶北大A本。　北大A本は煤煙拓本で、墨跡に触れると手が墨で黒くなる。拓本用紙は一枚紙で、紙質が厚めのためもともと破損はあまりない。その後の流伝過程における保存状態の影響であろう、折り目部分には細かな破損が多い。拓本碑面の破損しそうな箇所に多数の小紙片による裏打ちがなされている。拓紙は白色でやや厚い宣紙である。拓本は数十枚の紙をつなぎ合わせて作られていて、各幅は十数枚からなる。材料の紙は大きなもので縦一三〇㎝×横七〇㎝、中国伝統の二尺×四尺の宣紙の寸法と符合する。小さいもので長さ六四㎝×幅三二㎝である。大きな紙の約二分の一である。用紙の具体的な使い方は、各段の中間部分に大きな紙を用い、左右両端と底部の不足部分を小さな紙で補っている。また北京大学図書館金石班の胡海帆氏の紹介によると、拓本用紙の縁に中国南方の宣紙の数量を示す「一刀」の標記符号が見えるという。各幅の段分け数と用紙枚数は以下の通りである。第一幅六段十二枚、第二幅六段十五枚、第三幅七段十八枚、第四幅五段十一枚、用紙枚数合計は五十六枚である。北大A本の紙は好太王碑所在地産の紙ではなく、当本を製作した拓工が現地に持ちこんだものであろう。

北大A本の着墨は濃厚で、あるいは力を入れて採拓したことによる。墨色は字の縁まで入り、碑字は明らかに痩せている。その特徴は全面着墨というところにあり、碑石の破損のため文字のないところにも着墨して拓出されている。この特徴は王氏蔵本、中国国図蔵本、台湾傅斯年乙本、北大E本とは異なる。傅斯年甲本、水谷拓本、金子鴎亭本、韓国『書通』雑誌本と似ている。この他に、界格の縦線と横線の一部分が鮮明に拓出されている。拓本裏面の観察では、石灰附着は見られない（資料⑩）。

各幅の計測値は以下の通りである。

第一幅　縦五四三cm×横一四六cm

第二幅　縦五三〇cm×横一三三・五cm

第三幅　縦五四〇cm×横一九四cm

第四幅　縦五三一cm×横一二六cm

北大A本第三幅の裏面には題箋と題跋がある。(後述)

⑷北大B本。この拓本は分段拓出本、つまり四面の碑文が三段に均分されて拓されたもので、都合十二幅からなる。この拓本には何の表題もないため、北京大学に収蔵される以前の来歴や収蔵状況は不明である。未表装で、各幅の裏面にそれぞれの通し番号が墨書されている。即ち碑文第一面を東面とし、第二・三・四面をそれぞれ南・西・北面としたうえで、例えば第一面上段は「東一」、中段は「東二」、下段は「東三」と番号付けされている。これらは碑石の向きから番号付けされており、拓本を製作するときに残したものである。何故ならば拓本の流伝過程において、収蔵者がその方向をはっきりと記すことは不可能だからである。各幅の計測値と所載文字は以下の通りである。

第一面上段(東一)　縦一八二cm×横一五〇cm、第1～13字

中段(東二)　縦一八四cm×横一四八cm、第14～27字

下段(東三)　縦一八五cm×横一四一・五cm、第28～41字

第二面上段(南一)　縦一七四cm×横一二八cm、第1～13字

中段(南二)　縦一七六cm×横一二八cm、第14～27字

下段(南三)　縦一八六cm×横一三五cm、第28～41字

第三面上段（西二）　縦二一二cm×横一九一・五cm、第1～16字
　中段（西二）　縦一七六cm×横一八三cm、第16～28字
　下段（西三）　縦一七二cm×横一八二cm、第29～41字
第四面上段（北一）　縦一七〇cm×横一二〇・五cm、第1～13字
　中段（北二）　縦一七二cm×横一二七・五cm、第13～26字（各行とも第26字目は、字の上半部のみを拓出してある）
　下段（北三）　縦二一三cm×横一二四cm、第26～41字（第26字は同様に、下半部のみを拓出してある）

北大B本の用紙はかなり薄目の一枚紙で、紙面には隠格があり、紙質はとても悪く、わずかに黄ばみが生じている。破損箇所が多く、特に第三、四面の拓本には大きな破損があり、おそらくネズミの害によると思われる。拓本の裏面に石灰の附着は見られない。

この拓本も各幅ともに多くの小紙によって段わけし、つなぎ合わせて作ったものである。各小紙の大きさはおよそ長さ五〇cm×幅四〇cmである。各幅の用紙枚数は次の通りである。第一面上段十六枚、中段二十枚、下段二十枚、第二面上段十二枚、中段十二枚、下段十五枚、第三面上段二十五枚、中段二十五枚、下段十六枚、第四面上段十二枚、中段十二枚、下段十五枚。合計用紙は二百枚である。

この拓本は薄い煤煙墨によるもので、墨付きは淡く、第一、二面の大きな亀裂の箇所を除き、全面着墨である。段分けしての拓墨ではあるが、碑面上の文字はすべて着墨されており、かつ漏れもない。縦線と横線の一部分は鮮明に拓出されている。

(5)北大C本。この拓本はB本と同様に段分けによるもので、かつ完全な原石拓本である。しめて十二幅よりなる。第一幅（第一面上段にあたる）の裏面に赤色の細長い紙片による題簽が付され、「高句麗平安好太王墓誌碑全部」と記さ

れている。各幅裏面に通し番号が墨で附されており、その文字は北大B本と同じである。即ち碑文第一面を東面とし、第二・三・四面をそれぞれ南・西・北面としたうえで、例えば第一面上段は「東一」、中段は「東二」、下段は「東三」と番号付けされている。この他、調査したことのある拓本で同様の番号をつけているものに水谷拓本があり、比較してみると両者の字体は十分似ている。各幅の計測値と所載文字は以下の通りである。

第一面上段（東一）　縦一七八cm×横一四八cm、第1～13字
　中段（東二）　縦一九四cm×横一四四cm、第14～27字
　下段（東三）　縦一九六cm×横一四六cm、第28～41字
第二面上段（南一）　縦一四三cm×横一一六cm、第1～14字（各行とも第14字目は、字の上半部のみ拓出してある）
　中段（南二）　縦一八二cm×横一三〇cm、第14～27字
　下段（南三）　縦一九〇cm×横一二九cm、第28～41字
第三面上段（西一）　縦一八八cm×横一八九cm、第1～13字
　中段（西二）　縦一九〇cm×横一八八cm、第14～27字
　下段（西三）　縦一九二cm×横一八四cm、第28～41字
第四面上段（北一）　縦一七七cm×横一二二cm、第1～14字
　中段（北二）　縦一八〇cm×横一二八cm、第14～27字（各行とも第14字は、文字の上半部のみを拓出してある）
　下段（北三）　縦一九八cm×横一二七cm、第27～41字

この拓本の用紙の種類、変質の程度、拓本採取の方法、着墨の特徴などは、前述のB本と全く同じである。ただし唯一の相違点として、B本が一枚紙を用いているのに対し、C本は二枚重ねで拓墨を行っていることが挙げられる。

二枚紙の使用は言うまでもなく、用紙の厚みを増して採取時の破損を防ぐのが目的である。これによって採取の際、より力を加えることができる。このためC本では文字が至極明瞭で、墨色もB本よりやや濃いめである。拓本裏面の観察から、石灰附着は見られない。縦線と横線の一部分は鮮明に拓出されている。各幅の用紙枚数は以下の通りである。第一面上段十六枚、中段二十枚、下段二十枚、第二面上段十二枚、中段十二枚、下段二十枚、第三面上段二十枚、中段二十枚、下段二十枚、第四面上段十二枚、中段十二枚、下段十五枚、合計用紙は一九九枚である。この数字は一枚紙と見なしてのものである。二枚重ねであることを勘案するなら、この数字は二倍になる。

(6) 北大D本。この拓本の保存状況は完璧で、碑文四面をそれぞれ三段に分けて拓出してあり、しめて十二幅からなる。この拓本は北京大学図書館所蔵の五種の原石拓本のうち保存状況も拓出の鮮明度も最も良好である。各幅ともすべて一枚紙で裏打ちされている。裏打ち用紙は拓本よりやや大きめで、三～五㎝の縁を形作り、これが表面側に折り込まれている。各幅の裏面全てに題箋が貼付され、「高句麗好太王碑某面某段」と記されている。第一面を東面、第二～四面をそれぞれ南・西・北面としており、各面を首・中・末の三段に分けてある。例えば第一面上段の題箋符号は「東面首段」である。さらに各幅表面の着墨していない余白部分にも「東首」「東二」「東三」などの文字が小さく記され、拓本の順序を示している。各題箋の下には収蔵印が付してあり、印文は「陽谷熊氏所蔵図書金石文字」と読める。つまりこの拓本は、山東省陽谷県出身の熊という姓の人物が所持していたわけである。各幅の計測値と所載文字は、以下の通りである。

第一面上段（東面首段）　縦一八三㎝×横一五二㎝、第1～13字
　　中段（東面中段）　縦一九六㎝×横一四七㎝、第14～27字
　　下段（東面末段）　縦二〇〇㎝×横一四二㎝、第28～41字

第二面上段（南面首段）縦一八六㎝×横一三〇㎝、第1～13字
中段（南面中段）縦一八六㎝×横一三一㎝、第14～27字
下段（南面末段）縦一九五㎝×横一三五㎝、第28～41字
第三面上段（西面首段）縦一八〇㎝×横一八七㎝、第1～13字
中段（西面中段）縦一九二㎝×横一七八㎝、第14～27字
下段（西面末段）縦一九二㎝×横一八六㎝、第28～41字
第四面上段（北面首段）縦一八四㎝×横一二七㎝、第1～14字（各行とも第14字は、文字の上半部のみを拓出してある）
中段（北面中段）縦一八六㎝×横一三〇㎝、第14～27字（第27字は同様に、上半部のみを拓出してある）
下段（北面末段）縦二〇五㎝×横一二九㎝、第27～41字

この北大D本もまた、多数の小紙をつなぎ合わせて作られている。各幅の使用枚数は以下の通りである。第一面東面首段十二枚、東面中段十二枚、東面末段十八枚、第二面南面首段十二枚、南面中段十二枚、南面末段十二枚、第三面西面首段十六枚、西面中段十六枚、西面末段十六枚、第四面北面首段十二枚、北面中段十二枚、北面末段十二枚、使用枚数は合計一六二枚である。

この拓本は煤煙拓で、非常に褪色しやすい墨を使っている。触れるとたちまち指が黒くなるほどである。墨付きは比較的濃いめで、字口は繊細で、字体が明瞭に表れている。拓出状態は台湾傅斯年甲本と日本の金子鴎亭氏所蔵本と非常によく似ており、縦線と横線の一部分は鮮明に拓出されて、文字どおり精拓本の一つといえる。着墨においては全面着墨を特徴としており、この点では上記三点の原石拓本と概ね同様である。拓本背面に石灰が附着しているかどうかは、裏打ちされているため調査できない。

この拓本の唯一の短所は、文面のごく一部に作為のあとがみられることである。つまり本来ありえないはずの文字が拓墨されているのである。例えば北面首段、即ち第四面上段1行目の1～3格目に文字が表れている。実際の碑石では、元々この部分に文字はなく、五格目から文章が始まるはずである。仔細な検討から明らかになったところでは、D本のこの部分の用紙は後から貼り付けたものである。この三字は筆画が左右顚倒した「残南居」であるが、その字形は左側にある2行目1～3格の「残南居」と一致する。つまりこの三文字は、2行目から転拓されたものなのである。おそらくこれは拓本製作時に拓工が行ったものではなく、収蔵時装丁する際に、拓本の見栄えをより完璧にするつもりで余計な手心を加えたものであろう。

北大D本の改変部分は簡単に見破れるもので、釈文研究に困難をきたすほどのものではないとはいえ、精拓本の形象は若干損なわれてしまっている。原石拓本にみられる改変はこの一例にとどまらない。こうした改変は、他の原石拓本についても一例が見られる。つまり台湾傅斯年甲本の第一面9行17字目の部分、つまり「破百残」の下側の着墨箇所とおぼろ気に浮かび上がっている文字は、原碑から拓出されたものでは決してなく、何らかの改変による。傅斯年甲本の図版(1)に依拠して筆者が検討した結果、いわゆる「更」字の中央部に縦線があり、縦線の左右両側の筆画や石華が完全に一致していることが分かった。つまり縦線をはさんで左右両側が同一の碑面部分から拓出されているわけで、要するに拓出後、いずれかが接がれたものなのである。正確な拓出部分は左側、つまり第一面8行17字目であり、右側部分は不正確で削除すべきである（次頁の図版を参照）。この後台湾の好太王碑研究者高明士氏は傅斯年甲本の再調査によって筆者の上述の分析を証明した(2)。

(7)北大E本。この拓本は筆者が北京大学図書館で最後に調査した原石拓本で、一九九六年一一月末のことである。この本は整紙本で四紙に拓出され、表装されていない。題記が無く、各幅の拓本の背面に朱筆を用いて番号を付して

傅斯年甲本の誤った１面９行17字の復元

1　傅斯年甲本の１面９行17字の原状

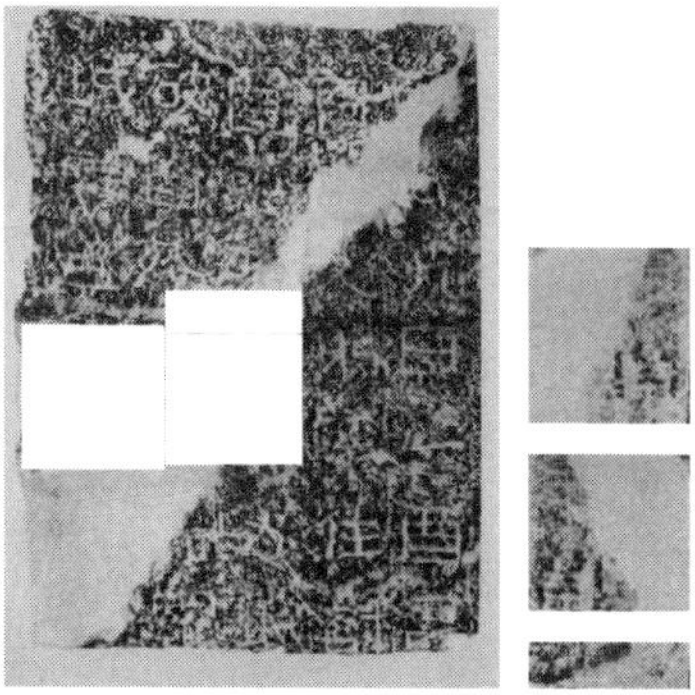

2　採り出した両部分の着墨状況が同じ（右上図）

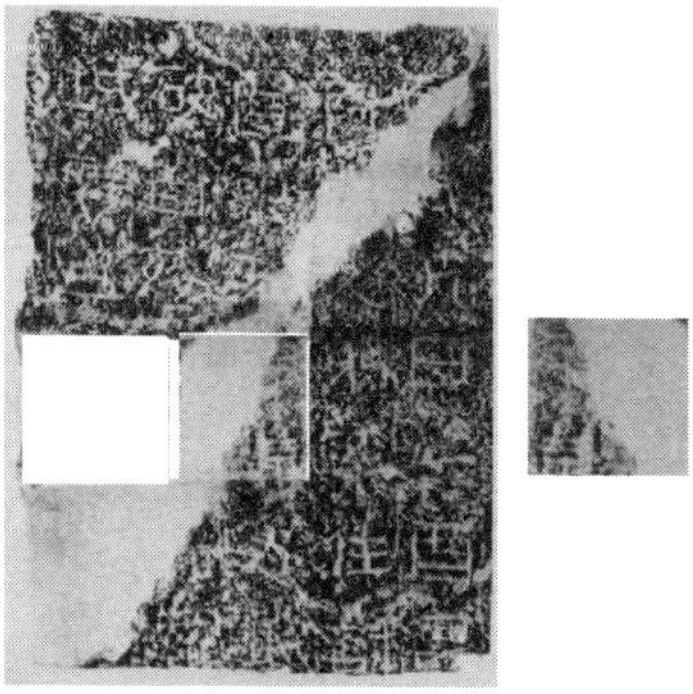

3　採り出した両部分の一つを正しく入れる

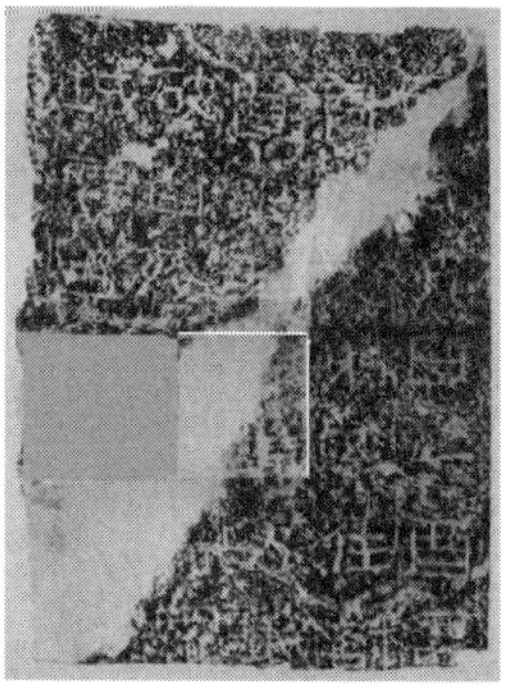

4　修復

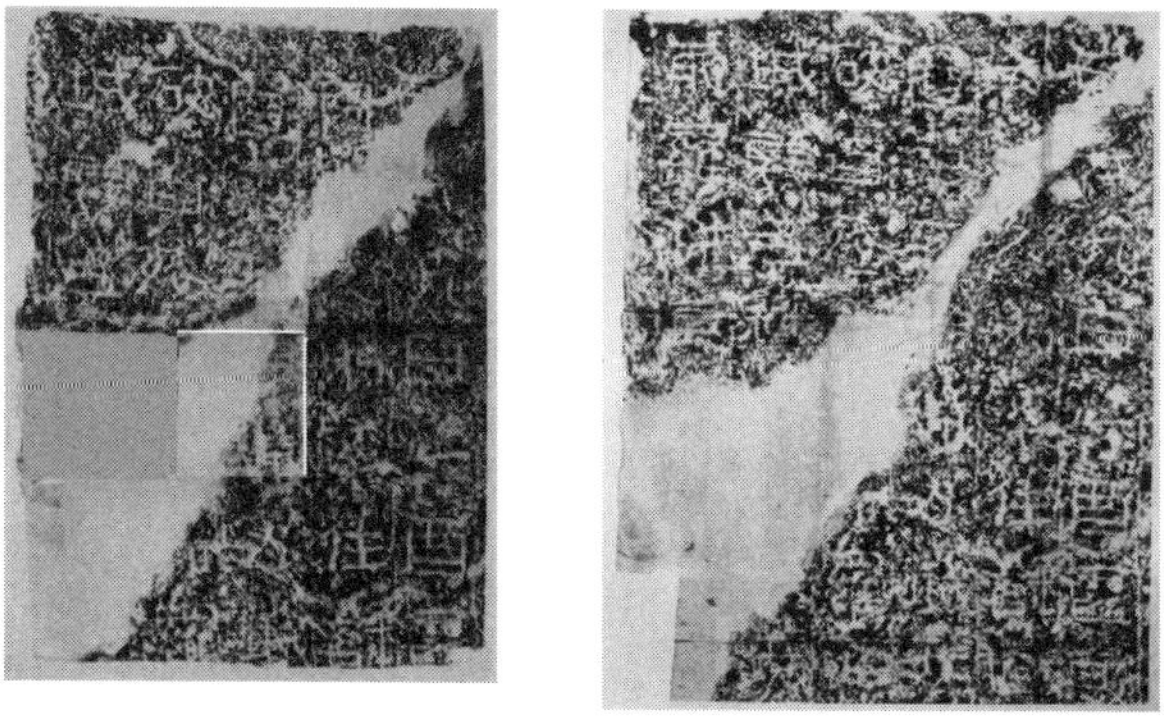

5　修復後の傅斯年甲本（左）と水谷拓本（右）の比較

ある。各幅の拓本は数十枚の小紙から成り、一枚の大きさはおおよそ長さ五四㎝×幅四七㎝である。薄い一枚紙で拓出され、色は黄ばんでいて古めかしく、紙質は粗く非常に劣ったものである。拓本の破損部分はやや多く、第一面の左半部と第四面の下半段はひどく破損している。着墨の特徴は文字のない部分には着墨せず、墨着きは薄く、字形は太い。各面の碑字の縦界線がはっきりと拓出されている。拓本の背面を観察すると、石灰は附着していない。北大E本の紙と着墨の特徴は、王氏蔵本と台湾傅斯年乙本に十分似ている（資料⑨参照）。その各幅の計測値は以下の通りである。

第一幅　縦五四〇㎝×横一五〇㎝
第二幅　縦五三六㎝×横一二八㎝
第三幅　縦五四二㎝×横一八三㎝
第四幅　縦五三二㎝×横一二五㎝

この拓本の用紙は各幅ともに十一段に分けている。用紙の数は、第一面三十七紙、第二面三十紙、第三面四十四紙、第四面三十三紙、合計百四十四枚の小紙からなる。

第三節　王氏蔵本と北大A本の跋文

上述七種の拓本の着墨状況、用紙状況、採拓手法の精密さはことごとく同じではないが、碑字の拓出状態、縦界線の拓出状態、第一面第二面の巨大な亀裂の空白状況は十分似ている。このことは七種類の拓本全てが同様の状態の碑石から作られたことを表し、これらの製作年代がかけ離れているということはありえない。

先に述べたように、七種の原石拓本のうち五種の拓本には題跋が無い。ただ王氏蔵本と北大A本に題跋がある。以下、題跋の内容について、上述拓本の性質と製作年代の分析を行う。

王氏蔵本の跋文について

好太王碑は一八八〇年に発見された。碑石の発見後間もなく、現地の拓工が碑石表面の苔蘚を取り除くために碑を焼いた。焼いた後、碑面の一部は損なわれ、それに伴い文字も剥落してしまった。これは一八八〇年から八一年の間である。王氏蔵本と他の六種類の拓本の文字の破損状況は、これらの拓本がすべて碑を焼いた後に作られたものであることを示している。このことから碑石を焼いた時期を、これらの拓本の製作年代の上限とすることができる。王氏蔵本には姚茫父の題跋があり、落款の日付は丁巳年（一九一七）一〇月下旬となっている。しかし、この日付は姚氏が当拓本を入手した日付であり、この拓本の拓出時期とみなすことはできない。ただ、一点だけはっきりしているのは、この拓本の製作年代は一九一七年を下らないということである。とりあえず一九一七年一〇月を当拓本の製作年代の下限としておく。

王氏蔵本の姚華の題跋は四枚の小さな紙に分けて書かれ、拓本の各面の空白部分に貼られている。題跋には番号が付けられているが、各題跋の位置と実際の各幅碑文の順は合っていない。恐らく表装の時に表具師が順序を間違えたのであろう。題跋の内容は以下のようである（文中の句読点は筆者による）。

跋文の第一は、拓本第一面の下部右側に貼られている。

　高麗好太王碑一

文称永楽五年歳在乙未、又云以甲寅年九月廿九日乙酉遷就山陵於是立碑銘、去永楽五年又十九年、如続計之為二十四年。

跋文の第二は、拓本第四面の下部左側に貼られている。

高麗好太王碑二

好太王亦称永楽太王、見本文。

跋文の第三は、拓本第一面の下部右側に貼られている。

高麗好太王碑三

碑在奉天、中東之戦始顕於世。

跋文の第四は、拓本第二面の下部左側に貼られている。

高麗好太王碑四

共拓四紙、着墨淡雅、可喜。今本雖較明、然紙墨並粗、如此佳拓亦僅見之本。近聞為日本人所侵守、不許椎搨矣。整紙尤為難得。丁巳十月下澣、茫父記。(署名の上に方形の朱印が押されており、印文は「姚華私印」となっている。)

第一の跋文の内容は姚氏が好太王の在位期間を推計したものであるが、この推計には誤りがある。碑文には好太王は一八歳で即位し、三九歳で死亡したことが明記されており、その在位期間は二二年間とすべきで、跋文にいう二四年間ではない。思うに、姚氏は碑を立てたのが好太王の死後、二年目のことであることを理解していなかったのであろう。第三の跋文は「碑在奉天、中東之戦始顕於世」と記し、文中の「中東之戦」は一八九四〜九五年の中日甲午戦争を指す。つまり好太王碑の発見は日清戦争中のことであるという意味だが、これも誤りである。姚氏のこの「日清戦争発見」説は、一九〇九年に上海有正書局から出版された石印本(呉椒甫蔵本)にある、小宋という人物の書いた「誌」の影響であろう。

四つの跋文中、四番目のものが比較的注目される(資料⑦参照)。まず、拓本の外観を述べて、この拓本は「着墨が淡雅」で、稀に見る「佳拓」であるという。続けて「近聞為日本人所侵守、不許椎搨」と述べている。周知の通り、日本人が歴史上、好太王碑の採拓に直接関与したかどうかは、議論される問題である。王健群氏は現地の関係者を訪ねて調査をし、李進熙氏が発表したいわゆる石灰塗付作戦は存在せず、石灰で碑字を補修したのは、当時好太王碑の近くに住み、採拓に従事していた中国の拓工である、として李氏の観点に反駁した。王健群氏の取材を受けた人は、ほとんど異口同音に解放前に外国人が採拓したのを見たことがない、と証言している(3)。しかし、朝鮮の史学家の申采浩氏がその遺著『朝鮮上古史』(一九四八年)の中で、日本人がかつて碑石の採拓と拓本の販売を独占していた、との伝聞に触れている。申采浩氏が集安を訪ねた具体的な年代ははっきりしないが、著書の内容からすると、一九一五年以降のことと推測できる(4)。

姚茫父が好太王碑が「日本人の侵守する所と為る」という伝聞を耳にしたのは一九一七年のことである。姚氏は二十世紀初めに日本に留学しており(5)、彼は日本の動向について十分な関心を持っていたはずである。それゆえ、彼の記述が空想であるとは考えにくく、根拠があってのものである。姚氏の跋文が示しているのは、当時、中国には確かに日本人が好太王碑の採拓に関与している、との伝聞が存在し、東北の辺境から遥かに離れた首都まで伝わったことからも、この伝聞が広範囲にわたったことがよくわかる、ということである。

「近聞為日本人所侵守、不許椎搨」という一句は、一体どのような歴史事実を指しているのか、今のところ、まだはっきりとさせようがない。だが、このような伝聞は、多分以下の二つの事柄と関係があると考える。一つは、一九〇七年に日本の軍人が好太王碑を日本に運ぼうとした事件である。『輯安県郷土誌』の記録によると、一九〇七年五月、集安県知事呉光国が奉天提学使の楊小浦に与えた報告書の中で「日軍五十七聯隊長小沢徳平君、統帥臨境、驟見扶余古碑、羡為奇貨、屢次商購、擬陳日本博物院」と述べている。しかし、日本軍の要求は県知事呉光国の婉曲な拒否に遭い、願い通りにはならなかった。また小沢徳平は日本軍部の職に就いており、彼の要求は当然、一時の奇想天外なものなどではなく、計画的な行動であり、このことは当時日本軍部との往来が密であった白鳥庫吉らの言論からもわかる。この事柄について李進熙、王健群両氏が先に詳細な紹介と研究をしており(6)、ここでは詳述しない。

第二の事柄は、一九〇八～〇九年に日本国内で好太王碑拓本予約募集の広告活動が繰り広げられたことである。李進熙氏の研究によると、一九〇八年一二月に日本国内で『高句麗永楽太王古碑』というパンフレットが出版され、翌年二月には、犬養毅ら一四名の著名人が賛助人として署名した同名パンフレットが再び出版された。このパンフレットの巻末には「高句麗永楽太王古碑拓本予約募集」と題した広告が載っており、そこには、「下名大森松四郎儀明年二月下旬要務ヲ帯ビテ通化一帯地方へ旅行ノ途次懐仁県へモ立寄候ニ付キ序ヲ以テ岔溝ナル高句麗永楽太王ノ古碑ヲ搨取シ広ク同好ノ士ニ頒チ度存ジ候就テハ右搨本御希望ノ御方ハ左ノ方法ニヨリ御申込相成度此段広告致候也」と記されている(7)。日本国内には現在、各種の好太王碑拓本が五〇種近くあり、その大多数は石灰拓本である。これらの拓本の一部は、恐らくこの年の予約募集を通じて取得したものであろう。日本国内で予約募集された拓本は、無論、日本商人が自ら拓製したものではなく、中国の拓工から予約購入したものである。予約した拓本の質と量を保障するために、日本商人達は拓工に様々な要求をし、その中にはある期間、他者のために拓製することを認めない、というものも含まれていた可能性がある。これがいわゆる「椎搨するを許さず」の真相かもしれない。

以上のほかに、二〇世紀初頭にはさらに何人かの日本人が集安に来ており、鳥居龍蔵（一九〇五年）、関野貞、今西龍（一九一三年）、日本軍人の中野政一（一九一二年）たちが含まれる。要するに、この時期の日本人は好太王碑にかなり関心を持っていたということになる。その上、拓本取得を要求したばかりでなく、原碑までも日本に移して大いに宣伝しようとした。これら一連の事柄も相次いで北京に伝わったことが、「日本人の侵守する所と為る、椎搨するを許さず」という伝聞を作ったと考える。

最後にもう一度指摘しなければならないのは、姚茫父跋文の落款年代もかなり重要な資料である、ということである。これまで発見された好太王碑拓本の中で、収蔵年代に関する記録があるものは極めて少ない。過去に僅かに任昌淳所蔵の拓本に蔡右年の跋文が附されているのみで、その落款年代は一八九一年となっている。(8) この記録は既に原石拓本の編年にとって重要な拠り所となっている。今回の姚茫父の題跋の発見は、再び好太王碑原石拓本の編年に新たな証拠を提供したことになる。姚華の題跋は一九一七年に書かれている。李進熙氏の研究によれば、好太王碑が石灰補修された年代は一九〇〇年前後であり、私見によればこの年代はさらに早まる（第六章、第七章参照）。王氏蔵本の碑字の字形とその後の石灰拓本とは全く異なる。姚華の題跋年代によれば、王氏蔵本は一九一七年より後ということはありえない。石灰補字の開始年代に基づけば、この拓本は一八九〇年より後ということもありえない。これによって、王氏蔵本の製作年代は一八九〇年以前、すなわち石灰補字の前に制作された原石拓本である。拓本の比較によれば、王氏蔵本の様相と近い拓本にはまだ中国国図蔵本、北大E本、台湾傅斯年乙本がある。このように見てくると上述四種の拓本はみな石灰補字以前に製作された原石拓本のはずだ。

北大A本の題跋について　北大A本の裏面には収蔵者の題箋と跋文がそれぞれ一編、付されている。左側の題箋は赤色の紙（二五・三㎝×六㎝）に書かれる。その墨書の文字は次の通りである。

晋高麗好太王碑　　李龍精拓整紙本五分第三

題箋の右下隅部分には正方形の小印が一つ押されており、印文は「慈菴」と読める。題跋は長方形の白紙（一五㎝×一〇㎝）に書かれ、題箋の右に貼られている。文字は6行で次のとおりである。

右好太王石刻、潘伯寅丈倩工李龍精搨者。題箋即丈親写。其云五分第三者、即所拓五分之第三次拓者。即此四字、已足証為金石家之詞。龍号雲従、隷古斎所售三闕、(9) 即李龍手拓、勝王可群手芸多矣。陸和九記。

題跋の下に長方形の印が押され、印文は「陸禾九」である。拓本第二面の裏側には「末行六字未剜作大」という二行の墨書文字がある。その他に各幅拓本正面の空白部分にもう一人の収蔵印があり、「黄陂胡朝宗改庵之印」という印文である。

北大A本に附された陸和九の題跋には、当本の題簽は潘祖蔭が書いたとある。その下部に「慈菴」という収蔵印があり、以前筆者は潘祖蔭の印だと推測していた。後に北京大学図書館金石組碑帖専門家の胡海帆先生の教示によると、北京大学図書館収蔵の多くの拓本に「慈菴」印は見られるが、ほとんど潘祖蔭とは無関係であるという。つまりこの印章を潘祖蔭の収蔵印とみなすことはできない。『清人室名別称字号索引』をみると、清代文人に「慈菴」の室名がある人は白補宸である。「慈菴」の印記からこの拓本はかつて白補宸が収蔵したことがある可能性がある。

題跋の作者陸和九の履歴については、胡海帆先生による『北京大学図書館金石拓本特蔵調査報告』(10)で簡潔に紹介されており、それによると以下の通りである。「一九五七年、歴史学部が陸和九所蔵の拓本を購入した。陸和九（一八八四～一九六〇年代）は名を開鈞、字を和九といい、号は墨庵とし、湖北沔陽の人である。清の吏部学治館を卒業し、北平（北京）の中国大学国文学部教授を務めた。新中国成立後は中央文史館館員に就任。収集品多数にして、鑑賞に優れていた。陸氏所蔵の拓本は数多く取引されており、市中の商店で陸氏の文字や印のある拓本が常に見られる」。また、胡海帆氏は拓本第二幅背面に書かれた「末行六字未剜作大」数字の筆跡は陸和九のものであるとみなした。その他、陸和九には『金石学講義』(11)の本を著し、中国金石学の発展と変遷を概説した。

北大A本の題簽の書者については陸和九の記述以外に、潘祖蔭の筆跡についても比較した。中国国家図書館で、四種類の潘祖蔭自筆原稿を調べた(12)。この原稿の潘祖蔭の筆跡と北大A本の題簽筆跡の照合を行った結果、この題簽が潘祖蔭の真筆であると判断できた（資料⑪参照）。

北大A本の胡朝宗印について、『清人室名別称字号索引』には、「胡朝宗、籍貫不明、字改庵、別称謝山道人」、と記載されている。拓本の胡朝宗印文からは湖北黄陂の人であることがわかる。また北京大学湯燕氏の調査によると、胡朝宗、字は改庵、湖北武昌の人、一八八二年生、民国元年湖北省外交司の司長を務めた。卒年不詳である。(13) 以上の検討から分かる通り、北京大学A本は潘祖蔭、慈庵（白補宸）、胡朝宗、陸和九の所蔵を経てきたものである。

北大A本の潘祖蔭の題箋にはこの本は李龍（雲従）が精拓した五部の整紙本の一つであることを明確に記録している。このことは当本が一八八九年に李雲従が採拓したと判断するための重要証拠である。北大A本は一八八九年に李雲従が好太王碑を採拓したという事実を一歩進めて証明した。この他に二つの重要な手がかりがある。一つには、北大A本の用紙の縁に南方産の宣紙に特有の「一刀」の文字があるということである。二つには、第四章で紹介した盛昱の好太王陵磚題記である。この題記には李雲従が好太王碑を採拓し数百幅の拓本を持ち帰ったことが記されている。この手がかりによって李雲従の拓碑活動を一歩進めて推測できる。李雲従は集安に着くと、まず北京から持ち込んだ宣紙を用いて五部の整紙本を作成した。この整紙本は計二〇幅である。この他に大量の拓本を作った。そうでなければ盛昱が言う数百幅はありえない。そのうえ彼が使用した紙はすべて北京から持ち込んだとは限らない。好太王碑採拓の過程において現地の紙を使用した可能性がある。北大A本の着墨状態と十分似ている北大B、D、C三本もまた李雲従製作拓本と見なすことができる。

第四節　好太王碑原石拓本の類型区分

筆者が七種類の原石拓本を紹介する以前に、水谷悌二郎、高明士、武田幸男氏らが日本、台湾、韓国に所蔵される六種類の原石拓本を相継いで紹介された。その原石拓本は、次のものである。(1)日本水谷悌二郎旧蔵原石拓整本（水谷拓本）、(2)日本金子鴎亭氏蔵本（金子鴎亭本）、(3)台湾中央研究院傅斯年図書館蔵本（甲種）（傅斯年甲本）、(4)韓国青溟任昌淳氏蔵本、(5)韓国書法雑誌『書通』創刊号（一九七三年九月）所載拓本図版（書通本。この拓本の本体は現在行方不明）(6)台湾中央研究院傅斯年図書館蔵本（乙種）（傅斯年乙本）(14)

武田幸男氏の上述六種原石拓本の研究によると、第(1)〜(5)種は北京琉璃廠の著名な拓工李雲従が光緒十五（一八八九）年に製作したものである。(15)李雲従拓本の特徴は濃墨重拓、拓出技術が精巧であり、碑字は痩せ、字の縁が明晰で、着墨の範囲は広く、碑石の大きな亀裂以外の部分には均等に着墨されている。これら六種類のうち、第(6)種の拓本、すなわち傅斯年乙本とその他の五種類は明確に異なっている。北京大学蔵本の観察によると、北大A、B、C、D本の四種類の拓本も李雲従拓本に属す。

同時に、傅斯年乙本、北大E本、王氏蔵本、中国国図蔵本これら四本の比較を行って、その着墨方法と碑字拓出状態が十分似ていることがわかった。その共通の特徴は、薄い墨で軽くたたいて拓出し、全体に石華が広がる。碑字はやや太く、字の縁は模糊としてはっきりしない。第一、三面の字の無い部分には着墨していない。以上の特徴からこの四種類の拓本は、李雲従拓本とは異なる類型の原石拓本であることが分かる。

それでは、上述四種類の拓本と李雲従拓本の編年関係をどうみたらよいだろうか。武田幸男氏はかつて傅斯年乙本の製作年代が李雲従拓本より古い可能性があると指摘した。(16)武田氏のこの判断は十分参考になる。筆者はかつて王氏蔵本と中国国図蔵本の着墨特徴を水谷拓本および酒匂本と比較したことがある。その結果一部の特徴は酒匂本と似ていて、別の一部の特徴は水谷本と似ている。この比較と、碑字拓出形態の比較研究を考え合わせ、王氏蔵本と中国国図蔵本を水谷本と比較すると、多くの古い要素を見出せる。(17)すなわち傅斯年乙本、北大E本、王氏蔵本、中国国図蔵本これら四種類は同一類型の拓本に属し、その製作年代は水谷拓本を含むその他九種類の原石拓本よりも古いと言える。清朝末期の好太王碑の文献記録と伝承によると、李雲従以前に拓本を製作したことのある人として、天津から来た拓工、亓丹山、談広慶等がいる。その他、王志修および碑の近くで採拓した現地の拓工初天富も拓本を製作した可能性がある。王氏蔵本、傅斯年乙本、北大E本と中国国図蔵本はこれらの人の手になるかもしれない。さらに、王氏蔵本における姚華の跋文からわかるように、当本は、民国年間にすでに北京に伝えられた。また、中国国家図書館本と台湾傅斯年乙本も、一九四九年新中国成立以前に北京に伝えられたのであろう（傅氏が勤めた中央研究院歴史語言研究所は、もともと、北京市の王府井の近くにあった）。このような事情から分析すると、上記の四本は、談広慶が一八八七年に揚願と呉大澂のために製作した拓本を思い出される。こうして考えると、以上の古い特徴を持つ四種類の拓本は談広慶拓本である蓋然性が大きい。もし以上の判断が成立すれば、この四種類は現在知られている原石拓本の中で、最も早く製作され、保存も良好な完本である。

以上の判断から筆者は、一三種類の原石拓本を二つの類型に区分する。第一の類型は傅斯年乙本、北大E本、王氏蔵本、中国国図蔵本を含む。この類型の特徴は薄墨で軽くたたき、拓本には石華が広がる、碑字はやや太く、字の縁は模糊としてはっきりしない。第一、三面の字の無い部分には着墨しない。かつこれらの拓本は往往にして整紙本の形式である。拓本の製作年代は一八八九年より早い。

第二の類型は水谷拓本、金子鴎亭本、傅斯年甲本、任昌淳蔵本、『書通』本、北大A、B、C、D本を含み、すべて一八八九年に李雲従によって製作された拓本であると見ることができる。その特徴は濃墨重拓、拓出技術が精巧であり、碑字は痩せ、字の縁が明晰で、着墨の範囲は広く、碑石の大きな亀裂以外の部分には均等に着墨されている。そのうえこれらの拓本は整紙本のほかに、段を分けて拓出したものもある。

第五節　原石拓本の判断方法――水谷拓本の性格再論

今までの原石拓本の議論において、上述の原石拓本としての性質に懐疑をいだいた学者もいる。数年前韓国の学者李亨求氏は、北京大学A本の潘祖蔭の題跋は当本のもう一つの題跋の作者陸和九の偽造であり、その理由としては自分が鑑識した拓本を高く売るためであると指摘した(18)。この後に李進熙氏は李亨求氏の観点を借りて、北京大学A本における原石拓本としての性質を否定した(19)。筆者はこのような観点は議論に値すると考える。

潘祖蔭の題跋の字体と陸和九の字体は全く異なる。潘祖蔭は行草体に長じ、その書は左下方向に力が入りやすい癖があり、字形はしばしば左が低く右高になる。彼のその他の筆跡と比較しても容易にその特徴を見いだすことができる（資料⑪参照）。

実際には潘祖蔭の筆跡の比較を経なくとも、北京大学A本の性質を論証することができる。今までに発見されている好太王碑の原石拓本は一三種類にのぼり、この中には水谷拓本、金子鴎亭本のように李進熙氏が、一九三〇年代後期と見なす拓本もある。この一三種類の拓本の着墨状態や紙の種類、用紙の使い方は違いがあるけれど、ひとつの共通点を指摘できる。すなわちこれらの拓本の碑字の拓出状態、および拓本上の石華の残り方はほとんど一致する。このような類似性は、一三種類の拓本が同じ状態の碑石から拓出されたことを表している。反対に石灰拓本の長い歴史において、その最大の特徴は、各時期の碑字拓出状態がそれぞれ異なることである。それは、現地の拓工が石灰で字を補ったことから引き起こされた結果である。

もしも水谷拓本が一九三〇年代に作製された拓本ならば、水谷本（様相が似ているその他一二種類も含む）と一九三〇

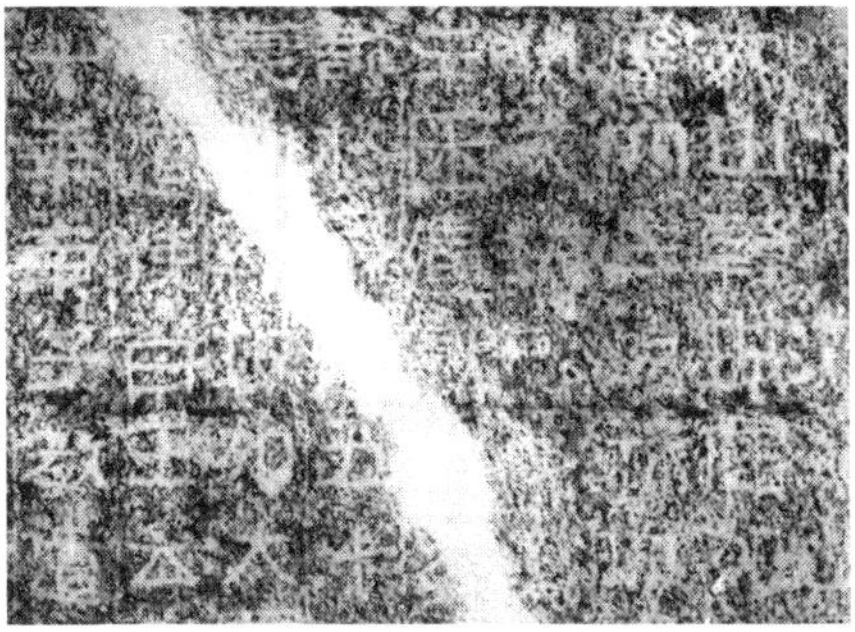

(1)　王氏蔵本

(2)　水谷拓本

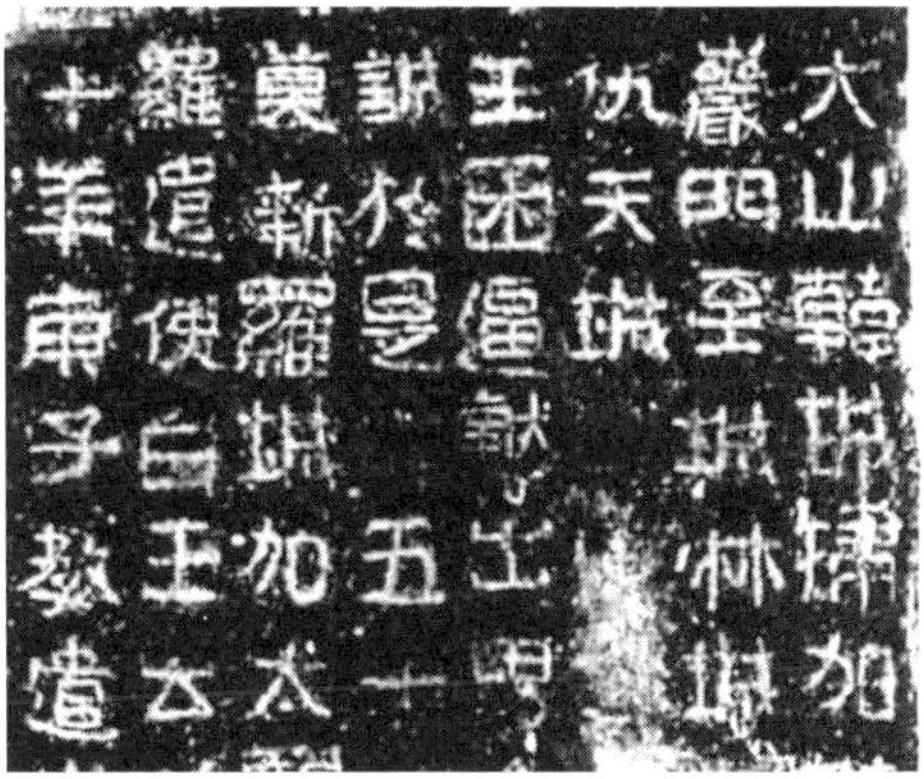

(3)　内藤湖南本

(4)　内藤湖南写真

年代の拓本とは、同じような拓出状態でなければならない。今日に伝わる石灰拓本のうち、一九三〇年代中期頃の拓本と公に認められるのは、日本書学院本と足立幸一氏蔵本である。上記の一三種類の拓本と書学院本を比較すると、両者の区別はわりに簡単に見分けられる[20]。確かに、一九三〇年代に拓出したものは早い時期に補修に使った大量の石灰が次第に剥げ落ち、多くの碑字が本来の姿を現しはじめている。書学院本と水谷拓本の局部の碑字を比較すれば、多くの類似点を探し出すことが可能である。しかしこのような局部の類似と一三種類拓本の類似性は、同一次元で語る問題ではない。

　一三種類拓本と一九三〇年代の書学院本の差異は、碑文第二面の亀裂痕によく反映されている。上の図版は第二面1～

(5) 北大Ｆ本—1920年後期

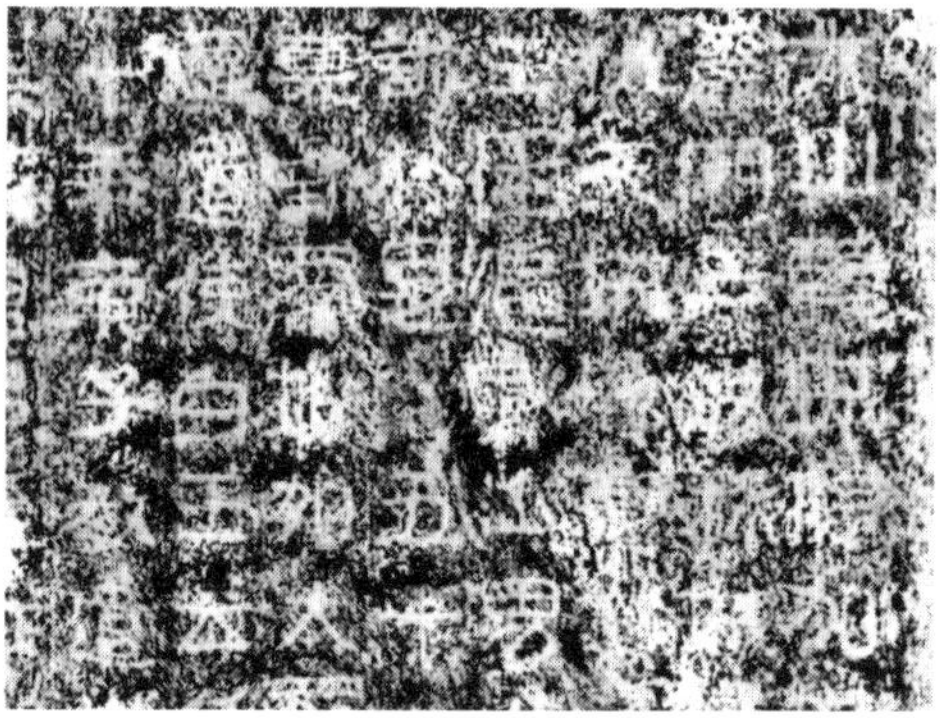

(6) 書学院本—1935年前後

(7) 張明善本—1963年

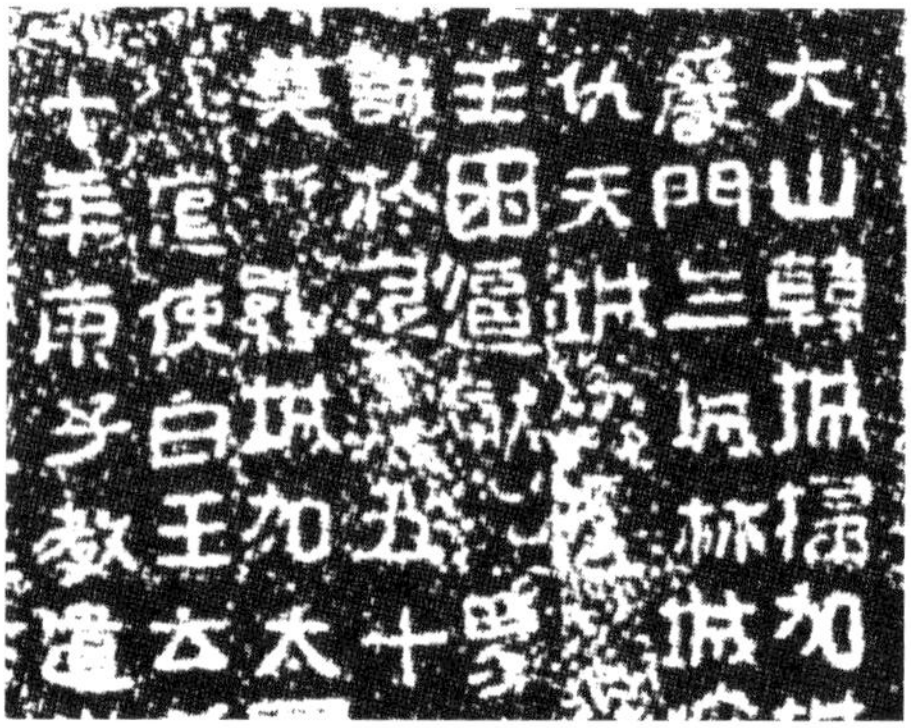

(8) 周雲台拓本—1981年

8行、9～14字の範囲内の比較である。この中には、第二面の大きな亀裂が右下方から左上方に斜めに走る。上記の一三種類拓本において亀裂痕のある所に碑字は拓出されない。後の石灰拓本においては、亀裂部分の周囲に四つの石灰による造字が出現する。すなわち第4行13字の「出」（写真の右から4行目5字）、第4行14字の「男」（同じく4行目6字）の上半部、第5行11字の「是」の下半部（同じく5行目3字）、第6行目10字の「新」の左半部（同じく6行目2字）である。上の図版のうち一八九〇年代の内藤湖南本、一九〇五年より前に撮られた内藤湖南の写真から一九三〇年代中期前後の書学院本まで全て四つの石灰造字を拓出している。これに止まらず、一九六三年に作製した張明善本と一九八一年に作製した周雲台本には、依然として四つの石灰造字の痕跡がかすかに見てとれる。このことは四つの石灰造字が一九三〇年代には全て剥落していないだけではなく、一九八一年まで残っていることを表す。このように見ると、水谷拓本を含む一三種の拓本は、石灰補字行為のあとに製作することは不可能で、むしろ原石の様相を如実に反映している。

さらに別の角度から水谷拓本の性質と編年を推断する。先に述べたように、水谷拓本を含む一三種類の拓本は、同一状態の碑石から拓出していて、大きな類似性をもつ。この中の一種、北京の王少箴旧蔵本には、前掲の図版でわかるように、水谷拓本と同様に四つの石灰造字が拓出されない。水谷拓本が一九三〇年代の拓本であるという観点に立てば、当然、王氏蔵本も一九三〇年代以降の拓本ということになり、それはこの拓本が一九三〇年代になってから流伝し始めたことを意味する。王氏蔵本には北京の金石学者姚華（茫父）の題跋があり、姚華本人は一九三〇年代に北京において他界している。ここにおいて水谷拓本は一九三〇年代の拓本であるという観点と王氏蔵本における姚華題跋との間には大きな説明しようのない矛盾が出現する。すなわちもしも王氏蔵本も一九三〇年代以降の拓本ならば、いったい何故一九一七年に姚華が書いた題跋があるのだろうか。

結論としていえば、多方面の分析と判断に基づいて、筆者は水谷拓本および水谷拓本と碑字や石華の拓出状態が極めて似ている一二種類の拓本は、全て石灰補字以前に製作された原石拓本であると信じている。以上で、原石拓本の実在性を論じた。この上に筆者は、十三種の原石拓本を互いに照し合わせて、原石拓本による録文を作った（資料⑫参照）。この録文をもって、更に、いまの好太王碑に残る碑字といちいち比較して確かめることが今後の課題である。

註

（1）　武田幸男『広開土王碑原石拓本集成』東京大学出版会、一九八八年

（2）高明士「台湾的好太王碑拓本和碑文的研究」『広開土好太王碑研究一〇〇年』第二回高句麗国際学術大会論文集、韓国ソウル一九九六年十二月
（3）王健群『好太王碑研究』一九八四年、一五～一八頁
（4）李進熙『好太王碑の謎』講談社文庫、一九八五年、一九四頁
（5）姚茫父は一八九七年清朝の挙人となり、一九〇四年には進士となった。工部虞衡司主事に任じ、後に日本に留学し、法律と政治を学んだ。光緒末年に帰国し、一九一三年には参議院議員に選ばれ、一九一四年には北京女子師範学校校長となり、一九三〇年秋、病のため北京にて死す（『民国人物大辞典』「姚華」の条を参照）。
（6）李進熙『好太王碑の謎』講談社、一九七三年、一三九～一四五頁、王健群前掲書、六四～六六頁
（7）李進熙『好太王碑の謎』講談社、一九七三年、一三三～一三四頁
（8）武田幸男前掲書、二五三～二五四頁
（9）「三闕」とは、中国河南省嵩山にある著名な漢代の三つの石刻「太室石闕」「少室石闕」「啓母石闕」の総称である。
（10）『記念建館九十周年北京大学図書館蔵文献調査評估報告集』（一九九二年十月（非売品））所収。
（11）『民国叢書』第五編86、歴史地理類所収、一九三三年初版、上海書店一九九六年一二月再版
（12）筆跡検討に用いた史料は、中国国家図書館所蔵の以下の史料である。
『潘文勤書札』清潘祖蔭、稿本、一冊
『鄭盦書札』清潘祖蔭撰、稿本、六冊
『潘伯寅致陳簠斎書札』清潘祖蔭、稿本、三冊
『四家書札』清王懿栄、盛昱、潘祖蔭、陸潤痒、稿本、一冊。
（13）湯燕「北京大学図書館蔵〈好太王碑〉版本概説」『書法叢刊』一九九八年第1期
（14）傅斯年乙本は、高明士が一九八二年に公表している。高氏が始めて当本を調査した時、ただ拓本の第三面しか残っていなかっ

た。後に図書館側はその外の三面を探し出した。一九九六年高氏は再び当本を調査し、その結果は「中央研究院歴史語言研究所蔵高句麗好太王碑乙本原石拓本的史学価値」『古今論衡』一九九八年3期）という論文で発表した。当本は整紙本で、全四幅、未表装、無題跋である。

（15）武田幸男『広開土王碑原石拓本集成』第二五四頁

（16）武田幸男『広開土王碑原石拓本集成』第二五四頁

（17）徐建新「北京に現存する好太王碑原石拓本の調査と研究―王少箴旧蔵本と北京図書館蔵本を中心にして」『史学雑誌』一〇三―一二、一九九四年一二月

（18）李亨求「広開土大王碑拓本の比較研究――北京大学図書館所蔵拓本を中心に」韓国『書通』雑誌一九九五年三、四号

（19）李進熙『好太王碑研究とその後』青丘文化社、二〇〇三年六月

（20）水谷拓本と一九三〇年代拓本との相違については浜田耕策氏がすでに指摘している。浜田耕策「故足立幸一氏寄贈の京都府立福知山高校所蔵の広開土王碑の拓本について」（日本『学習院大学東洋文化研究所調査研究報告』第二四号一九九〇年九月

第六章　好太王碑初期石灰拓本の研究

今日残された好太王碑の拓本で、最も多いものは石灰拓本である。現在までに発見された石灰拓本は約百種以上があり、そのうち学界に紹介もしくは言及されたものは三〇種あまりである。[1]王健群氏、方起東氏の調査研究によれば[2]、碑前で石灰拓本を製作したのは主に山東省文登から来た農民初天富、初均徳父子であった。一九世紀末から初均徳が高齢により拓碑をやめる一九三八年まで、ほぼ半世紀の間にこの父子がどれほどの石灰拓本を製作したかは現在では知る由もない。このほかに数は少ないが、初氏父子の手ではなく、他の地方の拓工が製作したものもあった。北京瑠璃廠隷古斎出身の碑帖専門家張彦生（張明善の父）の著作『善本碑帖録』[3]によれば

碑（拠）『語石』載、清光緒六年辺民刊木発現、多煤煙拓、不精。王懿栄、潘祖蔭、葉昌熾等、派李雲従携紙去拓、見其拓本、淡墨字肥、分四段共十六紙、是原石原字未動。後濃墨高麗紙拓本、用煤煙拓、字有修補、看時煤煙乱飛、無法着手。裱装時、必須用膠礬水湿透。

旧拓本第一張二行巡車、車字完好、未見過。

民国十年穆氏用宣紙墨拓、較精。国家文物局派張明善去拓並調査此石情況、石字有用灰補痕跡、很明顕。書体字大、楷隷間、字方整、為六朝大碑之一。

という。これによると民国十年（一九二一）に北京の穆氏が拓碑にいったとある。またこのことに詳しい張明善の説

明によれば、張彦生が言及した穆氏とは当時瑠璃廠墨宝斎にいた拓工穆播臣である。彼によって製作された拓本は宣紙の淡墨拓本であった(4)。穆播臣が一九二一年に製作した宣紙淡墨拓本は、製作年代から見れば石灰拓本だったはずだが、未だにその実物を見る機会はない。

碑前で拓本を製作した初氏父子は、多年にわたり幾度となく石灰を使って碑字と碑面を補修したので、石灰拓本の様相はそれぞれ異なっている。それによって石灰拓本の編年が好太王碑拓本の編年研究上でもっとも困難な問題となった。正確な編年は、石灰拓本の時期を区別して研究上および文化財としての価値を確定することだけにではなく、石灰補字の原因を合理的に説明して恣意的な想像と誤解を避けることにおいても重要である。

第一節　台湾国図乙本の性格について

高明士氏による国図乙本についての訂正

好太王碑がいつから石灰で補修されたのか、どの拓本が最初の石灰拓本なのか、これは好太王碑の石灰拓本編年でまず明らかにしなければならない問題である。最近の研究では、台湾に収蔵される碑字に填墨するいわゆる墨写本のものが好太王碑採拓史上最初の拓本と考える研究者がいた(5)。この墨写本といわれた拓本は台湾国家図書館所蔵の二種の拓本のうちの一つで、台湾の好太王碑研究者高明士氏により一九八三年に調査、公開されたものである。その写真版は「台湾所蔵好太王碑拓本」(『韓国学報』、一九八三年)に載せられている。この拓本は台湾中央図書館B種本、略して中図B本と呼ばれた。後にその図書館が改名して国家図書館となったので、高氏は後に国家図書館乙種本、略して国図乙本と改称した。この拓本写真の特徴は白地黒字で、碑字の周りにわずかな石華のような斑点があることである。高明士氏は当時この拓本を、填墨した石灰拓本であると判断した。

一九八八年に武田幸男氏は『広開土王碑原石拓本集成』の出版に際し、国図乙本の図版を使ったが、この拓本の碑字が原碑の字と一致しないことに気づいたのか、これを臨写本の一つであると認定した。すなわちこの拓本を臨写の方法で製作した墨本と考えたのである(6)。

高明士氏は一九九六年にこの拓本を再調査し、現存状態が過去に公開した写真版と一致しないことに気づいた。具体的には、公開時の国図乙本写真は白地黒字だったが、国図乙本の拓本実物は黒地白字であり、写真を現像するとき白黒反転になっていたのである。このことについて「台湾の好太王碑拓本およびその碑文研究(7)」で次のように詳しく説明している。

国図乙本は整形され、四冊の剪装本に装丁されている。図書館では配架のため函をはずしたので、現在ではもともとどのような函に入っていたのか分からなくなっている。以前この拓本を紹介するとき、私は中央図書館（すなわち今の台湾国家図書館の旧名――徐建新注）からもらったマイクロフィルムを現像し、その写真で分析を行ったと言ったが、現像した写真は白黒が反転していた。当時は気がつかなかったが、最近国家図書館に行って拓本現物を調べてみて、前に依拠した写真の間違いにやっと気づいた。ここで改めて言明すると同時に、学界の皆さんにお詫びを申し上げる。武田幸男氏がその大作『広開土王碑原石拓本集成』の二四三頁に載せた図版二〇は国図乙本の一頁目であり、同じ白黒反転していたので臨写本と断定している。これは私と同様な間違いを犯したというべきで、白黒反転した写真に依拠して分析したわけである。現在、実物と照合してみるとマイクロフィルムが現物と一致するので、現像するとき白黒が反転し、誤った判断になったのである。

この拓本の性格について高明士氏は、「この拓本（台湾国図乙本）は、一八九〇年代初頭の初期石灰拓本であり、このため原碑では判読可能な文字がまだいくつか保存されていた。これらの文字は後の拓本では採拓できないものであり、原石拓本においてすら不明のものもある」(8)としている。また論文のなかでこの拓本の碑字を詳しく考証、分析している。

最近、中国の耿鉄華氏も拓本編年に台湾国図乙本を使用した。彼はこの拓本の性質について、「これはかなり特色がある上等な拓本である。このような採拓を経た墨字本は当時かなりあったはずだが、今日まで残ったのは実に稀なことである」。「中図B本（すなわち国図乙本――筆者注）はまさに淡墨で軽拓した墨写本であり、墨で廓填するより簡単で、われわれがいう双鉤加墨本（廓填本）とはまだ一定の差がある」と述べた。その製作年代について耿氏は、高明士氏より早い編年を提起した。「すなわちその年代は酒匂景信の双鉤加墨本より早く、苔を焼き払った後から潘祖蔭が李大龍を採拓に行かせるまでの間に拓制されたもので、およそ一八八〇～八二年（光緒六から八年）の間となるはずだ」と述べている。(9)

以上の論述から分かるように、耿氏は高明士氏の訂正に気づかなかったので、引き続き一九八三年の白黒反転の国図乙本図版、すなわち訂正以前の図版を使って研究した。彼はまたこの拓本が好太王碑採拓史上最初の拓本であり、その製作年代は日本の酒匂本より早いと考えた。

要するに、耿氏の国図乙本についての分析は白黒反転の拓本図版に依拠したので、現在から見れば、その結論は成り立たない。

台湾国図乙本の性格

では国図乙本は一体どのような拓本なのであろうか。そして本当に好太王碑採拓史上最初の墨本なのか。この国図乙本の真実の姿を明らかにするために、筆者は高明士氏の訂正に従い、パソコンの映像技術を使って国図乙本の白黒反転処理をした。そしてさらに詳しく観察と比較をした。国図乙本の写真には以下のようにいくつかの注意すべき特徴がある。

⑴白黒反転された国図乙本図版（第一面１行目）

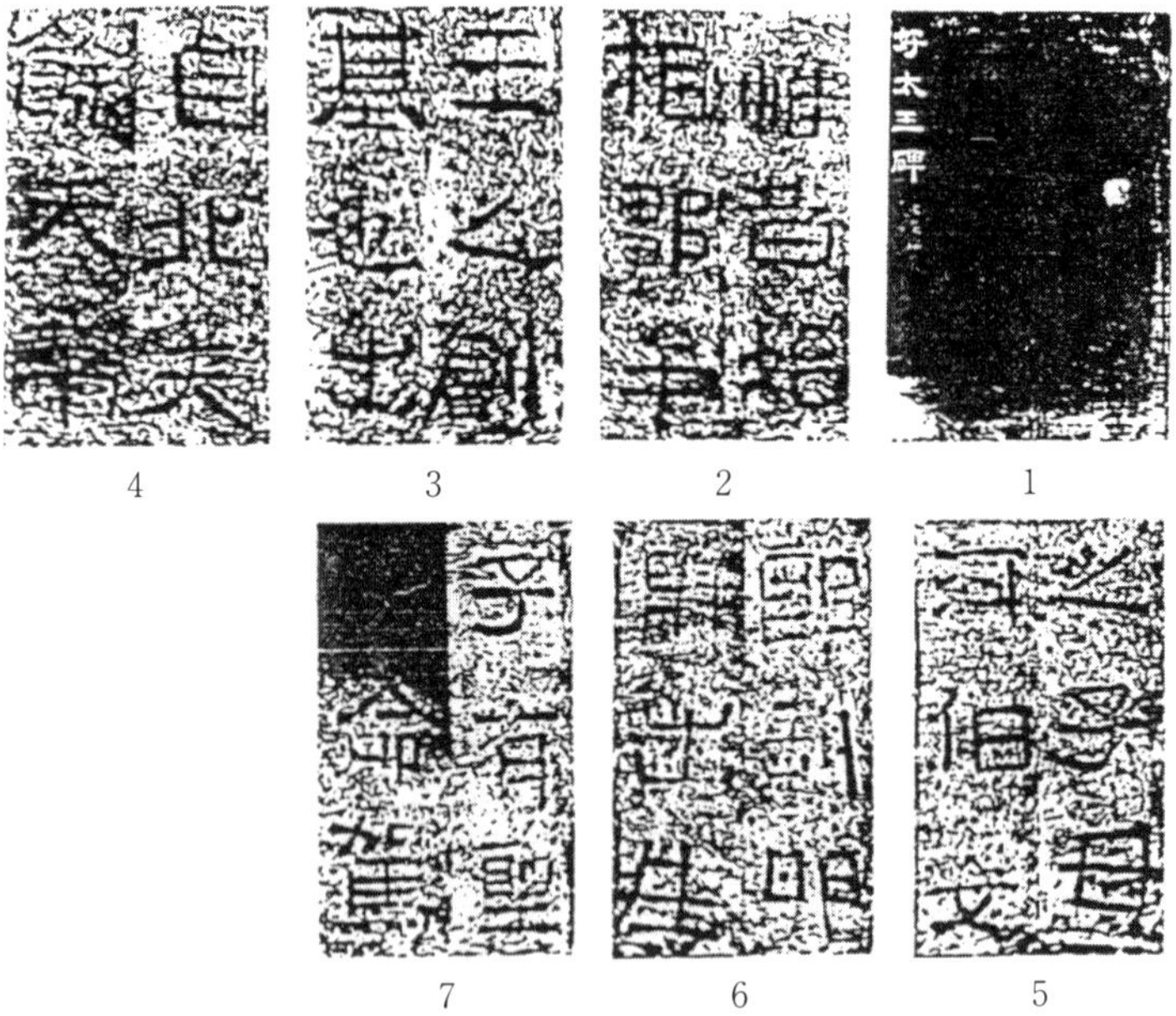

⑵反転処理した後、原本と一致する国図乙本

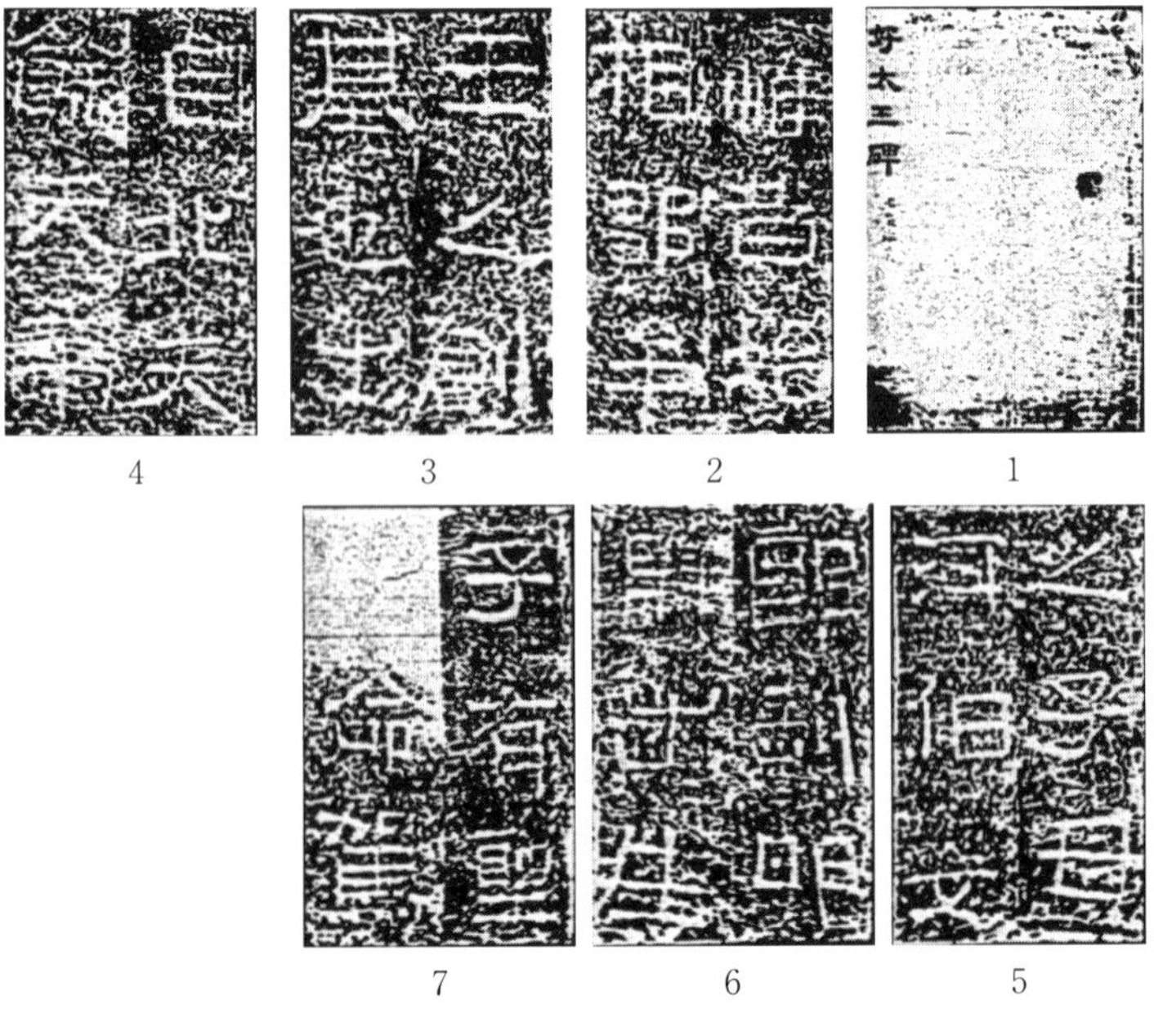

⑶原石拓本（北京大学Ｅ本）から同じ部分を切り取った碑文

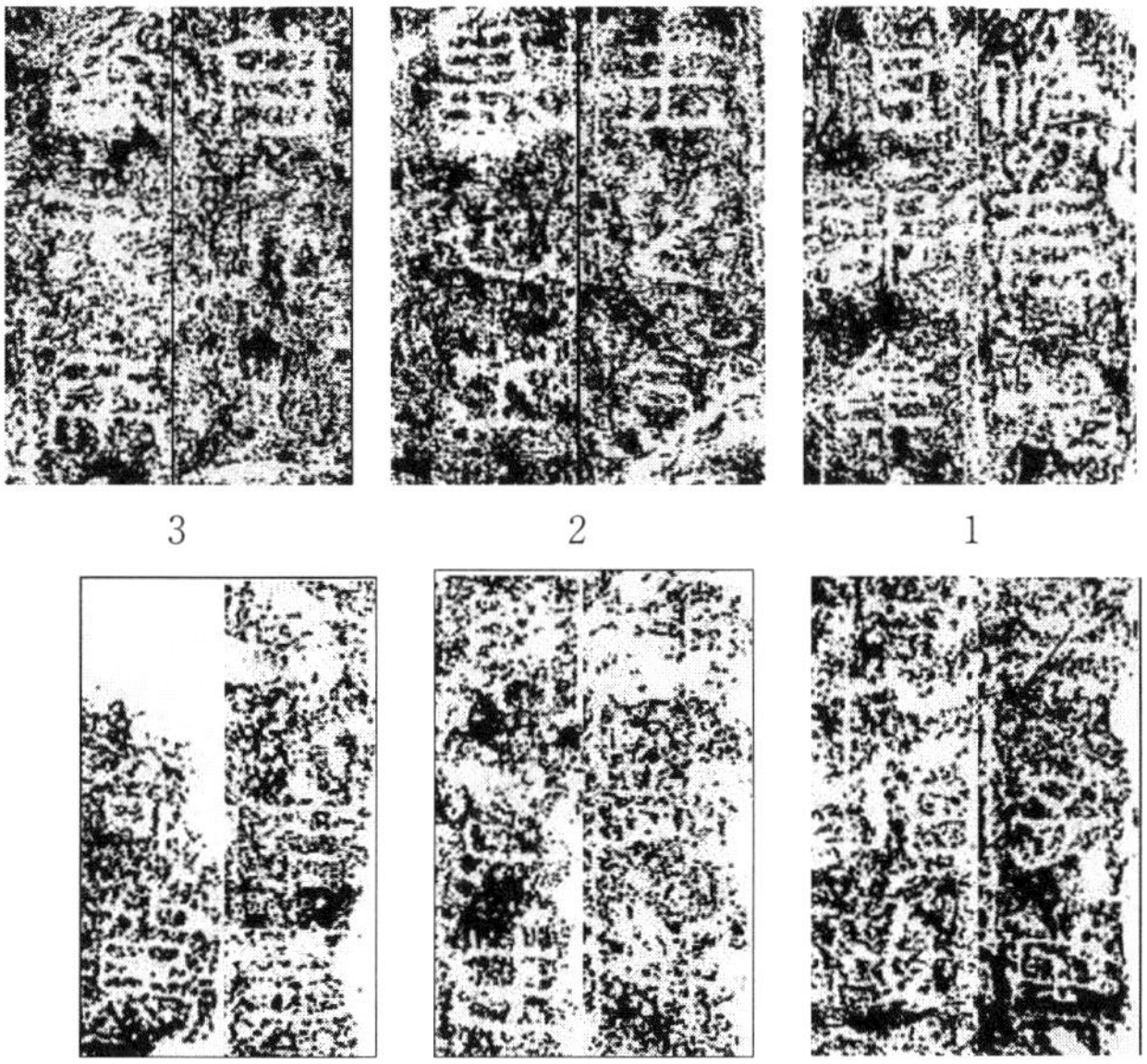

3　2　1

6　5　4

第一に、国図乙本は拓本の一種であり、図版には明確な填墨の痕跡は見られない。すなわち臨写本ではない。第二に、国図乙本の墨色から判断すると淡墨拓本に属するが、碑字の周囲に石華（小面積の泐痕）が均等に点在することは、既知の原石拓本とはかなり異なっている。このことは好太王碑の原碑石から直接拓出した本ではないことを示す。第三に、最も重要なこととして、詳細に比較すると国図乙本のほとんどの碑字は、細かい部分において原石拓本とも石灰拓本とも異なっていることが分かる。本来の碑石では模糊とした字が国図乙本では十分明晰であり、本来石華がないところにも国図乙本でははっきり拓出される。もし国図乙本が原碑石から採られた石灰拓本とした場合、この拓本を製作するときには必ず全面的に石灰で原碑石を覆ったと考えなければならなくなるし、すべての碑字も石灰の上に新たに刻んだものになる。しかしこれは完全に不可能なことである。なぜならこのような作為があったとしたら、後の石灰拓本には痕跡が残るはずであ

原石拓本（上）と国図乙本（下）の同じ位置の碑字比較

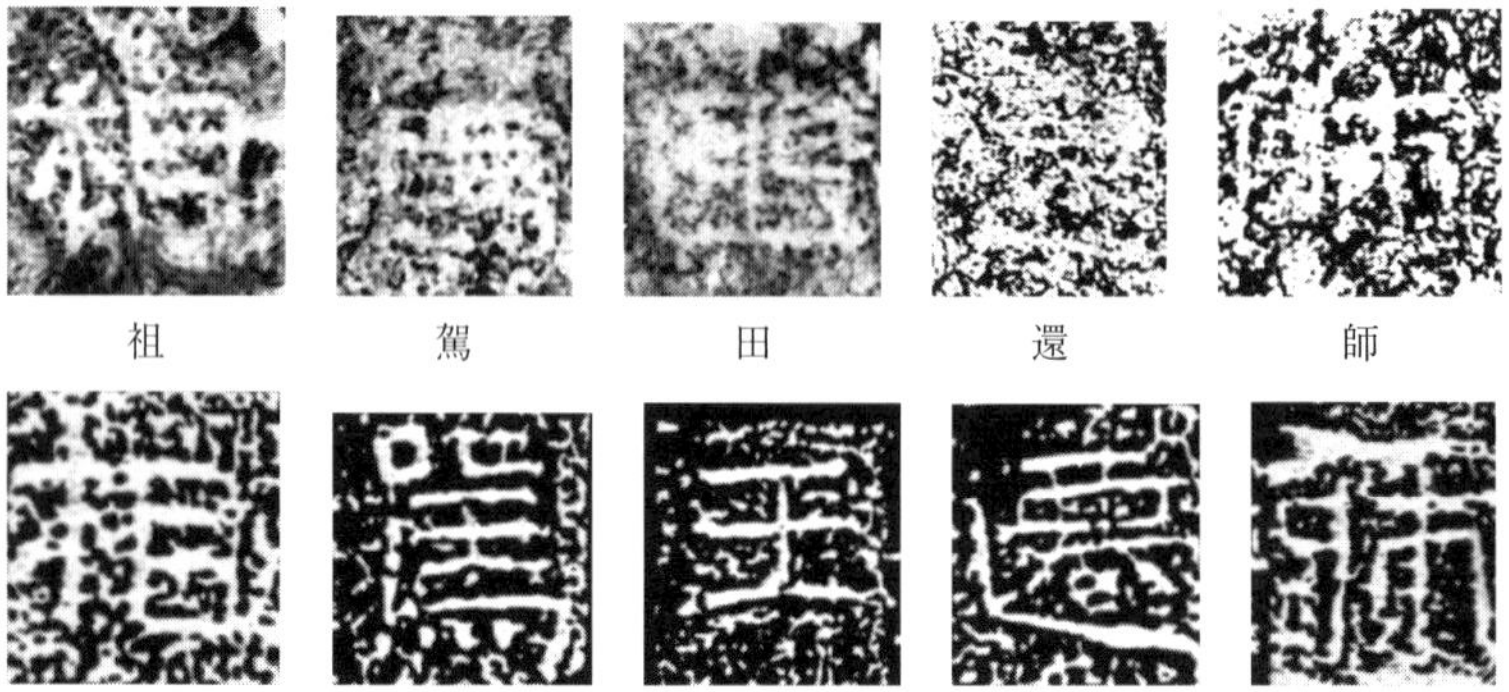

祖　駕　田　還　師

相　罵　王　遷　𥃩

る。しかし既知の石灰拓本に国図乙本の碑字特徴と全体的に似たものは一つもない。また高明士氏の統計によれば、国図乙本が原碑文字を明らかに誤写したところは一六箇所もあり、そのうち第一面1行4字の「祖」が国図乙本では「相」に、第一面6行6字の「駕」は国図乙本では「罵」に、第一面8行30字の「田」は国図乙本では「王」に、第一面8行33字の「還」は国図乙本では「遷」に、第三面4行41字の「師」は国図乙本では「𥃩」となっている。このほか氏が指摘されなかった誤写もある。たとえば第一面4行34字の「開」は国図乙本では「用」となり、第二面8行8字の「計」は国図乙本では「訊」に似た字になるなど、これらの誤写は原石拓本ではもちろん、現在知られるあらゆる石灰拓本にも存在しない。

以上の分析によれば、国図乙本は確かに拓本の一種だが、原碑から採拓された石灰拓本ではなく一種の模刻本である。即ちある種の倣製された碑から製作された拓本ということになる。倣製に使った材料は石材の可能性があり、あるいは黄泥版、木版、紙版であるかもしれない。世間に伝わってきた模刻本は国図乙本に限らない。何年か前、筆者は北京大学図書館でも一種の模刻本を発見し、その一部の写真を公開した(10)。このほか、北京瑠璃廠文物商店に所蔵されている好太王碑拓本を調査するときも模刻本を見つけた。実際、今でも好太王碑所在地の集安市の博物館では、このような

倣製の好太王碑石刻を収蔵しており、研究者はこのレプリカを使って石灰を塗る実験をしたという。(11)

結論として言えば、国図乙本は臨写本でも最初の石灰拓本でも最初の墨写本でもなかったと考える。国図乙本の好太王碑文は、レプリカの製作者の碑文に対する理解と釈読を反映している。そこで国図乙本を多くの好太王碑研究中の釈文の一種と見做しても差し支えないであろう。

国図乙本の製作年代　では、この模刻本はいつ作られたのだろうか。国図乙本の碑字の現状から見れば、この拓本は呉椒甫本（上海有正書局石印本、一九〇九年）およびその後の石灰拓本と似ているが、呉椒甫本より先に製作された楊守敬本（一九〇二年前）、内藤湖南本とは異なる。たとえば第一面9行8字が内藤本と楊守敬本ではともに「来」とあるが、呉椒甫本とシャバンヌ本などでは「耒」とある。国図乙本も「耒」とある。第一面10行27字の「城」は内藤本と楊守敬本では拓出できずに空白になっている。この字がすでに泐損していて完全に採拓できなかったからである。呉椒甫本とシャバンヌ本などで「城」となっているのは、実際には石灰を塗った後に「城」字を造ったもので、国図乙本も「城」となっている。第二面10行27字が内藤本と楊守敬本ではともに欠字となっているが、呉椒甫本とシャバンヌ本などでは「満」になっている。国図乙本も「満」とある。

以上の簡単な比較からも分かるように、国図乙本は呉椒甫本の後に再び石灰で全面補字した時期の碑石状態を模倣したものである。したがって国図乙本の製作年代は内藤本と楊守敬本より遅いだけではなく、呉椒甫本類型の石灰拓本よりも遅いことになる。したがって最初に石灰で補字した拓本でもない。国図乙本の碑字の形から見れば、それはおおむね一八九五年から一九一〇年までの間の石灰拓本を模倣したものではないかと推測できる。

まとめると、国図乙本は一種の模刻本であって好太王碑原碑石から採拓されたものではなく、好太王碑石灰拓本の編年にとってはあまり意義がないといえる。

第二節　内藤湖南本の製作年代について――内藤湖南旧蔵写真の年代を兼論して

上記において筆者は台湾国図乙本が最初の石灰拓本であるとの見方を否定した。それではどの拓本が最初の石灰拓本なのであろうか。各種の石灰拓本を比較した結果、筆者は李進熙氏の見解に賛同する。すなわち既知の石灰拓本では内藤本を拓出した年代が一番早いと考える。

内藤湖南本の調査　内藤本は好太王碑研究者にとってよく知られた石灰拓本の一つである。この本は最初、李進熙氏により調査され公開された。氏の『広開土王陵碑の研究』（一九七二年）の資料編には、この拓本の明晰な図版が収められている。また、内藤湖南本の写真は現在インターネットにも公開されている。

一九九四年六月、筆者は幸いに京都大学人文科学研究所において、内藤本と内藤湖南旧蔵写真を調査する機会を与えられた(12)。内藤湖南の旧蔵拓本は二つの青い函に収められ、拓本の登録番号と名称は「内藤氏旧蔵拓本第六函、第七函　好太王碑」となっていた。写真が入った封筒には京都大学図書館の収蔵印が押され、収蔵時期は「昭和31、12、20」（一九五六年十二月二十日）となっていた。このほか内藤拓本の中にも「京都大学図書館之印」との収蔵印が押されていた。

内藤拓本は計四幅に表装されており、保存状態は良好である。拓本の着墨が濃いので濃墨重拓の方式で製作したことが分かる。拓本は煤煙拓のために手を触れると黒くなる。採拓後に填墨した痕跡はない。拓本の用紙は厚くて緒紙に似ている。古色があり灰色を呈する。各幅ともに数多くの小紙をつなぎ合わせて作られており、その用紙は約一一段に分けられている。拓本には題跋文字がなく、具体的な製作年代ははっきり分からない。今までの研究によれば楊守敬本と大変似ており、両者の製作年代はあまり離れていないと推測できる。

拓本をいれる函の中に一通の古ぼけた空封筒があった。白色紙で正面の宛先は「京都帝国大学文科大学　内藤虎次郎殿」と書かれている。裏の発信者は「間島統監府派出所筱田治策」となっていた。封筒には京都郵便局の消印が押され、期日は「42、10、10」すなわち明治四二年（一九〇九）一〇月一〇日になっていた。この封筒で内藤湖南旧蔵写真が送られてきたと推測できる。

内藤湖南本の編年

従来の研究では、李進熙氏が最初に、一九〇二年に曹廷傑から楊守敬に贈った拓本が石灰を塗った後まもなくに作られた拓本（つまりは最初の石灰拓本）であると指摘した。彼はまた楊守敬本を内藤本と比較して、両拓本が同じ特徴を持ち、採拓された年代もあまり離れていないと考えた[13]。その後李氏はさらに内藤本の編年について吟味した。楊守敬本と内藤本の碑字泐損状況を比較し、内藤本では完全に拓出されていた碑字が楊守敬本では部分的に泐損していることから、楊守敬本より内藤本の製作が先だと考えた[14]。すなわち内藤本が石灰で全面補字する時代の最初の石灰拓本だと考え、その製作年代を一八九九年前後と推測した。

内藤本編年に関する武田幸男氏の初期の考え方は李氏のものと近かった。彼は内藤本と楊守敬本の拓出年代が同じ一八九〇年代初期で、上海有正書局から一九〇九年に出版された呉椒甫本の編年[15]が内藤本と楊守敬本の後であると考えた[16]。しかし最近、武田氏は自己の拓本編年を修正し、呉椒甫本が最初の石灰拓本であり、内藤本と非常に似た楊守敬本がそれに次ぎ、採拓年代は一八九五年前後であると考えている[17]。すなわち武田氏によれば、内藤本はもはや最初の石灰拓本ではなくなり、その編年は呉椒甫本の後にされている。その他、中国の学者朴真奭氏も近頃呉椒甫本が最初の石灰拓本であり、内藤本と楊守敬本より先に拓出されたと指摘している[18]。

一方、白崎昭一郎氏は上田正昭本を最初の石灰拓本と見做し、その年代は楊守敬本と内藤本より早いと考え[19]、耿鉄華氏は内藤写真と内藤拓本を同時期のものと見做してその年代をともに一九〇七年と推定し、シャバンヌ本のあとに編年した。(20)

以上のように内藤本についての編年はそれぞれ食い違い、問題が多く残されている。私見では武田幸男氏の修正以前の見方が概ね妥当であり、修正後の説ではかえって理解できなくなったところがある。たとえば呉椒甫本とシャバンヌ本（一九〇七年かそれ以前の採拓）はかなり似ているが、楊守敬本（一九〇二年に楊守敬が入手）はこの二つとは異なる。もし武田氏が二〇〇四年に提起した編年によるならば、三本の順番が「呉椒甫本――楊守敬本――シャバンヌ本」となり、呉椒甫本とシャバンヌ本の間に類型が全く異なる楊守敬本が現れたことになる。なぜこうなるのかについて、武田氏は合理的な解釈を示していない。氏は楊守敬本の拓出年代が呉椒甫本より遅いのは、あるいは楊守敬本に関する年次記録が呉椒甫本より遅かったからであると考えている。楊守敬は「高句麗広開土好太王談徳碑跋」（一九〇九年）で、自分の拓本は一九〇二年に友人の曹廷傑からもらったものであると言う。しかし注意すべきは、この年代に関する記録からは拓本の入手時期については分かるが、拓本の製作年代は分からないということである。拓本の製作年代は往々にして収蔵年代と一致しない。楊守敬本は、拓出は早いが入手は遅いという可能性も十分考えられる。前章で述べた王氏蔵本も原石拓本期に製作されたものだが、その題跋は収蔵者の姚華が一九一七年に書いたものであり、これも製作年代と収蔵年代が一致しない例の一つである。

このほか白崎昭一郎氏の拓本編年で、上田正昭本を内藤本と楊守敬本の前に置くことも妥当ではない。彼は数種類の初期墨本（酒匂本、三宅米吉の小松宮拓本に対する釈文、上田正昭本、内藤本、楊守敬本、シャバンヌ本など）の碑字を詳しく比較した。しかし、彼の言う上田正昭本が他の拓本より早い根拠は、私見ではその拓本が他の拓本より遅い証拠と見るべきであると考える。

内藤本と楊守敬本の製作年代について従来知られていた唯一の事実は、楊守敬が一九〇二年に拓本を入手したことだけである。この年代はこの二種類の拓本製作の下限しか表さず、実際の製作年代は未だ不明である。これらの拓本はともに李氏の言う「第二回石灰塗付作戦」時期の拓本に属する。最も早い石灰拓本の製作年代を確定するために、研究者たちは李氏の言う「第三回石灰塗付作戦」期の拓本に視点を移さざるをえず、この時期の拓本の年代を通して内藤本の製作年代を判明することを願った。

呉椒甫本の拓出年代

李進熙氏が言うところの「第三回石灰塗付作戦」期の拓本について、現在では何種類もあることが判明している。この時期の早期の拓本で年次記録があるのは、呉椒甫本（中日の役の時入手）、天理大学乙本（辻本謙之助本、一九〇五年）、シャバンヌ本（一九〇七年）などである。問題の焦点は呉椒甫本にある小宋という人が書いた跋文――所謂小宋の「誌」[21]をいかに見るかに絞られている。「誌」はこの拓本の由来について、「此本為常州呉椒甫司馬従軍当中日之役所得」と言う。楊守敬はかつて「誌」に言う「中日之役」が一九〇〇年の庚子年の中日の役を指すと考え、「高句麗広開土好太王談徳碑跋」（『高麗好大王碑』、一九〇九年）に「碑出遼東鳳凰城。十余年前伝来拓本、或云是庚子中日之役覓得」と記した。朝鮮民主主義人民共和国の学者朴時亨氏は「庚子中日之役」が楊守敬の誤記ではないかと疑い、中日の役は甲午年の中日の役（一八九四年）である、と最初に指摘した[22]。

李進熙氏は楊守敬の跋文により「中日之役」は一九〇〇年の「北清事変」であると考えた。氏が中日の役を一九〇〇年の北清事変と強調したのには、他にも理由があった可能性がある。すなわち「改ざん説」において、中日の役の年代確定は参謀本部の碑文改ざんの原因と密接に関わっている。彼は、一九世紀末に日本陸軍参謀本部は、酒匂本の碑文が甲午戦争（一八九四～九五年）の時期に入手した小松宮拓本と一致しないことを発見して、原碑の文字を酒匂本と一致させるために再び碑文を全面的に塗り変えさせ、二度目に碑文を改ざんしたと考えている。二度目に改ざんされた後の拓本が内藤本のような拓本なのである。すなわち李氏の言う二度目の「石灰塗付」は、一八九五年の小松宮拓本の後に行われたはずである（そして必ずこの時期でなければならない）。換言すれば、小宋の「誌」にある「中日之役」の年代をそう解釈しなければ、二度目の「石灰塗付作戦」を行う理由が破綻してしまう。こういう推論を前提にしていたからだろうか、彼は内藤拓本の年代を一八九九年前後と推測した。実際にいわゆる「石灰塗付作戦」が行われる年代について李氏の研究では、一「ほぼ一九〇〇年前後」[23]、二「石灰は一八九八年以前に塗られた」[24]、三「石灰塗付は一八九四年から一九〇二年の間であるが、先述した栄禧釈文の検討から一八九九年までさかのぼる可能性が大きくなった」[25]と三種類の言い方がある。これで分かるように「石灰塗付作戦」の具体的年代について、李氏の長年の研究でも未だ確定されていない。

これに対して武田幸男氏らは、小宋の「誌」の「中日之役」は一八九四～九五年の中日甲午戦争を指すと指摘した[26]。武田氏は証拠として民国時期の中国金石学者顧燮光の著作を引用した。顧燮光は『夢碧簃石言』の小注で、「常州県氏椒圃（呉椒甫）甲午中日之役従軍遼東所得拓本、已多残缺、上海有正書局即拠此本石印」という。ここで顧燮光は小宋の「誌」の中日の役を甲午年の中日の役と理解していた。

呉椒甫本の下限が一九〇九年（すなわち小宋の「誌」が書かれた年）より遅いことはなく、肝心なのは上限をいかに判断するかである。近代史上において中日の間に戦争（「中日之役」と呼びうる戦争）が起こったのは二回だけであり、一八九四～九五年の中日甲午戦争と、一九三一～四五年の日本帝国主義による中国侵略戦争であった。小宋の「誌」が書かれたのは一九〇九年であり、そのときに言われる中日之役とは一八九四～九五年の甲午戦争を指すはずだ。当時の中国の文献は甲午戦争を「中東之戦」とも呼んでいた。東はすなわち東洋の日本を指す。たとえば清の洪棄文が編纂した『中東戦記』、林楽和が編纂した『中東戦記本末』などはすべて中日甲午戦争に関する著作である。このほか王少箴旧蔵本にある姚華の題跋にも「中東之戦始顕於世」との句があり、小宋の「誌」の「常州呉椒甫司馬従軍当中日之役所得」とよく似ている。したがって姚華の跋語は「誌」から影響を受けていることになる。こうしてみれば姚華も「誌」の中の中日之役を中東戦争、すなわち中日甲午戦争と理解していた。

楊守敬が言った庚子中日の役の呼び方に関しては正確ではないし一般化されていない。庚子年間（一九〇〇年）の戦争は普通、清末と民国の文献の中に「庚子之乱」か「庚子之変」と呼ばれ、めったに「中日之役」とは呼ばれない。李氏のいう「北清事変」は当時の日本人の呼び方で、中国人のものではなかった。一九〇〇年に起こった義和団の帝国主義列強反対運動は、日本を含む八カ国の連合軍の武力干渉を引き起こし、ついに清朝政府は列強に対して宣戦布告した。戦争は清政府とイギリスおよびドイツを頭とする八カ国連合軍との間で行われたので、庚子年間の戦争は、中日両国間の戦争ではなかったのである。

まとめると、小宋の「誌」に記載される「中日之役」は中日甲午戦争を指し、「常州呉椒甫司馬従軍当中日之役所得」とあることによって、呉椒甫本の下限年が一八九五年となり、この年以前に製作されたことがわかる。

もちろん、「誌」の中に言われた中日の役が中日甲午戦争と指すとしても、呉椒甫本の年代問題が無くなるわけではない。なぜなら、「誌」の記載内容が信頼に足る事実であるかどうかを判断できないからである。すなわち呉椒甫本が本当に一八九四～九五年に入手したものかどうか、さらに明らかにする必要がある。いつの日か呉椒甫の経歴及び小宋との関係が判明すれば、呉椒甫本の編年問題は解決されるであろう。製作年代を一八九五年以前と考えたのは、現在の資料による判断にすぎない。

呉椒甫本の碑字の様相は一九〇五年の天理大学乙本および一九〇七年のシャバンヌ本と似ており、同類型の石灰拓本に属している。これは呉椒甫本の製作からシャバンヌが拓本を入手する一九〇七年まで、好太王碑の碑面状態がほぼ変わらなかったことを示す。したがって呉椒甫本とシャバンヌ本の拓出状態と合わない内藤本と楊守敬本は、この期間に製作されたものではありえないことになる。以上の判断に基づき、内藤本と楊守敬本の製作年代は呉椒甫本より早く、一八九〇年から（一八八九年に李雲従が原石拓本を製作した後にまもなく）一八九五年までの間である可能性が高い。楊守敬本の年代は内藤本の後であるが、それほど離れていないだろう。

以上の分析によれば、李進熙氏が内藤本、楊守敬本および呉椒甫本の拓出順序について下した判断は正しい。すなわち拓本の編年によれば、内藤本が既知のうちの最初の石灰拓本であり、その製作年代は楊守敬本より早く、呉椒甫本よりもさらに早い。この点は碑字の特徴の比較によって実証できる（第七章を参照）。しかし内藤本の問題に関して、李氏の考え方に賛成できないところが二点ほどある。その一つは製作の絶対年代を一八九九年と推定したことである。このことについてはもっとはっきりとした証拠が必要である。上記の呉椒甫本の年代についての論考によれば、内藤本の製作年代はもう少し早いのではないか。二つ目は内藤本と楊守敬本は、所謂「日本陸軍参謀本部が行なった第二回石灰塗付作戦」の産物だということである。この見解はまだ十分な証拠がなく、多くの賛同を得ていない。

内藤湖南本と内藤旧蔵写真の関係

内藤本の編年問題についてもう一つ説明する必要があるのは、内藤本と内藤旧蔵写真の編年関係についてである。耿鉄華氏が内藤写真と内藤拓本を同期のもの、すなわち一九〇七年前後のものと見做したがこれは正しくない。実際、内藤写真と内藤拓本は同時期のものではない。この点については李氏がすでに説明している。内藤写真と内藤拓本の碑字を比較すれば完全に証明できる（左図参照）。両者の相異点は、まず碑字の違いで、たとえば第一面9行8字の「辛」の字が内藤拓本では「来」であり、内藤写真では「未」である。第二面4行7字の「而」の字が内藤拓本で「而」であり、内藤写真では「百」である。ほかにも字形の違いがある。たとえば第一面1行30字の「子」（この字は石灰で補修された字で正確に釈読すれば「而」となる。——筆者注）、第一面2行33字の

内藤湖南拓本（左）と内藤湖南写真（右）の碑字の比較

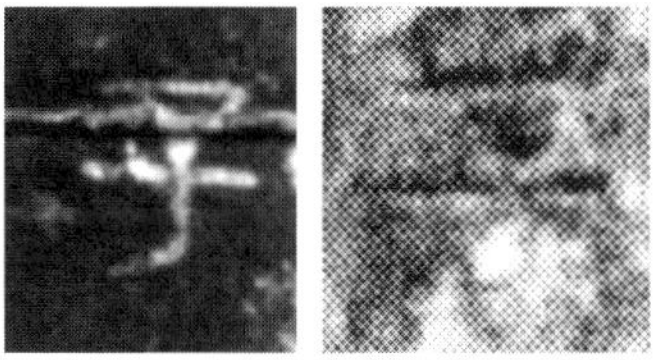

第１面１行30字「子」(「而」)

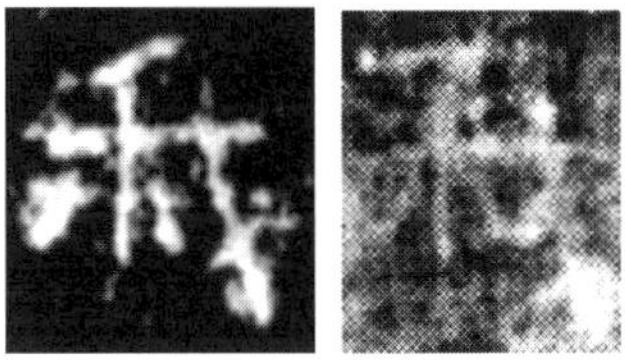

第１面２行33字「我」

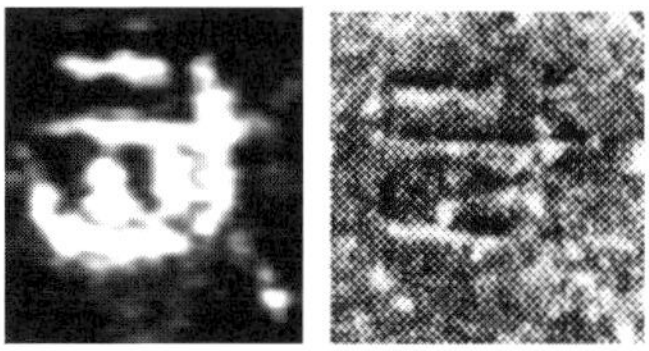

第１面５行18字「武」

第１面９行６～10字「倭以辛卯年来」

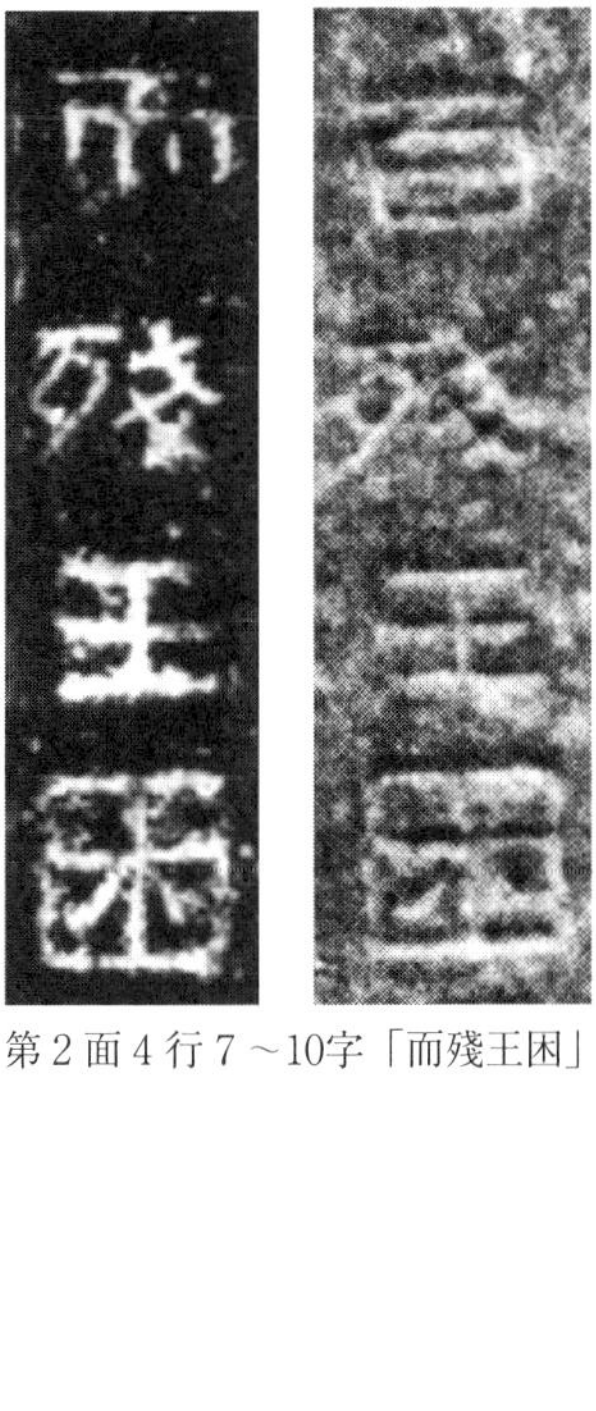

第２面４行７～10字「而殘王困」

「我」、第一面5行18字の「武」などである。

内藤湖南旧蔵写真は他人から寄贈されたものであった。内藤氏が写真を受け取った期日は明治四二年（一九〇九）一〇月以後であるが、これは内藤写真の下限になる。李氏は内藤湖南写真と鳥居龍蔵の写真（一九〇五年）を比較し、内藤写真は鳥居写真より早く、撮影の下限が一九〇五年の夏季であると認定した(27)。李氏のこの考察は非常に参考になるが、内藤写真が具体的にいつ撮影されたかは正確に判断できない。内藤写真の碑面と碑字の拓出状況から見れば、碑字の形は楊守敬本が拓出された後に再び石灰で補字した状況を反映したものであろう。この時期に属する拓本は呉椒甫本、天理大学乙本、シャバンヌ本などである。したがってその撮影年代は一八九五～一九〇五年の間であろう。

私見では内藤本は、これまで学界に知られている最初の石灰拓本である。しかし、それが好太王碑採拓史上最初の石灰拓本になるのか、換言すれば一八八九年に李雲従が製作した原石拓本と内藤本の間に、ほかの拓本が存在するのかどうか、もし存在すればそれはどのような拓本なのか、この種の拓本が今日の拓本編年研究と李氏が提出した「石灰塗付作戦」説にどのような影響をもたらすのか。これらは従来真剣に研究されていないが、必ず明確にしなければならない重要な問題である。中国国内に現存する好太王碑拓本を探す過程で、筆者は新たな石灰拓本を発見した。比較の結果、この種の石灰拓本は編年上内藤本よりさらに早く、今まで筆者が見た中では最初の石灰拓本であると判定した。

第三節　最初の石灰拓本――天津古籍書店文運堂本の発見

新型石灰拓本――天津文運堂本の発見経過

一九九三年五月に、筆者は北京市文物鑑定委員会委員、碑帖専門家胡介

眉氏（故人）の紹介で、天津へ好太王碑拓本を捜しに行った。天津の古籍書店文運堂の彭向陽氏の協力により、店に秘蔵されていた好太王碑拓本を調査した。文運堂には二種類の好太王碑拓本があり、ともに剪装本に装丁され、一つは濃墨重拓本でもう一つは淡墨本であった。

まず濃墨重拓のものを紹介する。この本は残本で僅か四冊しかない。第一面の碑文はあるが第二、第三、第四面の碑文が欠けている。完全なものであれば十六冊になると推測できる。それぞれに藍色の絹の表紙があり、題箋が附いている。たとえば第一冊には「高麗好大王碑第一冊」とある。この冊子は縦三五㎝、横二〇㎝で、一頁に2字である。拓本の装丁は丁寧であるが、用紙は粗末で黄ばんでいる。着墨は濃厚で煤煙拓本に属する。拓本の字体は痩せていて、筆画の泐損がはっきりと見える。筆画のまわりに石華が多く、各碑字の間の石華は少ない。特徴としては、第1面2行2字の「幸」が石灰の剥落でかすかに「幸」の字と見える、第1面9行13字の「海」は一部の筆画しか見えない。碑字の拓出状態と泐損の程度から判断すると、この拓本は一九一〇年代中期以後、つまり石灰が剥落し始めた時期の拓本と推測できる。

もう一つの淡墨本には大いに興味をそそられた。このような拓本はそれまでの調査では未見であった。この拓本は剪装本で、折本状に装丁されていた。一面の碑文が一冊とされ、計四冊である。拓冊は縦五〇㎝、横三〇㎝、一頁に2行で一行に3字ある。墨拓で着墨があっさりしており、拓出技術は精良で、欠損もほとんどなかった。第一冊、第二冊の表紙に題箋があって「高麗国永楽好大王碑初拓本」としている。この拓本の流伝状況は不明であった。拓本の第一頁と拓冊の碑字の周りの空白に一枚の収蔵印が見られる。印文は「受百所得金石」である。文運堂の彭氏の紹介によれば印章の主の「受百」は翁姓で、清末の著名な文人の翁同龢の一族という。

初めての調査で、碑文の拓出状態から一種の石灰拓本であると判断した。同時にこの拓本の碑字には二つの特殊な点があることを発見した。碑文の第一面2行2字が完全な「車」になっている点、および第二面10行28字が「西」になっている点である。従来の研究によれば、前者は碑石が発見された初期にはすでに泐損しているが、石灰拓本が流行する時期に内藤本以外には通常半分の「車」になり、後者は石灰拓本の流行時期に「満」という字になる。筆者はこの拓本を天津古籍書店文運堂旧蔵本A種と命名した（以下「文運堂本」と略称）。

一九九四年六月に、北京琉璃廠文物商店の碑帖専門家であった故秦公氏に誘われて好太王碑拓本の鑑定に行った。そこで見た拓本はまさに天津文運堂拓本そのものだった。文運堂本はすでに琉璃廠文物商店に買収されていたことを、後で知った。筆者は許可を得て、資料写真を撮った。制限があったため、第一面、第二面及び第三面の数字だけ撮った。これらの写真が文運堂本研究の主な資料である。この度の再調査後まもなく、文運堂本は競売会に出品され、売却された。

文運堂本の性格と編年——着墨特徴の比較

文運堂本は従来学界に知られていない、新しい型の石灰拓本である。この本の性格と拓出年代を明らかにするために、筆者はまず現状復元を行った。目的は文運堂本の表装以前の姿を再現することにある。復元の具体的な方法は次のようなものである。パソコンの画面上に剪装された文運堂本の碑字を一つ一つ切り取って入力し、表装前の一面一幅の完全拓本の形に再びつなぎ合わせる(28)。このようにして復元した文運堂本は口絵2の通りである。

上のように復元すると、第一面と第二面の中央部分に巨大な亀裂痕が拓出されている状態が、内藤本と楊守敬本のそれによく似ていることがわかる。具体的には、一、文運堂本には、第一面左中部から右上方への拓出できなかった欠字部分が4行に跨る。二、第二面の右中部から左上部までの欠字部分が3行に跨る。三、第二面の3～4行の上方にある「ᒥ」という形の欠字部分が、3行2～6字と4行1～3字にあたる。これらの特徴は一九一〇年代半ば以後

内藤本（左）と楊守敬本（右）の第一面と第二面の碑文

の拓本には存在しない。その他、第一の特徴は内藤本と楊守敬本だけがもつが、その後のすべての石灰拓本には存在しない。このような比較考察によれば、文運堂本の拓出年代は内藤本と楊守敬本のそれに近く、初期の石灰拓本の一種であると判定する。

文運堂本の性格と編年――碑字特徴の比較　それでは文運堂本と内藤本、楊守敬本とはどのような編年関係になるのだろうか。上記の欠字部分の跨る行数だけでは結論が出ない。そこで筆者はさらに三種類の拓本の碑字を部分的に比較した。比較に際しては、ほかの三種の拓本、すなわち初期廓填本（酒匂本）、原石拓本（王氏蔵本と水谷拓本）、楊守敬本より少し後の石灰拓本（呉椒甫本とシャバンヌ本）も参考にした。

筆者が比較に使った拓本と相対年代は次のとおりである。
（一）　酒匂本（初期廓填本）、一八八三年もしくはそれ以前に製作
（二）　王氏蔵本（原石拓本）、一八八九年以前に製作
（三）　水谷拓本（原石拓本）、一八八九年に製作
（四）　文運堂本（石灰拓本）、拓出年代は不明だが内藤本、楊守敬本に近い
（五）　内藤湖南本（石灰拓本）、拓出年代は不明だが楊守敬本に近い
（六）　楊守敬本（石灰拓本）、一八九〇～一八九四年の間に拓出、下限は一九〇二年
（七）　呉椒甫本（石灰拓本）、一八九四～九五年の間に拓出、下限は一九〇九年
（八）　シャバンヌ本（石灰拓本）、一九〇七年前に拓出、下限は一九〇七年一一月

七個所の特徴がある碑字を選んで比較をする。すなわち第一面2行2字、第一面3行10～12字、第一面9行8字、第二面3行7字、第二面4行7字、第二面8行35～36字、第二面10行23～28字である（左側の図版を参照）。

八種類の拓本の碑字拓出状態についての分析　以上の七箇所の比較を通して次のような事実が指摘できる。

1　第一の比較において、文運堂本は内藤本と一致している。このような完全な「車」を持つ拓本は極めて少ない。従来では内藤本だけがこのように完全な「車」を拓出している。また文運堂本と内藤本の「車」は、字形とともに碑字の周囲の泐損状態もよく似ている。これは二つの拓本の製作年代が非常に近いことを表す。楊守敬本では「車」の右半部の石灰がすでに剥落し始めている。呉椒甫本とシャバンヌ本もわずか半分の「車」しかないが、ただ筆画だけは楊守敬本より鮮明に見える。このほか、原石拓本を製作する時期、すなわち石灰を塗る前にこの「車」は泐損していたので、間違いなく石灰で補字したものである。碑石が発見された初期に製作された初期廓填本（潘祖蔭旧蔵本と酒

1　第一面２行２字の比較

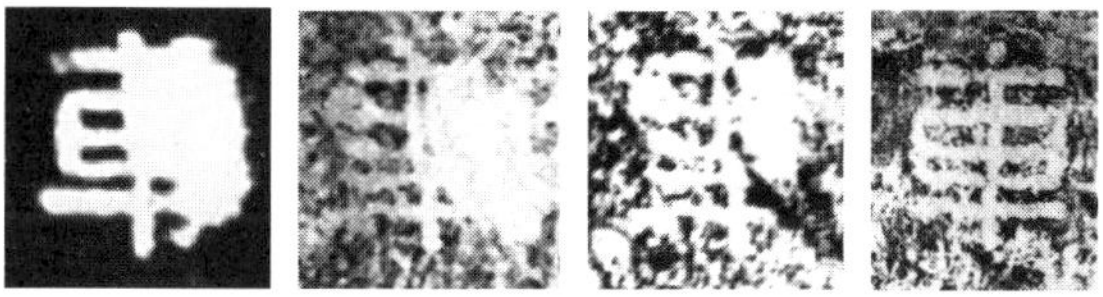

酒匂本　王氏蔵本　水谷拓本　文運堂本

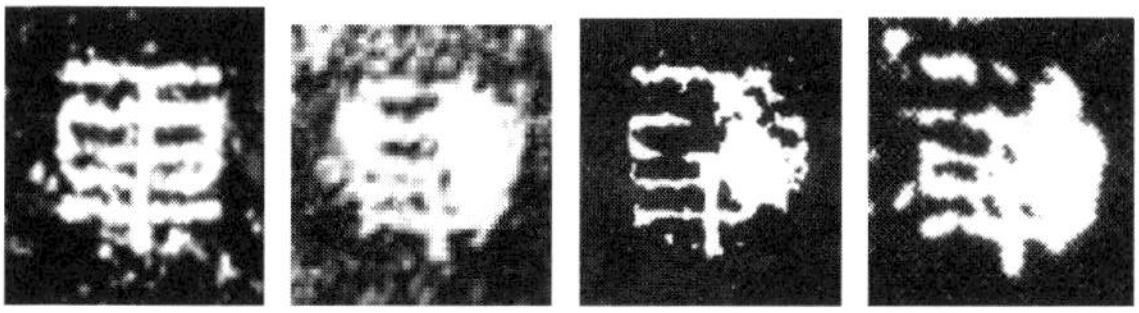

内藤本　楊守敬本　呉椒甫本　シャバンヌ本

2　第一面３行10～12字の比較

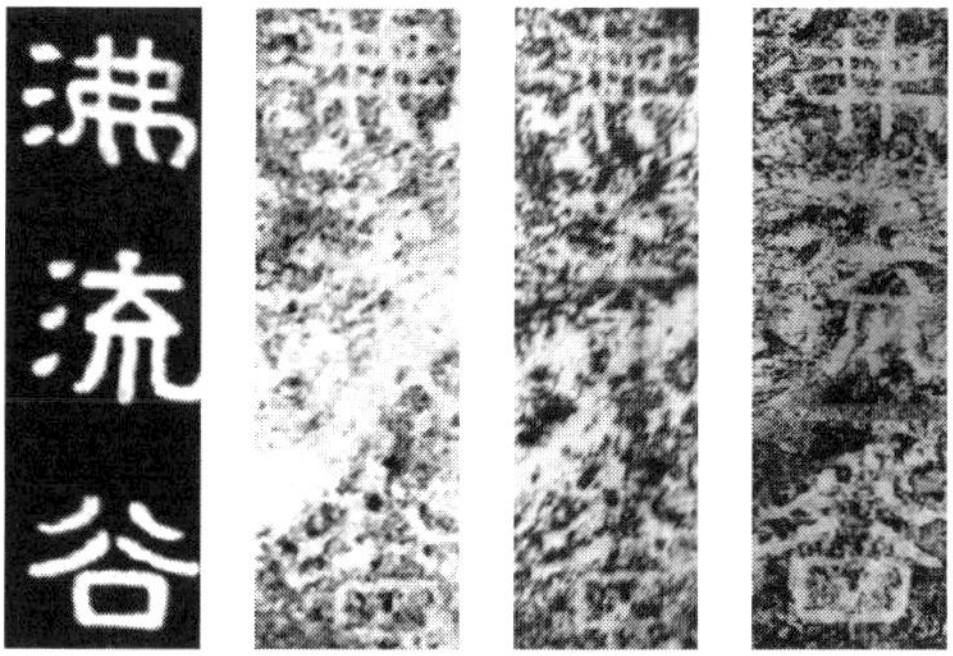

酒匂本　王氏蔵本　水谷拓本　文運堂本

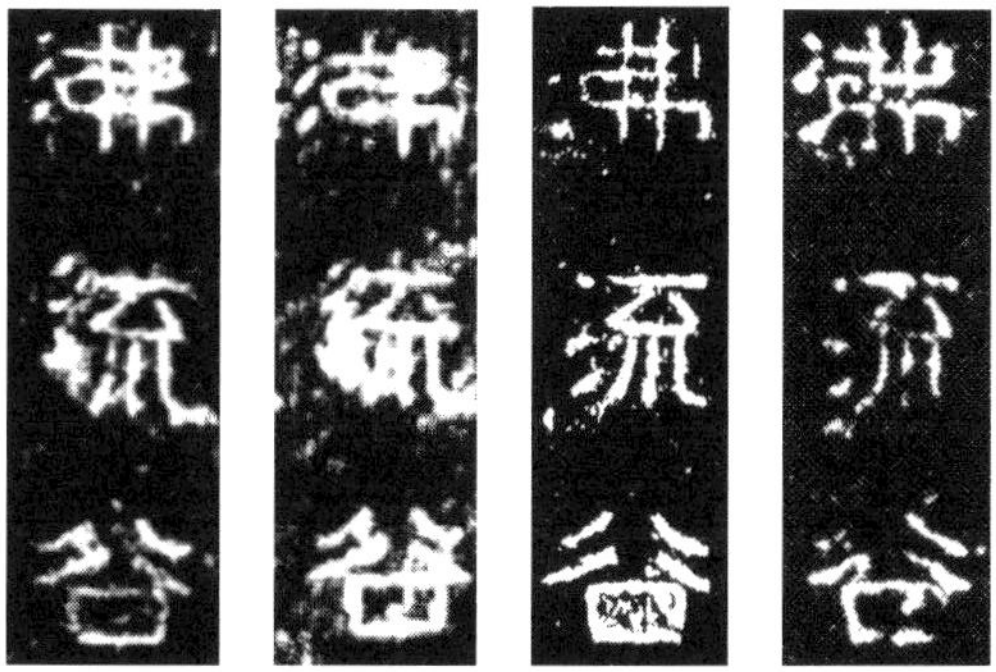

内藤本　楊守敬本　呉椒甫本　シャバンヌ本

3　第一面9行8字の比較

酒匂本

王氏蔵本

水谷拓本

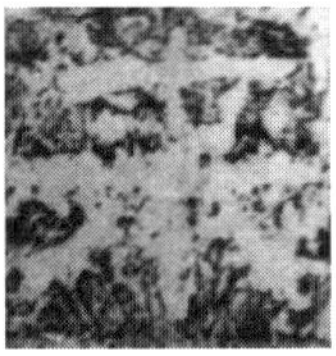
文運堂本

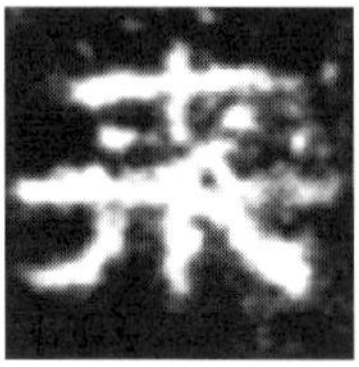
内藤本

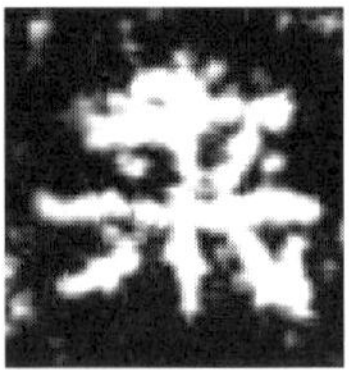
楊守敬本

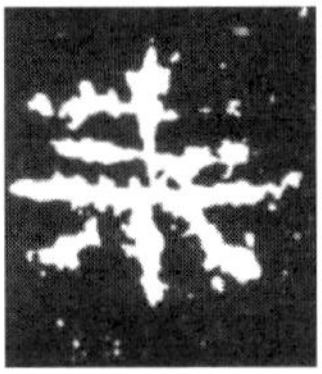
呉椒甫本

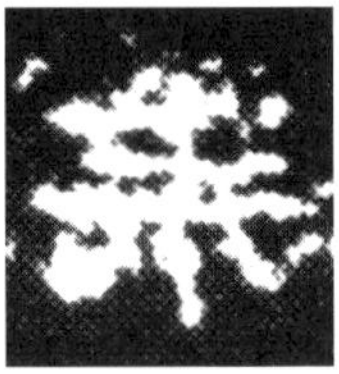
シャバンヌ本

4　第二面3行7字の比較

酒匂本

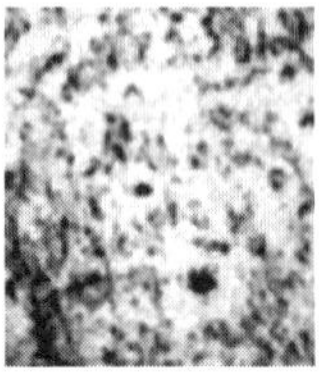
王氏蔵本

水谷拓本

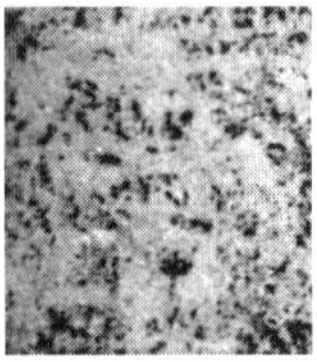
文運堂本

内藤本

楊守敬本

呉椒甫本

シャバンヌ本

5　第二面４行７字の比較

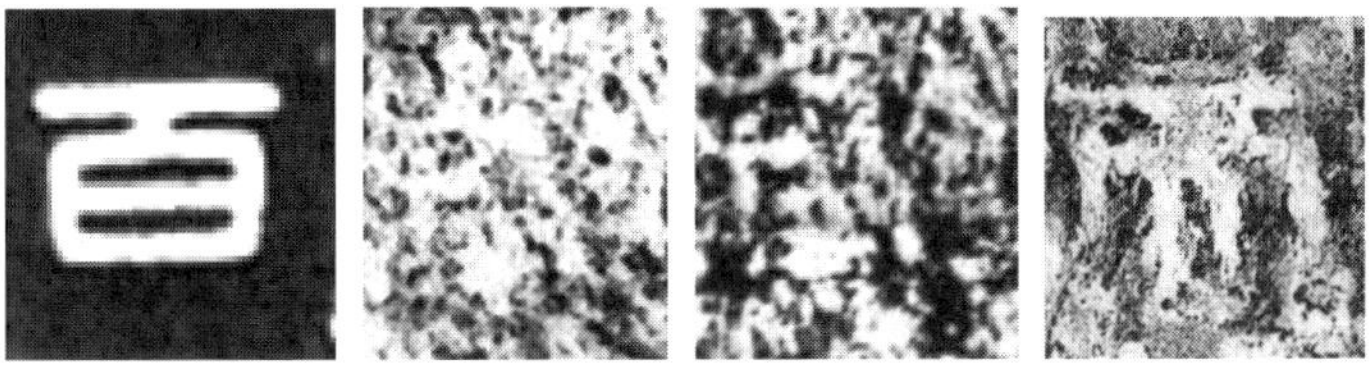

酒匂本　王氏蔵本　水谷拓本　文運堂本

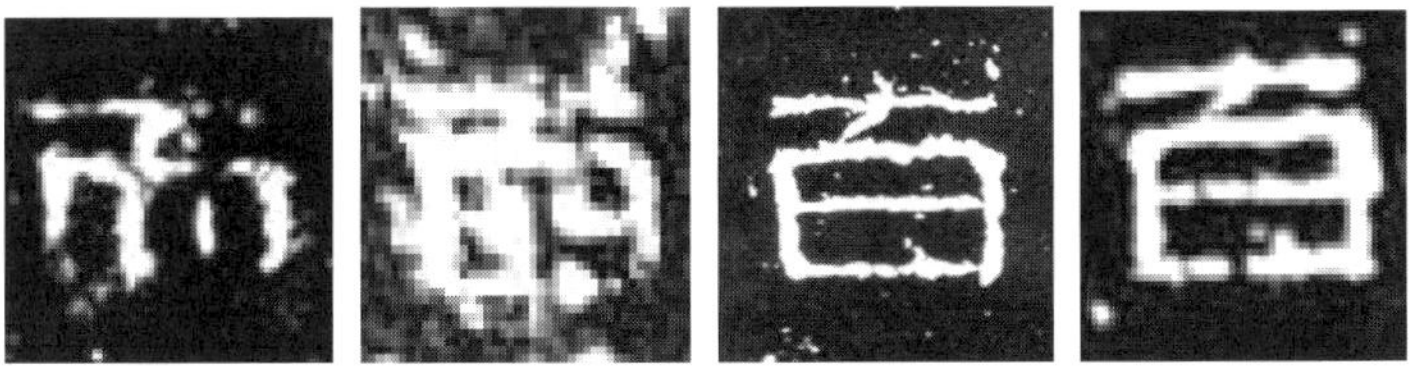

内藤本　楊守敬本　呉椒甫本　シャバンヌ本

6　第二面８行35～36字の比較

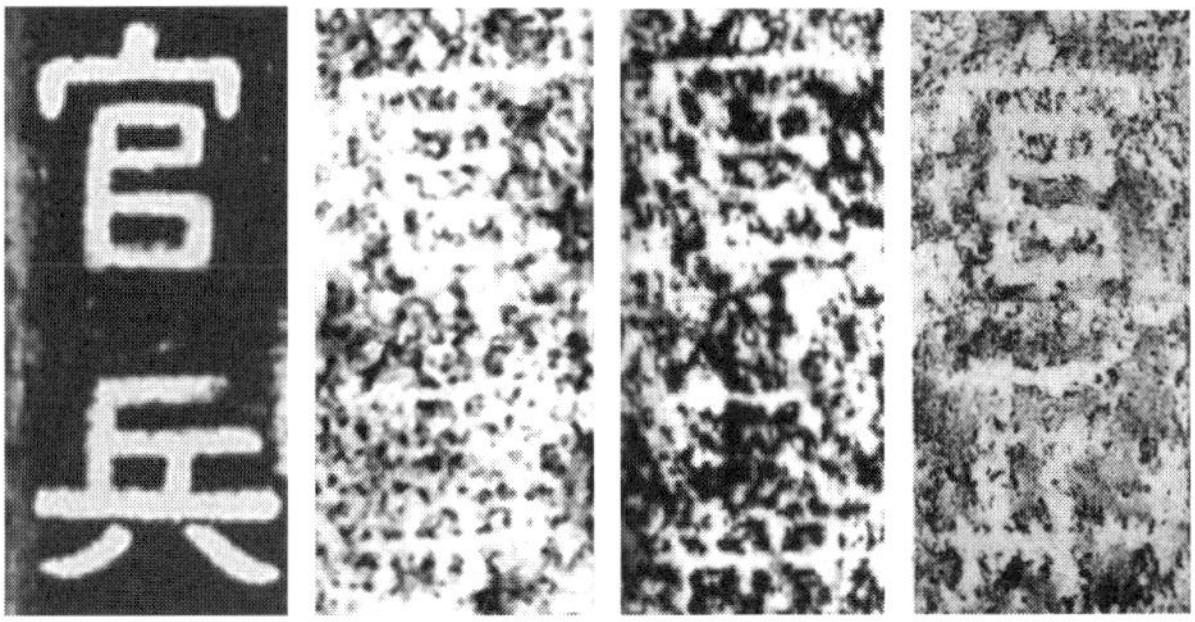

酒匂本　王氏蔵本　水谷拓本　文運堂本

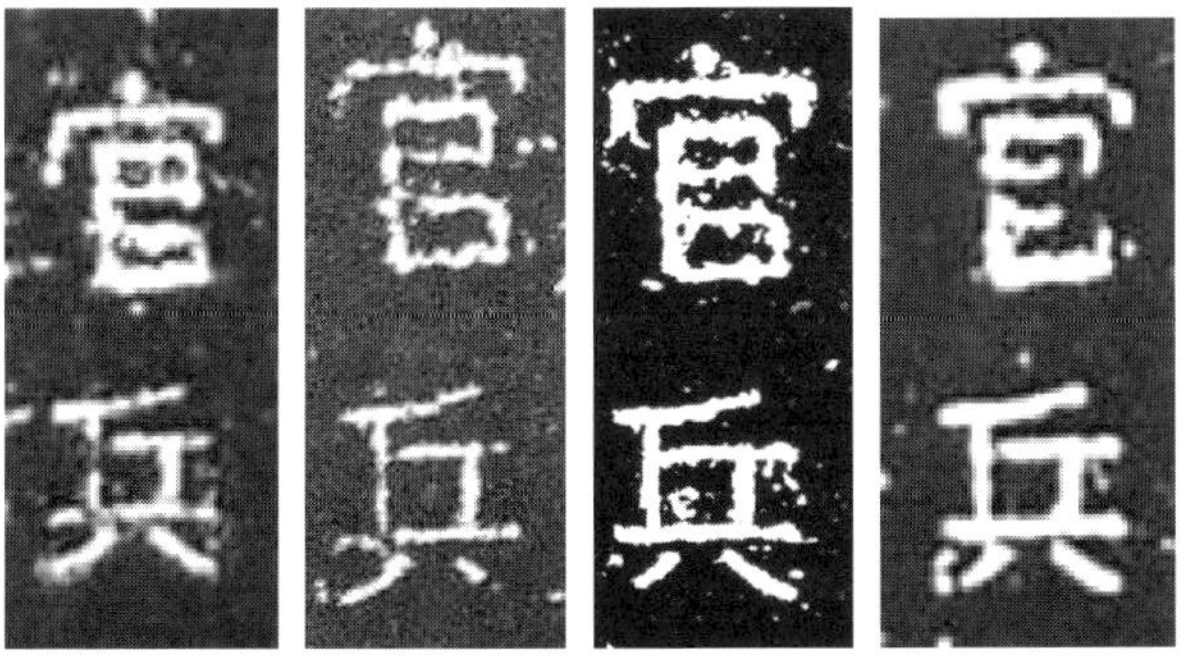

内藤本　楊守敬本　呉椒甫本　シャバンヌ本

7　第二面10行23～28字の比較

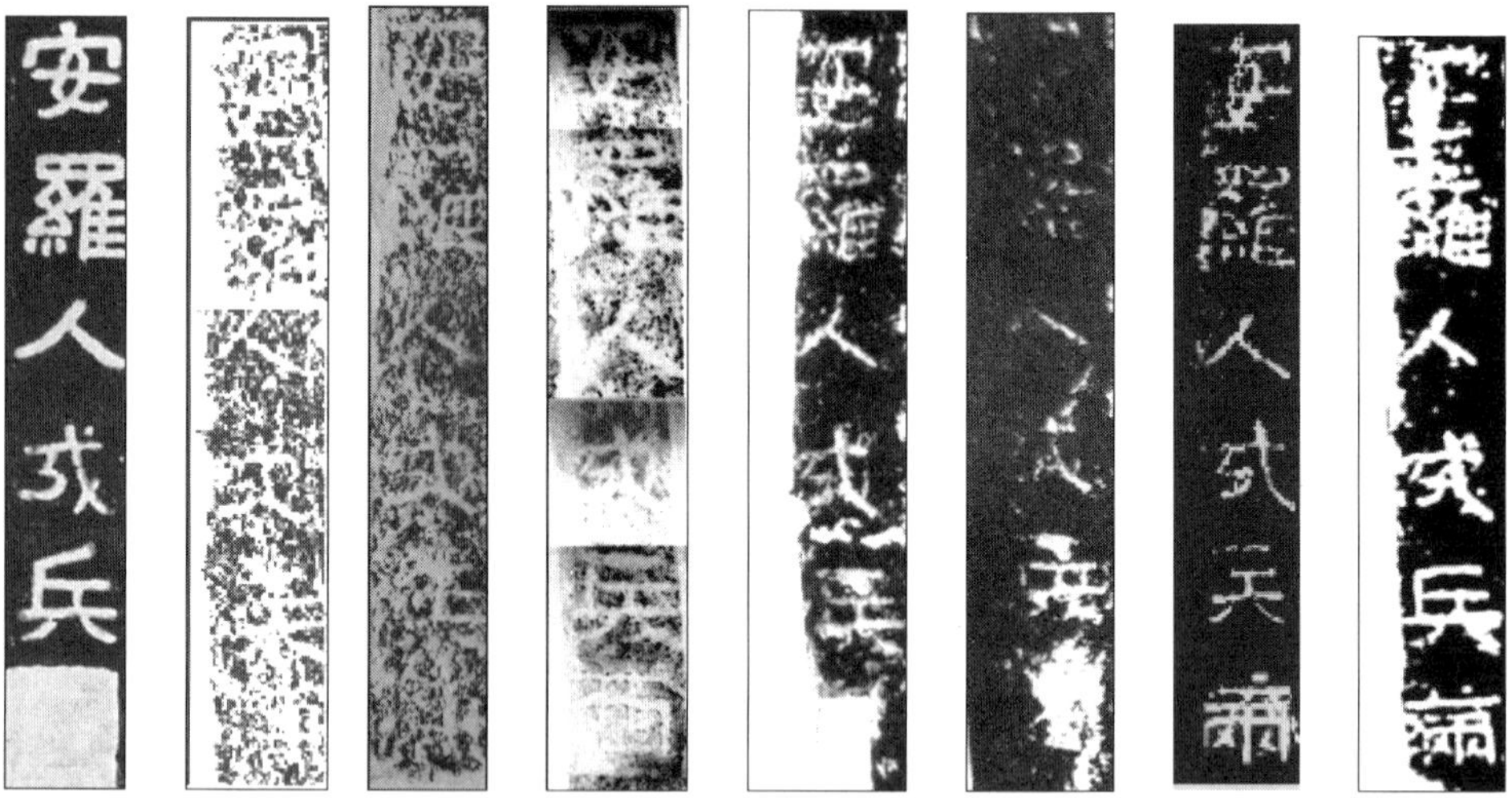

酒匂本　王氏蔵本　水谷拓本　文運堂本　内藤本　楊守敬本　呉椒甫本　シャバンヌ本

匂本）には「車」の半分があり、文運堂本と内藤本の「車」という釈文は初期廓填本の影響を受けていることが分かる。

2　第二の比較では、文運堂本、内藤本、楊守敬本の「沸」の形が同一である。丹念に観察すれば、文運堂本、内藤本、楊守敬本の「沸」は、右半分の「弗」の筆画と形がまったく同じである。またこの「弗」字の筆画の特徴は呉椒甫本以後のすべての石灰拓本とも異なり、文運堂本、内藤本、楊守敬本の製作年代が離れていないことを表している。このほか、原石拓本（王氏蔵本、水谷拓本）には「流」が泐字となって完全に拓出できない状態になっているが、文運堂本の場合には拓工が「流」の右半分を補い、左の「さんずい」を補っていない。呉椒甫本になると「さんずい」がはっきり拓出されている。このことから呉椒甫本を拓出する前にさらにこの字が補修されたことが分かる。

3　第三の比較では、酒匂本の「耒」が王氏蔵本と水谷本の両原石拓本では「辛」の古体字とあるのに対し、文運堂本、内藤本、楊守敬本の三者はともに「来」となっている。「来」は文運堂本の発見以前には内藤本と楊守敬本だけにあり、他のすべての拓本には存在しなかった。李氏はこれを参謀本部が第二回の「石灰塗付作戦」を行なった重要な証拠と見做した。しかし後述するように、文運堂本により、内藤本・楊本以前に「来」が存在したことが証明された。文運堂本が内藤本と楊守敬本の源だったのである。呉椒甫本以後では酒匂本と同じように「耒」に補われている。

4　第四の比較において、王氏蔵本と水谷本でぼんやりとしか見えない「盧」は、酒匂本で「盧」と記され、酒匂本の製作者の釈文が正しいことを示している。最も関心を引かれるのは、文運堂本ではこの字の拓出状態が原石拓本と同じであり、内藤本以後の四種類の拓本とは異なる点である。このことから文運堂本が製作されたときにはまだ改作されておらず、「羅」は内藤本以後に現れたことがわかる。この点は文運堂本の編年について非常に重要な意義をもつ。

5　第五の比較から分かるのは、原石拓本の「而」は模糊としていて、原石拓本だけ見ても釈読できない。あるいは原碑では筆画が読めるのかもしれないが、文運堂本と内藤本ではともに「而」となっている。楊守敬本は「而」から「百」へと変化する過程を表しており、呉椒甫本以後にははっきりと「百」に補われた。これは潘祖蔭旧蔵本や酒匂本のような初期廓填本を模倣した結果である。この後「百」は一九一〇年代半ば頃まで存続したが、その後碑字上の石灰の剥落につれて、次第に「而」の筆画に見えてきている。

6　第六の比較では、王氏蔵本と水谷本には「官軍」の「軍」の筆画がまだ見える。文運堂本はすでに補字されているが、まだ原石拓本の「軍」の一部筆画を保ち、「兵」にはなっていない。内藤本、楊守敬本以後では「兵」となり、初期廓填本の釈文に従っている。この状況は文運堂本の筆画が「軍」から「兵」へと変化していく途中の段階にあることを示している。このほか文運堂本と内藤本の「官」の第四画〜五画の間に小さい縦の棒があるように見える。これは碑字上の泐痕であるはずだが、楊守敬本以後は埋められて平らになる。

7　第七の比較の「安羅人戍兵□」の下一字（第二面10行目28字）は、拓本編年研究で注目される一字である。一八八〇年代の前期に潘祖蔭旧蔵本（初期廓填本）と酒匂本の作者はこの字を釈読できなかった。原石拓本ではこの字の左半分が非常に曖昧であるが、右半分は「斤」である。筆者は王健群氏等の説に賛成してこの字を「新」と釈読する。文運堂本の「安羅人戍兵□」の下の一字は全面的に補修され「西」という字になっている。これは非常に特殊な現象である。既知の初期拓本と初期釈文には「西」が現れたことはない。これは「西」が拓出された後に、拓碑者がこの釈文が妥当ではないと思い、すぐにそれを擦り消したことを物語るかもしれない。

この「西」字は好太王碑の各釈文にも現れていない。このことは文運堂本のような石灰拓本が、数量が非常に少なく流行の期間も短かったので、収蔵者と研究者に注目されなかった事を物語っていよう。したがって内藤本に「安羅人戍兵□」の下一字が拓出されず、「西」と釈読することに躊躇と懐疑があったことを表し、楊守敬本では「西」という字が擦り消された状態を反映する。呉椒甫本以後にはこの字は明確に「満」字に補修され、その後は万遍なく一九三〇年代後期までの各種の石灰拓本に存在している。

文運堂本２面10行28字の「西」字

総括とまとめ——文運堂本の編年について　以上、文運堂本とほかの七種類の初期拓本との比較を通して、その異同を考察した。以下にはこれらの異同をさらにまとめて、文運堂本とほかの拓本の編年関係を判断する。

第一、第2、3、4、6、7の比較によれば、内藤本と楊守敬本には相似性がある。

第二、第1、2、3、5の比較によれば、文運堂本と内藤本には相似性がある。

第三、第4、5、6の比較によれば、文運堂本と原石拓本には相似性がある。

第四、第7の比較によれば、第二面10行28字の「西」字は文運堂本特有であるが、すぐに消えて内藤本と楊守敬本には現れていない。

第五、酒匂本と他の拓本との異同は複雑である。編年では酒匂本の製作年代が最も古く、本質的には原碑文字の釈文の一種に属する。酒匂本は模拓という方法で直接填墨する墨本で、原碑文の釈読は正誤入り交じっている。たとえば第一面3行11字の「流」、第二面3行7字の「盧」については酒匂本作者の理解と釈読が正しかったが、第一面2行22字の「車」、第一面9行8字の「耒」、第二面4行7字の「百」、第二面8行36字の「兵」などの釈文は間違っている。その後の各時期の石灰拓本は多かれ少なかれ初期廓填本の影響を受けている。しかし石灰拓本の碑字にはまったく初期廓填本の影響を受けなかった部分もある。たとえば第二面3行7字の「盧」、第二面10行28字の「西」（文運堂本）と「満」など（呉椒甫本以後の石灰拓本）である。


上記数種の初期拓本と比較した結果、文運堂本の一部の碑字は原石拓本と一致している（第4、5、6の比較）が、その一方でこの拓本の一部の碑字はまた内藤本、楊守敬本と一致している（第1、2、3の比較）。すなわち文運堂本は原石拓本と初期石灰拓本の両方の特徴を持っている。同時に、この拓本はまた酒匂本、原石拓本、初期石灰拓本のどれとも異なる特徴を持っている（第7の比較の「西」）。

以上の比較に使用した石灰拓本のうち、呉椒甫本、楊守敬本、シャバンヌ本などについては、関係する文献の記録と拓本の跋語から製作年代の下限が、呉椒甫本は一九〇九年以前、楊守敬本は一九〇二年以前、シャバンヌ本は一九〇七年以前であると推測できる。これらの拓本はみな初期石灰拓本に属する。この他の王氏蔵本と水谷本は原石拓本であり、拓出年代は石灰拓本より古い。

上記の編年についての基本判断によれば、もし文運堂本が内藤本と楊守敬本の後に製作されたものであれば、原石拓本と一致することはありえないはずである。たとえば第二面3行7字の「盧」が内藤本と楊守敬本を始め、多数の石灰拓本では「羅」に変えられている。ただ一九三〇年代半ば頃になり、この字の上の石灰が剥落して「盧」の筆画が再び現れてくるにすぎない（後文において、この字の比較に使用する日本書学院本の「盧」を参照）。それでは文運堂本は一九三〇年代に石灰が剥落する時期の拓本なのだろうか。答えは否である。もし文運堂本が一九三〇年代以後に製作された拓本なら、内藤本と楊守敬本とは一致しないはずだ。一九〇二年以前に製作された内藤本と楊守敬本の碑字の特徴、たとえば第一面3行10字の「沸」（第二の比較）のような特徴が、後の石灰拓本に再び現れることはない。文運堂本の「沸」が内藤本および楊守敬本と一致しているからには、一九三〇年代以後の拓本にはなりえない。

ここに至って文運堂本の編年を定めることができる。文運堂本の編年についての唯一の結論は、この拓出時期が原石拓本（一八八九年）と初期石灰拓本（内藤本と楊守敬本）の間にあり、その製作年代は王氏蔵本と水谷拓本のような原石拓本より遅くて内藤本および楊守敬本より古い、おおよそ一八九〇年代半ば以前であろう。この判断によれば文運堂本は現在知られるなかで最古の石灰拓本になる。

まとめると、以上八種類の初期墨本碑字の比較によれば、出現の順序は次のようになる。

酒匂本（初期廓填本）――王氏蔵本、水谷拓本（原石拓本）――文運堂本
――内藤湖南本――楊守敬本――呉椒甫本――シャバンヌ本

ここでもう一つ補足説明する必要がある。文運堂本を調査した後に、北京故宮博物院に収蔵されている好太王碑拓

故宮博物院蔵淡墨本（第四面碑文の局部）（『中国美術全集・書法篆刻・2・魏晋南北朝書法』人民美術出版社、1986年、第47頁）

本を調査し、その中に一種の淡墨拓本（剪装本）があることがわかった。この淡墨拓本については三度調査をし、三度目のときに文運堂本の写真を携帯して照らし合わせた。その結果、故宮の淡墨本は文運堂本と非常に似ていて、例えば故宮淡墨本の第一面9行8字の「来」、第二面4行7字の「而」、第二面10行28字の「西」は、全て文運堂本と同じであった。このことから、両者は同じ時期に同じ拓工によって製作されたものであると考えられる。（上の図版参照）

文運堂本からみた拓本編年　以上の文運堂本についての論証過程は同時に、原石拓本、文運堂本、内藤本、楊守敬本の間の密接な関連とこれらの拓本の時系列を提示している。文運堂本は原石拓本、内藤本、楊守敬本を繋ぐ重要な環の要になっている。したがって文運堂本の拓本編年における位置が確定されれば、従来の編年研究で論争された疑問を解決する新しい手がかりが提供されたことになる。

　研究史上の論点の一つに、内藤本の石灰拓本編年中の位置をどのようにして確定するかという問題がある。内藤本は重要な拓本編年資料として多くの学者に重視されたが、この拓本の拓出年代は未だに明確になっていない。一部の学者はこの拓本が楊守敬本と似ていることに着目し、初期の石灰拓本と見なしている。李進熙氏だけが内藤本を最初の石灰拓本とした。今回の文運堂本の発見は、内藤本編年の謎を解くための鍵を提供したといえる。内藤本、文運堂本、楊守敬本の三拓本は碑字の基本的様相は似ている。しかし先に述べた碑字の比較によれば、内藤本は原石拓本の特徴を持たず、また内藤本と文運堂本の第二面4行7字の「而」が楊守敬本では別の字になっているので、内藤本の拓出時期は文運堂本の後で楊守敬本の前であることが証明できる。この結論は、内藤本が楊守敬本より早いとの李氏の結論を別の視点から新たに裏付けた。これは文運堂本の編年研究にあたって、意外な収穫である。

もう一つの論点として、水谷拓本の編年問題がある。李氏は水谷拓本を石灰が剥落した一九三〇年代以後の拓本と一貫して見なしているが、以上の比較研究によって、文運堂本はもとより水谷拓本を含む原石拓本のすべてが、楊守敬が拓本を入手した一九〇二年より遅いことはありえない。原石拓本、文運堂本、内藤本、揚守敬本などの拓本は差異こそあれ、切り離すことのできない一連のものである。したがって水谷拓本が一九三〇年代以後の拓本の可能性はない。

第四節　石灰補字の復原研究

石灰補字の分類と具体的な方法　文運堂本は原石拓本以後の最初の石灰拓本である。文運堂本は淡墨本なので、拓本には明確に字を補修した痕跡が見える。従来石灰拓本の製作原因と石灰補字の具体的な方法についてはほとんど知られていなかった。文運堂本を原石拓本と比較すれば、最初の石灰補字の本当の状況が分かるだけではなく、石灰

1　補修していない碑字

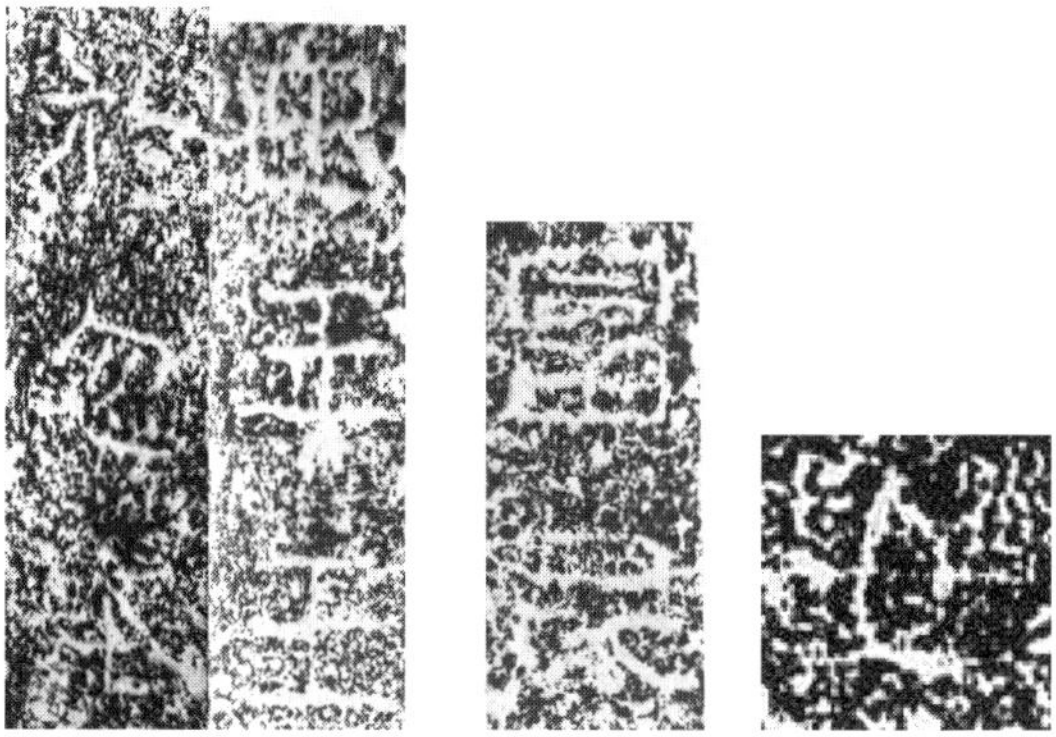

補修前：　迎王王於忽本　富民　女

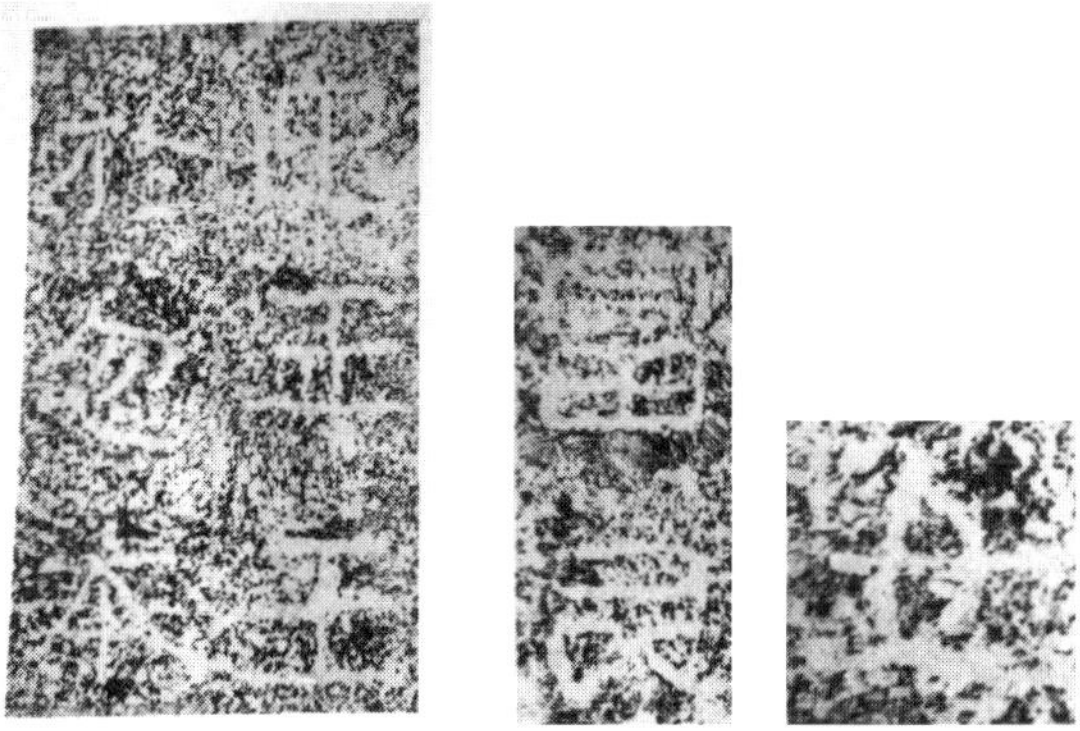

補修後：　迎王王於忽本　富民　女

補字の原因と動機をも推測できる。これは李氏が提起した「改ざん説」の検証材料にもなる。

文運堂本の石灰補字の状況は次の五種類に分けることができる。

(1)補修していない碑字。毀損が少なく原碑の様相が保持されている碑文は補修されていない。たとえば第一面3行33字～38字までの「迎王王於忽本」、第一面5行32～33字の「富民」、第一面1行24字の「女」などである。これらの碑字は補修の影響を受けていない。

(2)碑字の一部筆画、筆画の間の碑面、碑字周囲の石華（小泐痕）は補修されているが、碑字は原碑のままであるもの。すなわち石灰補字によって原碑字の筆画が変更されていな

2　部分的に補修された碑字

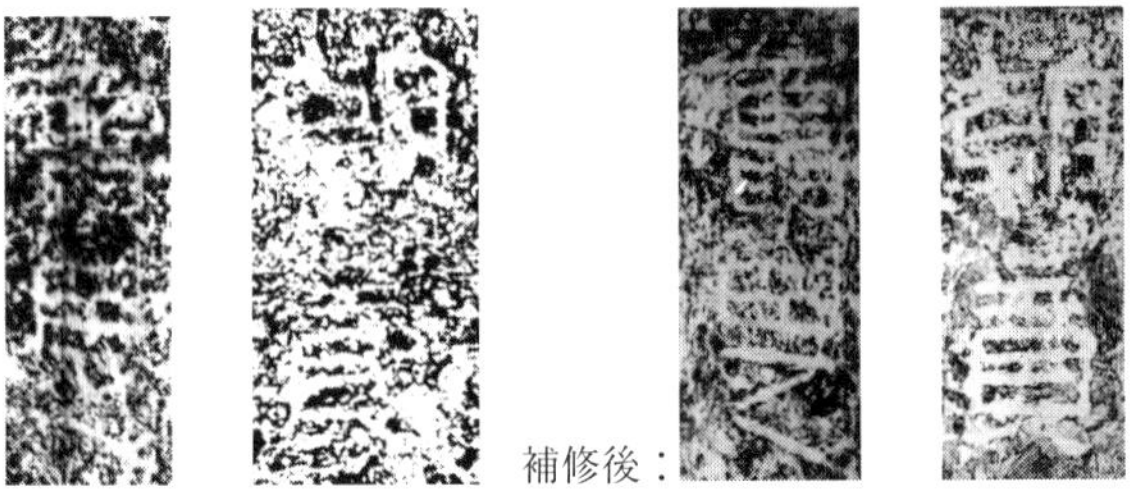

補修前：舊是　朝貢　補修後：舊是　朝貢

3　部分的に補修され、変更された碑字

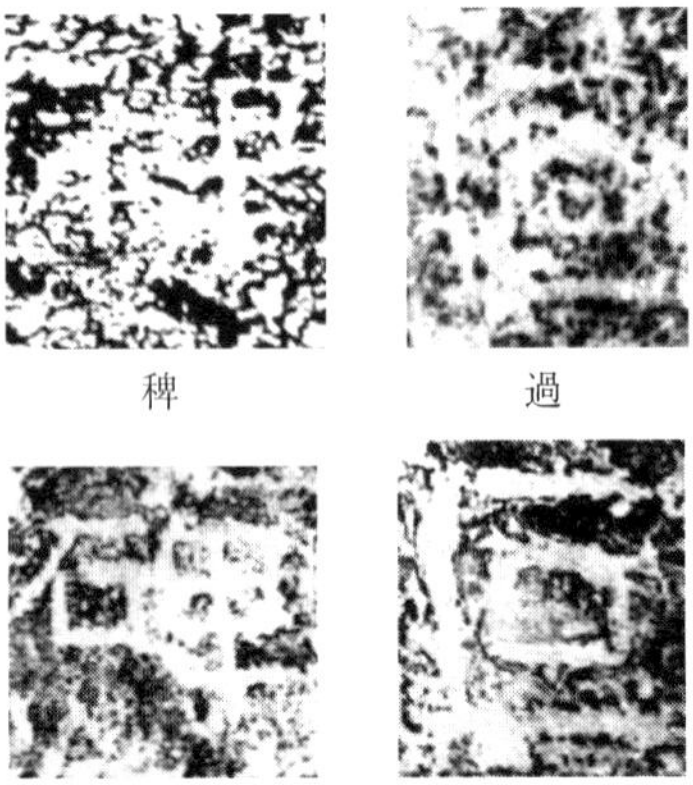

補修前：稗　過

補修後：碑　叵

い。たとえば第一面8行38～39字の「舊是」、第一面9行33～34字の「朝貢」などである。「舊是」の「是」と「朝貢」の二字が補修され筆画が明晰になっている。

⑶碑字の一部筆画、筆画の間の碑面、碑字周囲の石華は補修されていて、さらに碑字が変更され、原碑字と異なるもの。たとえば第一面7行11字は原石拓本では「稗」であるが、補字後に部首が変わって「碑」になっている。また第一面7行21字は原碑の文字では「過」であったが、補修後に「叵」になって釈読不能となった。

⑷碑字及び碑字周囲の石華は全面的に補修されているが、碑字は変更されていないもの。たとえば第一面1行15字は、原碑では「夫」であり補修後も同じであ

4　全面的に補修された碑字

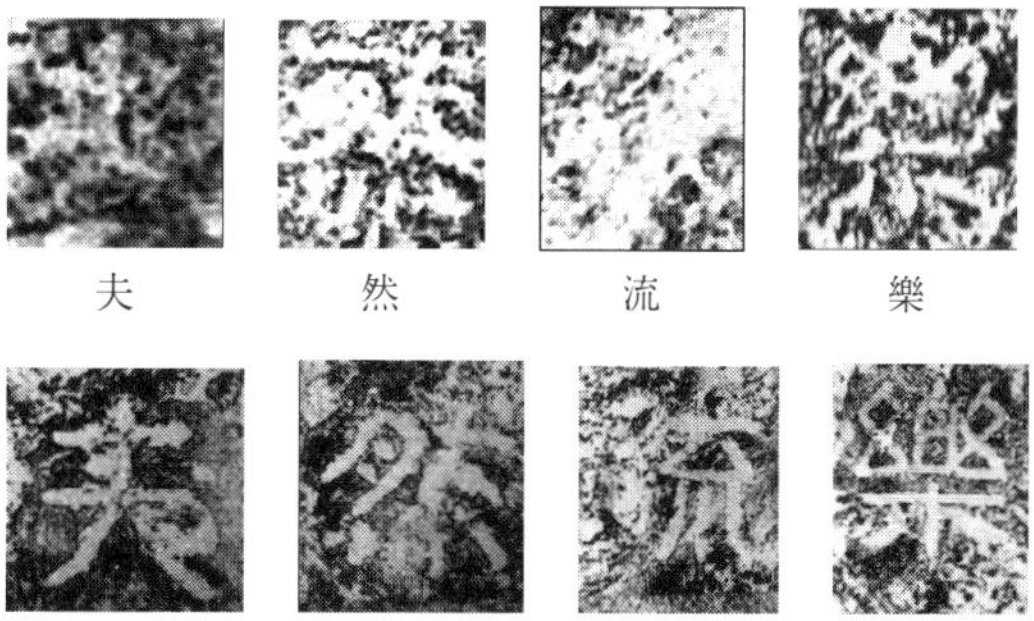

補修前：夫　然　流　樂

補修後：夫　然　流　樂

補修前：渡海破

補修後：渡海破

る。第一面3行5字は、原碑文と原石拓本ではともに「然」であり、その左上の角に一のような横画がある。補修時に拓工がこれを不要と見なし、平らに塗り込んでいる。第一面3行11字の「流」は、第一面の碑文の巨大な亀裂部分にあるので一部の筆画が泐損していた。拓碑者は残存する筆画に基づいて右半分を復元し「流」とした。第一面7行2字の「樂」は、原石拓本では上半分はすでに読めなくなっているが、拓碑者はこの字を全面的に補修して新たに造字している。第一面9行12～14字「渡海破」の「海」は碑石の斜面上にあり、その字を完全には拓出できないものが多い。拓碑者はそれを全面的に補修して、新たに「海」の右上部を造り出している。

⑸碑字及び碑字周囲の石華は全面的に補修され、さらに碑字が変更されているもの。

5　全面的に補修され変更された碑字

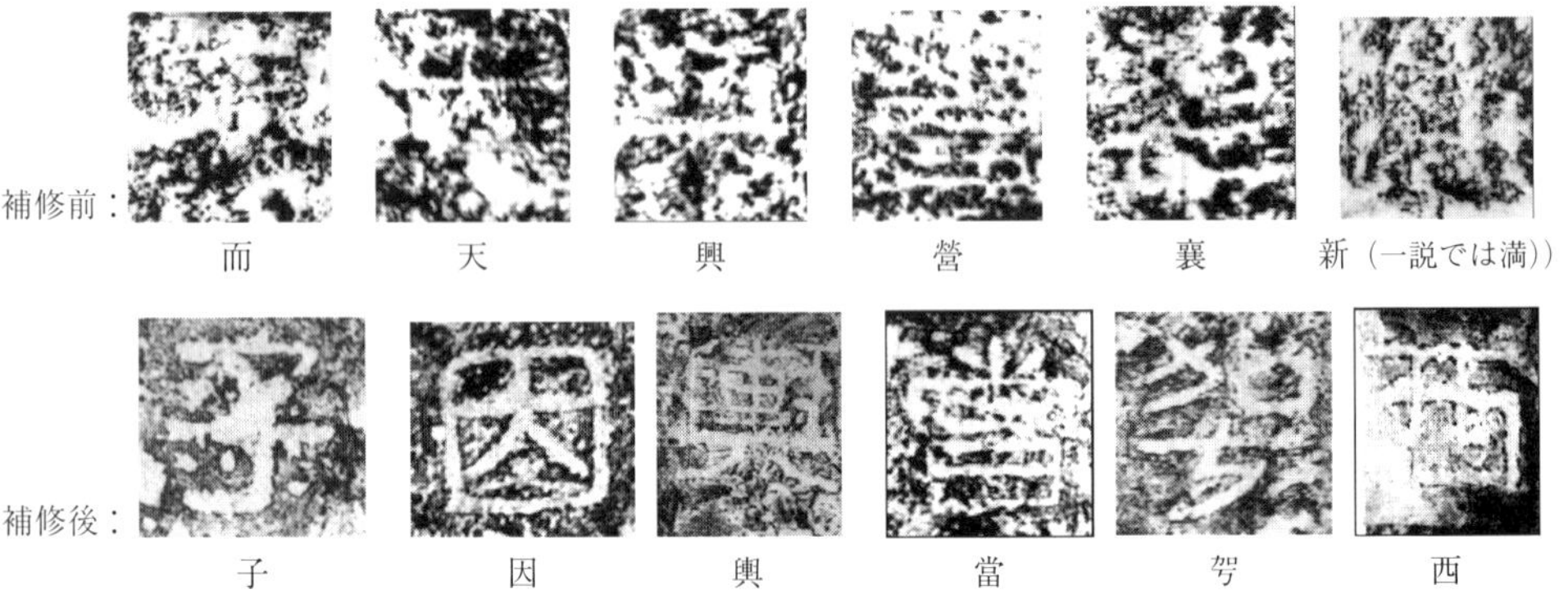

石灰補字により原碑の字の筆画が変わっている。たとえば第一面1行31字は元来明晰でない「而」であったが補修後に「子」となり、第一面3行27字の「天」は「因」に、第一面4行14字の「興」は「輿」となっている。また第一面7行38字の「營」は補修後に変則的な「當」になり、「當」の下半分が「田」ではなく「曰」になる。第一面8行12字の「襄」は補修後に筆画が奇妙な字になっている。さらに第二面19行28字は右側の筆画が「斤」であり、王健群氏はこれを「新」と推測し、筆者もこれは正しいと思っている。ところが補修後には「西」となっている。

好太王碑の碑面は長期にわたる風化によって、数多くの大小さまざまな泐損を生じている。これらの泐損はほとんどすべての碑字にわたっている。淡墨本にある大量の石華はこのような泐損によってできている。原石拓本と文運堂本の石華の比較から、全面的に碑字を補修するときにとられた具体的な手法が観察できる。文運堂本によれば、全面的に石灰を塗り、造字するに際して使用された手法は主に二種類がある。ひとつは造字の後に碑字の周囲に修飾を加えて、木の棒や鉄釘などの道具で周囲の碑面に石花を刻み、原碑の凹凸に似せるものである（左側の図版と資料⑬参照）。このような手法に属する造字として第一面3行目27字の「因」、第一面3行41字の「黄」、第一面8行4字の「稱」などがある。

6　碑字補修の手法

修飾のあるもの

1面3行27字「因」

1面3行41字「黄」

1面8行4字「稱」

修飾のないもの

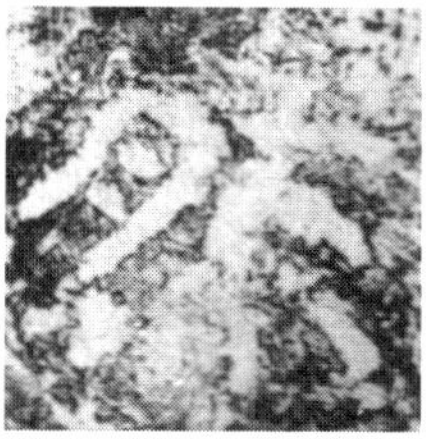
1面3行5字「然」

1面4行12字「以」

1面7行41字「群」

もう一つはもっと簡易な手法で、造字の後に何の修飾も施さないものである。この手法に属するものとして第一面3行5字の「然」、第一面4行12字の「以」、第一面7行41字の「群」などがある。この手法で作られた字は非常に鮮明でありすぐに識別できる。

石灰補字の数量統計　文運堂本にみられる碑字の五種類の拓出状態は、第一種以外の四種にはすべて碑字と碑面の補修情況が反映されている。それでは文運堂本の製作時期にいったいどのくらいの碑字が補修されたのであろうか。好太王碑の第一面と第二面にはあわせて八三六個の碑字があり、文運堂本は第一面1字の「惟」から第二面10行28字の「西」まで、文字の空白を除くと計七六二字を拓出している。

筆者は文運堂本の観察に基づいて、石灰補字情況の統計をとった。（本章末尾の縮小影印と統計表参照）結果は次のとおりである。

(1)　未補修の碑字は二二四字である。

(2)　筆画の一部、筆画の間の碑面、碑字周囲の石華が補修されているが碑字には変更のないものは、四二八字である。

(3)　筆画の一部、筆画の間の碑面、碑字周囲の石華が補修され、さらに碑字が変更されたものは、四字である。

(4)　碑字及び碑字周囲の石華が全面的に補修されているが、碑字には変更がないものは、八一字である。

(5)　碑字及び碑字周囲の石華が全面的に補修され、さらに碑字が変更されているものは、二五字である。

以上の統計で分かるように、文運堂本の第一面、第二面碑文の七六二字のうち二二四字は石灰で補修されていなかったが、五三八字は石灰補字であった。これは補修を受けている碑字が、約七割を占めることを表す。同時に石灰で補字した碑字のうち、基本的な筆画に変更がないものは五〇九字（第2、4項の合計）で、変更がある碑字は二九字（第3、5項の合計）であった。

この文運堂本の石灰補字情況についての統計によって、次のような問題が解決できる。従来の認識では、好太王碑が全面的に補字されたのは内藤本と楊守敬本が製作された時期（李氏の所謂参謀本部による第二回「石灰塗付作戦」にあたる）である。しかし文運堂本の石灰補字状況によれば、内藤本と楊守敬本にあるような全面的補字以前に、好太王碑はすでに大規模な補修を施されていた。文運堂本は、まさにこのような補修を経てから製作された石灰拓本なのである。

石灰補字の動機について

現在見られる原石拓本によれば、一八八九年前後にはまだ好太王碑は石灰で補修された形跡がない。では現地の拓碑者はなぜ石灰で補字したのであろうか。石灰で補字する動機は酒匂本の内容を再現、補強させ、酒匂景信の碑文改ざん行為を隠蔽するためだと考える学者がいる。(29) 私見によれば、この考え方は石灰補字行為についての拡大解釈である。文運堂本で補修された碑字を原石拓本と初期碑石写真（内藤湖南写真、今西龍写真）と比較すると、補修された碑字は主に次のような三つの状況があると分かる（左側の図版参照）。

1　原碑字の筆画が長期にわたる風化により読めなくなったために新しく補字したもの。

補修前：

1面9行36字「伐」

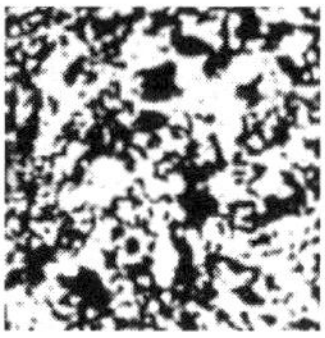

1面7行2字「樂」

2面3行23字「義」

補修後：

1面9行36字「利」

1面7行2字「樂」

2面3行23字「氣」

2　原碑に凹凸があり採拓に不便なため、窪んだ碑面を平らにして造字するもの。

補修前：

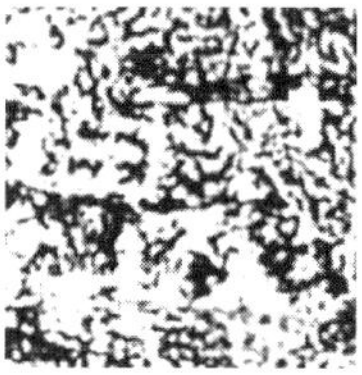

2面2行24字「就」

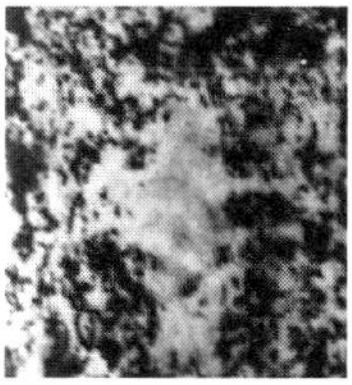

2面6行32字「年」

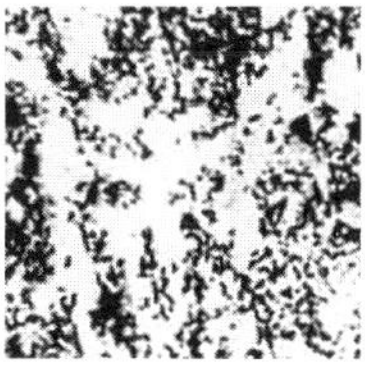

2面8行28字「年」

補修後：

2面2行24字「就」

2面6行32字「年」

2面8行28字「年」

3　原碑字の一部筆画がすでに泐損したので、拓碑者が残存の筆画と碑文の文脈に基づいて泐損した部分を復元したもの。

補修前：

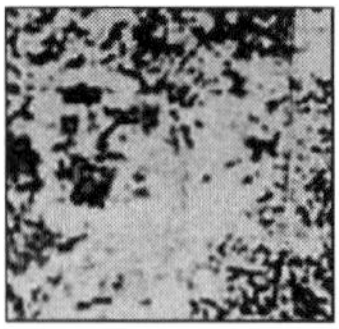

1面4行12字「以」

1面5行13字「洽」

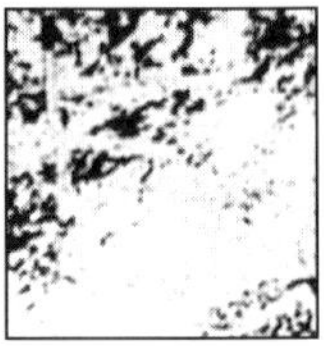

1面6行14字「月」

補修後：

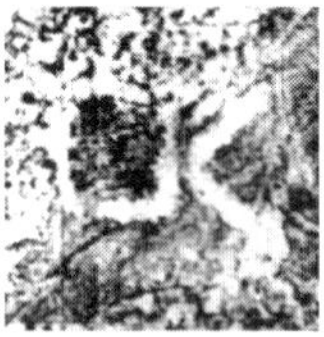

1面4行12字「以」

1面5行13字「洽」

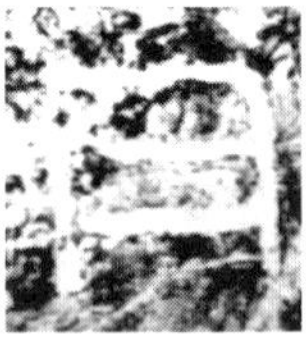

1面6行14字「月」

文運堂本で補修された碑字について分析すると、これらは全て原碑でははっきり拓出できない碑字であり、二二四余個の保存状態が良好な碑字は補修されていない。補修という行為を通して、文運堂本の碑字は原石拓本より明晰になった。このことからわかる石灰補字の動機と目的は、碑文を拓本上にはっきりと反映させることにある。このように細かく碑石を補修できる人は、碑石近くで拓碑活動に従事していた初氏父子しかいないはずである。

　碑文を補修するとき、初氏父子はおそらく潘祖蔭旧蔵本や酒匂本のような初期直接廓填本を参考にしたであろう。なぜなら補修された碑字の多くの部分が初期廓填本（潘祖蔭旧蔵本と酒匂本）の碑文と一致するからである。しかし拓碑者は、初期廓填本に完全にしたがって碑文を修復したわけではなかった。全面的に石灰で補字したのは好太王碑の碑文を酒匂本の碑文と一致させるためだ、というように考えることには、懐疑的にならざるをえない。この懐疑を裏付ける明確な事例が、文運堂本第二面10行28字の「西」である。「西」は酒匂本や後の各時期の石灰拓本には出現しない。「西」は方角を示す字であり、酒匂本の内容を補強する働きをしない。石灰補字は李進熙氏のいうような所謂「石灰塗付作戦」の結果ではなく、ただ現地の拓碑者が拓本の製作に際し、採拓を容易にするために、と同時に拓出する碑字をより明晰にするために考え出した一つの方法ではないだろうか。

註

（1）浜田耕策「故足立幸一氏寄贈の京都府立福知山高校所蔵の広開土王碑拓本について」『学習院大学東洋文化研究所調査研究報告』第二四号、学習院大学東洋文化研究所、一九九〇年九月、第二〇頁、を参照。この論文によれば日本ですでに写真を公開された石灰拓本は一二種あった。李亨求『広開土大王陵碑拓本の比較研究』『書通』總四七号、一九九五年四月、第六二頁、も参照。この論文の統計によれば韓国で現存された好太王碑石灰拓本も一二種ある。また中国大陸と台湾地域ではいままで公開された石灰拓本も一〇種ほどあった。高明士「台湾所蔵高句麗好太王碑拓本」『韓国学報』第三期、一九八三年二月、日本語訳は『季刊邪馬台国』二二号、一九八四年冬季号、高明士「中央研究院歴史語言研究所所蔵高句麗好太王碑乙本原石拓本的史学価値」『古今論衡』一九九八年3期、徐建新「中国学界対高句麗好太王碑碑文及拓本的研究」『広開土好太工碑研究一〇〇年』第二回高句麗国際学術大会論文集、韓国ソウル、一九九六年など参照。実際、東アジア諸国で現存する石灰拓本はこれよりはるかに多いと思う。たとえば筆者が見たことがある早稲田大学図書館蔵本、国学院大学図書館蔵本、東洋文庫蔵本などもこの統計の中に含まれていないようだ。私見によればいま東アジア諸国では現存することが確認できる石灰拓本は一〇〇種以上あると思う。

（2）王健群『好太王碑研究』吉林人民出版社、一九八四年八月、第一一～一二頁

（3）張彦生『善本碑帖録』考古学専刊乙種第一九号、中華書局、一九八四年、第五四～五五頁

（4）筆者による一九九四年六月二三日北京での張明善氏を訪問した際の記録を参照。

（5）耿鉄華『好太王碑一千五百八十年祭』中国社会科学出版社、二〇〇三年、第九三頁

（6）武田幸男『広開土王碑原石拓本集成』東京大学出版会、一九八八年、第二四三頁図版二〇

（7）韓国高句麗研究会編『広開土好太王碑研究一〇〇年』、第二回高句麗国際学術大会論文集、韓国ソウル、一九九六年一二月

（8）高明士「台湾的好太王碑拓本和碑文的研究」『広開土好太王碑研究一〇〇年』第二回高句麗国際学術大会論文集、韓国ソウル、一九九六年一二月、第一二九頁

（9）耿鉄華『好太王碑一千五百八十年祭』中国社会科学出版社、二〇〇三年、第九三頁

（10）徐建新「北京に現存する好太王碑原石拓本の調査と研究—北京大学所蔵拓本を中心に」『朝鮮文化研究』第三号、東京大学文学部、一九九六年三月

（11）耿鉄華『好太王碑一千五百八十年祭』第四章第三節「石灰塗付実験」中国社会科学出版社、二〇〇三年、第一四七～一五一頁

（12）内藤拓本の調査に際し明治大学吉村武彦教授、故関西大学大庭修教授および当時京都大学人文科学研究所在勤の谷豊信先生らのご協力を頂いた。その後また谷豊氏から内藤湖南旧蔵写真の複製品を送っていただいた。ここに謹んで感謝の意を表したい。

（13）李進熙『好太王碑と任那日本府』学生社、一九七七年一〇月、第一一二頁

（14）李進熙「広開土王陵碑をめぐる論争」『青丘学術論集』第二集、一九九二年、第九七頁

（15）『旧拓好太王碑』上海有正書局、一九〇九年

（16）武田幸男『広開土王碑原石拓本集成』東京大学出版会、一九八八年、第二四七～二四九頁

（17）武田幸男「「広開土王碑」墨本の基礎的研究」『東方学』第一〇七輯、二〇〇四年、第一五～一六頁

（18）朴真奭『好太王碑拓本研究』黒龍江朝鮮民族出版社、二〇〇一年六月、第三八一頁

（19）白崎昭一郎『広開土王碑文の研究』吉川弘文館、一九九三年、第五一頁

（20）耿鉄華『好太王碑一千五百八十年祭』中国社会科学出版社、二〇〇三年、第九八、一〇一頁

（21）小宋の「誌」に次のように書いている。「此満州第一古碑也。碑在今奉天輯安県。張金波司使蔵有釈本、唐風亦蔵此本。然多未如此本之完全者。此本為常州呉椒甫司馬従軍当中日之役所得。今本亦多破缺、故此尤可宝也。宣統己酉（一九〇九）小宋誌」

という。

(22) 朴時亨『広開土王陵碑』朝鮮社会科学院、一九六六年、全浩天日本語訳、そしえて、一九八五年八月、第一九三頁

(23) 李進熙『広開土王陵碑の研究』吉川弘文館、一九七二年、一六四頁

(24) 李進熙『好太王碑の謎』講談社、一九七三年一一月、第一四五頁

(25) 李進熙「広開土王陵碑をめぐる論争」『青丘学術論集』第二集、一九九二年、第九〇頁

(26) 武田幸男『広開土王碑原石拓本集成』東京大学出版会、一九八八年、第二四七頁

(27) 李進熙『広開土王陵碑の研究』吉川弘文館、一九七二年、一五七頁

(28) このような復元方法は、日本の研究者が大東急記念文庫本を復元するときに使われた。筆者はそこから大いに啓発を受けた。藤田友治『好太王碑論争の解明』新泉社、一九八六年九月、第七一～九二頁、星野良作『広開土王碑研究の軌跡』吉川弘文館、一九九一年一月、第一八八～一八九頁などを参照。

(29) 李進熙『好太王碑の謎』講談社、一九七三年、第一三二頁および一八〇頁。

（第六章付録）文運堂本（第一、二面）石灰補字状況の統計

凡例

1　拓本の一開葉ごとの縮小写真を上に、下に統計のための表を載せた。
2　下表の第一段の数字は、拓本右から左への行数を表す。
3　○印は、未補修の字を表す。
4　△印は、筆画の一部、筆画の間の碑面、碑字周囲の石華（泐痕）が補修されているが碑字には変更のないものを表す。
5　◎印は、筆画の一部、筆画の間の碑面、碑字周囲の石華が補修され、さらに碑字が変更されて、原碑字でないものを表す。
6　#印は、碑字及び碑字周囲の石華が全面的に補修されているが、碑字には変更のないものを表す。
7　▲印は、碑字及び碑字周囲の石華が全面的に補修され、さらに碑字が変更されて、原碑字でないものを表す。
8　☒印は、文字のない空白部分か、釈読不能の文字を表す。

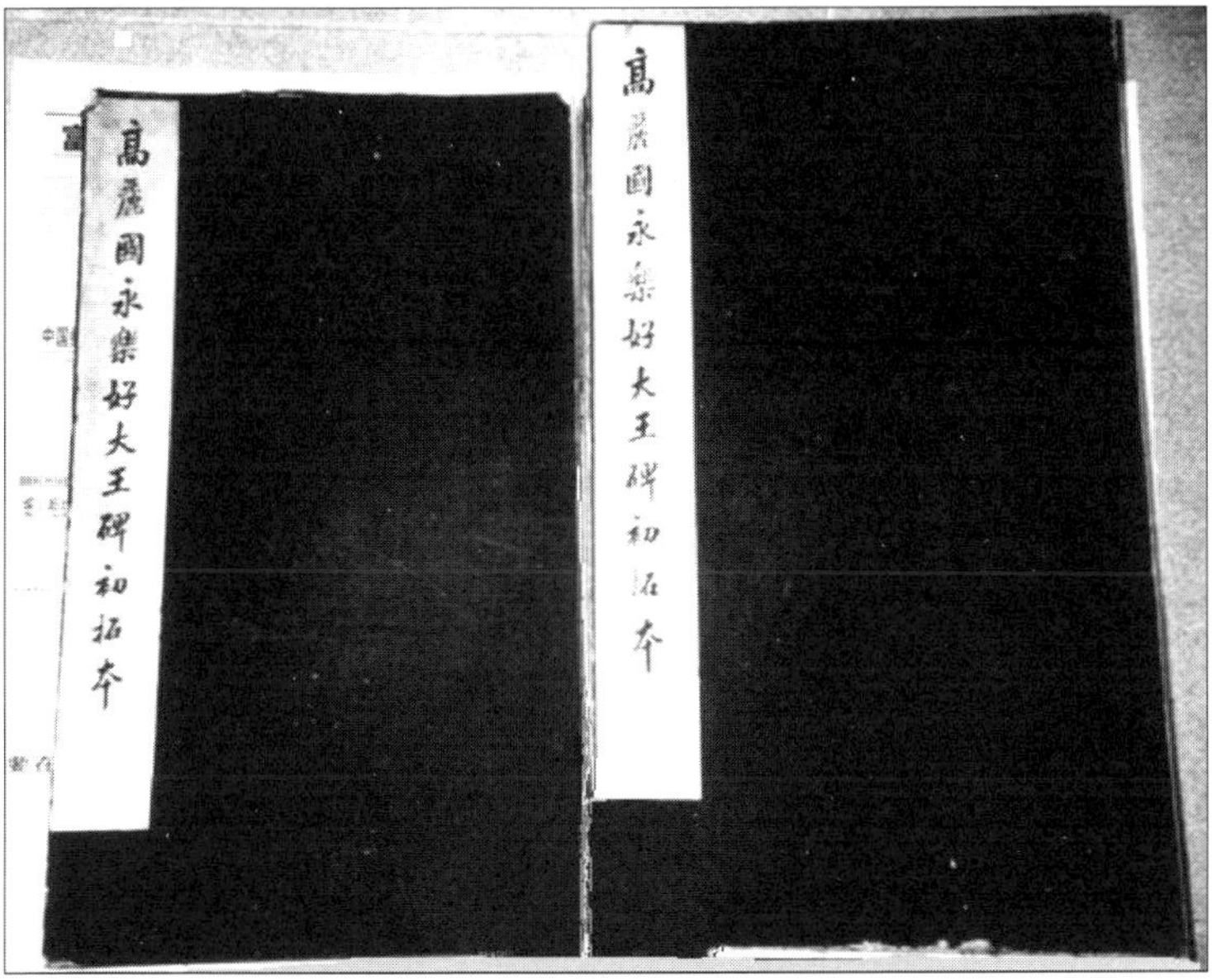

天津文運堂本封面

4	3	2	1
△	△	△	○
△	○	△	△
○	○	○	#

4	3	2	1
△	△	△	△
△	○	#	△
○	△	△	△

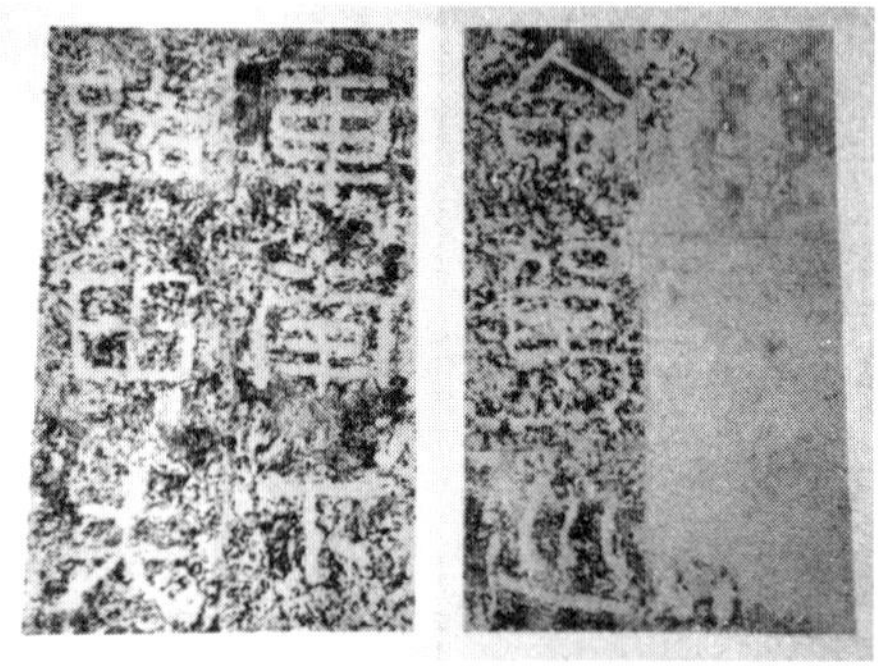

4	3	2	1
△	▲	○	☒
△	△	○	☒
△	○	△	☒

4	3	2	1
○	▲	△	#
☒	△	▲	△
☒	△	△	△

4	3	2	1
○	△	#	△
△	○	○	○
△	△	#	○

4	3	2	1
○	△	△	○
△	△	△	○
△	△	△	△

4	3	2	1
△	△	○	○
#	#	△	○
△	#	△	#

4	3	2	1
○	○	○	○
△	○	○	○
○	○	○	○

4	3	2	1
○	○	○	▲
○	○	○	○
○	○	○	○

4	3	2	1
△	○	○	△
△	△	△	△
△	△	#	○

4	3	2	1
△	△	△	△
○	#	◎	△
△	○	#	#

4	3	2	1
△	△	○	○
△	△	△	○
△	△	○	#

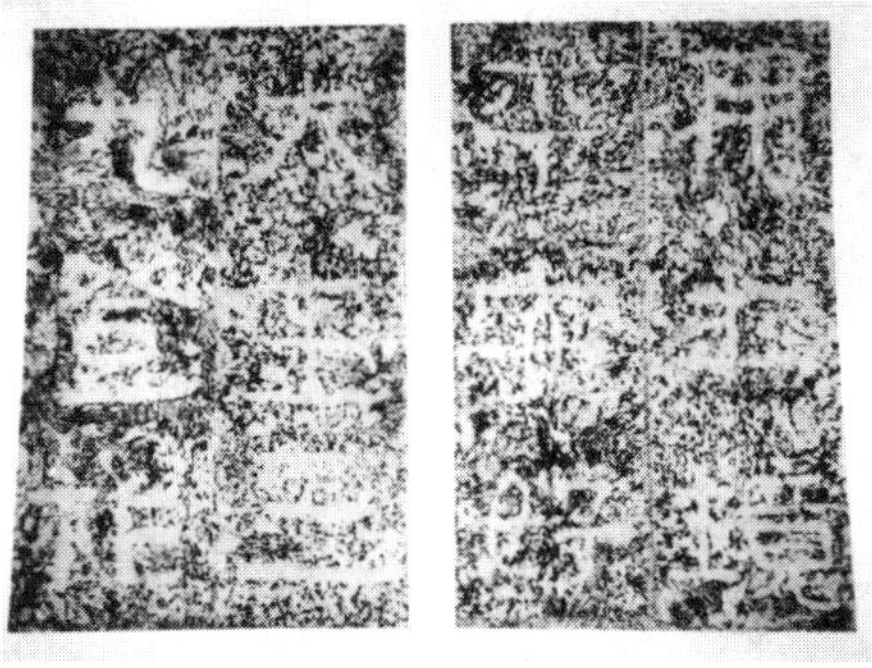

4	3	2	1
△	○	○	△
○	○	○	○
△	○	○	△

4	3	2	1
△	○	△	△
○	○	△	○
○	△	△	○

4	3	2	1
⊠	○	△	△
△	○	△	△
○	⊠	#	▲

4	3	2	1
○	△	△	○
○	○	△	△
○	▲	○	○

4	3	2	1
○	△	△	○
○	○	△	▲
△	○	△	△

4	3	2	1
○	○	○	△
△	△	○	△
○	○	△	△

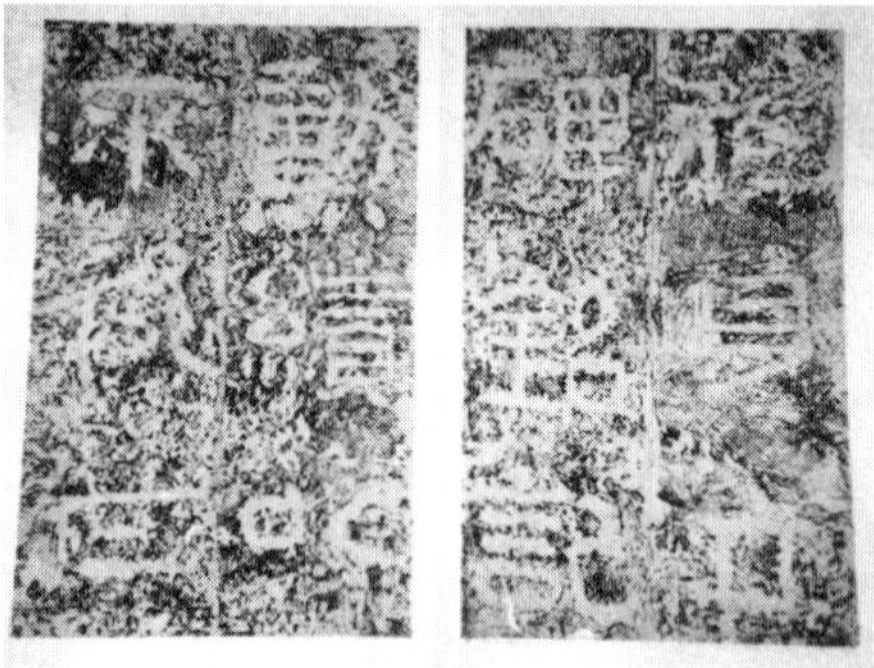

4	3	2	1
▲	△	○	△
○	△	△	#
○	○	△	△

4	3	2	1
△	○	#	△
△	○	○	△
△	○	△	#

4	3	2	1
△	○	△	○
△	#	◎	△
△	☒	△	○

4	3	2	1
○	○	○	○
△	#	☒	○
△	○	☒	○

4	3	2	1
△	○	△	△
#	▲	○	○
△	△	△	△

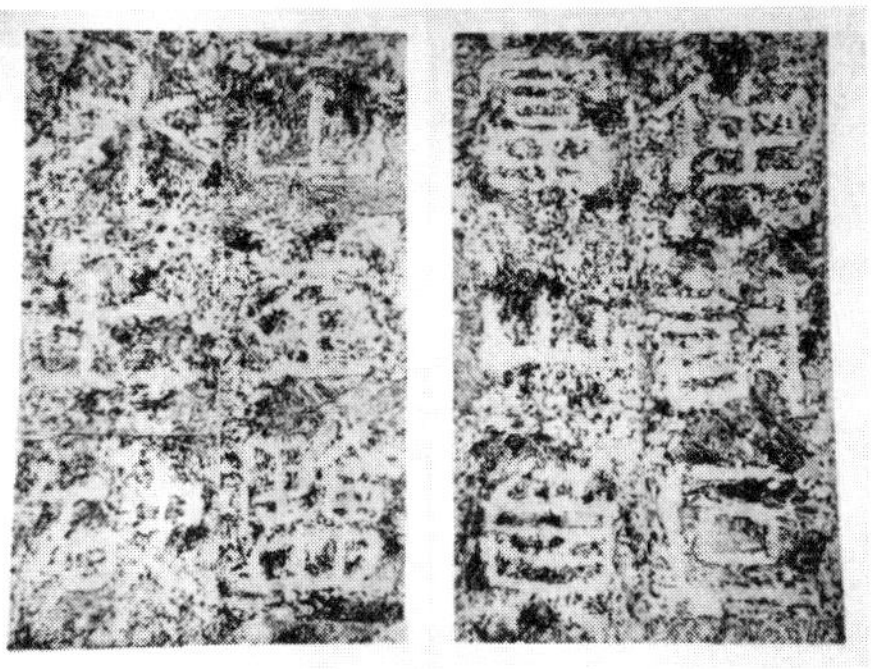

4	3	2	1
△	#	△	△
○	△	△	△
○	△	△	▲

4	3	2	1
△	△	⊠	△
△	△	⊠	△
▲	#	#	#

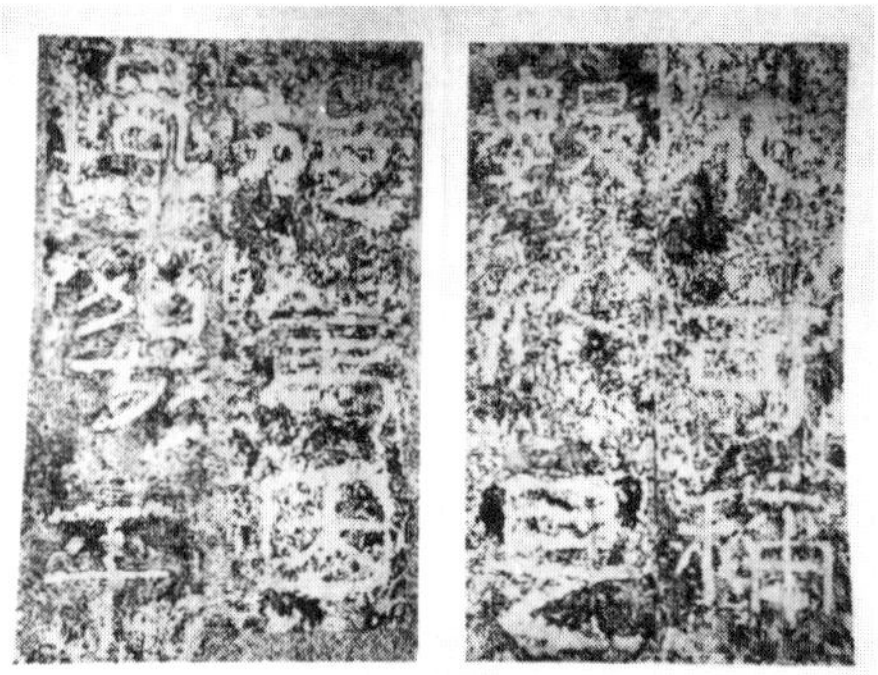

4	3	2	1
△	△	△	△
▲	○	△	△
#	○	#	#

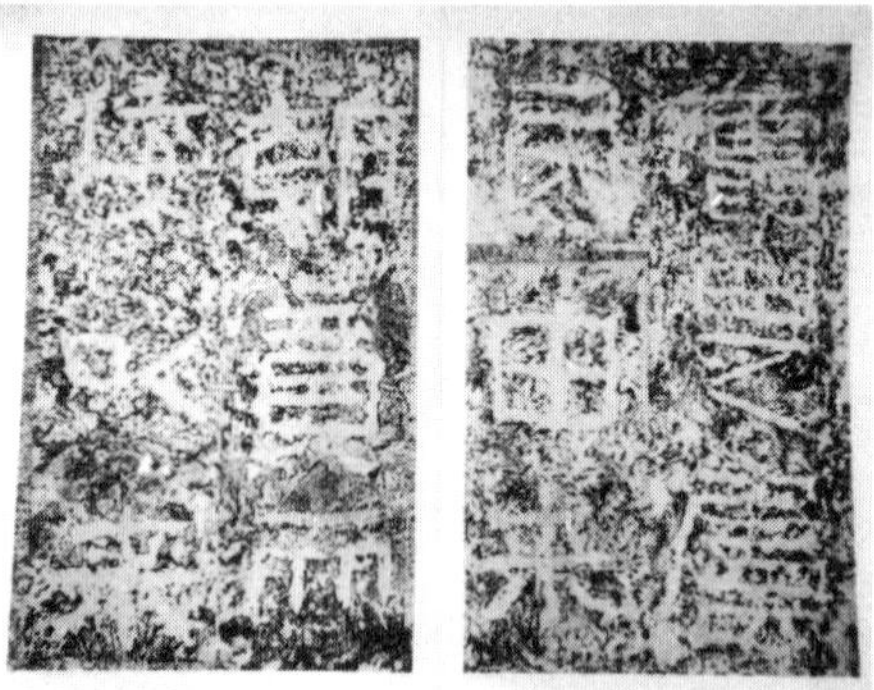

4	3	2	1
○	○	△	○
○	△	△	△
▲	△	△	○

4	3	2	1
○	○	○	#
△	#	#	○
△	#	△	○

4	3	2	1
△	△	△	△
△	○	○	△
#	△	△	△

4	3	2	1
⊠	△	△	○
⊠	△	#	△
△	⊠	○	○

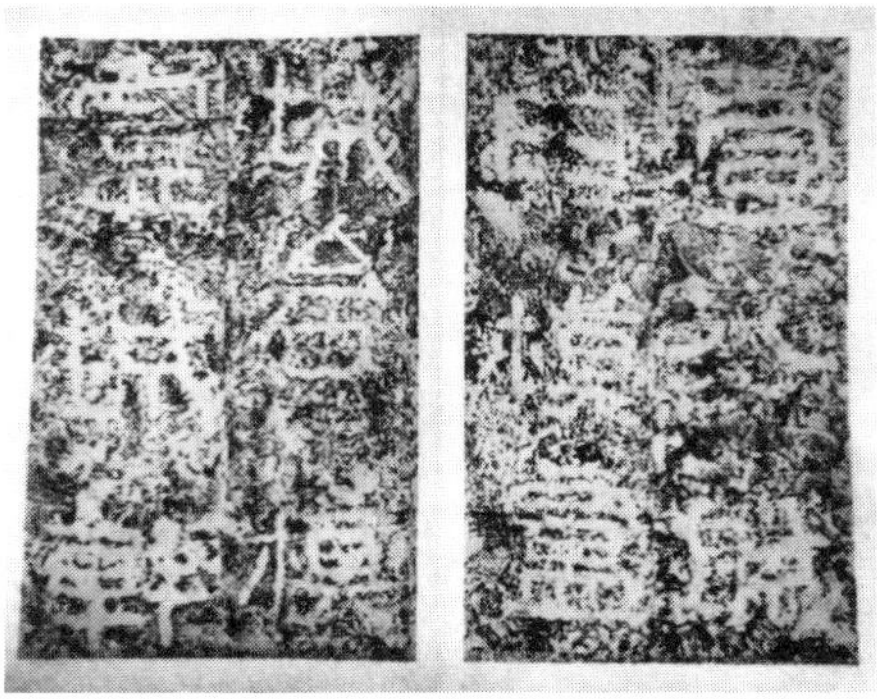

4	3	2	1
△	△	△	△
○	△	○	○
△	△	○	○

4	3	2	1
△	△	▲	#
○	⊠	#	△
△	⊠	△	△

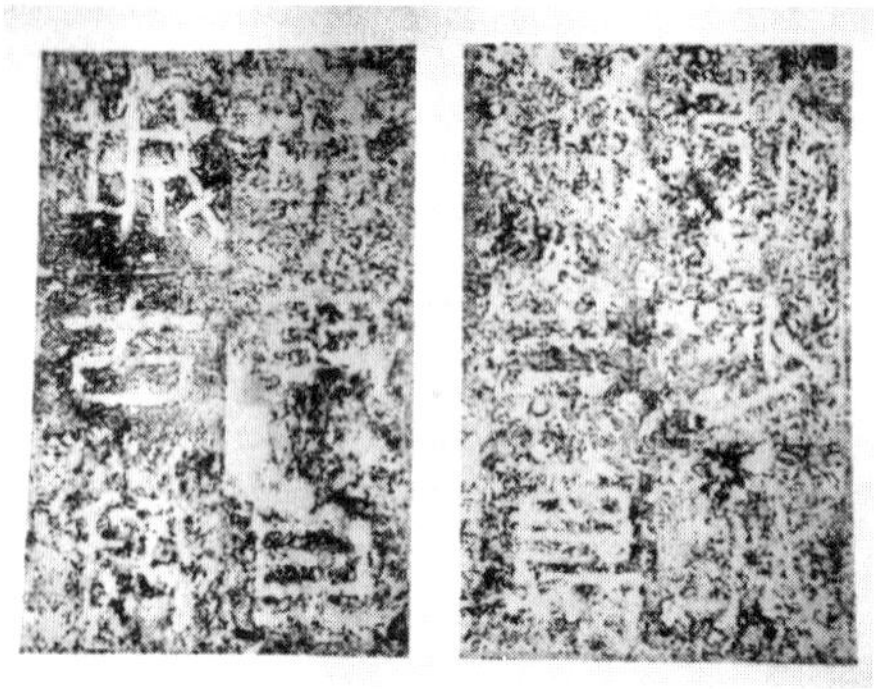

4	3	2	1
△	○	○	○
#	○	○	○
○	△	○	○

4	3	2	1
○	△	☒	△
#	○	☒	△
☒	△	△	☒

4	3	2	1
☒	△	△	△
☒	☒	○	#
☒	☒	△	○

4	3	2	1
△	○	○	○
△	△	○	☒
○	○	△	#

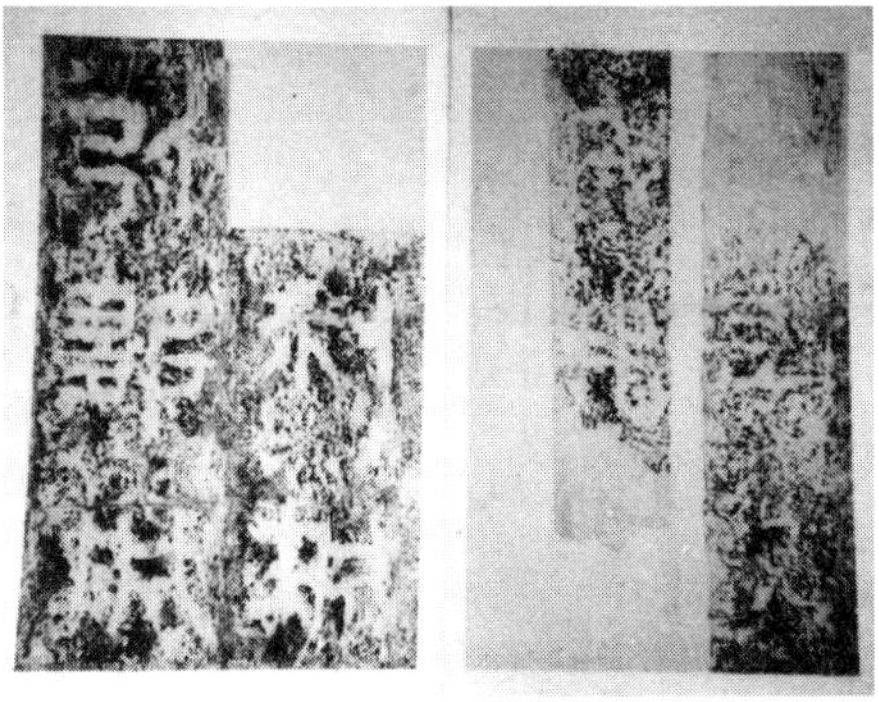

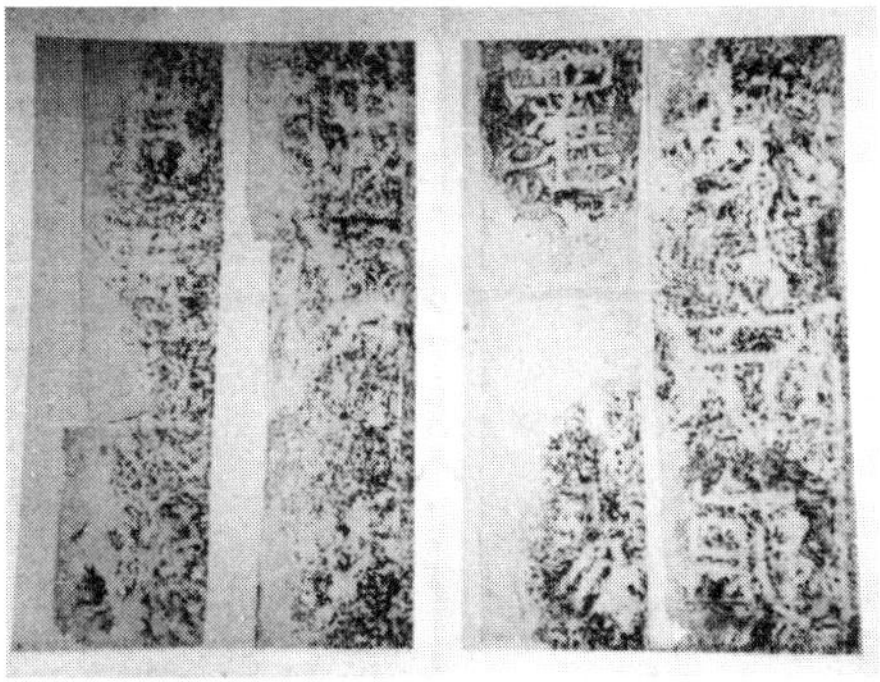

4	3	2	1
△	⊠	○	⊠
△	△	○	○
△	△	⊠	○

4	3	2	1
○	○	△	○
⊠	○	⊠	○
⊠	○	○	○

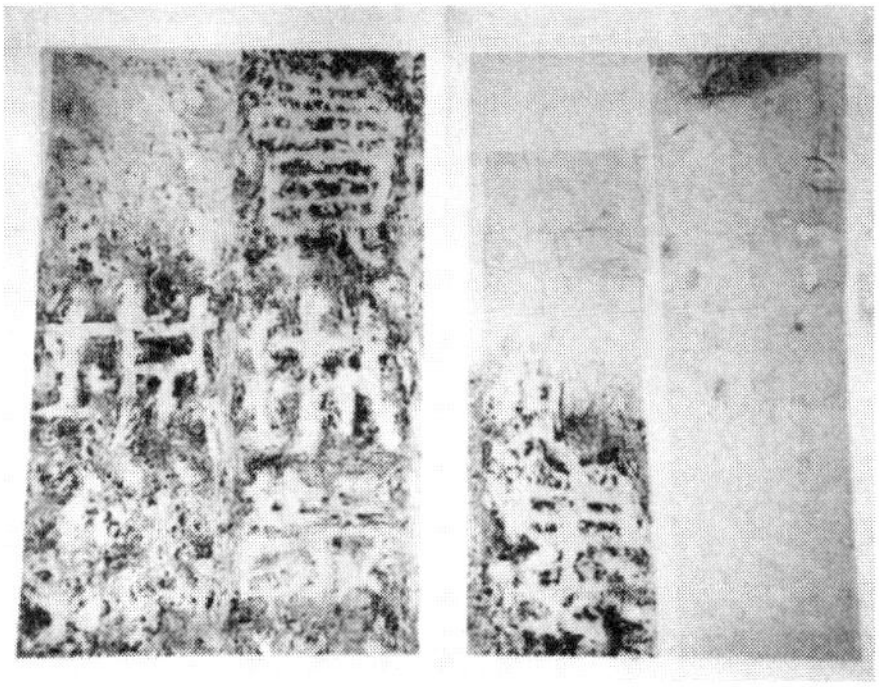

4	3	2	1
⊠	△	⊠	⊠
△	△	⊠	⊠
○	#	△	⊠

4	3	2	1
△	△	△	△
△	△	△	△
△	△	△	△

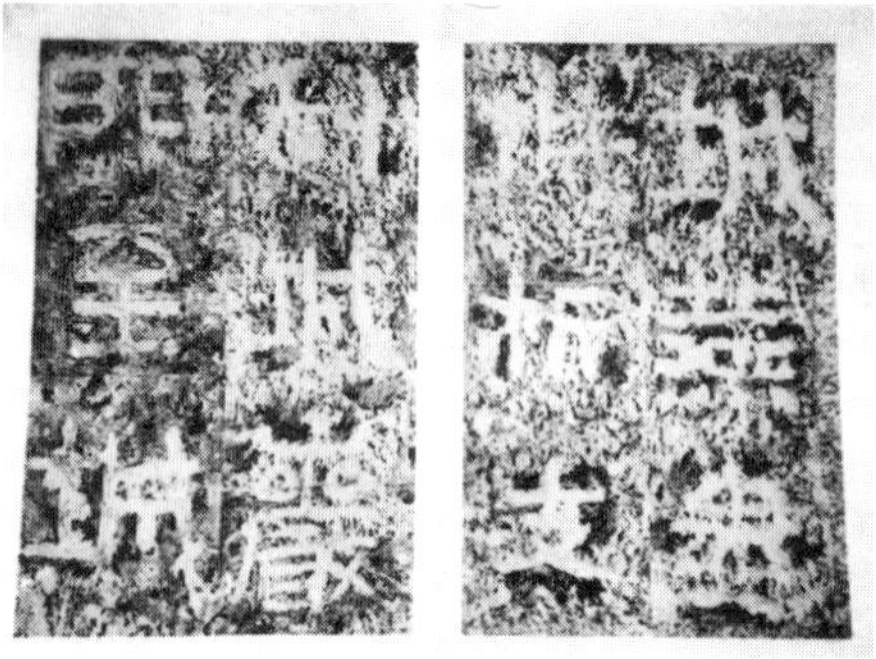

4	3	2	1
#	○	○	△
#	△	△	△
#	△	△	△

4	3	2	1
△	△	△	△
△	△	△	△
△	△	△	△

4	3	2	1
△	△	△	#
△	△	△	#
△	△	△	⊠

4	3	2	1
⊠	⊠	⊠	△
△	⊠	⊠	△
△	⊠	⊠	○

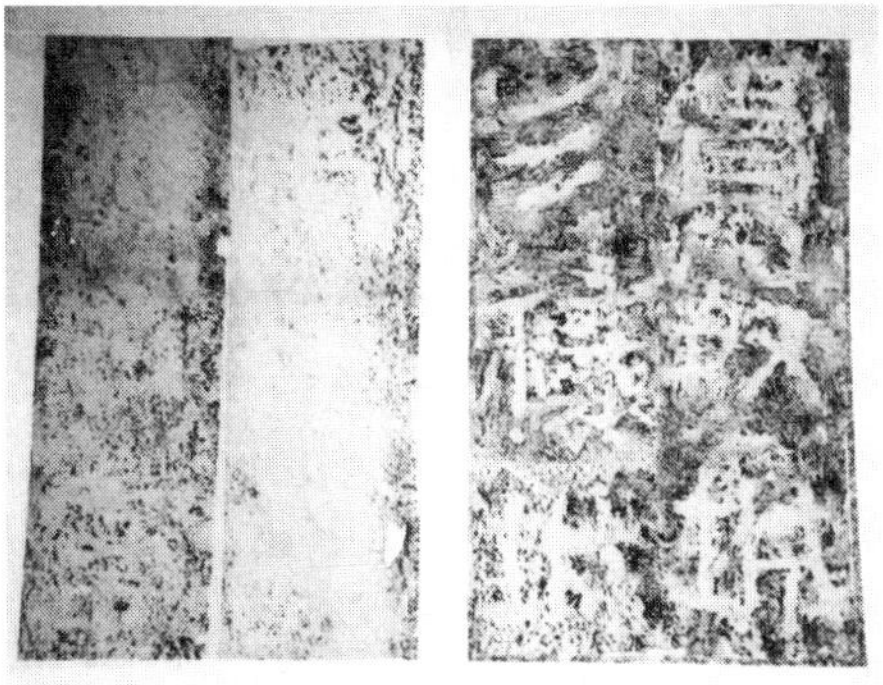

4	3	2	1
⊠	⊠	#	△
○	⊠	△	△
○	⊠	△	○

4	3	2	1
△	⊠	△	△
△	⊠	⊠	△
△	⊠	⊠	△

4	3	2	1
△	#	▲	▲
○	#	△	△
○	#	△	△

4	3	2	1
⊠	△	#	○
⊠	△	△	△
⊠	▲	△	#

4	3	2	1
△	△	△	#
▲	△	△	#
△	△	△	▲

4	3	2	1
#	▲	#	☒
#	#	#	#
#	#	△	#

4	3	2	1
○	△	△	△
○	△	○	△
#	△	△	○

4	3	2	1
△	#	○	#
△	#	△	#
△	△	#	△

4	3	2	1
○	△	△	△
△	△	△	#
△	△	○	☒

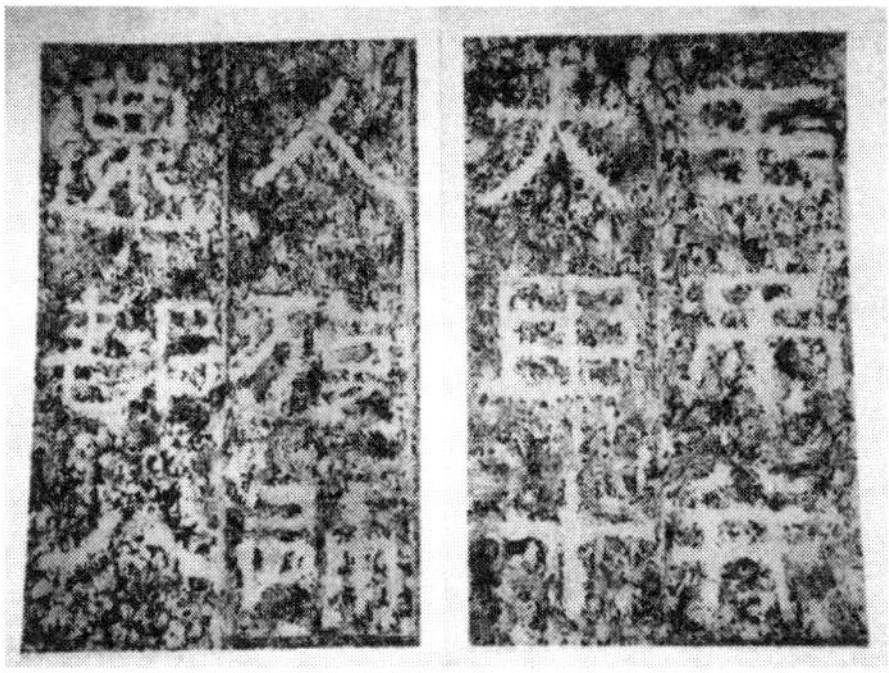

4	3	2	1
○	○	○	△
○	○	△	△
○	○	○	△

4	3	2	1
○	△	○	○
△	△	△	○
△	△	△	△

4	3	2	1
△	#	△	○
△	△	△	△
△	△	#	#

4	3	2	1
○	○	#	△
△	△	○	△
△	△	○	△

4	3	2	1
△	△	△	△
△	△	△	△
△	△	○	△

4	3	2	1
△	△	△	△
△	△	△	△
△	△	△	△

4	3	2	1
#	△	△	○
△	△	△	△
△	#	△	△

4	3	2	1
△	△	△	△
◎	△	#	▲
△	△	⊠	▲

4	3	2	1
○	○	△	△
○	○	△	△
○	○	△	△

4	3	2	1
△	△	△	△
△	△	△	△
△	△	△	△

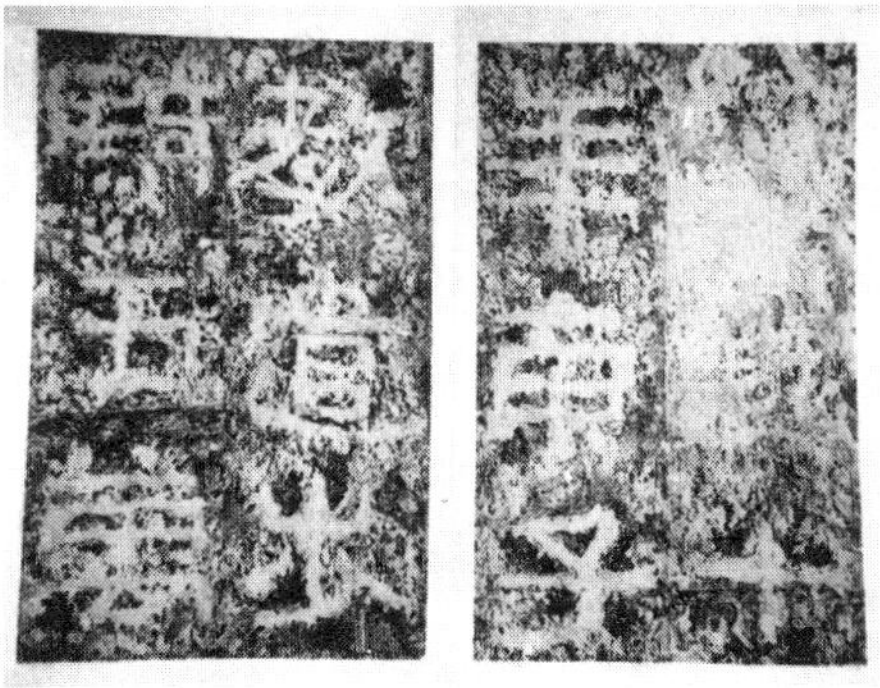

4	3	2	1
△	△	△	○
△	△	△	○
△	△	#	△

4	3	2	1
△	○	☒	☒
△	○	☒	☒
△	○	☒	☒

4	3	2	1
○	○	○	△
○	△	○	△
☒	△	◎	△

4	3	2	1
#	△	#	△
▲	△	#	△
▲	△	#	△

4	3	2	1
△	△	△	△
△	△	△	△
△	△	△	△

4	3	2	1
△	○	⊠	⊠
△	○	⊠	⊠
△	○	⊠	⊠

4	3	2	1
⊠	⊠	⊠	△
⊠	⊠	⊠	△
⊠	⊠	⊠	△

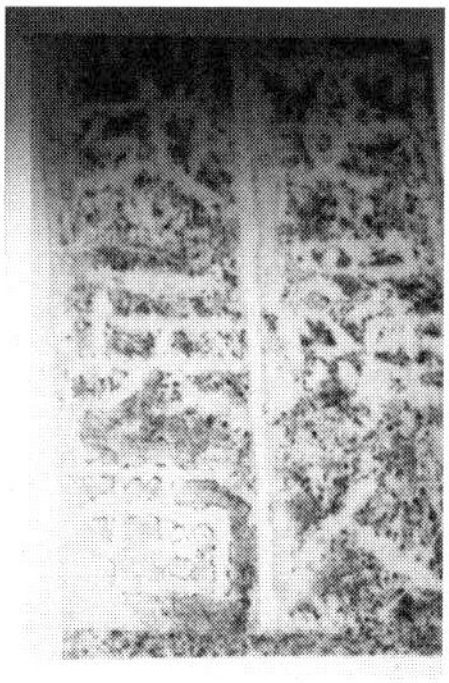

2	1
○	○
△	○
▲	○

第七章　好太王碑石灰拓本の編年

第一節　石灰拓本編年の各論と問題点

従来の好太王碑研究において、石灰拓本の編年は重視され、多くの成果と進展があった。好太王碑は発見以後、ある時期から石灰によって補修されている。その後、石灰が次第に剥落し原碑の文字は再び現れるようになった。そして、それぞれの時期の拓本が違った様相を呈するのは、碑石のこの変化過程によっている。この基本的事実について研究者の異論はない。しかし具体的な問題について、例えば、石灰補字の開始時期、回数、好太王碑文にもたらした影響、何故石灰を塗ったのかなどについては、研究者によって史料と拓本についての認識や理解が異なるので、一致した見解はまだ形成されていない。

異なる時期の好太王碑拓本の編年を初めて行ったのは水谷悌二郎氏の研究で、その後の研究者も独自の編年案を提起している。そのうち主なものを以下に紹介する。

水谷悌二郎の編年　一九五九年、水谷悌二郎氏はその研究成果を「好太王碑考」に発表した(1)。この本で、水谷氏は拓本の編年案を明確に提出しなかったが、各種の拓本（拓本図版も含む）についての論述によれば、研究資料とした好太王碑の拓本を三つの時期に分類したことがわかる。

第一期（一八八四年〜）双鉤廓填本製作期　この時期の拓本に属するのは酒匂本、潘祖蔭本、呉大澂本（一八八六年の陳士芸所贈本）等である。

第二期（一八八七年〜）原石拓本製作期　楊頤本、呉大澂本、水谷本（原本現存）等。

第三期（一八八九年〜）石灰拓本製作期　李雲従本、呉椒甫本（現存石印本）、羅振玉本（現存写真版）。

水谷編年の意義は、酒匂本などの双鉤廓填本は拓本ではないことを明確に指摘するとともに、初めて石灰補字以前の原石拓本、つまり水谷本を紹介したことである。水谷編年で後に問題とされたのは、李雲従が一八八九年に製作した拓本を石灰拓本と見なしたことである。水谷のこの判断はその後、李進熙氏による水谷本についての編年研究に影響を与えた。現在では、李雲従本は原石拓本製作時期の拓本であるということが一般的に認められている。

李進熙の編年　一九七二年以後、李進熙氏は多くの著作で拓本の編年問題を論じた(2)。まとめると、彼は好太王碑拓本の変遷を五つの時期に分けて、拓本変化の原因を戦前の日本陸軍参謀本部が碑石に対して行なったいわゆる「石灰塗付作戦」であるとした。この観点は以後の研究に大きな影響を与えた。李氏の多くの研究成果によって、編年の具体的な内容は調整されたが、各期の時間差があまりない。彼の編年案は以下のとおりである。

第一期（一八八二年〜）双鉤加墨本製作期（第一次石灰加工）　陳士芸本（即ち呉大澂本）、酒匂本、潘祖蔭本等を含む。

第二期（一八八七年〜）真正拓本製作期（石灰は全面的に塗りつけられていない）　楊頤本、小松宮本（三宅米吉釈文のみが現存）、李雲従本などを含む。

第三期（一八九九年〜）石灰拓本製作期（第二次加工が行われ、碑面は全面的に塗りつけられた。所謂「石灰塗付作戦」を実施した）　内藤湖南本、楊守敬本（縮小写真版現存）等を含む。

第四期（三期直後～）（第三次石灰加工を行った）、呉椒甫本（石印本現存）、シャバンヌ本（縮小写真版現存）を含む。
第五期（四期直後～）石灰剥落開始期　水谷本、金子鴎亭本（現存）を含む。

李氏の拓本編年は、彼の学説の基礎となっている。彼はその研究において、今西龍、黒板勝美と水谷悌二郎に次いで、再び碑文の真実性という問題を厳しく追究した。この研究は、戦前の研究成果を無批判に継承していた日本の学界に大きなショックを与えた。

李氏の編年研究の成果は、初期拓本と写真を比較して、好太王碑に石灰が幾度も塗られていたことを発見したことである。これは水谷悌二郎の研究から一歩前進した。しかし、彼が石灰補字を参謀本部の酒匂景信による改ざんであると解釈した点は、多くの支持を得ていない。彼は好太王碑が三度にわたって改ざんされたと考えた。第一次は一八八三年で（筆者は新しく発見した潘祖蔭旧蔵本の調査によって、この改ざんが存在しなかったことを明らかにした）、第二次は一九〇〇年前後、第三次は第二次の直後である。彼は、後の二度の改ざんも参謀本部の命令で実施されたと考えた。そのうえ、彼は碑石の石灰が剥落し始めた後、もともとの碑字が再び現れるようになったということを指摘した。

氏の拓本編年研究のもう一つの成果は、拓本と初期写真の比較研究によって、内藤湖南本が碑石を全面的に塗った後、最初に拓出された石灰拓本だということを指摘したことである。彼による内藤本・楊守敬本・呉椒甫本・シャバンヌ本の相対年代（拓出時期の前後関係）についての判断は信頼できる。

李氏の拓本編年の欠点は、碑文が歴史上幾度か石灰で補修されたこと（この点は非常に重要である）を発見したが、この行為について拡大解釈を行い、石灰補字の原因を戦前の参謀本部による計画的な改ざんと見なしたことである。この結論を提起したとき、彼は誰もが納得するような根拠を提示せず、状況証拠によったのである。これらの状況証拠について、李氏は多くの論文で詳しく述べている。まとめると、彼の「改ざん説」を説明した主な状況証拠は以下のとおりである。

(1)戦前の陸軍参謀本部の隠密探偵である酒匂景信に関する経歴と活動状況。(2)碑石発見から日清戦争前後までの日本軍人による中国国内での活動。(3)戦前日本軍部が制定した中国と朝鮮半島の歴史遺産を略奪する政策。

中塚明氏、(3) 佐伯有清氏、(4) 李進熙氏、永井哲雄氏(5)らが行った上述の問題についての研究により、戦前の日本軍国主義の侵略政策に関する認識は大いに深められ、好太王碑研究も、戦後の日本古代史研究における皇国史観を実証研究の立場から批判する数少ない実例となっている。この意義から言えば、李氏らによる上述した三つの面の研究成果は十分に評価されるべきである。しかし筆者は、李氏が提出した状況証拠は改ざん問題の可能性を示したに過ぎず、碑文が意図的に改ざんされたということの証拠にはならないと考える。学術的な視点からいえば、現在に至るまで、意図的改ざんという事実を直接的に証明する証拠はまだない。李氏の学説は、後に大きな影響をもたらし、様々な「改ざん説」の出現を招いた。

そのほか、氏は原石拓本の存在を否定し、水谷拓本を原石拓本ではなく、一九三〇年代以後の石灰剥落時期の拓本と考えている。ただし原石拓本の相次ぐ発見によって、現在の研究状況では水谷拓本は石灰剥落期の拓本ではなく、石灰補字以前の拓本、即ち原石拓本ということを証明できる。

最後に、氏の編年研究は三宅米吉が小松宮拓本を使って行なった釈文を重んじすぎた。三宅米吉の釈文はしっかりしたものであるが、拓本実物や写真と異なっており、三宅本人の主観的な判断が含まれている。このような主観的な判断を含んだ釈文が、そのまま小松宮拓本の様相を伝えているかどうかは証明する必要がある。したがって三宅釈文は編年の参考になるだけで、拓本編年の客観的な証拠にはならない。

王健群の編年　一九八四年、中国の王健群氏は『好太王碑研究』で、独自の拓本編年を提起した。(6) 彼は拓本の変遷を五期に分ける。
第1期　光緒初年から光緒十三年、双鉤加墨本流行時期。
第2期　光緒十三年（一八八七）ごろから光緒十五年（一八八九）、双鉤本と正式拓本並行時期。
第3期　光緒十五年ごろから光緒二十八年（一九〇二）ごろの、正式拓本流行時期（誤拓を含む）。
第4期　光緒二十八年から一九三七年ごろの、石灰塗布後の拓本流行時期。
第5期　一九六三年から始まる、石灰剥落後の拓本製作時期。

王氏が提起した編年案は、主に清末の金石学文献に基づいており、拓本そのものによっていない。このため拓本流伝の状況をより多く反映しながら、拓本製作年代の区分になっていなかった。一九八八年、王氏はこの編年を修正し、さらに精緻で具体的な編年案を提起した(7)。彼の二つ目の編年案は以下のとおりである。


第1期（一八七五〜八二年ごろ）双鉤加墨本製作時期。この時期に属するのは李大龍双鉤本、潘祖蔭所蔵初期墨本。

第2期（一八八二〜一九〇〇年ごろ）双鉤本と正式拓本並行時期。双鉤本は一八八九年ごろになくなる。この時期に属するのは李眉生（鴻裔）双鉤本、酒匂景信双鉤本、亓丹山拓本、談広慶拓本、李雲従（大龍）拓本、台湾中研院拓本、水谷悌二郎拓本、小松宮拓本。

第3期（一九〇〇〜〇二年ごろ）碑字の間に石灰を塗った時期。この時期に属する拓本は九州大学本、東京大学東洋文化研究所本、京都大学人文科学研究所本、上田正昭本。

第4期（一九〇二〜三七年ごろ）石灰補字の後、拓本を製作した時期。この時期に属する拓本は楊守敬本、朝鮮総督府本、シャバンヌ本、内藤湖南本。

第5期（一九六三年以後）石灰剥落以後の採拓時期。この時期に属する拓本は張明善本、周雲台本、林世香・周栄順本。

王氏は中国の学者で最初に好太王碑の拓本編年を詳細に研究した。彼の編年の区分はさらに具体的である。王氏の貢献は、石灰補字年代の下限が一九三七年であることを指摘したことである。これは初均徳が拓碑を止め集安から離れる前年である。この年次は、彼が方起東氏と一緒に集安などの地方で拓碑人初天富、初均徳父子の活動を共同調査したとき得たものである。しかし、王氏の編年には多くの誤りがある。例えば、第1期の二種類の拓本（李大龍双鉤本、潘祖蔭が一八八二年以前に所蔵した初期墨本）は現実には存在しなかった。この二本についての判断は、清末金石文献に関する誤解から生じている。そのほか、第3期拓本は実際にはもっと遅い時期に製作されたものである。王氏はその研究で日本の九州大学蔵本の編年問題に幾度か触れ、その碑字が原碑文に最も似ていて、石灰補字の初期に製作された拓本であると指摘した。しかし、彼のこの判断は正確ではない[8]。各時期の拓本を比較してみると、九州大学本は石灰補字初期の拓本ではなく、一九二〇年代中後期の拓本であるということが証明できる。

武田幸男の編年

武田幸男氏は二度にわたって、好太王碑の拓本について詳細な編年を行なった。一九八八年に出版された『広開土王碑原石拓本集成』で、彼は拓本の変遷を三つの時期に分類する[9]。

第1期（一八八一年〜）　この時期は原石拓本を参照見本として、墨水廓填本を製作した時期である。この時期に製作された拓本は酒匂本、大東急記念文庫本、李鴻裔本、潘祖蔭本等である。

第2期（一八八七年〜）　この時期は意識的に原石拓本を製作した時期である。この時期に製作された拓本は台湾傅斯年乙本、韓国『書通』創刊号付録本（以下『書通』本）、水谷悌二郎拓本、台湾傅斯年甲本、日本金子鴎亭本、韓国任昌淳本である。武田氏は小松宮旧蔵本（一八九四〜九五年に入手）と堀正雄旧蔵本も、この時期の原石拓本と見なす。現在この二種類の拓本の所在は不明である。

第3期（一八九〇年代初期〜）　石灰拓本を専門に製作する時期。この時期の拓本に属するのは内藤湖南本、シャバンヌ本、中野政一本、九州大学図書館本、足立幸一本などである。

武田氏は上述の三つの時期の拓本を三種類の類型、墨水廓填本（A型）、原石拓本（B型）と石灰拓本（C型）に分けている。武田氏の編年で非常に注目されるのは、「着墨パターン法」と言われる創造的な拓本分類と編年方法を用いたことである。これについては、後の一節で詳しく説明する。氏はこの分類編年法を用いて、さらにB型の原石拓本を三種類に分ける。すなわちB1型（傅斯年乙本）、B2型（『書通』本）、B3型（水谷本、傅斯年甲本、金子鴎亭本、任昌淳本）である。また石灰拓本を三種類に分ける。すなわちC1型、C2型（九州大学図書館本）とC3型（足立幸一本）である。そして、C1型をさらに三つの下級類型に分ける。すなわちC1—1型（内藤湖南本）、C1—2型（シャバンヌ本）とC1—4型（中野政一本）である。このようにして、武田氏は事実上石灰拓本を五種類に分類している。

最近、武田氏は近年に発見された新しい拓本に基づいて、上述の編年を修正した[10]。新しい分類と編年は以下のとおりである。

A型拓本

A1型　製作年代は一八八〇年〜。不完整拓本（部分拓本）で、例えば関月山手拓本である。この拓本の実物は伝来しているのかまだ不明である。

A2型　製作年代はA1型の後年〜。現存する第一群の完整原石拓本である。台湾傅斯年図書館乙種本、北京王少箴旧蔵本、北京図書館（現中国国家図書館）蔵本を含む。

A3型　製作年代はA2型の後〜。現存する第二群の完整原石拓本である。『書通』本、北京大学図書館蔵A本を含む。

Ａ4型　製作年代は一八八九年。現存する第三群の完整原石拓本である。水谷悌二郎本、金子鴎亭旧蔵本、韓国任昌淳旧蔵本、台湾傅斯年図書館甲種本、北京大学図書館蔵Ｂ本、北京大学図書館蔵Ｃ本、北京大学図書館蔵Ｄ本を含む。

Ｂ型拓本　墨水廓填本。製作年代は一八八一年〜一八九〇年の間である。酒匂景信本。

Ｃ型拓本

Ｃ1―1型　製作年代は一八九五年前後である。呉椒甫本、楊守敬本。

Ｃ1―2型　製作年代は一九〇三年前後である。天理大学乙本（一九〇五年製作）、シャバンヌ本（約一九〇三〜一九〇四年製作）、三井家聴氷閣蔵本（一九一二年刊）、天理大学甲本（今西龍一九一三年本）、ソウル大学奎章閣蔵本（朝鮮総督府本、一九一三年）。

Ｃ1―3型　製作年代は一九一二年前後である。中野政一本（一九一二年入手）。

Ｃ2―1型、製作年代はＣ1―3型の後から。

Ｃ2―2型、製作年代はＣ2―1型の後から。

Ｃ2―3型　製作年代はおよそ一九二五年前後である。九州大学図書館本（一九二七年前後）、東京目黒区本（一九二六〜三一年入手）。

Ｃ3型　製作年代は一九三五〜三八年ごろである。大阪市立博物館本（一九三七年入手）、日本足立幸一本（一九三一〜三七年入手）。

Ｃ4―1型、製作年代は一九六三年。張明善拓本。

Ｃ4―2型　製作年代は一九八〇年。周雲台本。

D型墨本　双鉤本、楊守敬双鉤本（一九〇九年）。
E型墨本　臨写本、東京国立博物館蔵本（岸田吟香旧蔵、一八八六年）、台湾中央図書館蔵本（即ち台湾国家図書館乙本）。
F型墨本　模刻本、日本高麗神社蔵本（一九三〇年代後期）。

武田氏による二度の好太王碑拓本編年を比較すると、新しい編年案には以前の編年と比べて、二つの明らかな相違点がある。一つは最初の編年のA・B両型拓本の編年位置を入れ替えたことである。すなわちA型の原石拓本は碑石が発見された直後に出現し、B型の墨水廓塡本は原石拓本を参考にして製作されたのである。もう一つは第二回の編年の類型区分はより精緻だということである。例えば、彼はA型原石拓本をさらに四種類に、C型の拓本を八種類に分けた。これらの変化は編年者の観点の調整と研究の進展を表している。巨視的には、武田氏が好太王碑の各時期の墨本をA・B・Cの三種類に分けたことへの異論はない。しかし、彼の編年のうち個別拓本の性質と位置排列については、さらに議論の余地がある。例えば、第一回の編年の中で、武田氏は大東急記念文庫本を酒匂本と同期の墨水廓塡本と見なしたが、筆者は大東急記念文庫本の製作年代はより遅いと考える。この本が参考にした拓本と釈文は呉椒甫本以後の拓本と釈文だからである。また、武田氏は呉椒甫本と楊守敬本をC1―1型拓本と見なしたが、この二種類の拓本は同一類型に属していない。さらに、第一回の編年で、武田は内藤本をC1―1型拓本に帰したが、第二回の編年で、内藤本を取り扱わなかった。この原因はよく分からない。最後に、武田氏は高明士氏が発表した台湾国図乙本を臨写本と見なしたが、筆者の見解では、この拓本の性質は模刻本である。

白崎昭一郎の編年　白崎昭一郎氏の編年は一九九三年に発表された(11)。彼は拓本の変化を三つの時期に分ける。

一期　石灰加工以前（一八九九年以前）
（酒匂本）、水谷拓本、台湾中研院拓本、金子鴎亭本

二期　石灰加工盛行期（一九〇〇～一九二〇）
上田正昭本、楊守敬本、内藤湖南本、シャバンヌ本、今西龍本、ソウル大学本、天理大大学本、朝鮮総督府本

三期　石灰剥落期（一九二一年～）
読売テレビ放送本、東洋文化研究所本、九州大学本、京都大学人文科学研究所本、日本書学院本。

白崎氏の編年には簡単明瞭な特徴がある。この編年案の主な問題として二点があげられる。第一に白崎氏は上田正昭本が最初の石灰拓本で、内藤本と楊守敬本以前のものと見なしていることである。彼はまた内藤本と楊守敬本が遠く離れていて、上田正昭本が一九〇二年以前の楊守敬本にもっと接近していると考えている。私見によればこれらの観点は正しくない。本章で後述する碑字の比較から証明できるのは、内藤本と楊守敬本の碑字特徴が最も似ている一方、上田正昭本の特徴はシャバンヌ本、台湾傅斯年丙本、朝鮮総督府本と同類型の石灰拓本、ということである。第二に、白崎氏は第三期を「石灰剥落期」と呼び、李進熙氏の呼び方と同様である。読売テレビ放送本から目黒区本までの拓本を「石灰剥落期」拓本と総括したのは正しくない。石灰剥落期とは石灰による碑面の補修が終わり、碑面の石灰が自然に剥落し始めた時期である。一九二〇年代の拓本（例えば九州大学本、目黒区拓本等）の観察によれば、この時期に、拓工は碑字の補修を停止したが、碑字周囲の碑面と第二面の巨大な亀裂の補修は依然として行なっていたことが分かる。このような補修方法はおよそ一九一八年前後に始まっていた。これは一九一八年の黒板勝美の写真から明らかである。したがって、この時期を石灰剥落期と呼ぶのは正しくない。王健群氏が拓工初均徳による拓碑停止後（一九三八年以後）を石灰剥落期の開始とするのは、白崎氏の観点よりもっと合理的である。

朴真奭の編年

二〇〇一年、中国の朴真奭氏は『好太王碑拓本研究』を発表した。[12] 彼は、北京図書館蔵本（即ち中

国国家図書館蔵本）は一八八〇年から八二年の間に製作された可能性が高く、北京大学A本の採拓年代は一八八四〜八五年から一八八九年以前のある時期である、と指摘した。同時に一つの石灰拓本の編年を提起し、石灰拓本の変遷を三つの時期に分ける。

第一時期（一八九〇〜一九一〇年）初期石灰拓本時期。呉椒甫本、内藤湖南本、楊守敬本、シャバンヌ本、東京大学文学部考古陳列室蔵本等。

第二時期（一九一〇〜一九三〇年代中期）石灰剥落進行時期。朴氏は更にこの時期を二つに分ける。すなわち一九一〇年代を第1期、一九二〇年代後半期から一九三〇年代中期を第2期とする。前者には日本天理大学図書館本（天理大学乙本）、朝鮮古跡図譜所載拓本、朝鮮総督府本、韓国中央図書館蔵本、ソウル大学図書館奎章閣本等があり、後者には東京大学東洋文化研究所本、九州大学本、集安博物館蔵呂耀東本、内藤確介本（東京目黒区教育委員会蔵本）等がある。

第三時期（一九六〇年代以後〜現在）石灰の影響を脱した時期。この時期に製作された拓本は張明善本、周雲台本である。

朴氏による石灰拓本編年で注意すべきは、第二期の石灰拓本を更に前後二期に分けたことである。この区分は武田幸男氏の石灰拓本編年のC1―2型からC3型までの拓本と対応する。この区分は正しい。しかし、朴氏はこの区分の理由について、この両期拓本には石灰剥落の程度の差があると解釈した。後述するように、碑字の字形特徴を比較すると、これら二期の拓本の間には石灰補修が一度行われている。この補修のために差異が現れるのである。氏は呉椒甫本の小宋「誌」の内容の研究をとおして、呉椒甫本の拓出年代は一八九〇年代初期であると判断した。筆者の結論もこれに近い。しかし、内藤湖南本・楊守敬本の年代を呉椒甫本の後にする見解には賛成できない。前章の天津文運堂本についての考察に基づいて、呉椒甫本の編年順序は文運堂本、内藤湖南本、楊守敬本の後であると考える。

耿鉄華の編年

耿鉄華氏は新著『好太王碑一千五百八十年祭』[13]で、現存三一種類の拓本を詳しく紹介し、編年を行っている。耿氏の編年表は、幾つかの点で従来の編年と異なっている。例えば、台湾中図B本（台湾国図乙本）を一八八〇年拓本、水谷拓本・北京大学B本・北京大学C本を一八八七年以後の原石拓本、即ち談広慶が製作した拓本、王少箴本・北京図書館本（現中国国家図書館蔵本）・台湾傅斯年乙本・水谷旧蔵剪装本（水谷精拓本）を一八九四年拓本、内藤湖南本を一九〇七年拓本、天理大学本（天理大学乙本、即ち辻元謙之助旧蔵本）と上田正昭本を一九二〇年本と見なす。筆者はこれらの拓本編年はすべて再考証する必要があると考える。指摘すべき点は、編年を行なう過程で耿氏は自己の編年方法をあまり説明していないので、編年の根拠と理由が十分に周知されていないことである。

上述した学者は編年案を提起するに際し、自己の案について詳論しているので、卓見も少なくない。従来の拓本編年、特に石灰拓本の編年において、多くの研究は主に二つの方面から行なわれた。一つは金石学の記録を利用する編年、もう一つは碑字の比較による編年である。現状からいえば、この二方面からの研究は大きな進展をみたが、克服すべき問題もまだ存在している。

まず、従来の好太王碑研究者が頻繁に利用した金石学の記載には、正しいものもあれば、間違ったものもある。したがって、きちんと識別してから編年分析の基準にしなければならない。例えば、羅振玉・張延厚・劉承幹・蔡佑年・姚華の記述には正確なものもあれば、誤記もある。したがって、各種の金石学の文献を無視してはならないが、全て信じるのもよくない。さらに関連のある文献と事実を探求して、金石文献に対する具体的な分析と検証を行うべきである。

次に、多くの研究者（例えば李進熙、白崎昭一郎、王健群、朴真奭等諸氏）は碑字の比較によって編年を行っている。しかし、碑字の比較という方法を採用する際、個別碑字の相似と相違を見るだけでなく、石灰補字の各時期における石灰拓本全体の変化にも注意しなければならない。全体の変化を把握する枠組みの中に碑字の比較を位置づけることによって、初めて事実と符合した結論が得られるのである。

最後に、ただ金石学関係の記録による拓本編年の方法と比較すると、碑字比較の方法は進歩であるといえる。しかし、この比較の方法にも問題がある。碑字比較の基準を設定するとき、研究者の主観的な判断が含まれやすいからである。例えば、碑文第一面3行41字は「黄」であるか、それとも「履」であるか。第二面10行28字は「新」であるか、それとも「満」であるか。これらの比較と判断は一つの釈文問題で、完全な編年の基準にはならない。これは同様の碑字比較方法を利用したにもかかわらず、結論が同一にならないことの主な原因である。したがって、従来の碑字比較方法は修正する必要があり、さらに客観的な比較方法と比較基準を探さなければならない。

第二節　石灰拓本編年の方法——武田幸男の「着墨パターン法」

拓本の絶対年代と相対年代

現在知られている好太王碑拓本の拓出年代には、絶対年代と相対年代の二種類がある。拓本の絶対年代とは、拓本に関する記録からわかる拓本の具体的な製作時期である。拓本の相対年代とは、記録の欠落により具体的な製作時期がわからないが、ほかの記録のある拓本の様相をふまえておおまかに推測した年代である。この他にもう一つの状況がある。すなわち収蔵と著録と出版の年代によって、拓本の製作時期の下限が判断できるというものである。この状況では、いつ製作されたかは不明であるが、製作の時期がある時点より早いということがわかる。好太王碑拓本の年代は、以上の三つの状況を含んでいる。

好太王碑拓本には、極めて少ないが絶対年代の判断が可能なものがある。例えば、張明善拓本と周雲台拓本は絶対年代のある拓本に属する。明確な記録によると、二種類の拓本はそれぞれ一九六三年と一九八一年に作られている。北京大学A本と韓国任昌淳本も絶対年代のある拓本である。金石学文献と拓本の跋文によって、この二種類の拓本は一八八九年に北京の拓工李雲従が作った拓本であるということがわかる。王少箴旧蔵本と楊守敬本はただ製作年代の下限がわかる拓本である。前者は姚華の跋文によって、製作年代が一九一七年より古いことがわかる。後者は楊守敬の記録によって、一九〇二年より古いことがわかる。しかし、この二つの年次はどちらも具体的な製作年代ではない。

現存の好太王碑拓本では、多くの拓本には一切記録が残っていないので、相対年代を推測することも非常に難しい。そこで研究者はある基準を設定して、編年を行おうとした。例えば、各種の拓本の碑字の変化を利用して前後順序を判断する。これは金石学で最も普通に使用される方法である。しかし、この方法を好太王碑拓本の編年に用いた場合は、具体的な操作方法が不適切であったので、明らかな効果はなかった。

水谷悌二郎と李進熙の拓本編年研究　最初に碑字の変化を利用して、拓本の分類を行ったのは日本の水谷悌二郎氏である。(14) 水谷氏は拓本研究で、主に八種類の拓本を利用した。すなわち、(1)呉椒甫本（上海有正書局刊本）、(2)羅振玉本、(3)三井家聴氷閣蔵本、(4)朝鮮総督府本、(5)黒板勝美『国史の研究』所載本、(6)水谷旧蔵精拓本、(7)楊守敬本、(8)水谷蔵原石拓整本である。同時に水谷氏は酒匂本（水谷氏はこの本を「双鈎廓填本」と呼ぶ）と上述した拓本との比較を行っている。観察にあたって、氏は諸本の碑字の全てが同じではないということを発見した。具体的には、第一面2行14字の「臨」、第一面3行5字の「然」、第一面8行31字の「獵」、第一面2行33字の「我」、第一面9行13字の「□」（海）、第二面10行28字の「滿」、第三面2行28字の「境」、第二面4行13字の「□」（「出」字）、第二面6行10字の「□」（「新」）である。これら九つの碑字の比較により、氏は拓本(1)、(2)、(3)、即ち呉椒甫本、羅振玉本、三井家聴氷閣蔵本の三つは字形が似ていて、同類型の拓本に属すると考えている。これらの拓本は石灰補字が完成した後製作されたものである。氏はまた私蔵の第⑻種の拓本（水谷拓本）は上述の⑴、⑵、⑶本との差異が最も大きく、原碑の様相に最も近い拓本と考えている。⑷朝鮮総督府本、⑸黒板勝美『国史の研究』所載本と⑹水谷旧蔵精拓本については、石灰補字が実施される過程で製作された拓本と見なしている。第⑺種の楊守敬本については酒匂本の碑字を参照して旧拓本に填墨したものと考えている。

氏の研究の最大の成果は、碑字比較という方法により、私蔵の拓本（第八種）が原碑に最も近い原石拓本である、ということを発見し論証したことである。しかし、彼の理解した原石拓本の製作年代は現在の研究者の認識とは全く違っている。簡単に言うと、氏は水谷拓本の製作年代は石灰補字行為が発生した後、即ち碑面の石灰が完全に剥落したあと製作されたものとしたが、現在の研究者は一般的に水谷拓本を含んだ原石拓本は、石灰補字の前に製作されたと考えている。そのほか、水谷氏は拓本観察により石灰補字の現象を分析して、呉椒甫本・羅振玉本・三井家聴氷閣蔵本の三種類が補字完成時期の拓本であることを認定した。これも氏の研究の重要な成果である。しかし、水谷氏の研究も非の打ち所がないわけではない。拓本編年の立場から見ると、氏は明確な比較基準を設定しておらず、また当時比較研究に用いることができた原石拓本も水谷拓本一種（その上水谷拓本には拓本製作年代に関する記録は一切ない）しかないので、氏は全研究において、一八九〇年代以前に製作された原石拓本と一九二〇年代以後（碑字上の石灰が次第に剥落した後）に製作された拓本を区別していない。第⑷～⑻種の拓本の編年に際し、氏は大きな困惑と混乱に陥った。彼は朝鮮総督府本、黒板勝美『国史の研究』所載本と水谷旧蔵精拓本の部分碑字と原石拓本の相似性を観察したが、この相似性が生じた原因を解釈できなかった。「好太王碑考」の附篇「好太王碑字の変相」[15]で、水谷氏は焚碑行為を利用して、石灰全面補修時期の拓本と石灰剥落時期の拓本の差異を解釈しようとした。彼は張延厚跋語の「寅卯間、

水谷拓本（左）と書学院本（右）の第二面上半部空白の比較

碑下截焜於火」を民国三〜四年（一九一四〜一五年、日本の大正時代中期）に発生した事件と解釈した。[16]彼は朝鮮総督府本を火前本、一九二八年前後に製作された鄭孝胥本を火後本と呼ぶ。[17]これらの見解は水谷氏の拓本編年研究における誤った判断を反映している。

李進煕氏の研究は水谷氏の研究成果を積極的に取り入れている。しかし、李氏は水谷編年に対する十分な批判を行わなかった。これは李氏がその編年に誤りを生じた重要な原因のひとつである。水谷氏の影響を受けて、李氏は水谷拓本を一九三〇年代の拓本と見なした。氏の編年研究では、ただ簡単に水谷拓本を一九三五年に池内宏氏が撮影した第一面の部分写真と比較して、この結論を出している。実際に、水谷拓本を一九三〇年代中ごろに製作された書学院本と比較すれば、この二種類の拓本はかなり違っていることが容易にわかる（上図参照）。例えば、水谷拓本の第二面の右下方から左上方までの巨大な亀裂は８行に跨っており、着墨していなくて、空白になっている。一方、書学院本第二面の亀裂は石灰で補修され、平らに埋められた上に、第二面４行13字の「出」と第二面６行10字の「新」の二つ

（図一）李進熙の碑字比較表。同『広開土王陵碑の研究』吉川弘文館、1972年、第162頁参照。

	酒匂雙鉤本	鄭文焯釈文	張鳳臺釈文	小松宮拓本	栄禧碑文	羅振玉釈文	内藤拓本	楊守敬拓本	楊守敬雙鉤本	呉椒甫拓本	シャバンヌ拓本	内藤写真	古蹟図譜拓本	総督府拓本	東洋文庫拓本	京大拓本	水谷拓本
1面2行33字	木	木	水	我°	木	秋	秋	秋	秋	秋	秋	秋	秋	秋	秋	秋	秋
3　23	永	永	永	不°	永	永	永	永	永	永	永	永	永	永	永	永	不
5　13	彐	□	□	□	洽	洽	洽	洽	洽	汕	□	□	□	□	□	□	□
6　14	月	月	月	月	月	月	月	月	月	月	月	月	尸	月	□	□	□
6　15	廿	廿	廿	廿	廿	廿	廿	廿	廿	廿	廿	廿	廿	山	□	□	七
7　11	碑	碑	碑	稗°	還	碑	碑	碑	碑	碑	碑	碑	碑	碑	稗	?	稗
7　16	又	又	又	又	旅	又	又	又	又	又	又	又	□	□	□	□	又
8　12	駕	咢	駕	駕	覆	咢	咢	咢	咢	咢	咢	咢	架	架	架	叒	□
8　16	来	来	来	□•	来	来	来	来	来	求	才	才	才	□	□	□	□
9　8	来	辛	辛	来	辛	来	来	来	来	来	来	来	来	来	来	来	来
10　22	閣	閣	閣	關°	閣	閣	閣	閣	閣	閣	閣	閣	閣	閣	閣	閣	關
10　27	□	□	□	□	城	□	□	□	□	城	城	城	城	城	?	城	城
10　40	城	城	城	城	城	城	□	□	□	□	□	□	□	□	□	□	□
11　22	城	城	城	城	家	□	□	□	□	□	□	□	□	□	□	□	□
11　23	分	分	分	分	古	□	カ	カ	カ	カ	カ	ら	ら	□	□	□	□
11　32	城	城	城	城	城	城	□	□	□	□	□	□	□	□	□	□	□
2面2行37字	彐	昌	昌	□	開	貫	貫	貫	貫	貫	貫	貫	貫	貫	貫	貞	貫
3　7	黨	盧	盧	盧	本	羅	羅	羅	羅	羅	羅	羅	羅	羅	羅	?	黨
3　26	交	交	交	交•	交	百	百	百	者	百	百	百	百	百	百	百	百
3　31	奴	奴	奴	怒°	怒	怒	怒	怒	怒	怒	怒	怒	怒	怒	怒	怒	怒
4　13	□	□	□	□	獻	出	出	出	出	出	出	出	出	出	出	出	出
4　17	白	白	白	口°	白	白	白	白	白	白	白	白	白	白	口	口	门
6　10	□	□	□	□	□	新	新	新	新	新	新	新	新	新	新	新	□
6　29	論	論	論	□•	[illegible]	論	論	論	論	論	論	論	論	論	□	□	□
7　36	□	□	□	□	前	恩	恩	恩	恩	恩	恩	恩	恩	恩	恩	恩	□
8　36	兵	兵	兵	軍°	兵	兵	兵	兵	兵	兵	兵	兵	兵	兵	□	□	□
10　28	□	□	□	□	域	□	□	□	□	満	満	満	満	満	満	?	満
3面2行20字	貢	貢	貢	貢•	貢	□	□	□	□	□	□	□	□	□	□	□	□
2　35	至	至	至	□	按	□	□	□	□	□	□	□	□	□	□	□	□
3　36	率	率	率	□	防	□	□	□	□	□	□	□	□	□	□	□	□
6　25	諸	諸	諸	討°	討	討	討	討	討	討	討	討	討	討	言	言	言
12　33	□	□	□	□	固	家	家	家	家	家	家	家	家	家	□	□	□
4面1行7字	利	利	科	□	利	禾	□	□	□	□	□	□	□	□	□	□	□
1　8	城	城	城	城	城	城	□	□	□	□	□	□	□	□	□	□	成
2　35	都	都	都	看°	都	都	都	都	都	都	都	都	都	都	看	?	看
	雙鉤本またはそれに拠る釈文			石灰塗付前の拓本			石灰塗付後の拓本								石灰剥落の進行した時期の拓本		

＊栄禧碑文のうち□の中の文字は彼が適当にあてたもの。

（図二）李進熙氏の比較表の釈文（上）と拓本、写真（下）との比較

内藤拓本	楊守敬拓本	楊守敬雙鉤本	呉椒甫拓本	シャバンヌ拓本	内藤写真
秋	秋	秋	秋	秋	秋

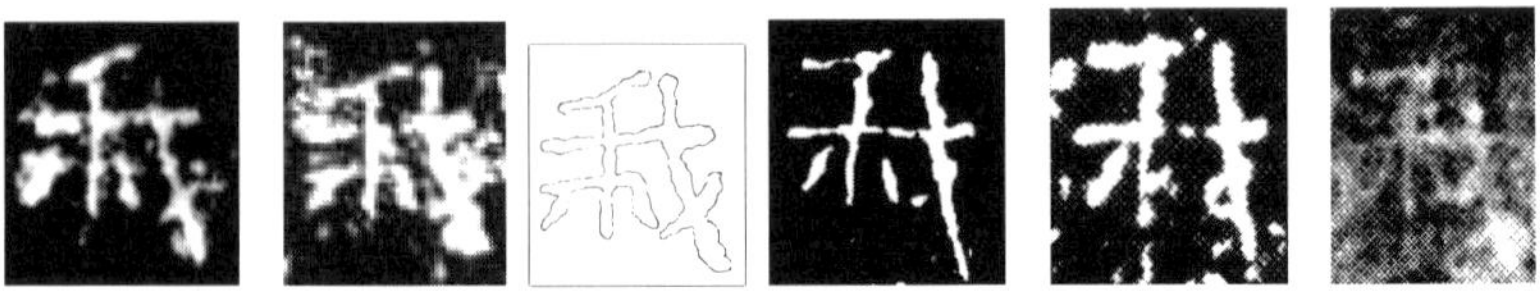

内藤湖南本　楊守敬本　楊守敬双鉤本　呉椒甫本　シャバンヌ本　内藤湖南写真

が造字されたことが明らかに見てとれる。書学院本は一九八七年に発表されたが[18]、李氏がこの資料を利用して自己の編年を調整しなかったことは、あまりも遺憾である。

李氏は編年研究において、異なる時期の碑字の比較を行った。彼は一七種類の資料（拓本九種類、初期廓填本〔すなわち酒匂本〕一種類、双鉤本一種類、写真および旧来の釈文六種類）を利用して、碑字比較表を作り、35字の比較を行った。この大量の碑字を用いた比較は従来の研究には、ほとんど無い。この成果は氏の編年研究で重要な役割を果たしている（右側の図一参照）。この表によってわかる各資料間の編年関係が正しいかどうかはひとまず論じないが、李氏の方法を考察すると、更に完全にする必要がある。李氏は、まず拓本碑字の釈文を作成した後、比較を行っている。このような方法を用いると、釈文段階において主観的な判断が作用するため客観的とは言いがたい。例えば、第二面10行28字を李氏は「満」と推測したが、ほかの研究者は同じ拓本によって、「新」と釈読している。また、比較表の内藤湖南本から内藤湖南写真までの第一面2行33字「我」の筆画についての記載は正しくない。（右側の図二参照）。現実に、内藤湖南本と内藤写真の間にある「我」字は楊守敬双鉤本以外に全部「秐」と書かれ、李氏の言った「秐」ではない。（本章の「好太王碑各時期拓本の字形特徴の比較」の一、第2項「我」字の比較を参照）また、李氏が編年を行う過程で、異なる時期の拓本における個々の異なった字形は捨象されている。しかし、これらの異なる碑字の字形特徴はまさに好太王碑の編年を行う際に重要な根拠となる。

武田幸男の「着墨パターン法」　研究者は好太王碑拓本の編年に多大な努力を払い、ある程度の進展を遂げたが、研究成果はまだ行き届いていない。主な原因として、拓本編年研究における客観的基準が定まらないことがあげられる。この客観的基準の設定は、武田幸男氏の研究によって最も重要な進展を遂げた。彼の編年研究は碑字の比較を強調せず、各拓本の亀裂の着墨状態を客観的基準とする。この編年方法を「着墨パターン法」と呼ぶ[19]。武田氏は多くの拓本で亀裂部分に着墨がなく、空白となっている状態に注目した。これらの部分を比較の基準と決め、異なる時期の拓本の変化状況を観察し、編年を行った。武田氏が使った比較基準は六項目からなっている。具体的な内容は以下のとおりである。

1　第一面左中部から右上部までの亀裂の空白部分の行数。
2　第二面右中部から左上部までの亀裂の空白部分の行数。
3　第二面頂部中央部分の空白の行数。
4　第三面右上部の直角三角形状の空白。
5　第三面右側中部の3行に跨る空白部分（第一行を含む）。
6　第三面右下部の大きな亀裂の空白部分。

武田氏の「着墨パターン法」は、初期廓填本（墨水廓填本）と全面着墨の原石拓本の分類には限界があるが、石灰拓本の編年には十分効果的である。この編年方法の原理は、拓本上の空白部分の形態変化、特に石灰拓本上の空白部分の変化によって、異なる時期における拓本製作の習慣と碑石の補修状況を明らかにできるということである。異なる形態の空白部分を根拠にし、あわせて既知の拓本の絶対年代と相対年代を参照することによって、空白部分の変化が規則的で、この変化と拓本の製作年代の間には対応関係が存在すると考えられる。したがって、空白部分の変化によって、多くの拓本についての分類と編年を行うことができる。

武田氏の「着墨パターン法」は、拓本上の亀裂を比較基準として、可視性が強い。この編年方法は従来の編年方法と比べて、観察者の主観を最小限におさえることができる。もちろん、この編年方法も最善を尽くしたものとは言えず、さらに修正の余地がある。「着墨パターン法」について、筆者は以下のことを指摘したい。第一に、この方法はマクロ的な比較方法で、墨本の類型を区分するのに役立つ。しかし、二種類の拓本が同一類型に属し、かつ製作時期が近い場合に、その前後関係を判断するのは難しい。例えば、内藤湖南本と楊守敬本は同一類型の初期石灰拓本に属するが、「着墨パターン法」では二種類の拓本の前後関係を判断できない[20]。第二に、武田氏が提供した編年基準は複雑で、特に第4~6項、即ち第三面碑文の空白部分の変化は把握しにくい。特に、朝鮮総督府本（一九一三年以前）以後に製作された拓本のうち、ある拓本は第三面の空白部分に着墨していないが、ある拓本は着墨していて、変化に統一性がない。この現象は民国年間に異なる拓工が碑石に関与したことと関連があると考えられる。一八九〇年代以後、長期的に碑の近くで拓本を製作したのは初天富、初均徳父子である。しかし、記録によると、民国年間に外地の拓工が集安に赴き、拓本を作成したこともある。そのうち北京からの拓工も二度製作している[21]。外地の拓工の採拓方法が初氏父子の拓法と異なっていたので、第三面の着墨特徴の変化には同一性と規則性が欠けている。これに対して、第1~3項の比較基準には典型性と規則性がある。したがって、拓本編年においては、武田氏の第4~6項基準を使用せず、第1~3項基準を使用した方がいいと考える。

以下、武田氏が提示した第1、2項編年基準及び拓本の絶対年代と相対年代に基づいて、各時期の着墨特徴の概略を述べる。

第一面亀裂部分の着墨状態を比較すると、北京大学A本が製作された一八八九年には石灰補字はまだ始まっていない。碑石第一面の大きな亀裂は碑面に跨り、当時の碑石の実状を表している。文運堂本が製作された一八九〇年代初期、石灰補字が行われ始め、第一面の亀裂も補修されたため、拓本上の空白部分が短くなり、わずか四行になった。これは初期石灰拓本の主要な特徴の一つである。一九〇五年の天理大学乙本以後に亀裂上の補填物が一部剥落したので、拓本の空白部分が長くなり、不連続の七行となる。一九一〇年代中後期には第一面の空白部分はさらに拡大して、

第一面亀裂部分の着墨状態の比較

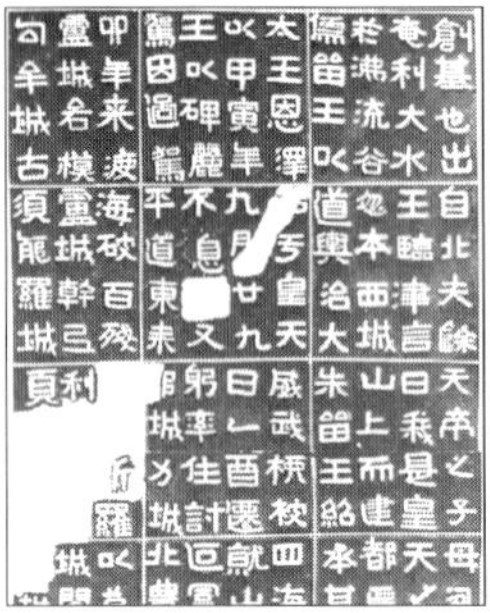
(1)　酒匂本―1883年前

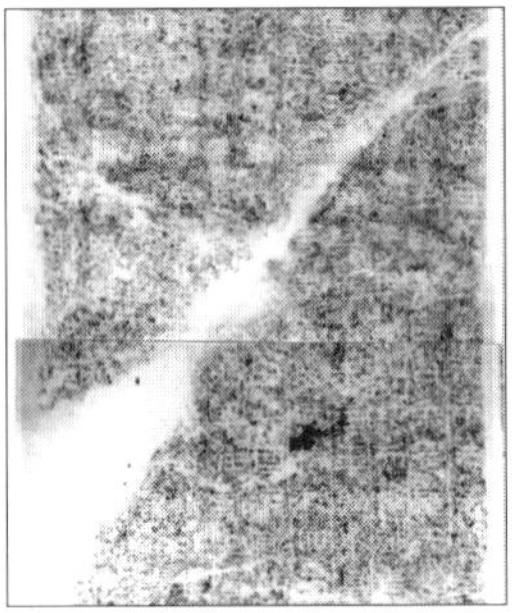
(2)　王氏蔵本―約1889年前

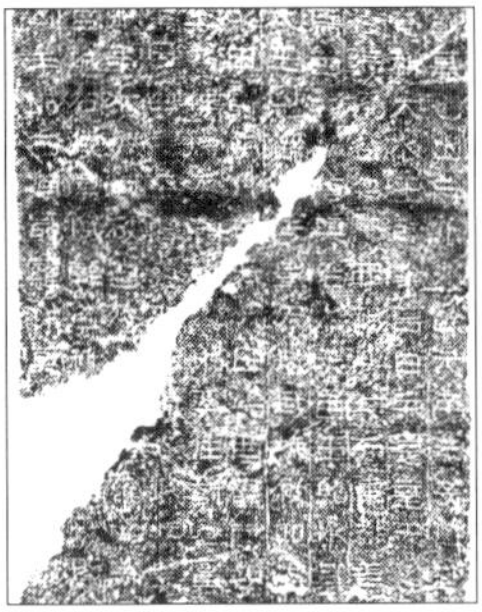
(3)　北大Ａ本―1889年

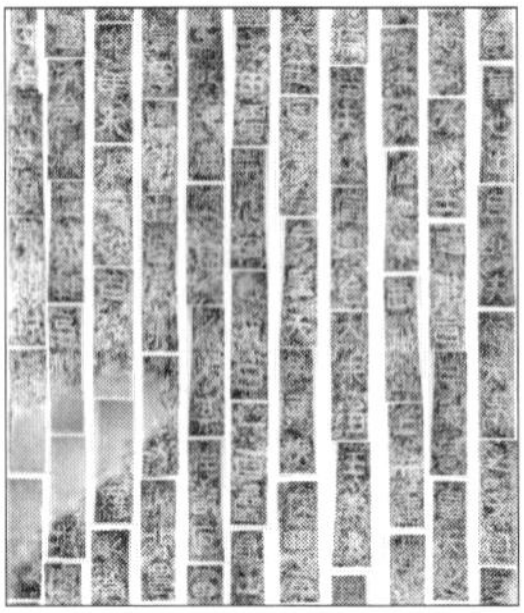
(4)　文運堂本―約1895年前

(5)　内藤本―約1895年前

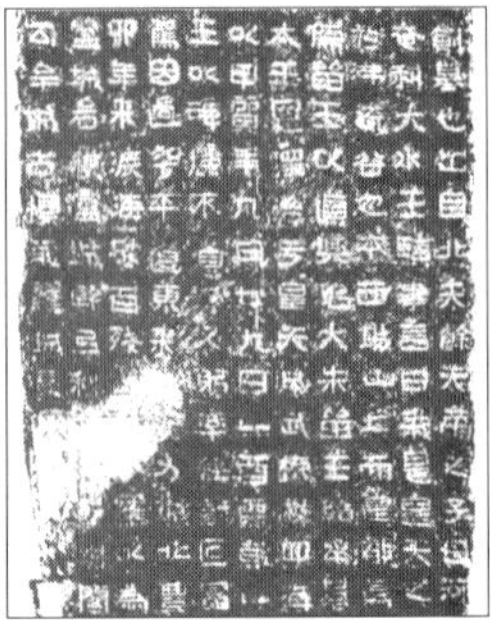
(6)　楊守敬本―約1895年前

(7)　天理大学乙本―1905年

(8)　シャバンヌ本―1907年

(9)　朝鮮総督府本―1913年前頃

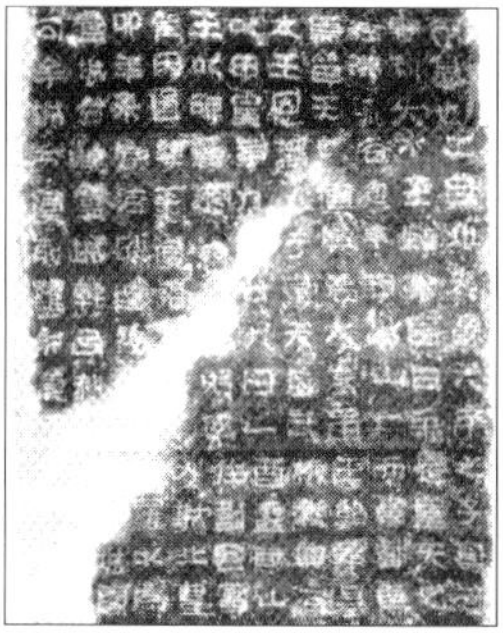
(10)　ソウル大学本―1913年前

(11)　傅斯年丁本―約1918年前後

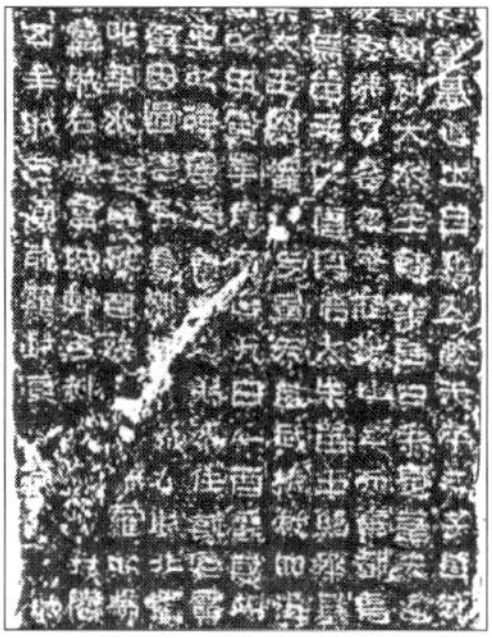
(12)　九州大学本―1927年前後

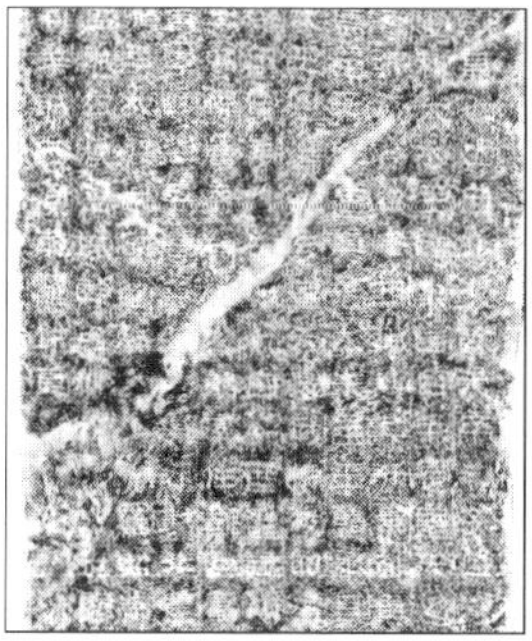
(13)　書学院本―1935年前後

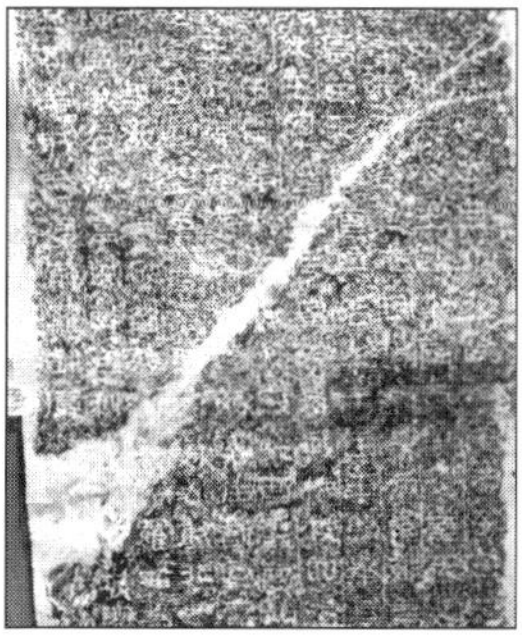
(14)　張明善本―1963年

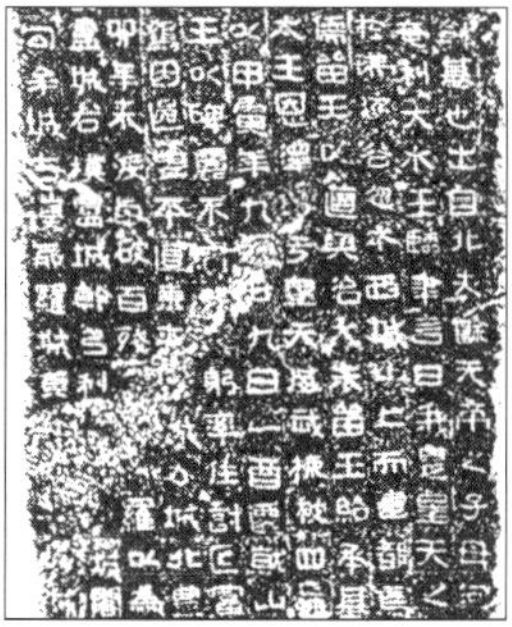
(15)　周雲台本―1981年

次第に石灰補字以前の状態になった。

第二面の空白部分を比較すると、王氏蔵本と北京大学A本の空白部分の連続行数はほぼ同じで、酒匂本の様相にもよく似ている。文運堂本以後は、拓本の空白部分が三行分になり、第4行以後の亀裂は補修して埋められ、空白部分もなくなっている。この着墨の特徴は文運堂本から朝鮮総督府本まで、一種の固定型となっている。傅斯年丁本の後、第二面の亀裂は再び補修され、朝鮮総督府本以前の空白が三行分となる状態は出現せず、一九三〇年代中期以後まで続いた。この後、石灰の自然剥落によって、空白部分は再び出現する。一九七〇年代、現地の文物工作者（文化財担当者）は碑石を保護して、亀裂を防ぐために、化学的な防護を行い、亀裂を埋めた。一九八一年の周雲台本にはこの状況が現れている。

拓本の亀裂部分の着墨類型の比較によって、

碑文第二面亀裂部分の着墨状態の比較

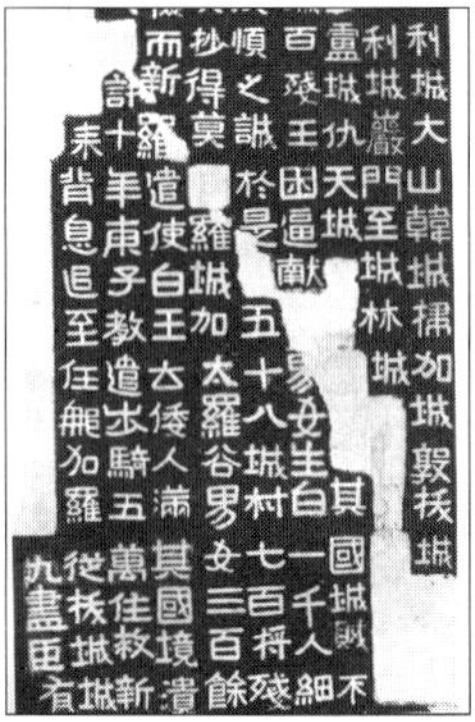

(1)　酒匂本—1883年前

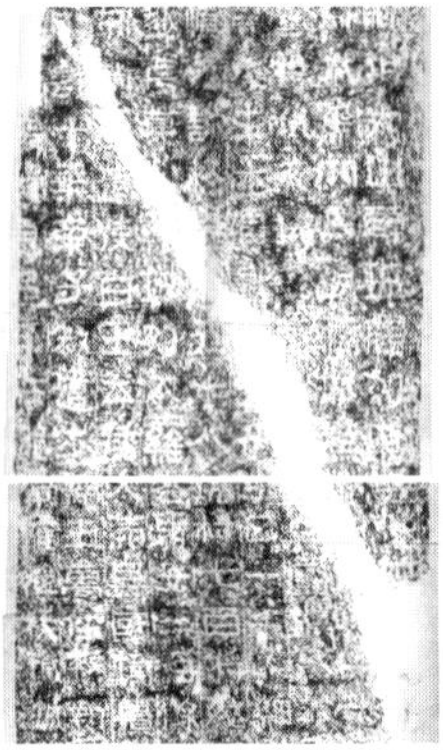

(2)　王氏蔵本約1889年前

(3)　北大Ａ本—1889年

(4)　文運堂本—約1894年前

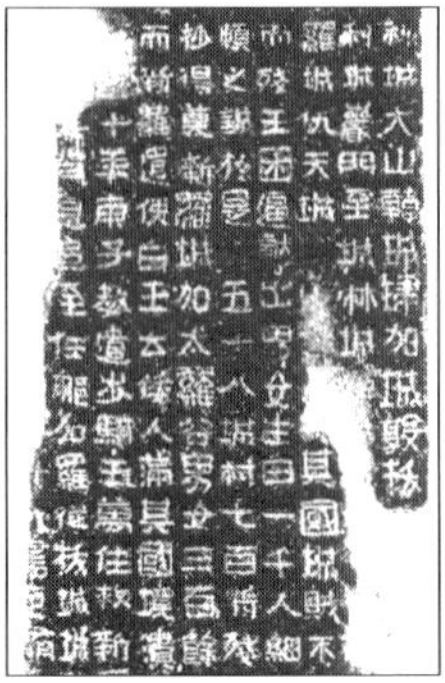

(5)　内藤本—1895年前

(6)　楊守敬本—1895年前

(7)　天理大学乙本—1905年

(8)　シャバンヌ本—1907年

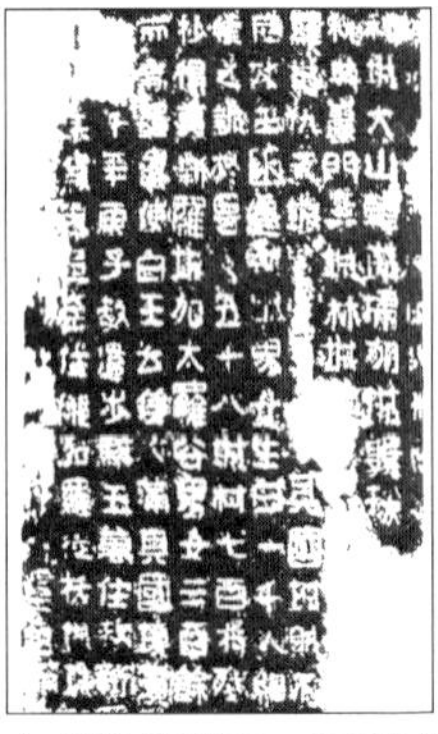

(9)　朝鮮総督府本—1913年前

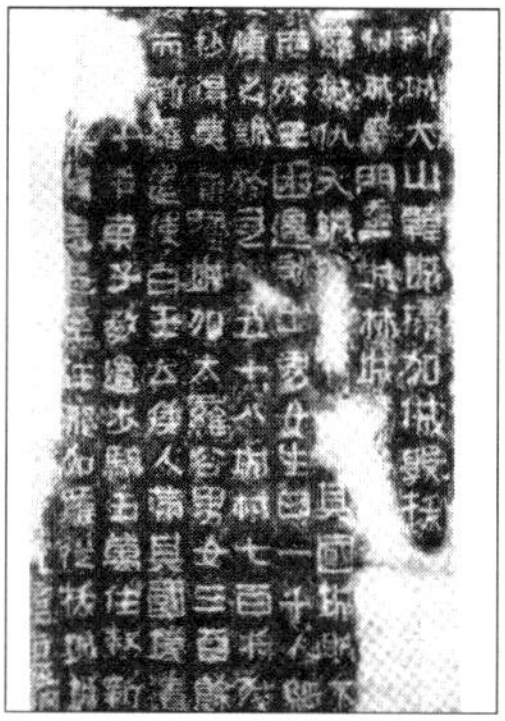

⑽　ソウル大学本—1913年前

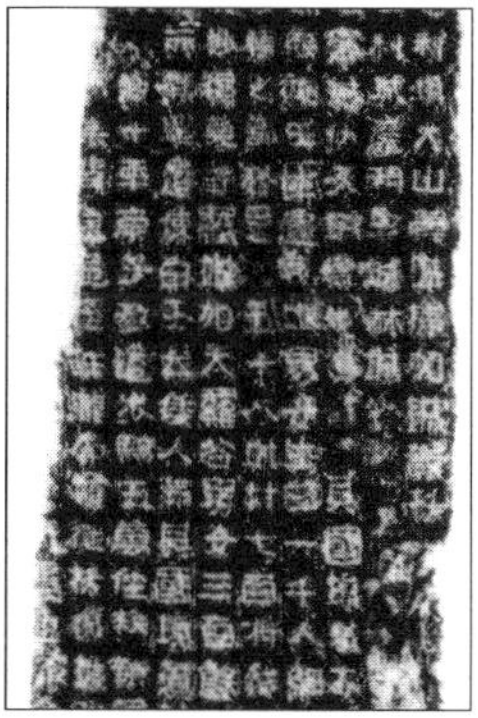

⑾　傅斯年丁本—約1918年前後

⑿　九州大学本—1927年前後

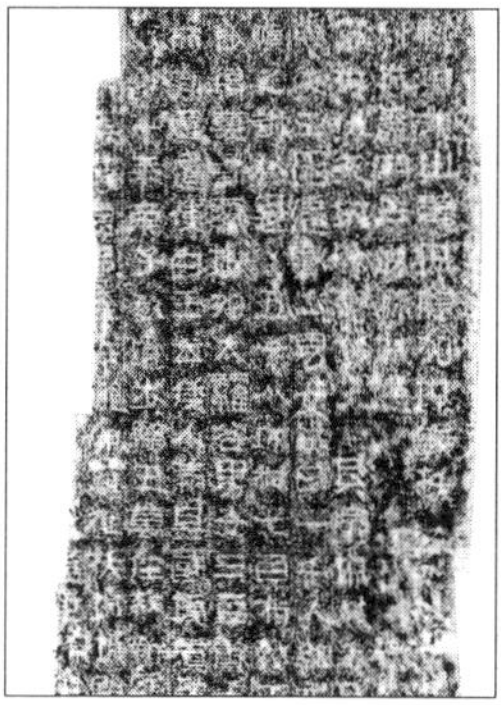

⒀　書学院本—1935年前

⒁　張明善本—1963年

⒂　周雲台本—1981年

年代が不明な拓本を分類し、さらには拓出年代をおおよそ判断できる。しかし、この編年方法は拓本についての区分をさらに精緻に行う時、なお一定の限界がある。そのほか、「着墨パターン法」は李進熙氏が提起した故意による碑文の改ざんについて正面から答えていない。筆者は好太王碑の各時期の拓本を観察していて、石灰で補修された碑字の字形変化にもある規則性があることを気が付いた。この字形の変化を拓本編年の客観的な標準にすることができる。武田幸男氏が提唱した「着墨パターン法」に対して、以下で紹介する編年方法を「碑字字形比較法」と呼ぶ。

第三節　「碑字字形比較法」の提唱

「碑字字形比較法」の原理　「碑字字形比較法」と以前の碑字比較方法との違いは、各時期の碑字の基本的な筆画が完全かどうかを重視するだけではなく、さらに各時期における字形の変遷を重視している点である。「碑字字形比較法」の有効性は以下の原理に基づいている。各時期の拓本をよく比較すると分かるように、石灰で補修された碑字は時期が異なると筆画の具体形状も変化し、字形も異なる。その主な原因は、拓工が碑字を幾度となく補修したためである。拓工は石灰で碑字を補修する際、通常は碑字の基本的な筆画が一致するように注意を払うだけである。そのために、初天富・均徳父子はわざわざ碑文の写本を作り、碑字を補修する時に対照していた。それは王健群氏が後に初氏一族から収集した碑文書写本[22]（手抄本）である。しかし碑字の補修にあたって、字形が前回の補修と同じであるかどうかについてはあまり注意しなかった。実際に、当時の技術条件では、補修後の字形を毎回完全に一致させることは不可能である。それは同一個人が同じ字を二度書く場合、字形が同一にならないのと同じ原理である。こう考えれば、石灰で補修された碑字はいったん石灰が剥落したら、まったく同じような字形を再び複製することはできない。したがって石灰補字が残した字形の特徴は、一回性を持っているのである。一度の石灰で補修された字は、前一度の字形と完全に一致することはない。この特性があるため、各時期の碑字の字形は拓本編年の客観的基準になるのである。

「着墨パターン法」と比べて、「碑字字形比較法」は以下のメリットがある。第一に、碑字の字形特徴を比較することによって、石灰で字を補修する過程をさらに詳しく知ることができる。第二に、石灰で補修した碑字は最初のうちははっきり拓出できるが、時間の推移と絶え間ない採拓によって、次第に石灰が剥落していく。したがって碑字の字形特徴が同じである拓本において、石灰の剥落状況と筆画の模糊状況から、同一類型の拓本をより詳細に編年することができる。第三に、現在伝来している好太王碑拓本には、完全な整紙本ではなく、部分的に切り取った拓本を一冊にまとめた剪装本が少なくない。このような剪装本は、「着墨パターン法」の比較基準である拓本の当初の空白部分はしばしば切り離されて、表装されていないことが多い。専門の研究者は剪装本の当初の空白部分を復元することができるが、通常の収蔵家には、「着墨パターン法」で年代不明な剪装本を編年することがなかなか難しいと言える。それと対照的に、「碑字字形比較法」は拓本の空白部分を観察しなくても、碑字の字形特徴の比較から年代判断できるのである。

「碑字字形比較法」の応用　「碑字字形比較法」を応用する前に、二点の説明が必要である。まず、「碑字字形比較法」は独立した編年方法ではない。編年に際しては「着墨パターン法」と拓本の絶対年代および相対年代の研究成果を参考にしなければならない。次に、碑字字形特徴の比較は各時期の拓本の基本的な特徴を把握した上で行う必要がある。例えば、好太王碑の原石拓本と、一九三〇年代以後に石灰が剥落した時期の拓本との間には、少なからぬ字形特徴の類似がある。しかし、この二種類の拓本の基本的性格は異なる。したがってただ個別の碑字の比較から拓本の年代が近いという結論を出すのは正しくない。

以上の「碑字字形比較法」の原理に基づいて、石灰補修した数十個の碑字の比較を行った。参考にした拓本資料は三〇余種である。その中には石灰拓本だけではなく、原石拓本も含めた。これらの拓本の基本的な様相および収蔵者と著録状況については、本章末尾に付した「好太王碑各時期拓本の概況」を参照されたい。これ以外に、数種類の碑石写真資料も利用した。

以下の比較で使用する拓本や墨本は、次のように略称する。

1、酒匂景信本は酒匂本に略称。

2、北京王少箴旧蔵本は王氏蔵本に略称。

3、中国国家図書館（元北京図書館）蔵本を中国国図蔵本に略称。

4、北京大学図書館E本を北大E本に略称。

5、台湾中央研究院傅斯年図書館乙本を傅斯年乙本に略称。

6、北京大学図書館A本を北大A本に略称。

7、北京大学図書館B本北大B本に略称。

8、北京大学図書館C本を北大C本に略称。

9、北京大学図書館D本を北大D本に略称。

10、台湾中央研究院傅斯年図書館甲本を傅斯年甲本に略称。

11、水谷悌二郎旧蔵拓本を水谷拓本に略称。

12、『書通』雑誌刊載本を書通本に略称。

13、金子鴎亭蔵本を金子鴎亭本に略称。

14、韓国任昌淳蔵本を任昌淳本に略称。

15、天津古籍書店文運堂旧蔵本を文運堂本に略称。

16、内藤湖南旧蔵本を内藤湖南本に略称。

17、四川美術出版社刊本を四川美術本に略称。

18、蘇州古呉軒刊本を古呉軒本に略称。
19、上海有正書局版『旧拓好太王碑』石印本を呉椒甫本に略称。
20、天理大学図書館乙本を天理大学乙本に略称。
21、東京大学文学部考古陳列室本を東大考古室本に略称。
22、『書品』第一〇〇号所載の整紙本の石灰拓本影印を書品一〇〇号本に略称。
23、三井家聴氷閣蔵本を三井家蔵本に略称。
24、久米邦武の『大日本時代史』（早稲田大学出版部、一九一五年）に引用された拓本を久米邦武引用本に略称。
25、台湾中央研究院傅斯年図書館丙本を傅斯年丙本に略称。
26、韓国ソウル大学図書館蔵本をソウル大学本に略称。
27、川口平三郎蔵本（部分）を川口本に略称。
28、台湾中央研究院傅斯年図書館丁本を傅斯年丁本に略称。
29、読売テレビ放送所蔵本を読売放送所本に略称。
30、東京大学東洋文化研究所本を東洋文化所本に略称。
31、京都大学人文科学研究所本を京大人文研本に略称。
32、九州大学図書館本を九州大学本に略称。
33、北京大学図書館F本を北大F本に略称。
34、東京目黒区守屋教育会館郷土資料室蔵本を目黒区本に略称。
35、北京大学図書館G本を北大G本に略称。

36、日本書学院本を書学院本に略称。
37、梅原末治手拓本（部分的な拓本）を梅原手拓本に略称。
38、内藤湖南旧蔵好太王碑写真を内藤湖南写真に略称。
39、今西龍が一九一三年に撮った好太王碑の写真を今西龍写真に略称。
40、黒板勝美が一九一八年に撮った好太王碑の写真を黒板勝美写真に略称。

好太王碑各時期拓本の碑字字形の比較（その一）

(1)「而（子）」　この「而」は碑石が発見された当初から泐損して模糊としており、原石拓本ではすでにはっきり拓出できない。酒匂本の「子」は製作者の誤った釈文である。文運堂本の「子」は石灰での造字であり、恐らく現地に保存されていた酒匂本と類似の初期廓填本の影響をうけたのであろう。内藤湖南本と楊守敬本の字形は文運堂本と同じであることから、三者の年代はそう離れていないことが判明する。楊守敬本の後に字形の変化が現れ、第二画は半円形となり、以前の字形と全く異なるので、再び補修されたと考えられる。このような字形を持つ拓本のうち年次記録があるのは呉椒甫本（一八九四年）であり、類似した拓本として上海某本と古呉軒本がある。その他、内藤湖南写真の「子」も同一字形である。この字がまた補修されたのは天理大学乙本が製作された一九〇五年の前である。補修後の第二画は呉椒甫本と異なる。東大考古室本とシャバンヌ本にも同じ形が見られる。年代不明の傅斯年丙本から北京某本にかけて「子」は破損し始めたので、これらの拓本の拓出年代はシャバンヌ本の後になる。天理大学乙本のあと、この字はほとんど補修されていない。一九二〇年代と三〇代の拓本ではこの碑字は再び曖昧になった。

(1) 1面1行31字「而（子）」（字形の変遷  ）

酒匂本

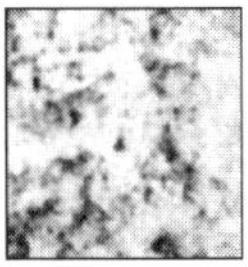
王氏蔵本

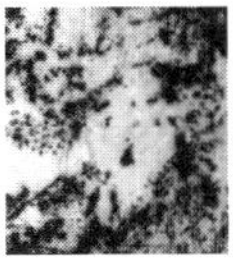
中国国図蔵本

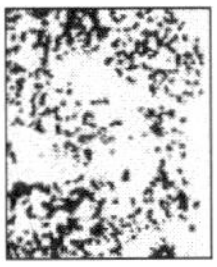
北大Ｅ本

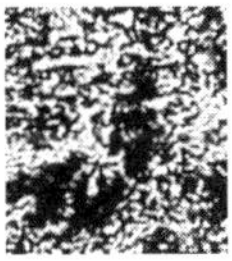
北大Ａ本

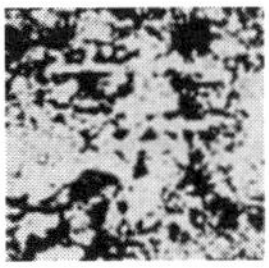
北大Ｂ本

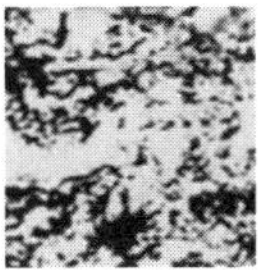
北大Ｃ本

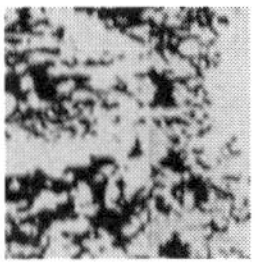
北大Ｄ本

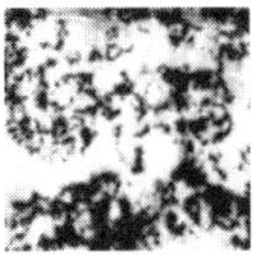
水谷拓本

文運堂本

内藤湖南本

楊守敬本

上海某本

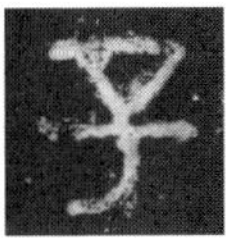
古呉軒本

呉椒甫本

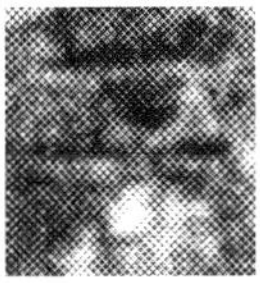
内藤湖南写真

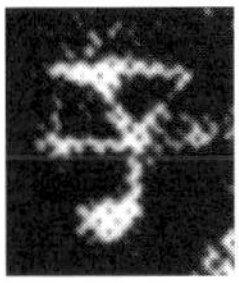
天理大学乙本

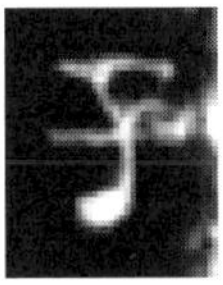
東大考古室本

シャバンヌ本

傅斯年丙本

ソウル大学本

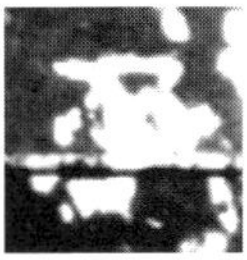
朝鮮総督府本

北京某本

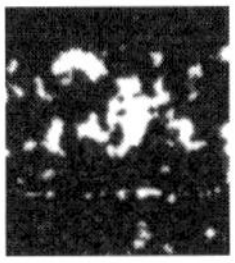
東洋文化所本

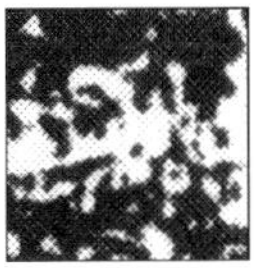
九州大学本

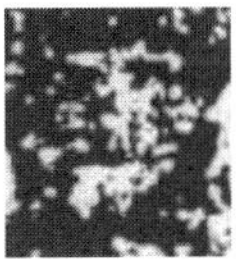
北大Ｆ本

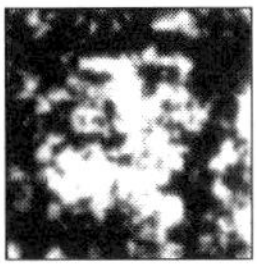
目黒区本

書学院本

周雲台本

(2)「我」　水谷悌二郎は碑字の比較に際し、すでにこの字の字形の変化に気が付いていた。字形の変化に基づいて、比較表の拓本と写真の「我」を五組に分けることができる。第一組は初期廓填本であり、この字を「木」と誤釈した。第二組には原石拓本と文運堂本が含まれ、当初の碑字を反映している。第三組は内藤湖南本と楊守敬本である。拓本を見ると、「我」の周囲の泐損は補修されたが、字形は変わっていない。第四組は上海某本から北京某本までである。字は補修を経て、形が完全に変わっている。最も明らかな特徴は、補修後の「我」の中央の横画の位置が下に移動していることである。その後この石灰の「我」は次第に破損し、傅斯年丙本と上田正昭本の後、この字の中央横画上にもう一つ短い横画が現れる。北京某本では最も明確に見える。朝鮮総督府本になると、この造字は曖昧になる。第五組は読売放送所本から周雲台本までである。変化の特徴は碑字の石灰が次第に剥落し、当初の碑石の「我」の字形がまた現れてくることである。

(3)「然」　水谷悌二郎は碑字の比較に際し、すでにこの字の字形変化に気が付いていた。「然」の変遷は三組に分けることができる。第一組は酒匂本から北大C本までである。原碑の「然」の左上に一画があり、横画のように見える。酒匂本はありのままにこの一画を描出する。文運堂本の製作時期に全面的に補修され、左上の横画も塗り込められて消える。一九〇五年の内藤湖南写真はこの変化を記録している。しかし、一九一三年の今西龍写真には左上の横画が再び現れ、石灰の剥落状況を反映している。したがって、「然」の左上に横画がない拓本は、一八九〇年代前期から一九一三年までのものと考えられる。

(4)「武」　「武」を使用して編年する際のポイントは、この字の右下方にある斜画の変化を観察することである。原石拓本の「武」は、「武」である。潘祖蔭旧蔵本（初期廓填本）はこの字の右側を「戈」としたが、後に墨で「戈」の最後の斜画を塗り消している。酒匂本もこの斜画を描出している。文運堂本からは「武」の斜画が埋められた。こ

⑵１面２行33字「我」(字形の変遷 )

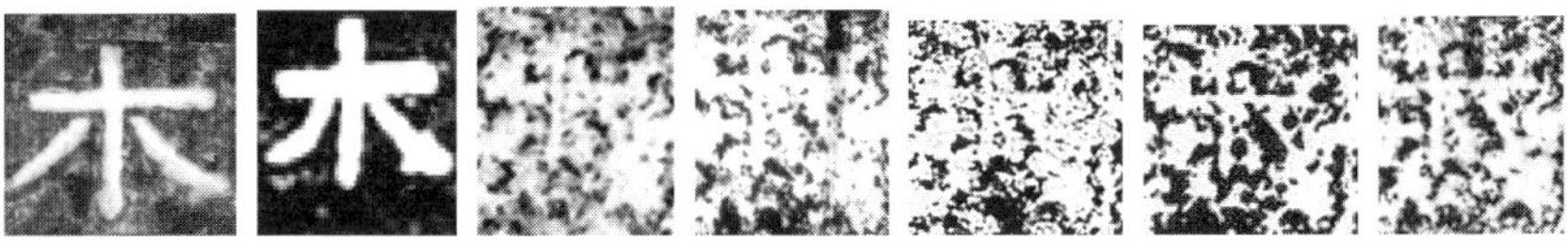

潘祖蔭旧蔵本　酒匂本　王氏蔵本　中国国図蔵本　北大Ｂ本　北大Ｄ本　水谷拓本

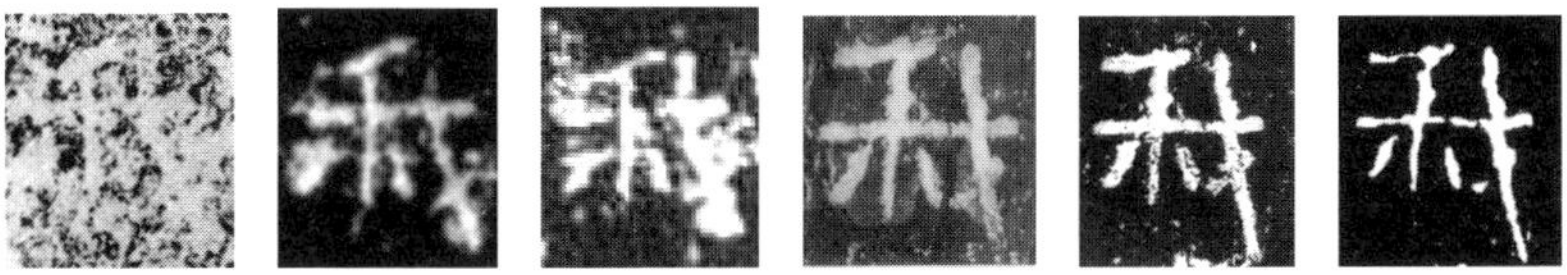

文運堂本　内藤湖南本　楊守敬本　上海某本　古呉軒本　呉椒甫本

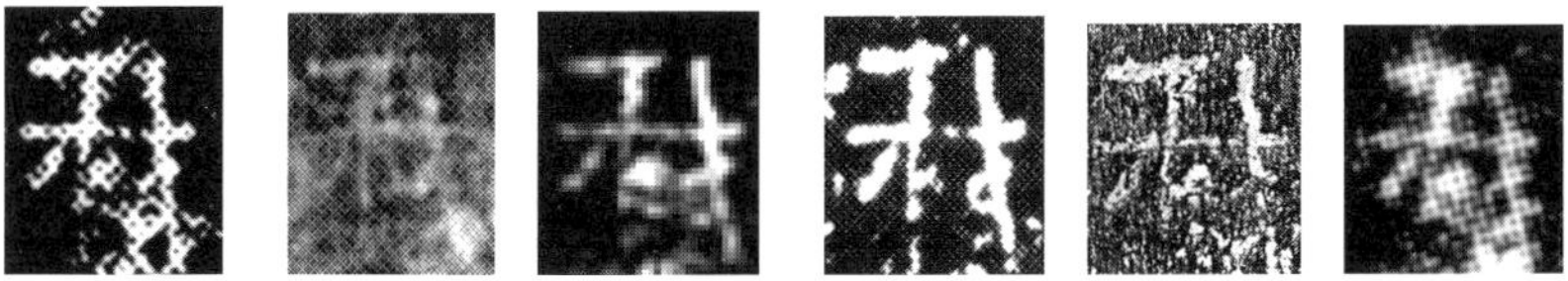

天理大学乙本　内藤湖南写真　東大考古室本　シャバンヌ本　三井家蔵本　傅斯年丙本

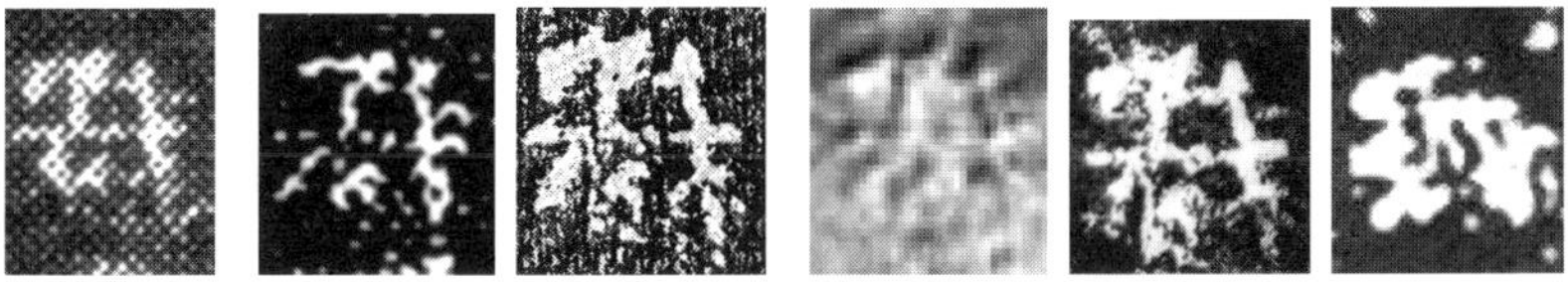

上田正昭本　中野政一本　朝鮮総督府本　今西龍写真　北京某本　読売放送所本

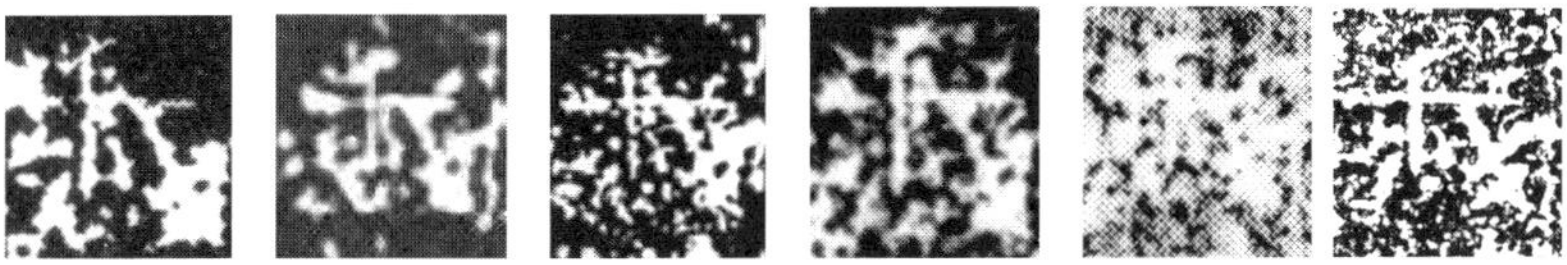

東洋文化所本　九州大学本　北大Ｆ本　目黒区本　書学院本　周雲台本

⑶1面3行5字「然」(字形の変遷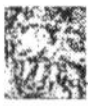——)

酒匂本

王氏蔵本

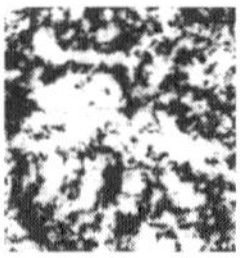
中国国図蔵本

北大E本

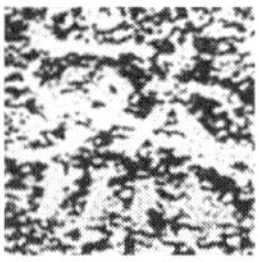
北大A本

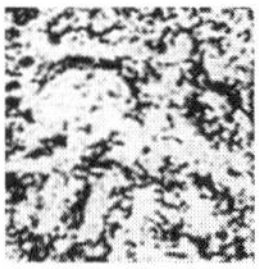
北大B本

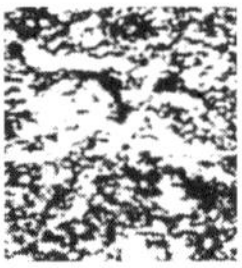
北大C本

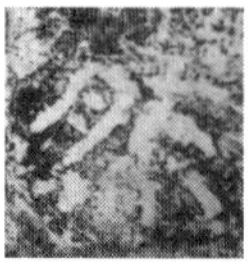
文運堂本

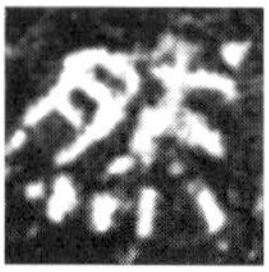
内藤湖南本

楊守敬本

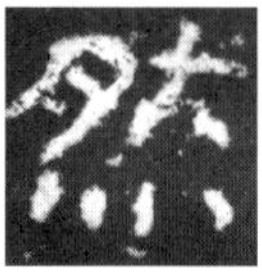
古呉軒本

呉椒甫本

天理大学乙本

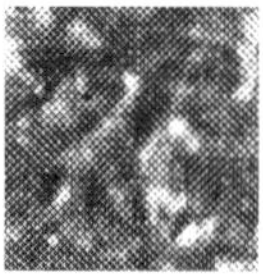
内藤湖南写真

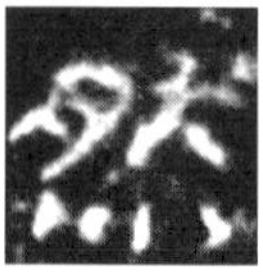
東大考古室本

シャバンヌ本

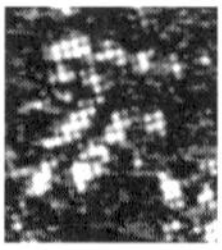
傅斯年丙本

ソウル大学本

今西龍写真

北京某本

読売放送所本

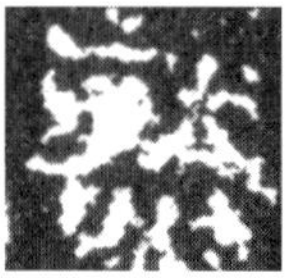
東洋文化所本

傅斯年丁本

九州大学本

北大F本

目黒区本

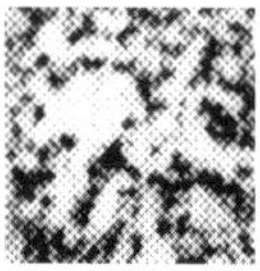
書学院本

周雲台本

⑷ 1面5行18字「武」(字形の変遷 )

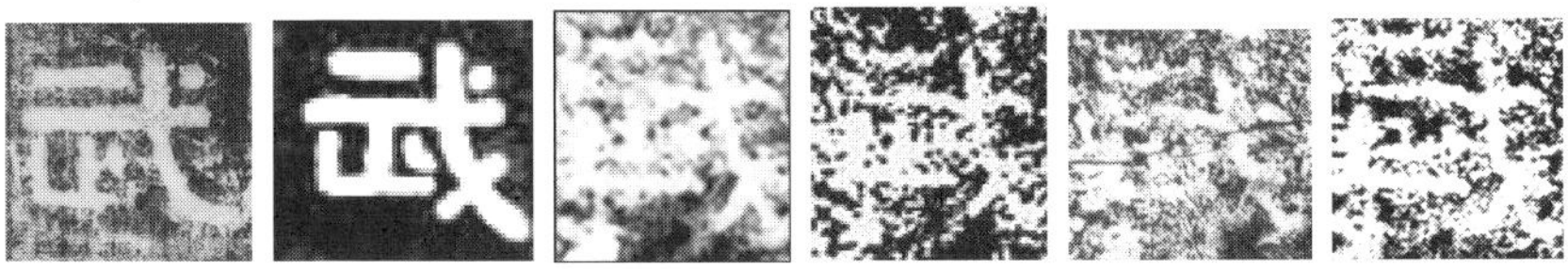

潘祖蔭旧蔵本　酒匂本　王氏蔵本　北大Ｅ本　中国国図蔵本　水谷拓本

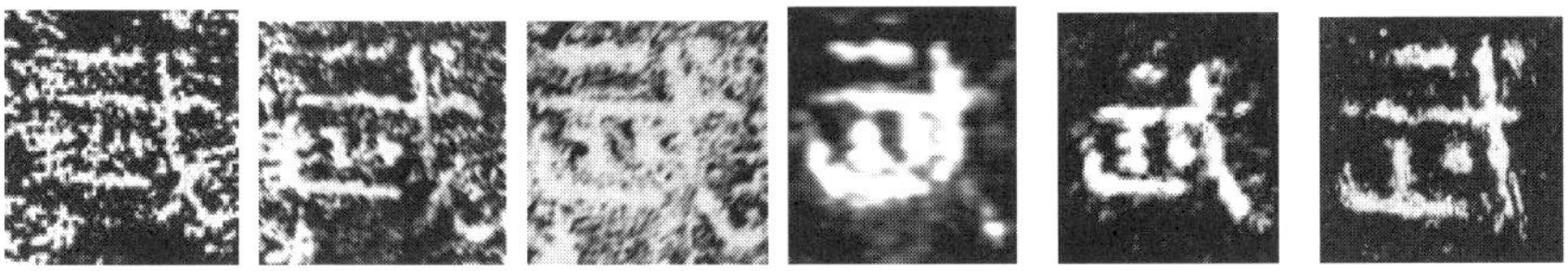

北大Ｂ本　金子鴎亭本　文運堂本　内藤湖南本　楊守敬本　古呉軒本

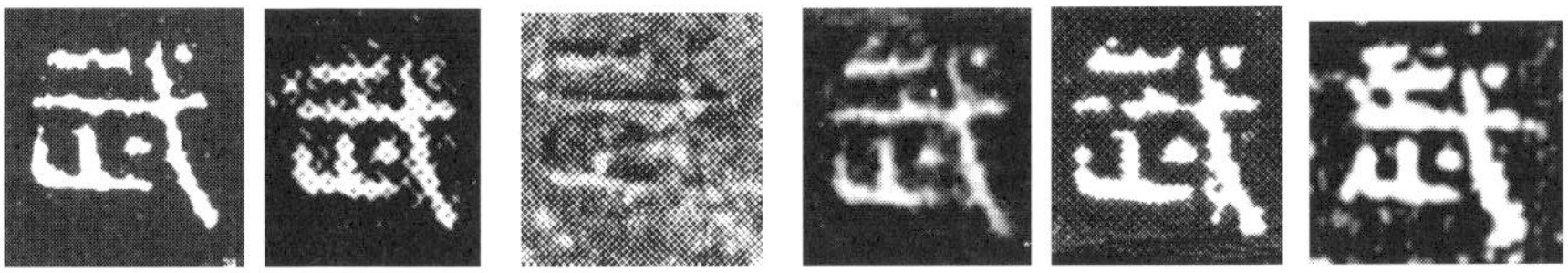

呉椒甫本　天理大学乙本　内藤湖南写真　東大考古室本　シャバンヌ本　羅振玉本

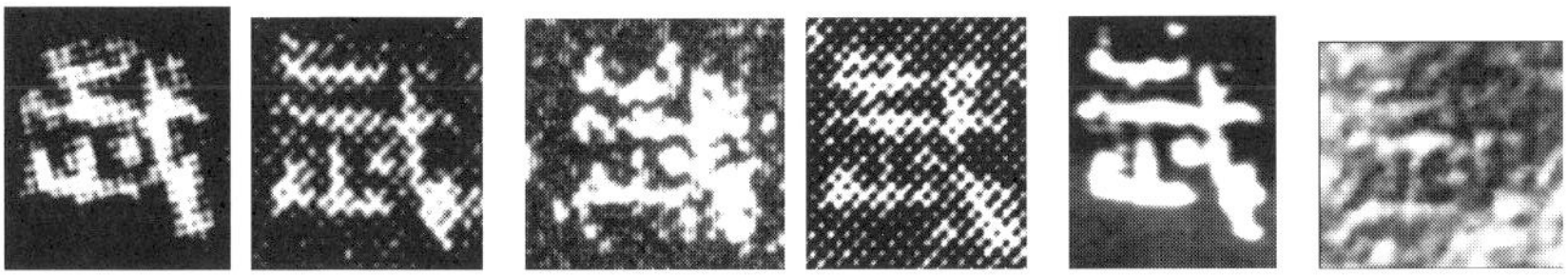

傅斯年丙本　上田正昭本　中野政一本　ソウル大学本　朝鮮総督府本　今西龍写真

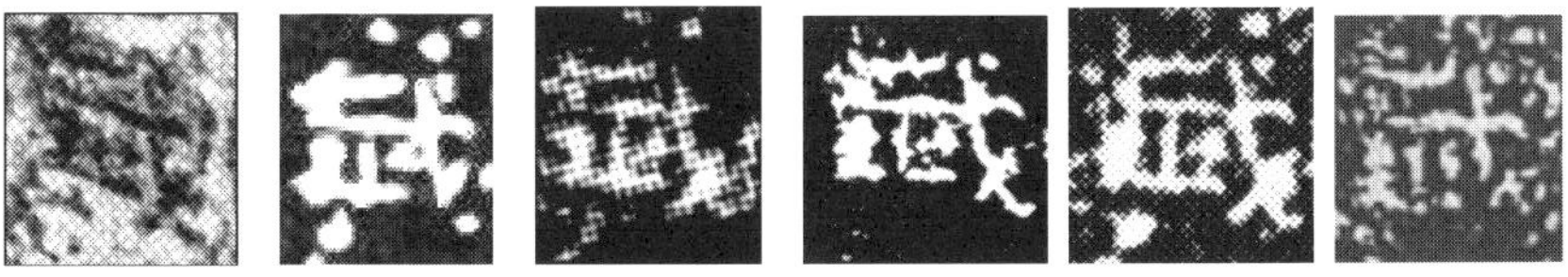

黒板勝美写真　読売放送所本　傅斯年丁本　東洋文化所本　九州大学本　北大Ｆ本

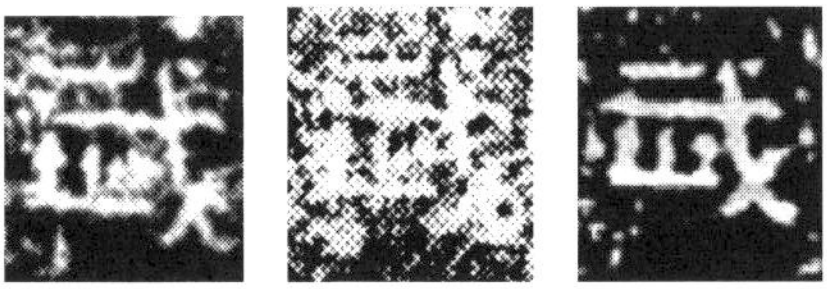

目黒区本　書学院本　周雲台本

れは「武」の最初の変化である。内藤湖南本と楊守敬本の字形は文運堂本と同じである。この字の二回目の変化は古呉軒本に始まり、「武」の左下の「止」の第二画の点画がさらに突出した。シャバンヌ本から中野政一本までは石灰が剥落し始め、一九一八年の黒板勝美写真にはこの字の右下の斜画が再びはっきりと現れている。この特徴は一九一八年以後の拓本の重要な基準になる。

(5)「群(兼)」「群」字は各種類の拓本で四種の形態がある。まず初期廓填本を作る時期に「兼」と誤認された。原石拓本は「群」をほぼ拓出している。泐損があったためにその後全面的に補修され、文運堂本には最初の造字の状況が現れている。しかし何らかの原因により、内藤湖南本と楊守敬本には、「群」の上の部分の「君」の第四画の左払いが補修されている。古呉軒本と呉椒甫本が製作された時期に、文運堂本の第四画と類似した第四画が再び現れたので、この字がもう一度補修されたことが分かる。シャバンヌ本以後には「群」の石灰が次第に剥落し始め、一九一三年の今西龍の写真には、原碑の「群」がまた現れている。

(6)「城」水谷悌二郎氏と李進熙氏は、「城」が編年において有用であることに気が付いた。「城」は当初から破損しており、酒勾本から楊守敬本までは皆空白であった。古呉軒本と呉椒甫本の製作時期になり、「城」が碑石に現れるようになった。実際は石灰で補修した造字である。内藤湖南の写真に補修に使用した白い石灰が見える。一九一〇年前後に、「城」の右側の「戈」の中央部分に新しい泐痕が発生し、上田正昭本と一九一三年の今西龍の写真がこの変化を明白に記録している。この新しい泐痕は一九一〇年代以後の拓本を判断する一つの判断基準となる。同時にこの「城」は、第二面6行10字の「新」と第二面10行28字の「満」とともに、原石拓本と一九三〇年代以後の石灰剥落時期とを区別する重要な標識となる。

(7)「慈(後)」この字は、原石拓本の残存筆画および前後の文脈から考えると「慈」であるはずだが、碑石が発

⑸１面７行41字「群（兼）」（字形の変遷）

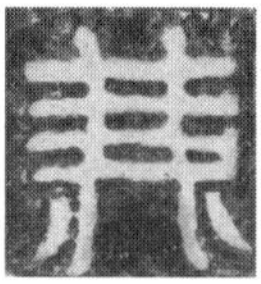
潘祖蔭旧蔵本

酒匂本

王氏蔵本

中国国図蔵本

北大Ｄ本

水谷拓本

文運堂本

内藤湖南本

楊守敬本

古呉軒本

呉椒甫本

天理大学乙本

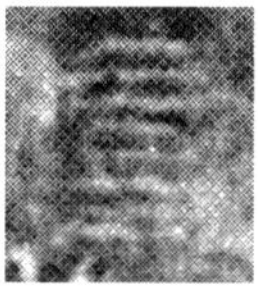
内藤湖南写真

東大考古室本

シャバンヌ本

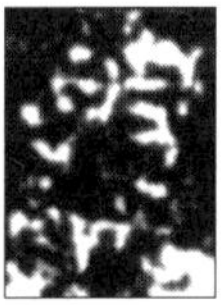
傅斯年丙本

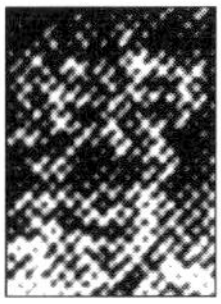
上田正昭本

今西龍写真

朝鮮総督府本

傅斯年丁本

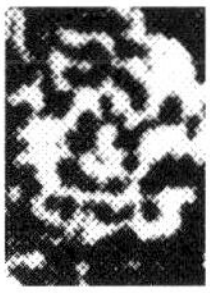
九州大学本

北大Ｆ本

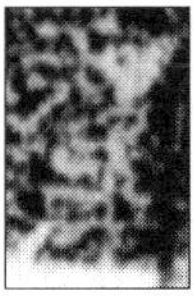
目黒区本

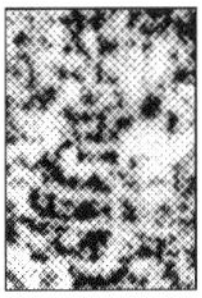
書学院本

周雲台拓本

(6) 1面10行27字「城」(字形の変遷 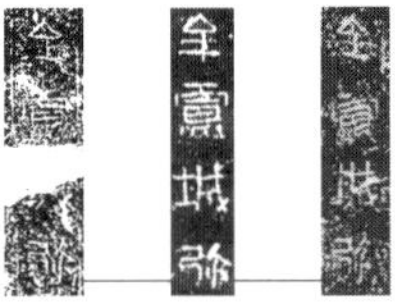)

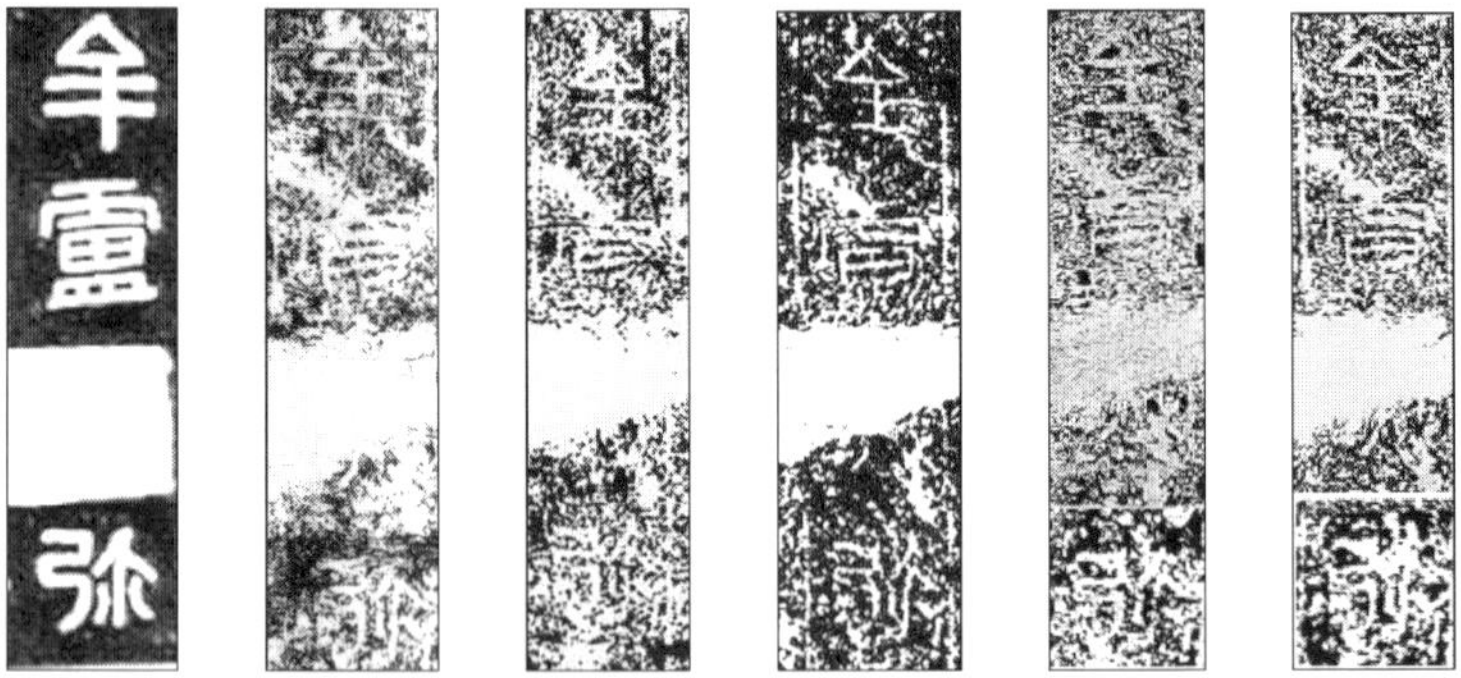

酒匂本　中国国図蔵本　北大Ｅ本　北大Ａ本　北大Ｂ本　北大Ｄ本

文運堂本　内藤湖南本　楊守敬本　古呉軒本　呉椒甫本　内藤写真　天理大学乙本

東大考古室本

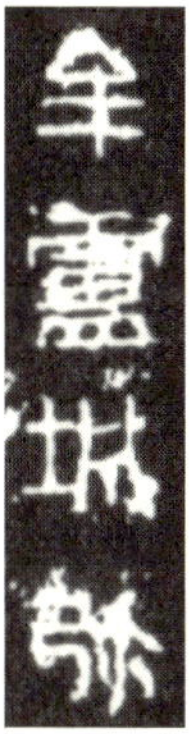
シャバンヌ本

傅斯年丙本

上田正昭本

今西龍写真

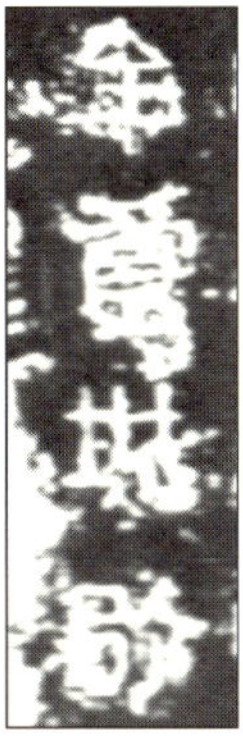
朝鮮総督府本

読売放送所本

東洋文化所本

九州大学本

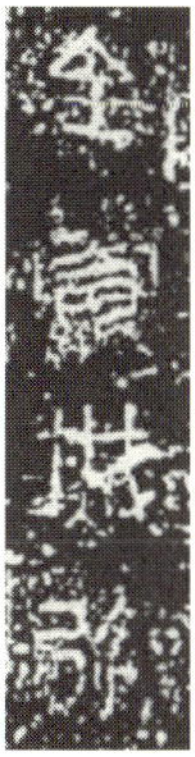
北大Ｆ本

目黒区本

北大Ｇ本

書学院本

張明善本

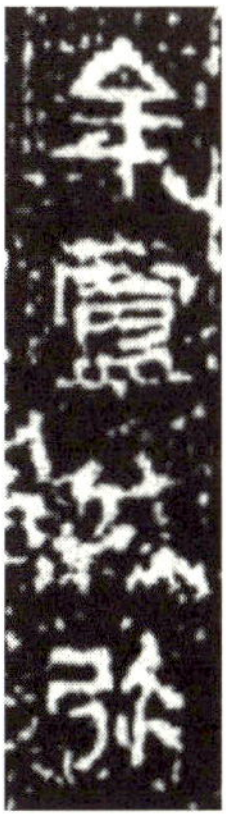
周雲台本

見された当初、酒匂本の製作者に「後」と誤認された。以後の釈文は長期にわたりその影響を受けた。石灰拓本で最初にこの字を「後」と補修したのは文運堂本である。その後「後」の字形は三種類の変化を経ている。比較表では文運堂本以後の拓本を三組に分けることができる。文運堂本から楊守敬本までは第一組になる。この時の「後」の字形は比較的細長い。古呉軒本から羅振玉本は第二組になる。古呉軒本の製作時期に「後」は二度目の補修が行われた。この時の「後」は正方形となり、筆画の形状も前回の補修の際とは異なっている。内藤湖南写真はこの時期の石灰補字の状況を写している。傅斯年丙本以後の拓本は第三組にまとめられる。傅斯年丙本が製作される前後に「後」はまた補修され、左側の行人偏の形が前回の補修とは異なり、また右側の筆画は破損し始める。およそ一九一八年以後、この字の石灰が次第に剥落し、字形と筆画が曖昧になってきた。一九八一年の周雲台本では、釈読不能となっている。

(8)「官軍（官兵）」「官軍」の「軍」は、碑石発見初期に製作された酒匂本には「兵」とされているが、原石拓本の筆画によれば「軍」である。文運堂本ではすでに補修され、「軍」から「兵」への過渡状況を表している。内藤湖南本以後の石灰拓本は初期廓填本の釈文の影響によって全て「兵」と補修されている。中野政一本以後「兵」の中央部分は破損し始め、一九二〇年代中後期の九州大学本と北大F本には、「兵」の第一画は倒置された「L」の形になっている。書学院本が製作された一九三〇年代中期ごろになるとはっきりしなくなる。一九八一年の周雲台本では「兵」の字形が完全に喪失し、石灰補字の初期の文運堂本と類似する。

(9)「新（満）」碑石が発見された初期には第二面10行28字は既に破損していて識別しにくい。酒匂本の製作者はこの字を釈読できなかった。原石拓本ではこの字の拓出状態は基本的に一致している。つまり右側は「斤」に似ているが、左側は幾つかの残画しかない。筆者はこの字を「新」と推測する。ただ、古呉軒本と呉椒甫本の時期になってから、この字は「満」に修補された。文運堂本の時期に最初の石灰補修を受けたが、補修後の造字は「満」ではなく、

(7) 2 面 7 行37字「慈（後）」（字形の変遷  ）

酒匂本

王氏蔵本

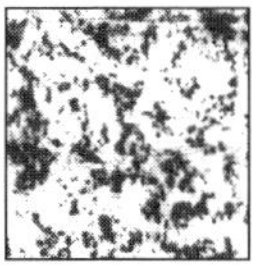
中国国図蔵本

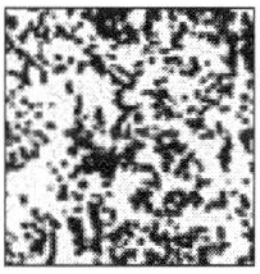
北大Ｅ本

北大Ａ本

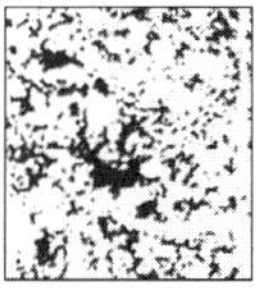
北大Ｂ本

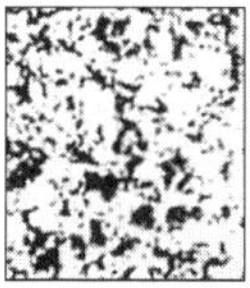
北大Ｃ本

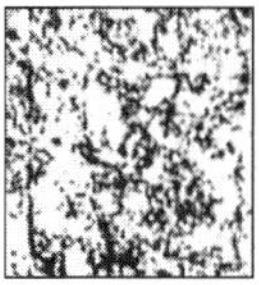
北大Ｄ本

文運堂本

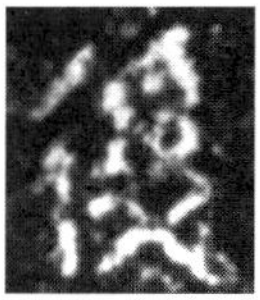
内藤湖南本

楊守敬本

古呉軒本

呉椒甫本

天理大学乙本

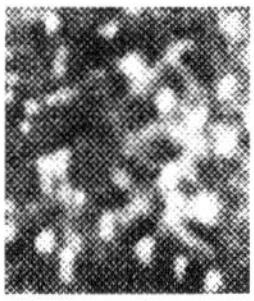
内藤写真

東大考古室本

シャバンヌ本

羅振玉本

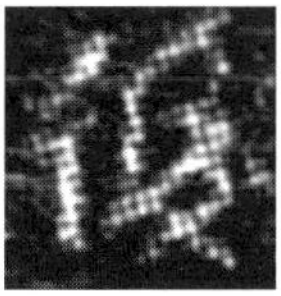
傅斯年丙本

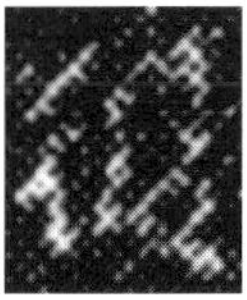
上田正昭本

ソウル大学本

朝鮮総督府本

北京某本

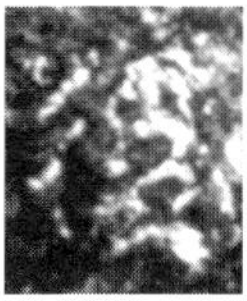
朝鮮金石総覧写真（1918年）

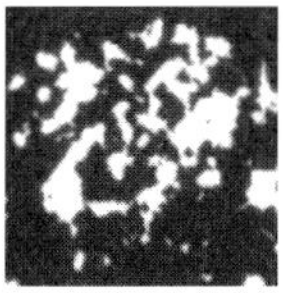
東洋文化所本

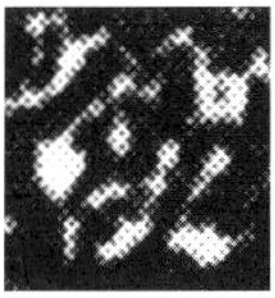
九州大学本

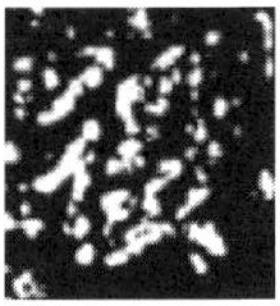
北大Ｆ本

目黒区本

書学院本

周雲台本

(8) 2 面 8 行35～36字「官軍(官兵)」(字形の変遷     )

酒匂本

王氏蔵本

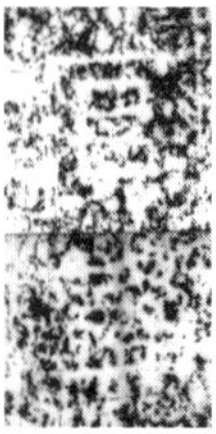
中国国図蔵本

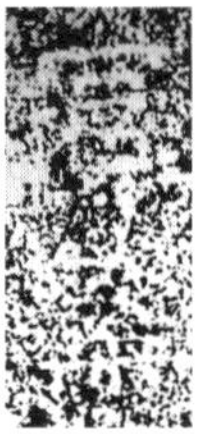
北大Ｂ本

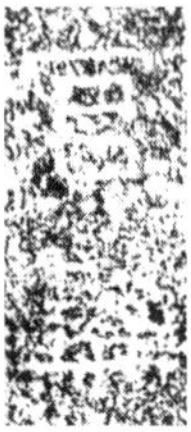
北大Ｄ本

水谷拓本

文運堂本

内藤湖南本

楊守敬本

古呉軒本

呉椒甫本

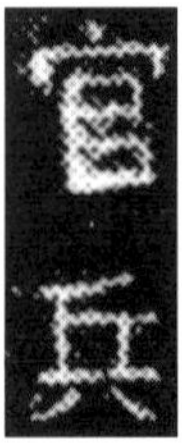
天理大学乙本

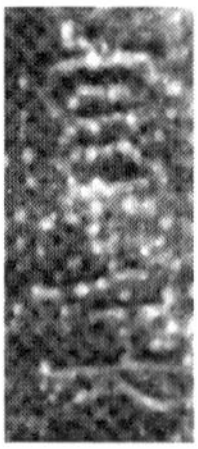
内藤写真

東大考古室本

シャバンヌ本

羅振玉本

傅斯年丙本

上田正昭本

ソウル大学本

中野政一本　今西龍写真　朝鮮総督府本　北京某本　黒板勝美写真　読売放送所本

東洋文化所本　九州大学本　北大Ｆ本　目黒区本　書学院本　周雲台本

「西」である。後の内藤湖南本と楊守敬本ではこの字を拓出できなかった。たぶん拓碑者は「西」と解釈するのが妥当でないと考えて、それを削除したのかも知れない。古呉軒本と呉椒甫本における「満」字ははっきりと見える。その後、朝鮮総督府本までは「満」の基本形態は変化していない。読売放送所本が製作された前後にまた補修され、「満」の右下の「両」は前回補修後の字形と異なり、同時に筆画も曖昧になってきた。

　以上の九碑字の比較をするにあたり、拓本資料と拓本写真資料の制限のため、個々の碑字を比較する時に、完全に一致する拓本資料は使用しなかった。上述のものの他に、同じ方法で別の23字を比較した。（本章末尾の「好太王碑各時期拓本の碑字字形の比較」の二を参照）

　以上の比較によれば、同じ碑字であっても時期が違うと字形の特徴が異なる。つまり、ある種の字形特徴はある特定の時期と結びつくことになる。このように考えれば、碑字の字形特徴を利用して、既知の絶対年代と相対年代が判明している拓本を参考にしながら、年代記録がない拓本の編年が可能となる。たとえば、呉椒甫本が一八九四年に製作されたとしたら、同じ碑

⑼ 2 面10行28字「新（滿）」（字形の変遷 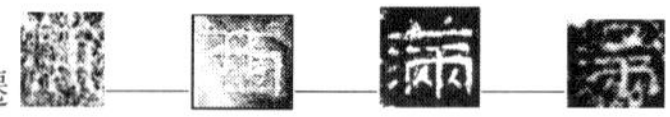）

酒匂本

王氏蔵本

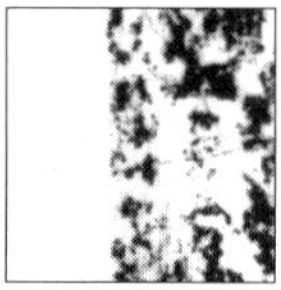
中国国図蔵本

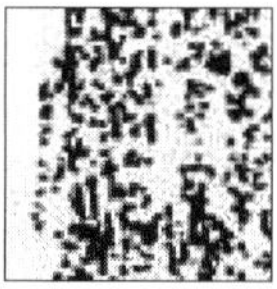
北大Ｅ本

北大Ａ本

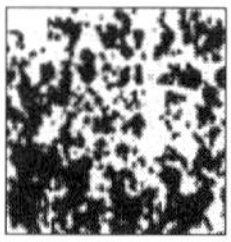
北大Ｂ本

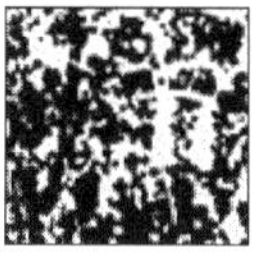
北大Ｃ本

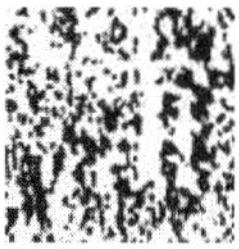
北大Ｄ本

金子鴎亭本

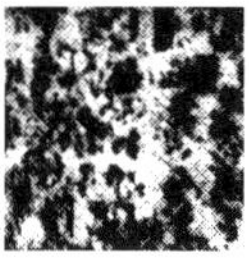
水谷拓本

文運堂本

楊守敬本

古呉軒本

呉椒甫本

東大考古室本

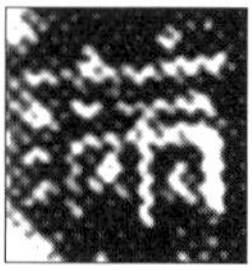
天理大学乙本

シャバンヌ本

久米邦武引用本

羅振玉本

天津某本

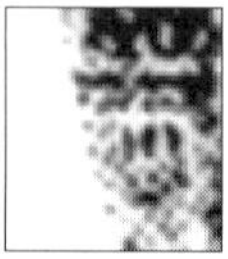
中野政一本

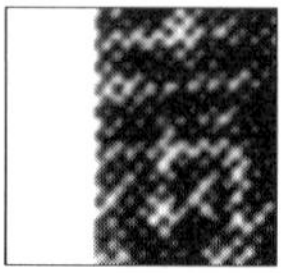
ソウル大学本

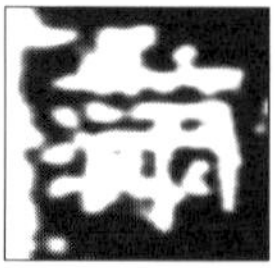
朝鮮総督府本

読売放送所本

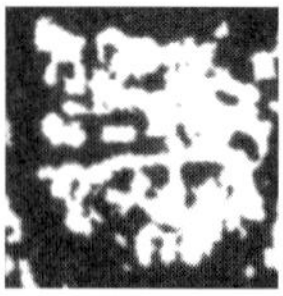
東洋文化所本

九州大学本

北大Ｆ本

目黒区本

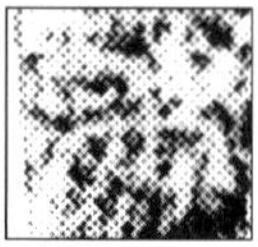
書学院本

周雲台本

字の特徴を持つ拓本の年代も一八九四年前後となるはずである。また、従来の研究では楊守敬本の製作年代は、この拓本の入手時期（一九〇二年）を基に呉椒甫本の後に位置づけられることが多かった。しかし「碑字字形比較法」で分析した結果によると、内藤湖南本の後、呉椒甫本の前に編年されるべきである。つまり、製作年代は一九〇〇年前後ではなく、一八九四年以前となる。もう一つの例を挙げると、上田正昭本は白崎昭一郎氏の編年では内藤湖南本と呉椒甫本の前に位置づけられたが、上述の比較によれば、上田正昭本はシャバンヌ本（一九〇七年）以後に製作された拓本であると考えられる。

第四節　石灰補字の原因を再論して

碑字の字形特徴の比較から、石灰で補修した回数を推測することができる。異なる時期における碑字特徴の比較から、一九二〇年代以前におおよそ四回の明らかな石灰補修が行われていたと考える。一般的に石灰で碑面と碑字を補修するのは、主に碑字を明晰にし、碑面をより平坦にし、採拓を容易にするためであるが、毎回補修する具体的な原因と方法は完全に同じではない。

第一回の補修は、原石拓本と文運堂本の間に行われた。それは一八八九年に李雲従が拓碑してから一八九四年に呉椒甫本が出現する前のある時期であり、一八九〇年代の最初の二、三年だと推測している。この補修は比較的広範にわたっている。前章での文運堂石灰補字状況の考察によれば、補修範囲は全碑面に及び、第一面と第二面で補修された碑字は七〇%を占めている。補修されたのはおおむね破損して明晰に拓出できない碑字である。このことから石灰補字の原因は、碑字を明確にするためであると考えられる。

第二回の補修は、文運堂本と内藤湖南本の間に行われた。内藤湖南本は基本的には文運堂本の碑字の字形特徴を継承しているが、個別の碑字に更なる補修を施している。例えば第二面8行36字の「兵」（実は「軍」である）は、文運堂本ではまだ「兵」に補修していないが、内藤湖南本ではすでに明確に「兵」と補修している。内藤湖南本と文運堂本を比較すると、最も大きな違いは内藤湖南本が濃墨重拓本であり、碑字の周囲に墨が非常に多く、石華がほとんど見えない点で、文運堂本と大きく異なっている。この状況から、内藤湖南本の製作以前に碑面は綿密に補修して埋められ、文運堂本の製作時よりさらに平坦になったことが分かる。それではなぜ拓碑者は文運堂本のような淡墨本の製作から内藤湖南本のような濃墨重拓本に変更したのだろうか。私見では、内藤湖南本が濃墨重拓法を使用したのは、拓碑者が好太王碑に石灰を塗って造字した痕跡を隠すためである。文運堂本の観察によれば、補修した碑字、特に造字したものは、淡墨拓本上に鮮明な痕跡が残っている。この種の鮮明な造字の痕跡は金石家に碑文の信憑性を疑わせるため、拓碑者は碑面にもっと精緻な補修を加え、その後に濃墨重拓の方法で内藤湖南本のような拓本を製作したのである。この種の濃墨拓本は補修造字の痕跡をよく隠すことができた（左図参照）。確認したいのは、ここでいう補字の痕跡を隠すことは、李進熙氏が主張する「参謀本部による石灰塗付作戦」とは全然関係がないということである。それは単に現地の拓工が考えだした偽物と本物の見分けをつけにくくさせる手段にすぎない、と考えられる。

以上の第一回と第二回の補修はごく短期間に行われたと考えられる。石灰補修の初期にあたるので、拓碑者は補修した碑文に絶えず微調整を行った。例えば内藤湖南本と楊守敬本では文運堂本の第二面10行28字の「西」の釈文を消しており、内藤湖南本は第二面8行36字の元来「軍」であった字を「兵」に変更し、楊守敬本は内藤湖南本の第二面4行7字の「而」を「百」に変えている点などである。

第三回の補修は、楊守敬本と古呉軒本および呉椒甫本の間で行われた。本論で比較した32字のうち多くのものが楊

文運堂本（左）の「子」には鮮明な石灰補字の痕跡がある、内藤湖南本（右）は濃墨重拓の方法をとったため、石灰で補修した痕跡が見えなくなる

守敬本の後に字形が変わっているので、楊守敬本と古呉軒本・呉椒甫本の間に一度補修したことが分かる。この補修によって、楊守敬本で曖昧になっていた碑字の一部が、再び明確になってきている。例えば第一面2行33字の「我」、第一面1行34字の「有」、第一面2行2字の「車」（幸）、第一面2行36字の「浮」、第一面3行10～12字の「沸流谷」、第二面9行36字の「満」（寇）等である。この状況によれば、今回の補修の目的も碑字を明晰にするためである。そのほかに、新たに確定および増加した碑字がある。たとえば、楊守敬本の第一面9行8字の「来」を「耒」に変えたり、第二面4行7字を「百」（「而」であるべき）と確定したりした。新しく増加した字には、第一面10行27字の「城」、第二面10行28字の「満」がある。

内藤湖南本（一八九〇年以後間もなく）から古呉軒本と呉椒甫本（一八九四年前後）までは、時間的に余り離れていないのに、なぜまた補修をしたのだろうか。内藤湖南本で碑字はかなり明瞭であるが、楊守敬本が製作される時期になると碑字はまた模糊としている。この現象によれば、第一回と第二回の補修はあまりよくできていなかったことになり、あるいは補修にあたっての方法と材料に関係するかもしれない。このように考えれば、楊守敬本が製作される時期には、碑字の石灰はもう部分的に剥落し始めていたので、碑字を明確にするために第三回の補修を行ったのである。第三回の補修後には、数多くの拓本が作られた。この時期の拓本（上海某本、古呉軒本、呉椒甫本、天理大学乙本、東大考古室本等を含む）は、あらゆる好太王碑拓本のなかで字体が最も明晰である。一九〇七年のシャバンヌ本の後になると、碑字はまた新たな剥落を始める。

第四回の補修は朝鮮総督府本から黒板勝美が写真を撮影した一九一八年の間に行われた。武田幸男氏は最近、朝鮮総督府本が一九一三年一〇月に今西龍と関野貞が碑の現地調査を行った時に入手した拓本であり、従来言われていた一九一八年の拓本ではないと指摘した(23)。朝鮮総督府本と一九一八年に黒板勝美が調査時に撮影した写真を比較すると、同様の判断が得られる。黒板勝美の写真から碑字の様相、例えば第一面5行18字の「武」の形態は、朝鮮総督府本と全く異なることが分かる。一九〇七年のシャバンヌ本から一九一三年の朝鮮総督府本の間の六年間は、第三回補修期の後期にあたる。この時期の拓本には、碑字の石灰が次第に剥落する過程が現れている。傅斯年丙本、上田正昭本と中野政一本は皆この時期に製作されている。一九一三年から一九一八年の間に、碑石はまた補修された。これは採拓史上第四回目の補修である。しかし、今回のものは碑字を補修するためではないようで、主に碑字周囲の碑面を補修している。一九一八年に撮影された黒板勝美の写真がこの状況を現している。写真によれば、碑字の上には石灰が比較的少なく、碑字と碑字の間には埋められた石灰が層をなしていて、遠くから見ると僧侶の袈裟の模様のようである（左図参照）。黒板勝美の写真には、碑文の第一面5行18字の「武」字が「戓」字になっている。前述のように、この一画を加えた「武」は初期廓填本と原石拓本にしか現れておらず、一九一三年以前の石灰拓本には存在しない。この「武」字に一致する拓本は一九一〇年代中期以後の読売放送所本、傅斯年丁本等である。これらの拓本と一九一三年以前の拓本とを明確に区別するもう一つの特徴は、第二面の右中部から左上部の亀裂が平らに埋められ、拓本上の空

1918年の黒板勝美写真（碑文第一面中部）と写真での１面５行18字「武」

白が消えてしまうことである。

第四回補修の原因は現状ではまだ不明である。耿鉄華氏は、碑字の周囲に白い石灰を塗ったのは採拓を容易にするためではなく、黒板勝美に写真をもっとはっきり撮影させるためだと主張した(24)。この解釈は少々強引である。一九二〇年代の拓本の実物で筆者が実見したものは、北大Ｆ本、目黒区本（一九二六〜三一年の間）、集安呂耀東本（一九二八年以前）など数種類ある。このうち北大Ｆ本と集安呂耀東本は整紙本で未表装である。これらの拓本は墨色が濃重で、紙面の破損も比較的少ない。この状況は第四回の補修、つまり碑字の周囲に大量の石灰を塗った補修は紙面の破損を避けるためであることを暗示している。

碑石は第四回の補修後、大規模な改変を受けなかったようである。当然個別碑字についての補修は引き続き行われている（たとえば第1面3行41字の「黄」の補修。本章末尾の「好太王碑各時期拓本の碑字字形の比較」の二の（8）の北大Ｆ本と目黒区本を参照）。一九三〇年代以後に碑石の石灰は大幅に剥落しており、書学院本・足立幸一本はその時期の拓本にあたる。書学院本には、数多くの石華が見られる拓本に現れる縦界線が、比較的多く拓出されている。同時に、石灰で補修した碑字は元来の様相を露呈している。これらは碑石上の石灰が広範囲に剥落し始めたことを物語っている。

以上のように石灰補字の特徴の変化に基づいて、石灰拓本の流行時期に行われた四回の補修を分析した。石灰補修の原因分析によれば、石灰補字は主に、如何にして碑字の拓出を明晰かつ完全にし、如何にして拓本製作を容易にするかという目的を中心にしており、その過程において、特殊な目的で意図的に碑文を改ざんしたことはない。そして、以上の考察の補修回数も「石灰塗付作戦」説とは符合しない。李進熙氏は、日本陸軍参謀本部による第二回と第三回の「石灰塗付作戦」は一八九九年前後と一九〇〇年以後最初の数年に行われたと主張する。私見による補修問題についての主な結論は以下のとおりである。(1)第一回の石灰補字は、一八八九年の後から一八九〇年代初期までのある時期に実施されたのであり、李氏の言うように酒匂本が製作された時期、つまり一八八三年ごろに行われたのではない。第一回の石灰補字の後に製作された拓本は文運堂本と故宮淡墨本である。(2)石灰拓本製作時期に、現地の拓工は少なくとも四回の補修をした。李氏の言うように二回ではない。もしどうしても「石灰塗付作戦」説で考えようとするなら、四回の「作戦」についての明確な根拠を出さなければならない。実際には「石灰塗付作戦」が実施されたことを証明する具体的な証拠は未だに発見されていないので、「石灰塗付作戦」説で石灰補字の原因を考える必要がないと思う。

第五節　各種類の拓本の編年

前述した各時期の拓本、特に石灰拓本の分析に基づいて、研究史上の編年を参考にしながら、各時期の拓本について以下のような編年案を試案として提出する。

一、部分的原石拓本と初期廓填本（墨水廓填本）の並行期（一八八〇年～）

(1)この時期の拓本と初期廓填本は、次の通りである。関月山の手拓による部分的拓本、李超瓊が李鴻裔を経由して潘祖蔭に贈った拓本（一八八一年以前に製作され、潘祖蔭は一八八三年四月～八四年六月の間にこの拓本を入手）、酒匂本（一八八三年に入手。その製作年代は潘祖蔭本とほぼ同時期である）。

(2)伝承中の初期廓填本。李超瓊が李鴻裔に贈った拓本（一八八一年前に製作され、李鴻裔は大体一八八三年ごろにこの拓本を入手）、張金波本、陳士芸が呉大澂に贈った拓本（一八八六年前に製作）。

二、完全な原石拓本の製作時期（一八八七～八九年）

(1)第Ⅰ類型の原石拓本（約一八八七年～）

傅斯年乙本・北大E本・王氏蔵本・北図蔵本。これらの拓本は一八八七年の談広慶製作本と一八八八年楊頤、王頌蔚が北京に持ち帰った拓本である可能性が高い。

(2)第Ⅱ類型の原石拓本（一八八九年李雲従が製作した拓本）

北大A本（一八八九年に李雲従が採拓したことを跋文記録した拓本）・北大D本・金子鴎亭本・任昌淳本（一八八九年に李雲従が採拓したことを跋文記録した拓本）・傅斯年甲本・北大B本・北大C本・書通本・水谷拓本。

(3)伝承中の原石拓本

小松宮蔵本・堀正雄本。

李雲従が集安を離れた後から石灰補字が始まるまでの間、現地の拓工が原石拓本を製作したかどうかは現段階では不明。他に、この時期に初期廓填本（即ち墨水廓填本）の製作或いは複製をした可能性を排除できない。

三、石灰拓本の製作時期（一八九〇年―一八九四年の間～）

(1)第一回補修時期（およそ一八九〇年～九四年の間）

文運堂本・故宮淡墨本。

(2)第二回の補修は第一回の補修の後

内藤湖南本・楊守敬本。

(3)第三回補修期（およそ一八九四年～）

上海某本（下限は一八九四年）・蘇州古呉軒本（下限は一八九四年）・呉椒甫本（下限は一八九四年）・東大文学部考古室本（下限は一九〇五年）・天理大学乙本（一九〇五年）・シャバンヌ本（一九〇七年）・羅振玉本（下限は一九〇九年）・傅斯年丙本（一九一〇年前後）・久米邦武引用本（一九一〇年前後）・上田正昭本（一九一〇年前後）・中野政一本（一九一二年）・天理大学甲本（今西龍一九一三年前）・朝鮮総督府本（一九一三年）・ソウル大学本（一九一三年前）。

(4)第四回補修期（一九一三年―一九一八年～）

天津某本（一九一三～一八年の間）・北京某本（一九一三～一八年の間）・傅斯年丁本・読売放送所本・東大東洋文化研究所本・京大人文研究所本・九州大学本（一九二七年）・北大F本・東京目黒区本（一九二六～三一年）・集安呂耀東本・北大G本。

（5）石灰の全面剥落期（一九三〇年代中期頃～）

書学院本・足立幸一本。

四、碑石が保護される時期の拓本（一九六三年～）

張明善本（一九六三年）・周雲台本（一九八一年）・周栄順本（一九九〇年）。

註

（1）水谷悌二郎「好太王碑考」『書品』第一〇〇号、一九五九年

（2）李進熙『広開土王陵碑の研究』吉川弘文館、一九七二年、同『好太王碑の謎』講談社、一九七三年、同『好太王碑と任那日本府』学生社、一九七七年

（3）中塚明「近代日本史学史における朝鮮問題―とくに『広開土王陵碑』をめぐって」『思想』五六一号、一九七一年

（4）佐伯有清『広開土王碑と参謀本部』吉川弘文館、一九七六年

（5）永井哲雄「高句麗広開土王碑文の将来者をめぐる一、二の史料追加について」『日本歴史』第二九六号、一九七三年

（6）王健群『好太王碑研究』吉林人民出版社、一九八四年、三一頁

（7）王健群・賈士金等『好太王碑と高句麗遺跡』読売新聞社。一九八八年

（8）王健群「九州大学蔵好太王碑拓本の拓製年代について」『シンポジウム好太王碑』東方書店、一九八五年一二月、二一〇～二一二頁、王健群・賈士金・方起東『好太王碑と高句麗遺跡』読売新聞社、一九八八年、六五～九八頁

（9）武田幸男「広開土王碑研究の現段階」『広開土王碑原石拓本集成』東京大学出版会、一九八八年、二二八～二六三頁

（10）武田幸男「「広開土王碑」墨本の基礎的研究」『東方学』第一〇七輯、二〇〇四年一月

（11）白崎昭一郎『広開土王碑文の研究』吉川弘文館、一九九三年、五一頁

（12）朴真奭『好太王碑拓本研究』黒龍江朝鮮民族出版社、二〇〇一年六月三八一〜三八八頁
（13）耿鉄華『好太王碑一千五百八十年祭』中国社会科学出版社、二〇〇三年九八〜九九頁
（14）水谷悌二郎「好太王碑考」第一章　好太王碑墨本考、前掲
（15）水谷悌二郎「好太王碑考」第三章は一九四九年に完成。「附　好太王碑字の変相」は一九五二年に完成。末松保和「解説」（水谷悌二郎『好太王碑考』開明書院、一九七七年）を参照。
（16）水谷悌二郎「好太王碑考」前掲、一六七〜一六八頁
（17）一九四八年に水谷氏は東京本郷の書店で一部の鄭孝胥旧蔵の好太王碑拓本を調査した。書店方面によると、この本は二〇年前（一九二六年前後）、鄭孝胥が北京の拓工に頼んで製作した拓本である。水谷悌二郎「好太王碑考」前掲、一六七〜一六八頁を参照。鄭孝胥本の様相は恐らく一九二七年以前に製作された九州大学図書館本に似ているのであろう。
（18）書学院本の影印は、日本書学院編『書道研究』創刊号一九八七年六月に載せてある。
（19）武田幸男「「広開土王碑」墨本の基礎的研究」前掲、一〇・一一頁
（20）この点に関して、白崎昭一郎氏も指摘したことがある。同『広開土王碑文の研究』前掲、三九頁を参照。
（21）張彦生は『善本碑帖録』で、民国年間に北京瑠璃廠拓工穆播臣が拓本を採ったことを述べている（張彦生『善本碑帖録』考古学専刊乙種第一九号、中華書局一九八四年、五四—五五頁参照）。その他先述した鄭孝胥跋文でも北京拓工を拓碑に派遣したことに言及している（水谷悌二郎「好太王碑考」前掲、一六七頁）。
（22）王健群『好太王碑研究』前掲、図2—7〜2—10の「初均徳が残した碑文手抄本」を参照。
（23）武田幸男「天理図書館蔵〈高句麗広開土王陵碑〉拓本について」『朝鮮学報』第一七四輯、二〇〇〇年一月、四五〜四七頁
（24）耿鉄華『好太王碑一千五百八十年祭』前掲、一四五〜一四七頁

⑴1面1行29字「世（𠀋）」（字形の変遷  ）

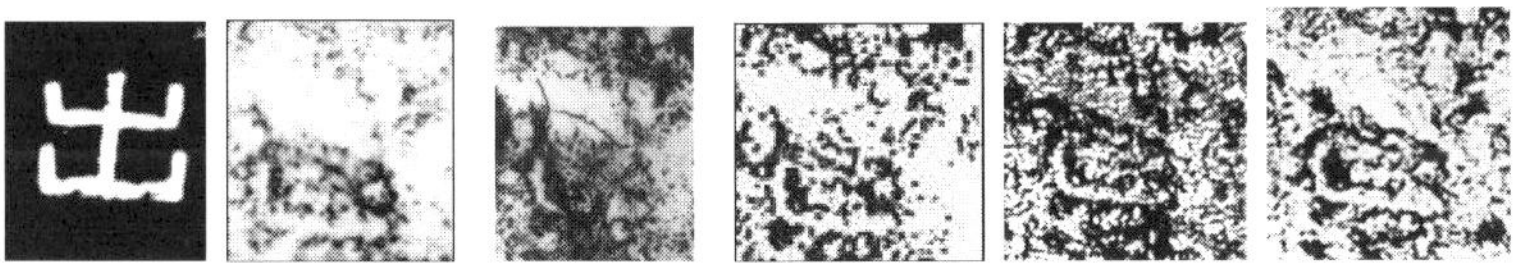

酒匂本　王氏蔵本　中国国図蔵本　北大Ｅ本　北大Ａ本　北大Ｂ本

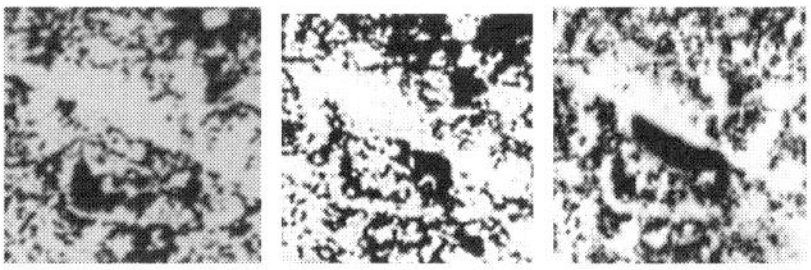

北大Ｃ本　北大Ｄ本　水谷拓本

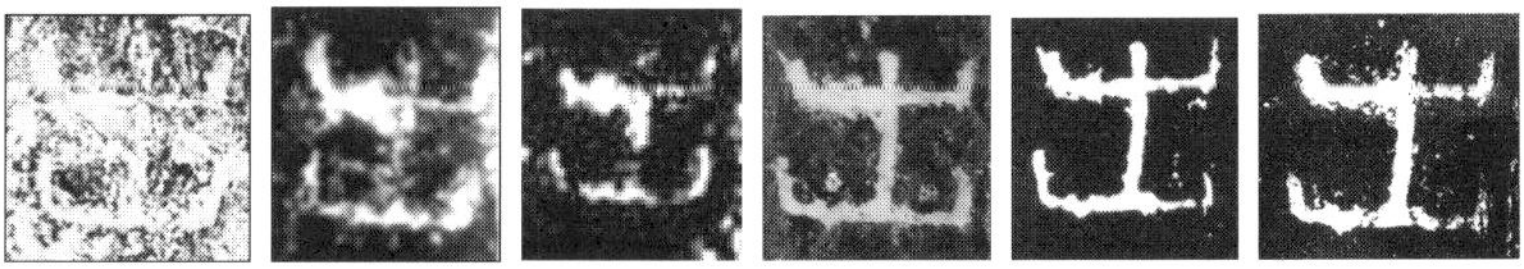

文運堂本　内藤湖南本　楊守敬本　上海某本　古呉軒本　呉椒甫本

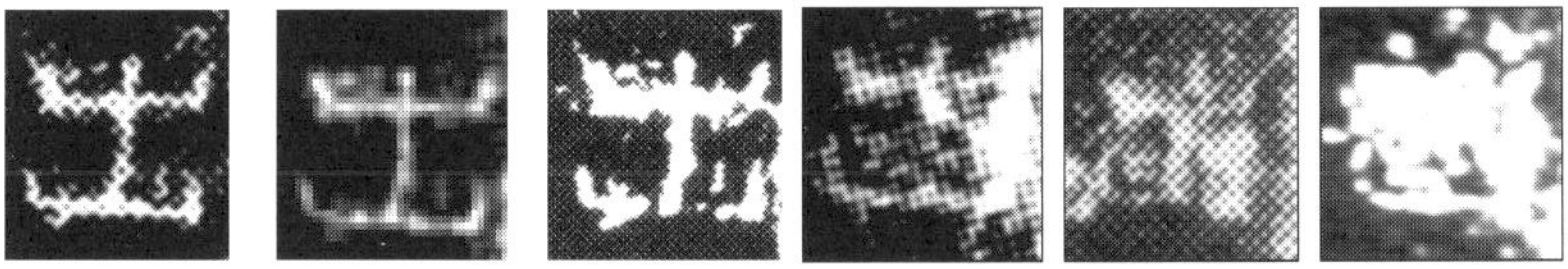

天理大学乙本　東大考古室本　シャバンヌ本　傅斯年丙本　ソウル大学本　朝鮮総督府本

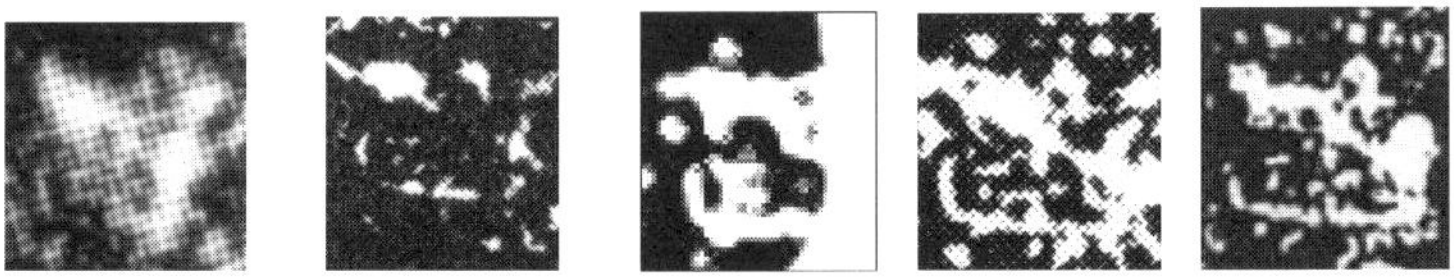

傅斯年丁本　東洋文化所本　読売放送所本　九州大学本　北大Ｆ本

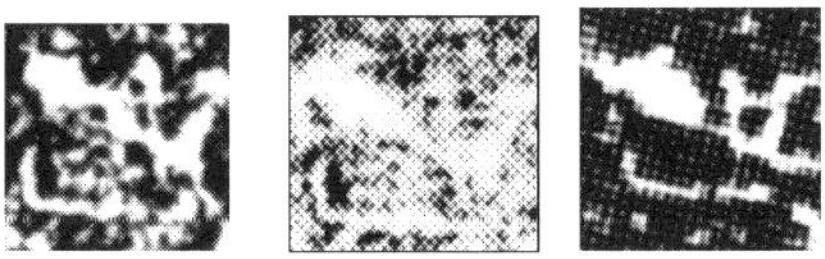

目黒区本　書学院本　周雲台本

⑵１面１行34字「有」（字形の変遷 ——————）

酒匂本

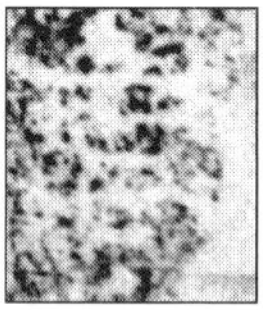
王氏蔵本

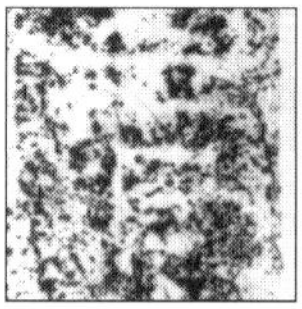
中国国図蔵本

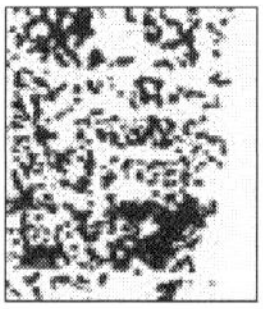
北大Ｅ本

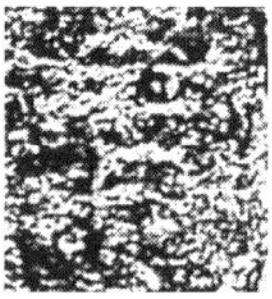
北大Ａ本

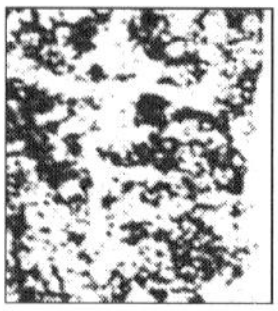
北大Ｂ本

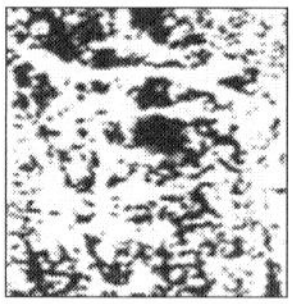
北大Ｃ本

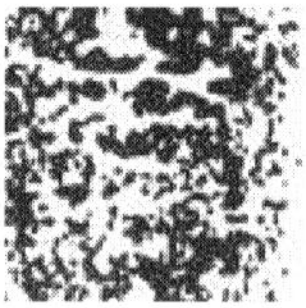
北大Ｄ本

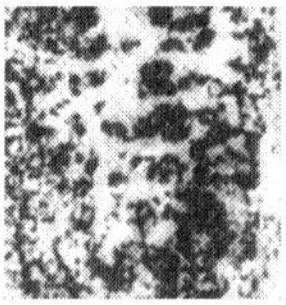
水谷拓本

文運堂本

内藤湖南本

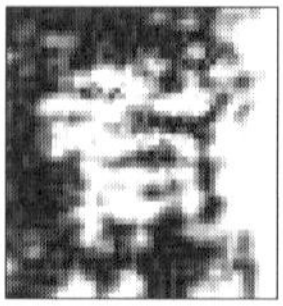
楊守敬本

上海某本

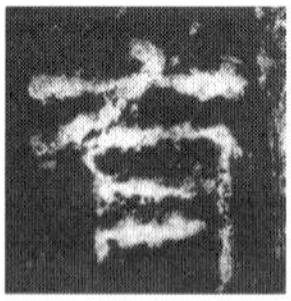
古呉軒本

呉椒甫本

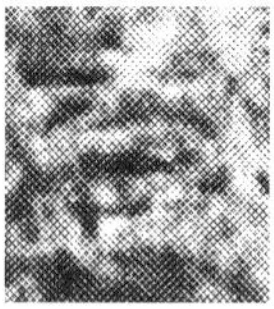
内藤湖南写真

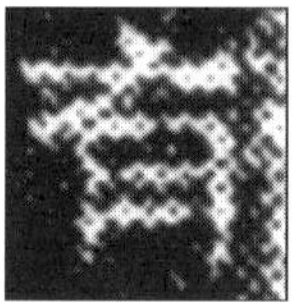
天理大学乙本

東大考古室本

シャバンヌ本

傅斯年丙本

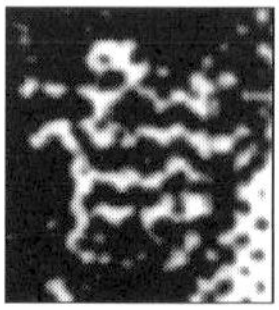
中野政一本

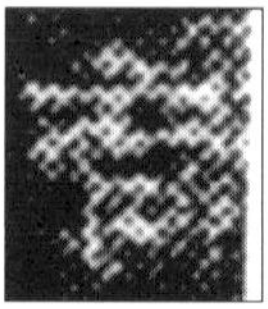
上田正昭本

ソウル大学本

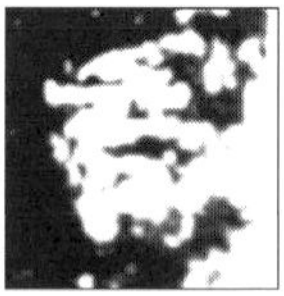
朝鮮総督府本

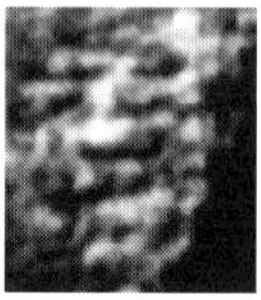
今西龍写真

北京某本

東洋文化所本

九州大学本

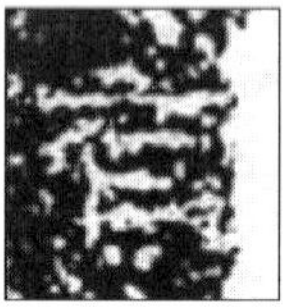
北大Ｆ本

目黒区本

書学院本

周雲台本

(3) 1面2行2字「幸（車）」（字形の変遷 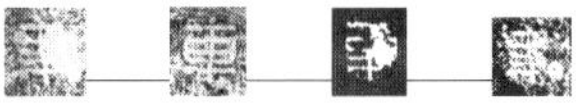）

酒匂本

王氏蔵本

中国国図蔵本

北大A本

水谷拓本

文運堂本

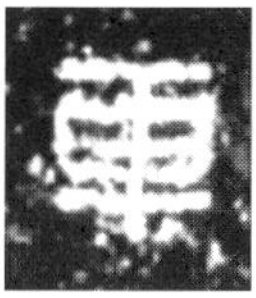
内藤湖南本

楊守敬本

上海某本

古呉軒本

呉椒甫本

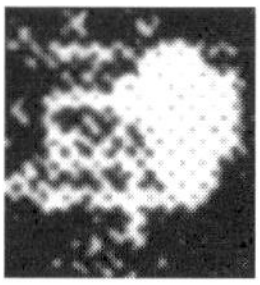
天理大学乙本

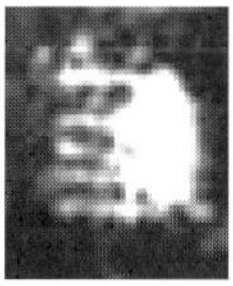
東大考古室本

シャバンヌ本

羅振玉本

傅斯年丙本

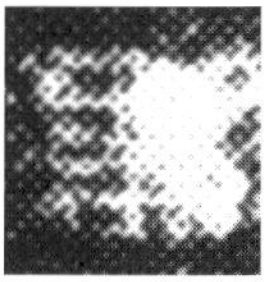
上田正昭本

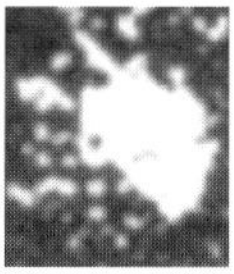
中野政一本

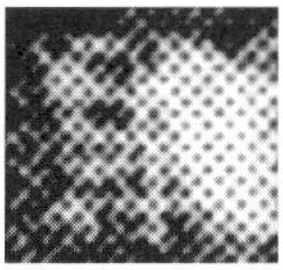
ソウル大学本

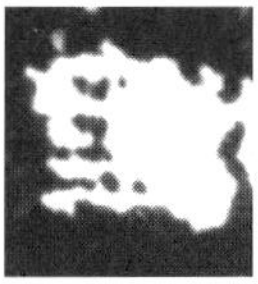
朝鮮総督府本

北京某本

読売放送所本

東洋文化所本

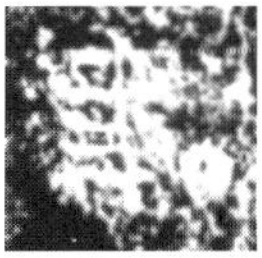
京大人文研本

九州大学本

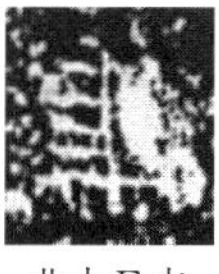
北大F本

目黒区本

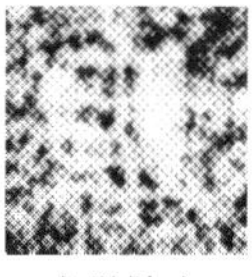
書学院本

周雲台本

⑷１面２行14字「臨」（字形の変遷 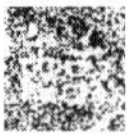 ——  ——  ）

酒匂本

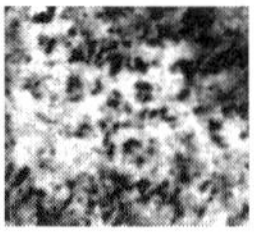
王氏蔵本

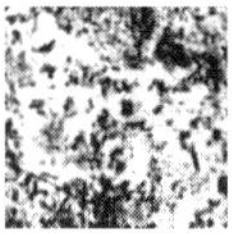
中国国図蔵本

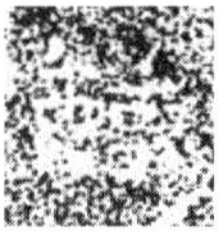
北大Ｅ本

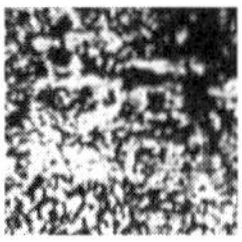
北大Ａ本

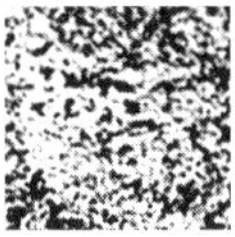
北大Ｂ本

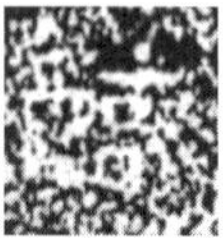
北大Ｃ本

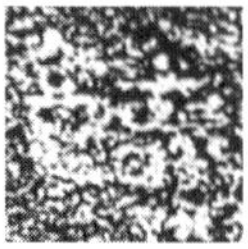
北大Ｄ本

文運堂本

内藤湖南本

楊守敬本

上海某本

古呉軒本

呉椒甫本

四川美術本

天理大学乙本

東大考古室本

内藤写真

シャバンヌ本

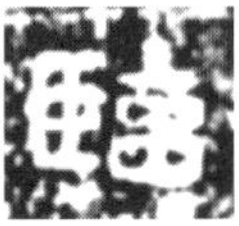
羅振玉本

書品100号本

久米邦武引用本

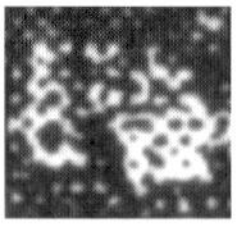
中野政一本

ソウル大学本

朝鮮総督府本

今西龍写真

北京某本

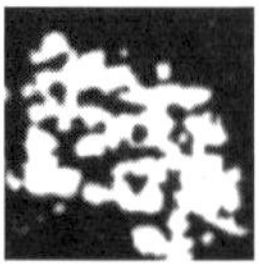
読売放送所本

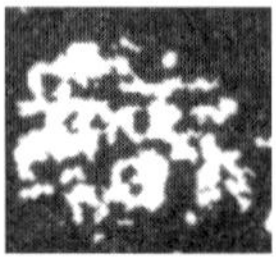
東洋文化所本

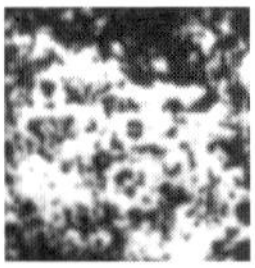
京大人文研本

九州大学本

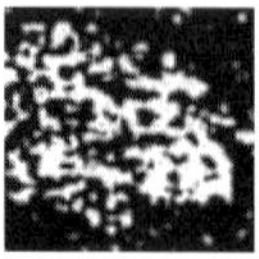
北大Ｆ本

目黒区本

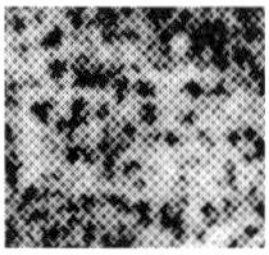
書学院本

周雲台本

⑸ 1 面 2 行36字「浮」（字形の変遷 ）

酒匂本

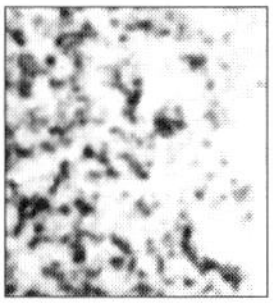
王氏蔵本

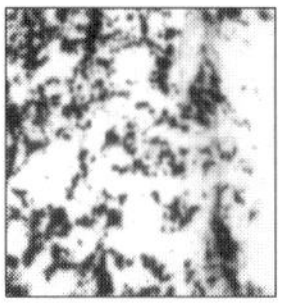
中国国図蔵本

北大Ａ本

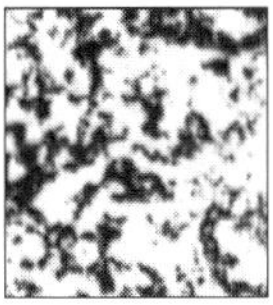
水谷拓本

文運堂本

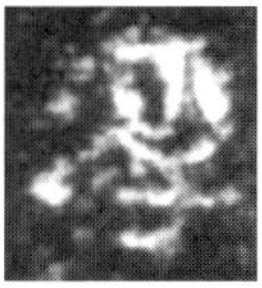
内藤湖南本

楊守敬本

上海某本

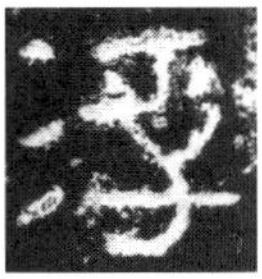
古呉軒本

呉椒甫本

四川美術本

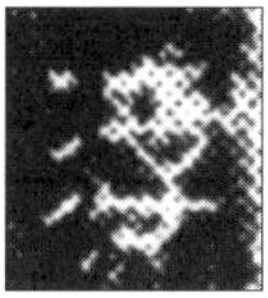
天理大学乙本

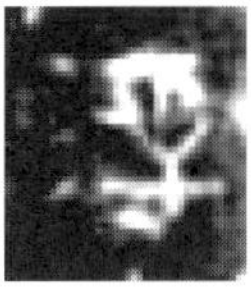
東大考古室本

シャバンヌ本

中野政一本

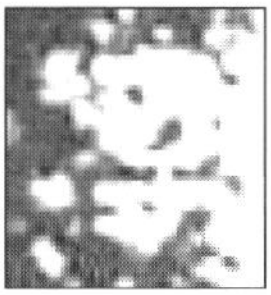
朝鮮総督府本

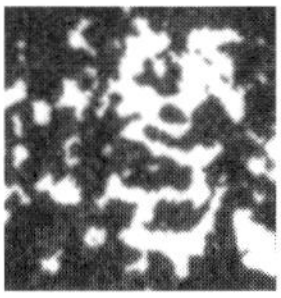
東洋文化所本

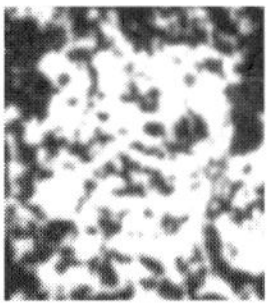
京大人文研本

九州大学本

北大Ｆ本

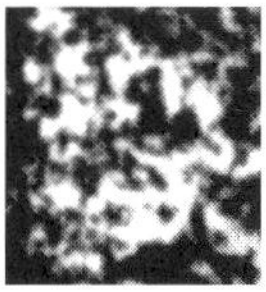
目黒区本

書学院本

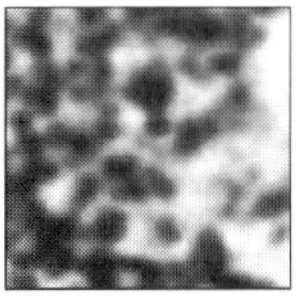
張明善本

周雲台本

⑹１面３行10～12字「沸流谷」の「沸」と「流」

（字形の変遷  ）

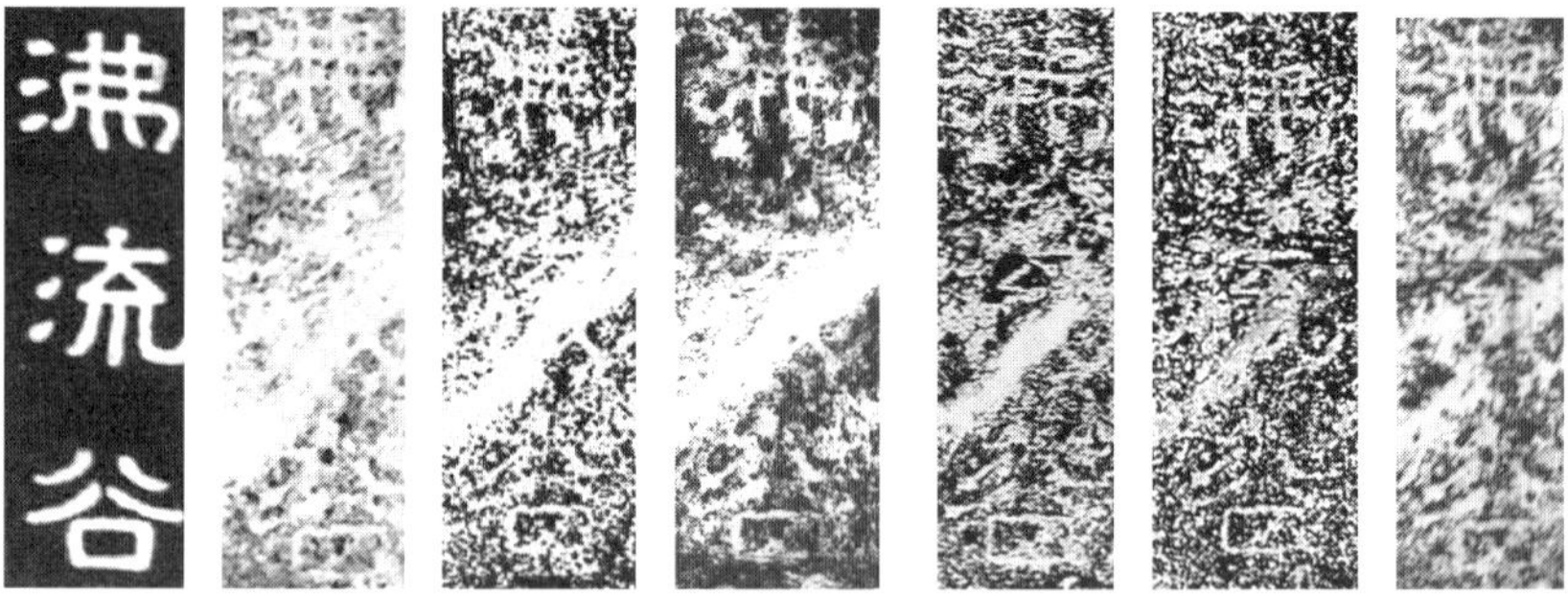

酒匂本　王氏蔵本　北大Ｅ本　中国国図蔵本　北大Ａ本　北大Ｄ本　水谷拓本

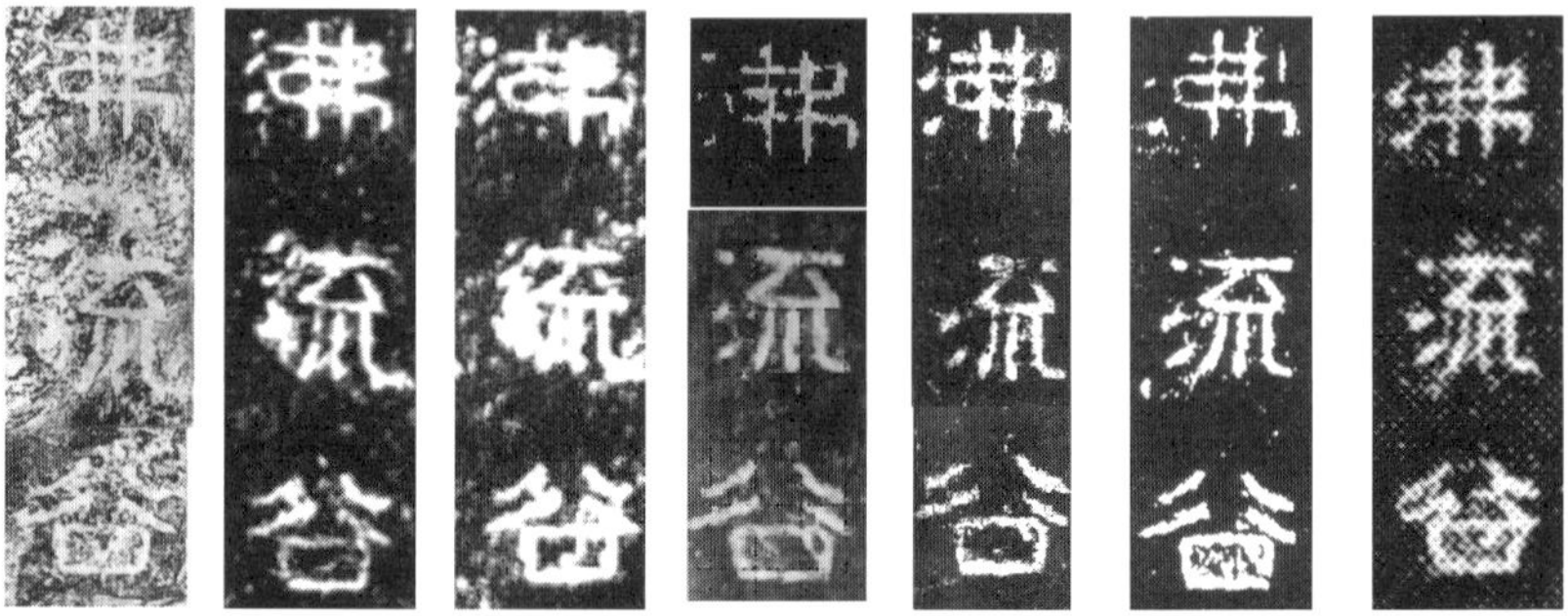

文運堂本　内藤湖南本　楊守敬本　上海某本　古呉軒本　呉椒甫本　天理大学乙本

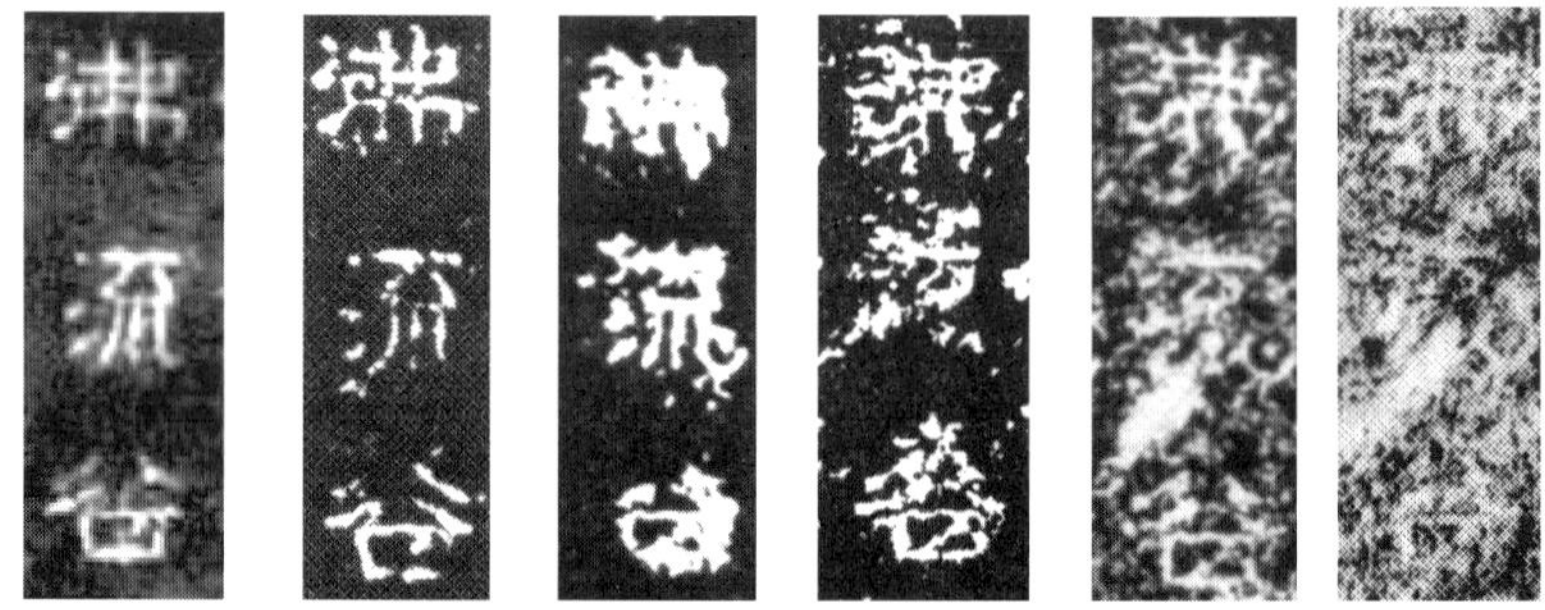

東大考古室本　シャバンヌ本　朝鮮総督府本　東洋文化所本　目黒区本　書学院本

(7)１面３行27字「天（因)」(字形の変遷 )

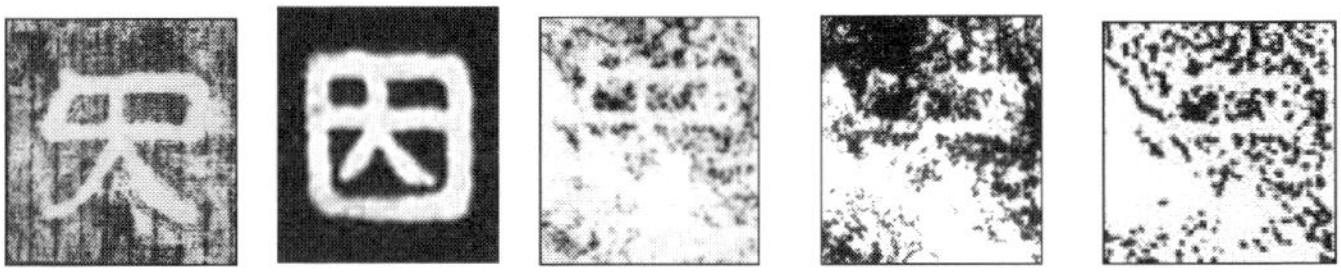

潘祖蔭旧蔵本　酒匂本　王氏蔵本　中国国図蔵本　北大Ｅ本

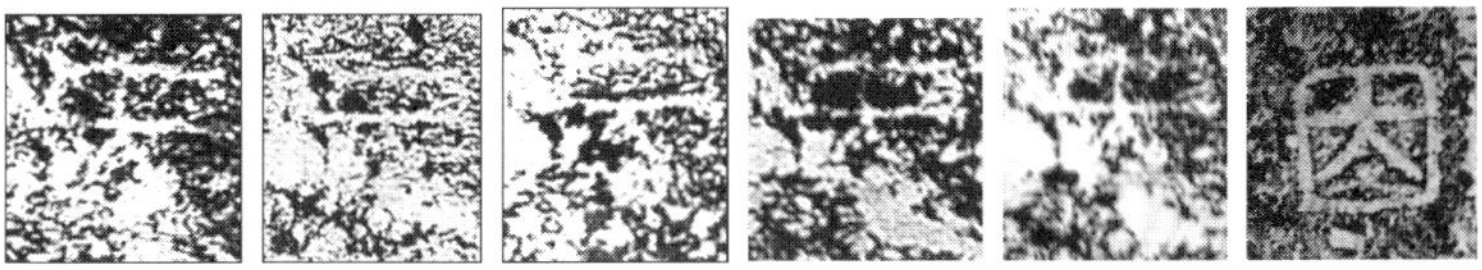

北大Ａ本　北大Ｂ本　北大Ｃ本　北大Ｄ本　水谷拓本　文運堂本

内藤湖南本　楊守敬本　上海某本　古呉軒本　呉椒甫本　天理大学乙本

東大考古室本　内藤写真　シャバンヌ本　傅斯年丙本　中野政一本

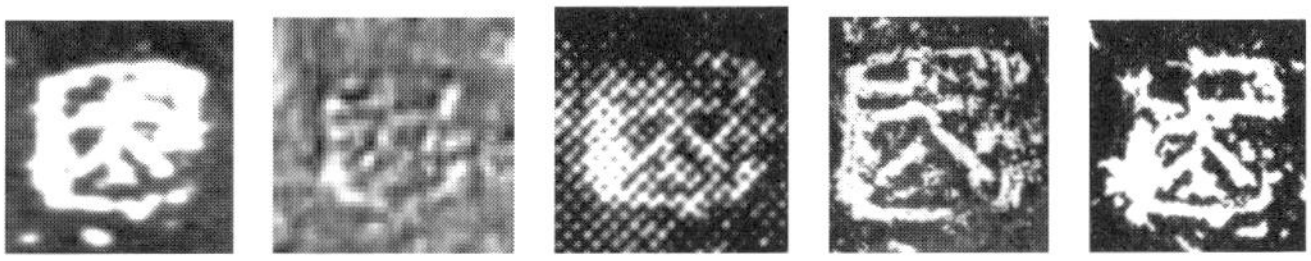

朝鮮総督府本　今西龍写真　ソウル大学本　北京某本　東洋文化所本

九州大学本　目黒区本　北大Ｆ本　書学院本　周雲台本

(8) 1面3行41字「黄（履）」（字形の変遷 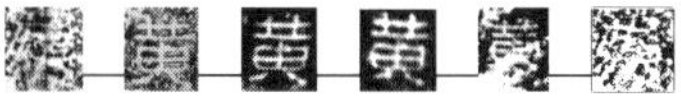 ）

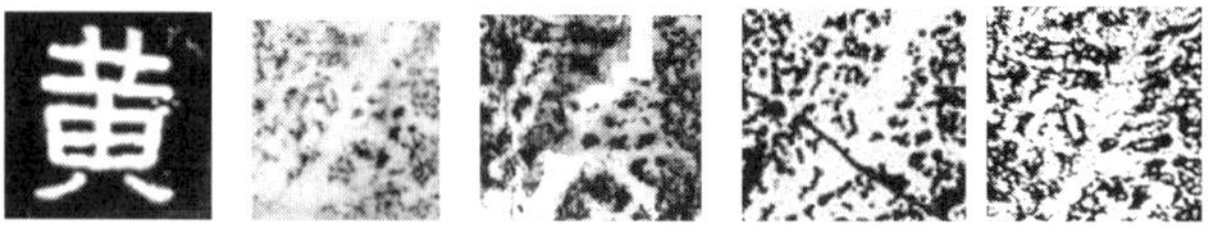

酒匂本　王氏蔵本　中国国図蔵本　北大Ｅ本　北大Ａ本

北大Ｂ本　北大Ｃ本　北大Ｄ本　金子鴎亭本　水谷拓本

文運堂本　内藤湖南本　楊守敬本　上海某本　古呉軒本

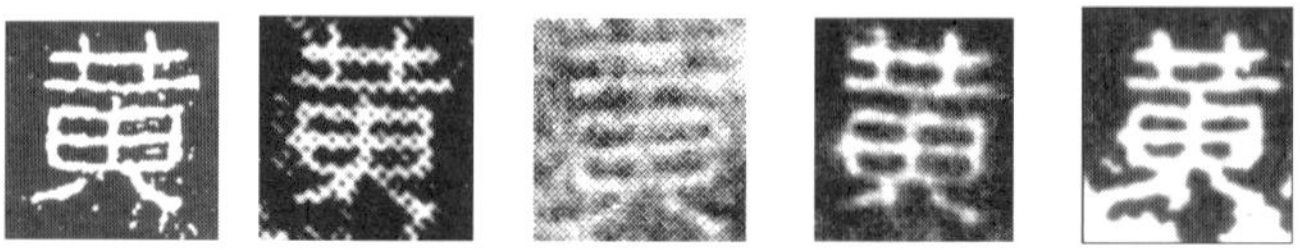

呉椒甫本　天理大学乙本　内藤湖南写真　東大考古室本　シャバンヌ本

羅振玉本　傅斯年丙本　上田正昭本　中野政一本　ソウル大学本

朝鮮総督府本　今西龍写真　北京某本　黒板勝美写真　傅斯年丁本

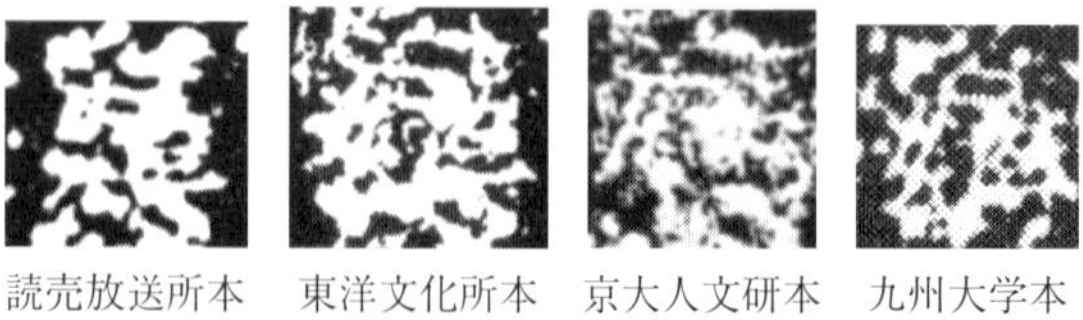

読売放送所本　東洋文化所本　京大人文研本　九州大学本

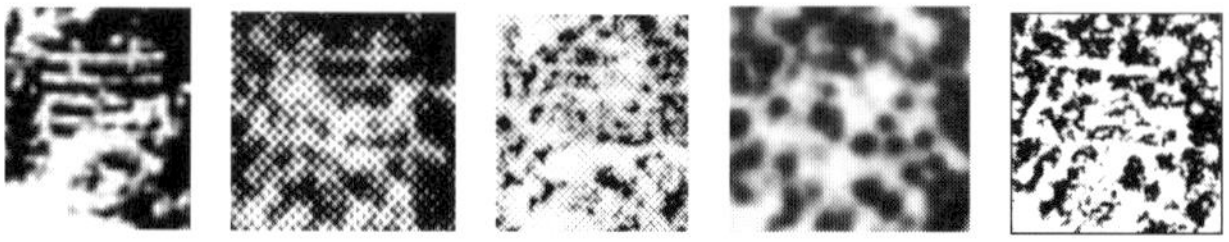

北大Ｆ本　目黒区本　書学院本　張明善本　周雲台本

⑼1面4行34字「開（幵）」

（字形の変遷 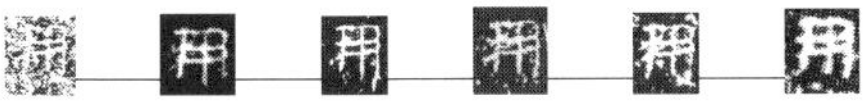）

酒匂本

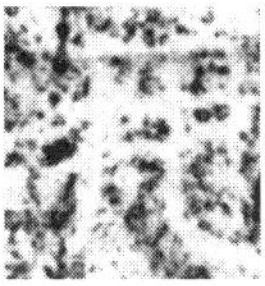
王氏蔵本

中国国図蔵本

北大Ｅ本

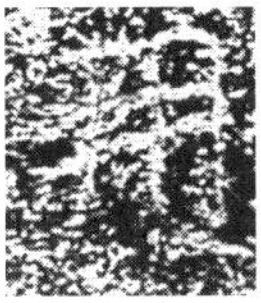
北大Ａ本

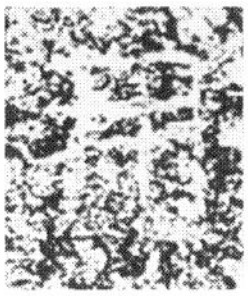
北大Ｂ本

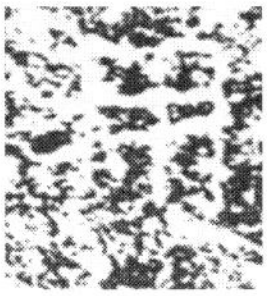
北大Ｃ本

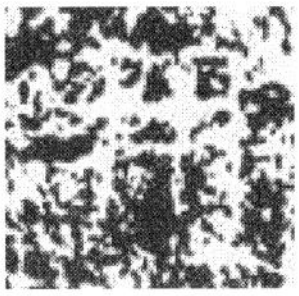
北大Ｄ本

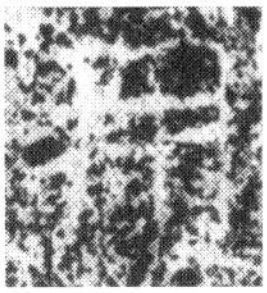
水谷拓本

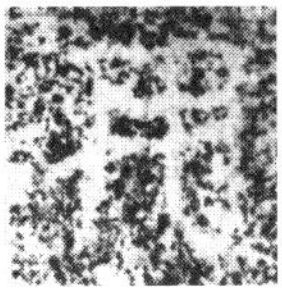
文運堂本

内藤湖南本

楊守敬本

上海某本

古呉軒本

呉椒甫本

天理大学乙本

東大考古室本

シャバンヌ本

傅斯年丙本

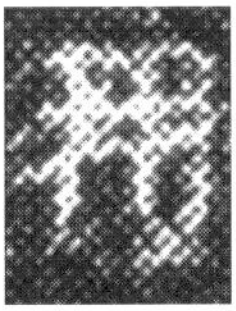
上田正昭本

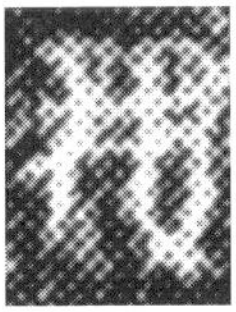
ソウル大学本

今西龍写真

傅斯年丁本

東洋文化所本

九州大学本

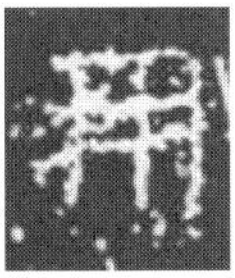
北大Ｆ本

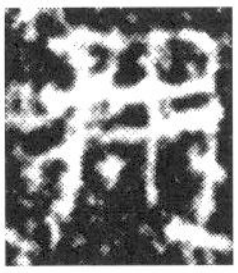
目黒区本

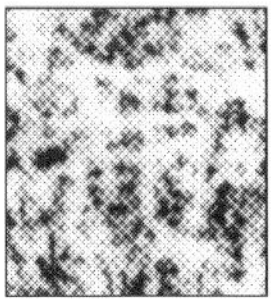
書学院本

周雲台本

⑽ 1面5行13～14字「洽於」(字形の変遷 )

酒匂本

王氏蔵本

中国国図蔵本

北大E本

北大C本

北大D本

金子鴎亭本

文運堂本

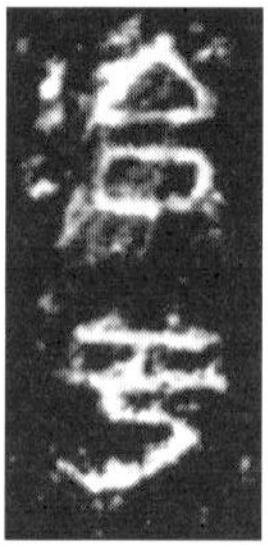
内藤湖南本

楊守敬本

呉椒甫本

古呉軒本

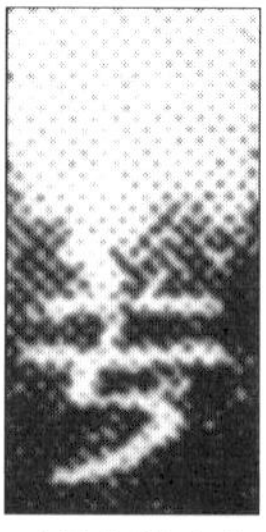
天理大学乙本

東大考古室本

シャバンヌ本

羅振玉本

傅斯年丙本

中野政一本

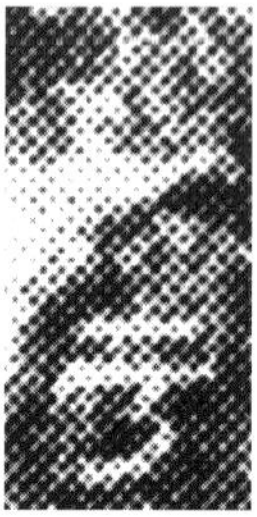
ソウル大学本

朝鮮総督府本

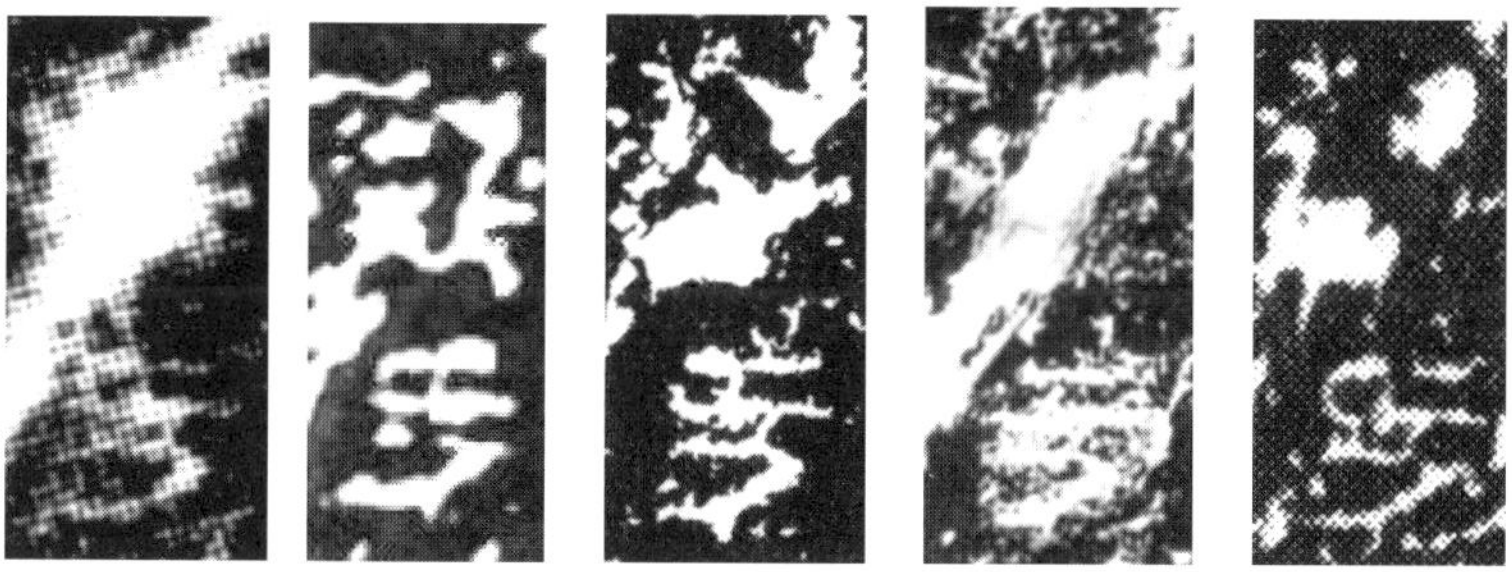

傅斯年丁本　読売放送所本　東洋文化所本　京大人文研本　九州大学本

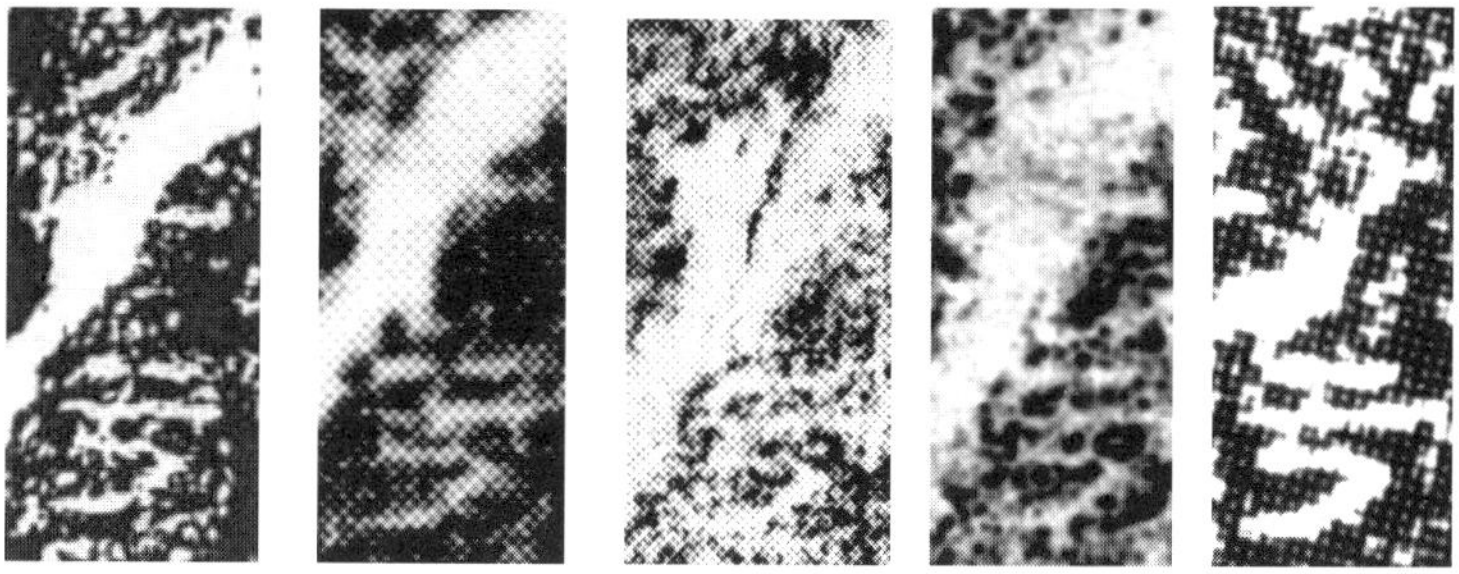

北大Ｆ本　目黒区本　書学院本　張明善本　周雲台本

⑾１面５行７～10字「永楽太王」の「太」（字形の変遷 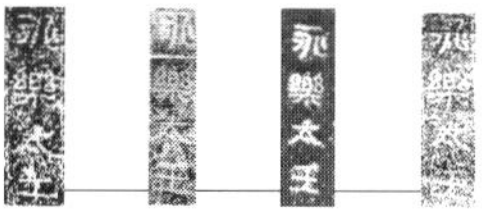 ）

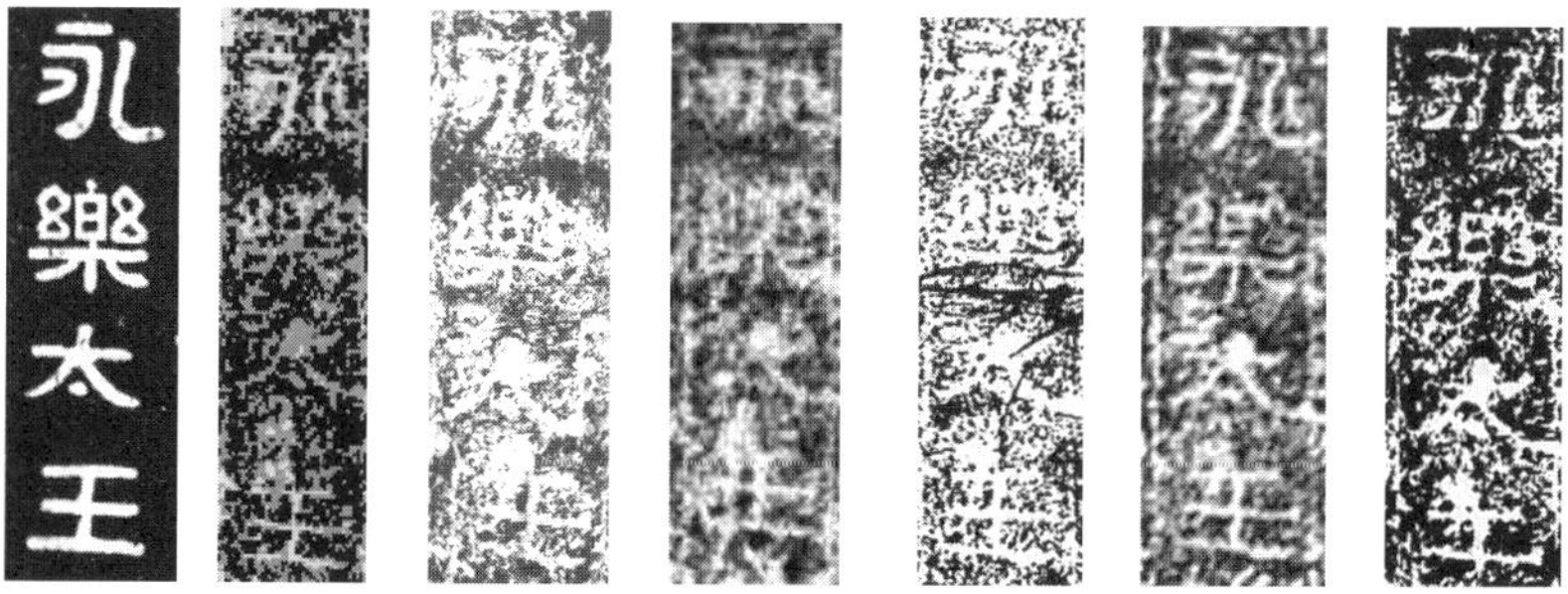

酒匂本　王氏蔵本　中国国図蔵本　傅斯年乙本　北大Ｅ本　北大Ａ本　北大Ｂ本

北大Ｄ本

金子鴎亭本

水谷拓本

文運堂本

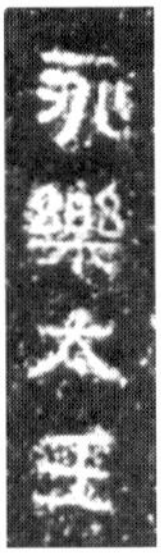
内藤湖南本

楊守敬本

古呉軒本

呉椒甫本

天理大学乙本

内藤湖南写真

シャバンヌ本

傅斯年丙本

上田正昭本

ソウル大学本

朝鮮総督府本

傅斯年丁本

九州大学本

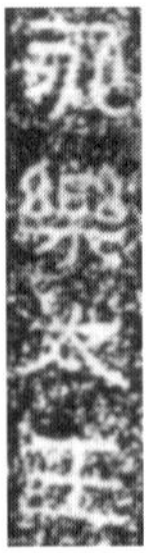
目黒区本

梅原手拓本

足立幸一本

書学院本

周雲台本

⑿１面８行15～16字「東来」

（字形の変遷 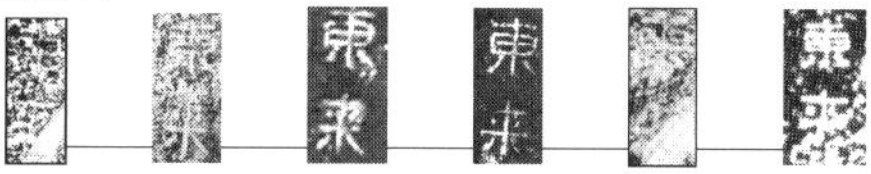 ）

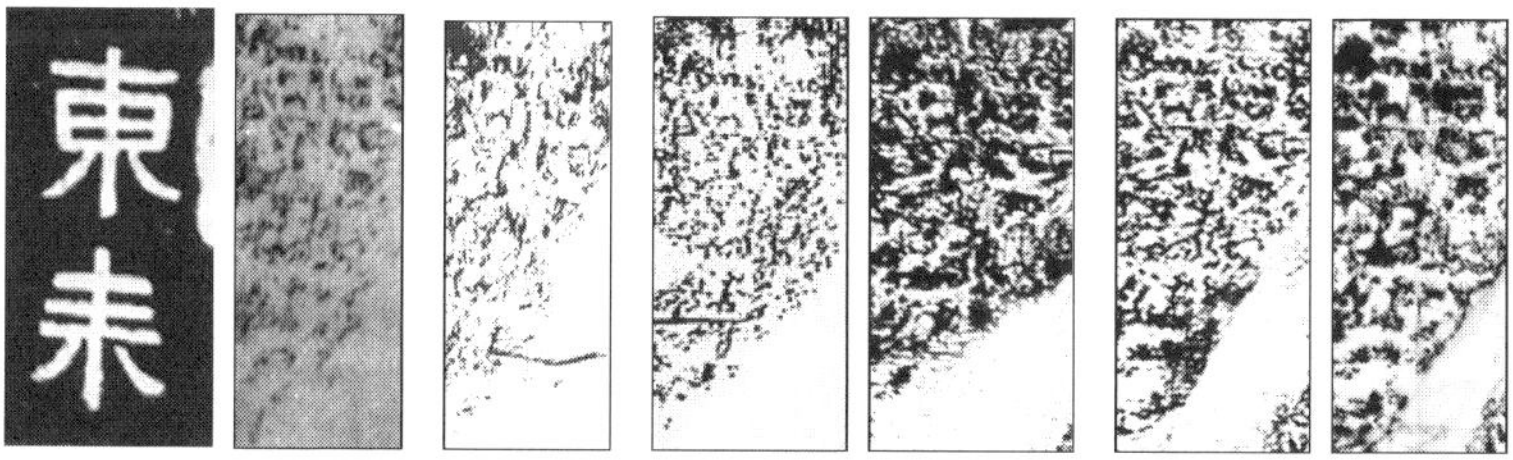

酒匂本　王氏蔵本　中国国図蔵本　北大Ｅ本　北大Ａ本　北大Ｄ本　水谷拓本

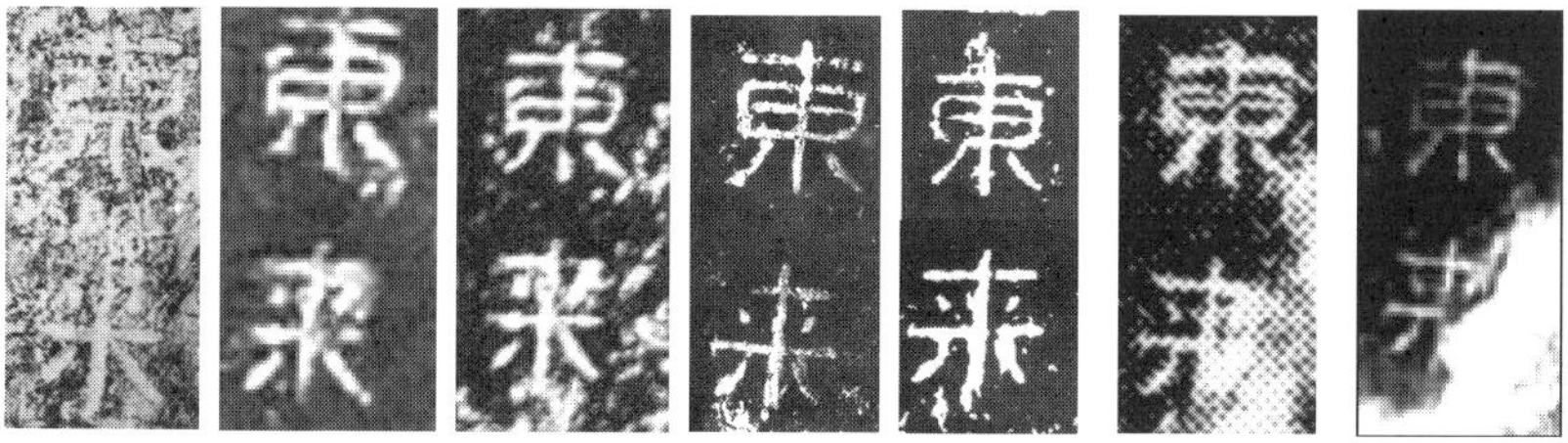

文運堂本　内藤湖南本　楊守敬本　古呉軒本　呉椒甫本　天理大学乙本　東大考古室本

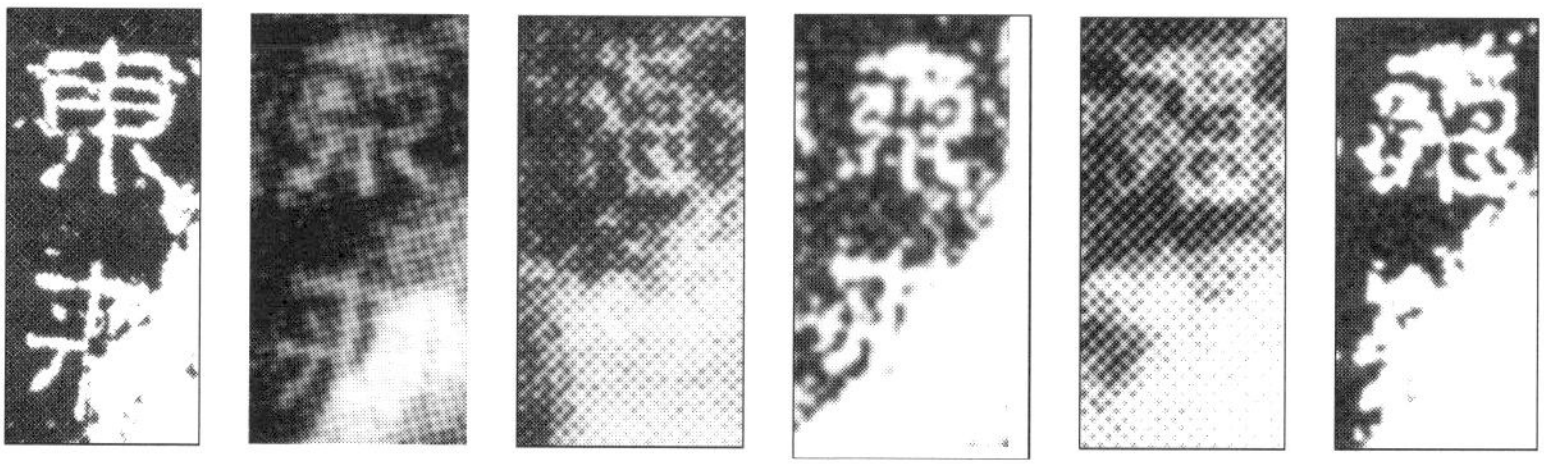

シャバンヌ本　傅斯年丙本　上田正昭本　中野政一本　ソウル大学本　朝鮮総督府本

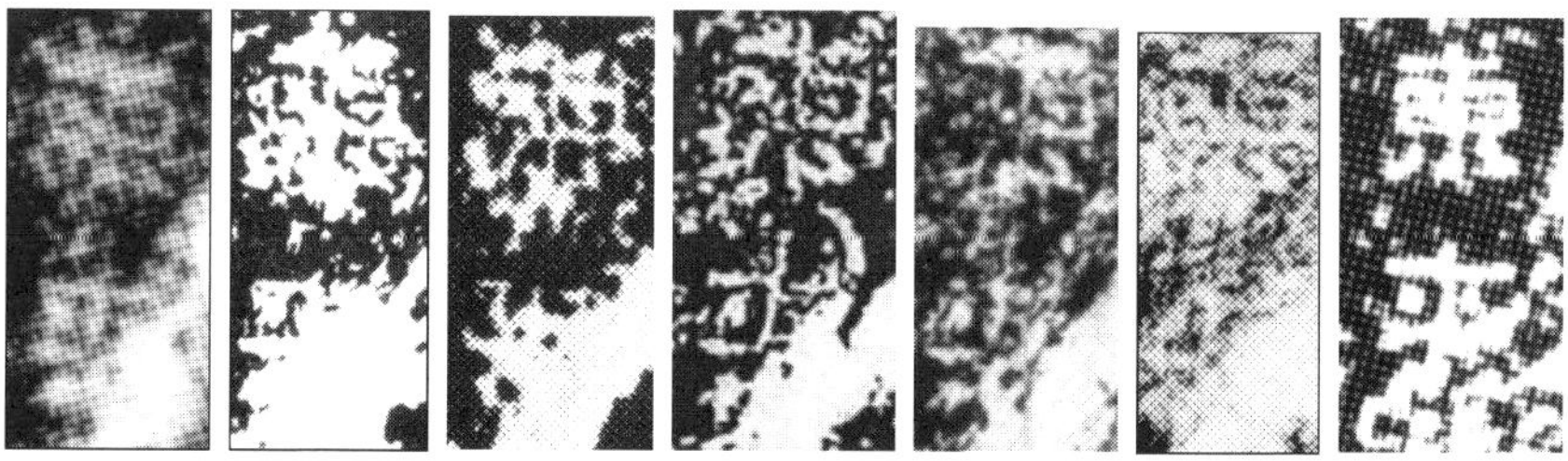

傅斯年丁本　東洋文化所本　九州大学本　北大Ｆ本　目黒区本　書学院本　周雲台本

⒀１面９行６字「倭」（字形の変遷  ）

潘祖蔭旧蔵本

酒匂本

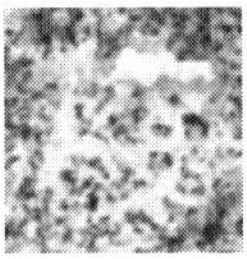
王氏蔵本

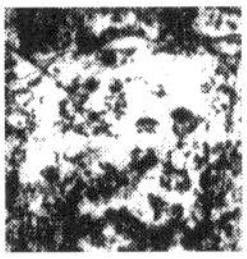
中国国図蔵本

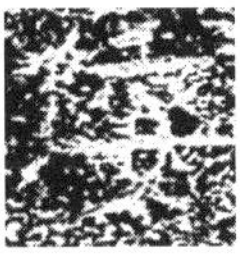
北大Ａ本

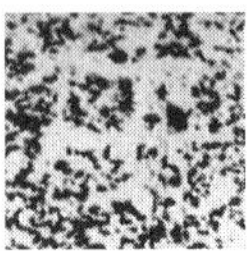
北大Ｂ本

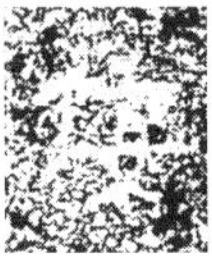
北大Ｃ本

北大Ｄ本

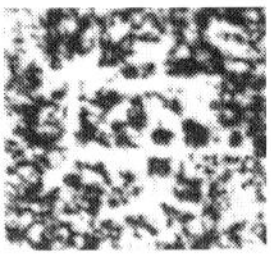
水谷拓本

文運堂本

内藤湖南本

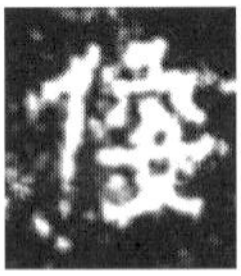
楊守敬本

古呉軒本

呉椒甫本

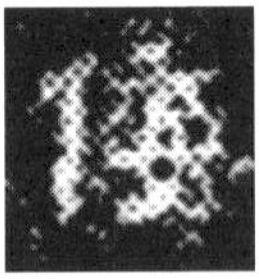
天理大学乙本

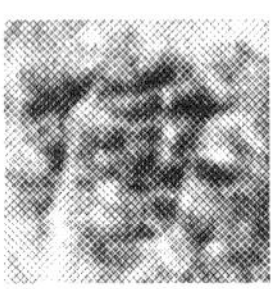
内藤湖南写真

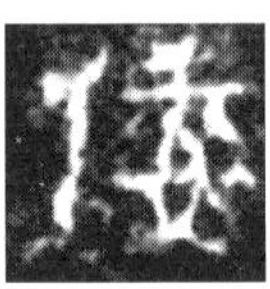
東大考古室本

シャバンヌ本

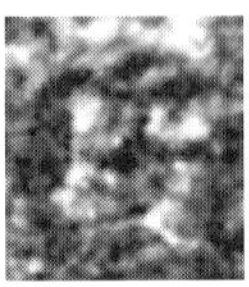
今西龍写真

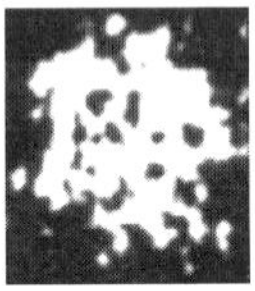
朝鮮総督府本

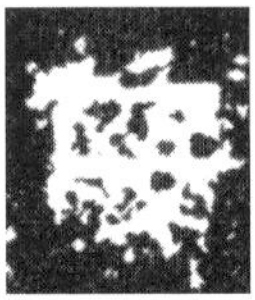
東洋文化所本

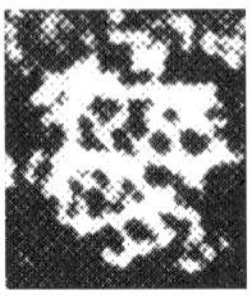
九州大学本

北大Ｆ本

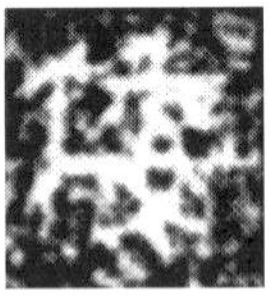
目黒区本

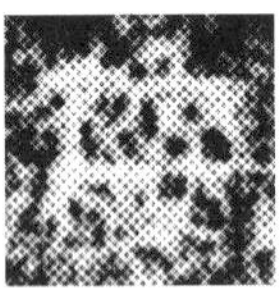
書学院本

周雲台本

⒁１面９行８字「辛」（字形の変遷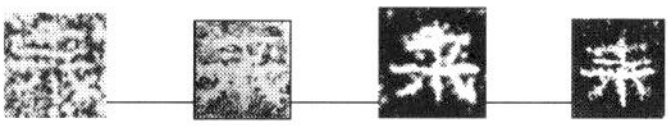）

酒匂本

王氏蔵本

中国国図蔵本

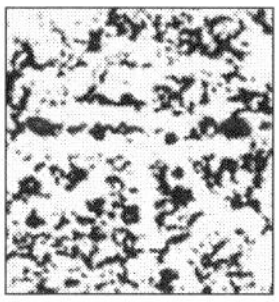
北大Ｂ本

水谷拓本

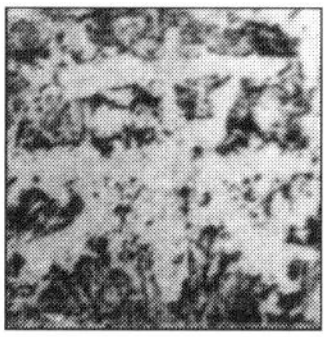
文運堂本

内藤湖南本

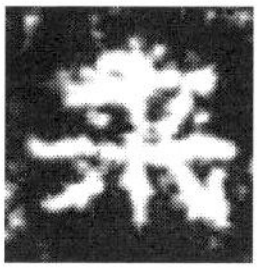
楊守敬本

上海某本

古呉軒本

呉椒甫本

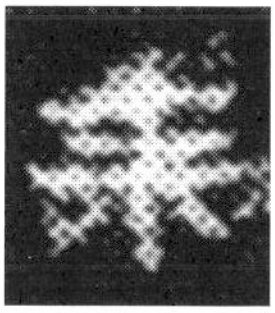
天理大学乙本

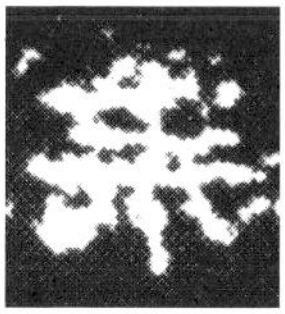
シャバンヌ本

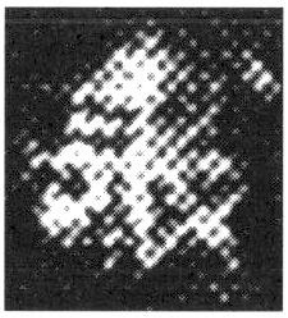
上田正昭本

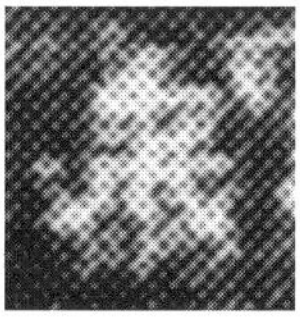
ソウル大学本

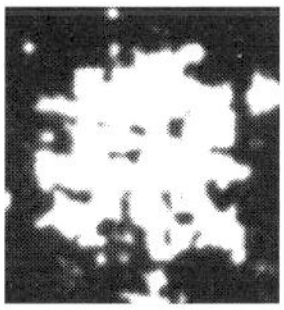
朝鮮総督府本

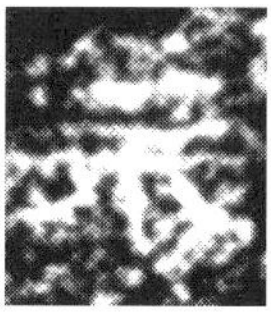
東洋文化所本

九州大学本

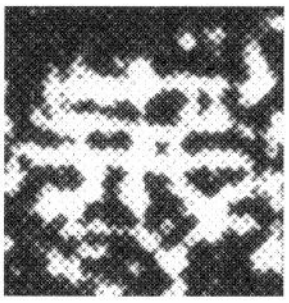
目黒区本

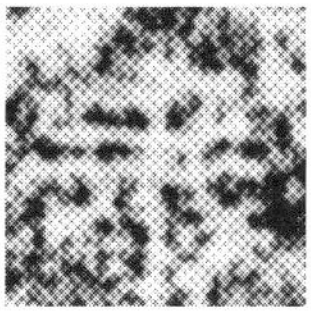
書学院本

周雲台本

⒂1面9行13字「海」

（字形の変遷  ）

潘祖蔭旧蔵本

酒匂本

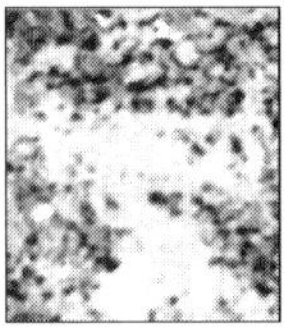
王氏蔵本

北大Ｅ本

中国国図蔵本

北大Ａ本

北大Ｂ本

北大Ｃ本

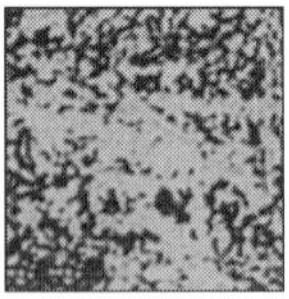
北大Ｄ本

文運堂本

内藤湖南本

楊守敬本

上海某本

古呉軒本

呉椒甫本

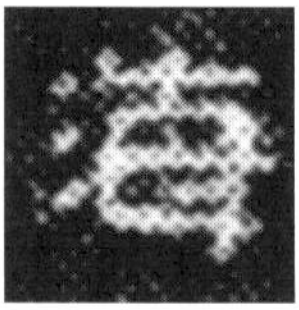
天理大学乙本

東大考古室本

シャバンヌ本

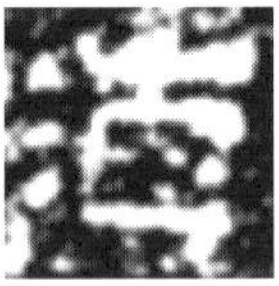
羅振玉本

傅斯年丙本

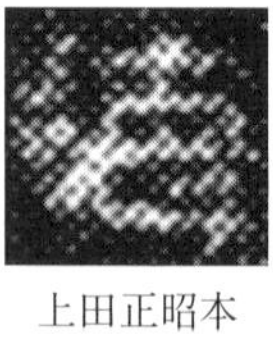
上田正昭本

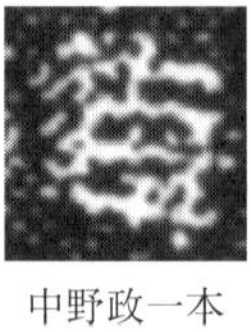
中野政一本

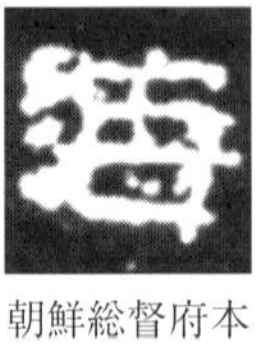
朝鮮総督府本

読売放送所本

東洋文化所本

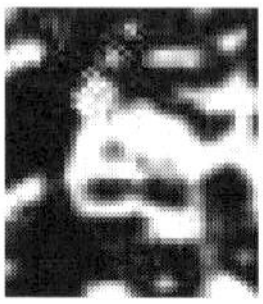
九州大学本

北大Ｆ本

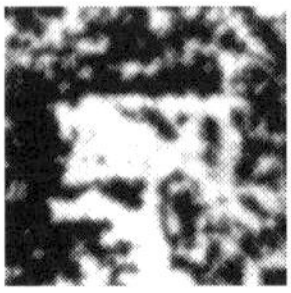
目黒区本

書学院本

周雲台本

⒃２面３行７字「盧（羅）」（字形の変遷 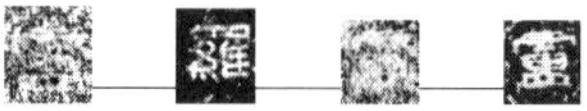 ）

酒匂本

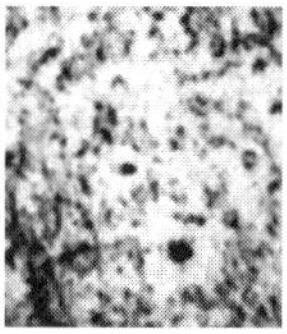
王氏蔵本

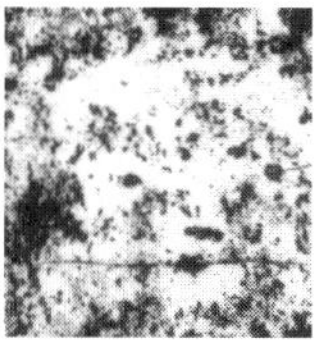
中国国図蔵本

北大Ａ本

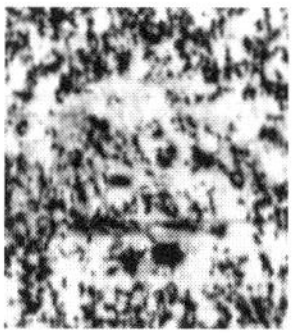
水谷拓本

北大Ｃ本

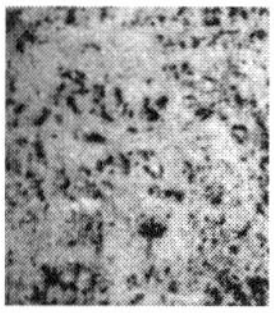
文運堂本

内藤湖南本

楊守敬本

古呉軒本

呉椒甫本

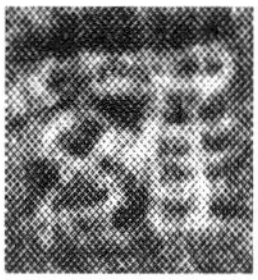
内藤湖南写真

天理大学乙本

シャバンヌ本

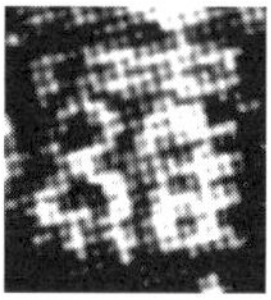
傅斯年丙本

上田正昭本

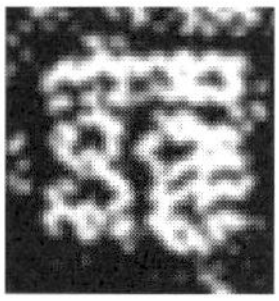
中野政一本

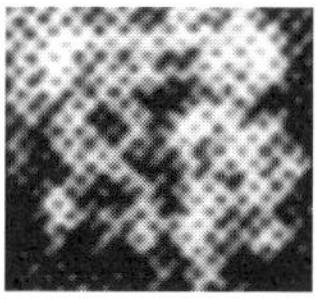
ソウル大学本

朝鮮総督府本

北京某本

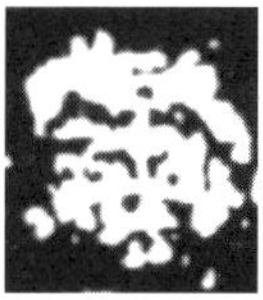
読売放送所本

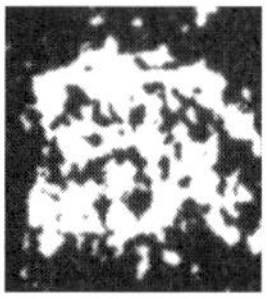
東洋文化所本

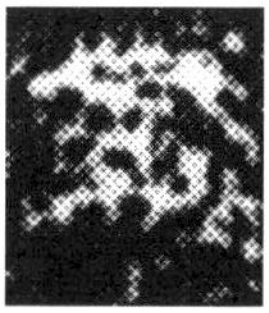
九州大学本

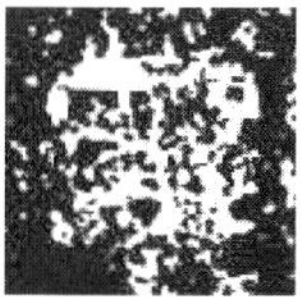
北大Ｆ本

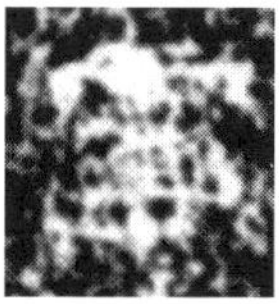
目黒区本

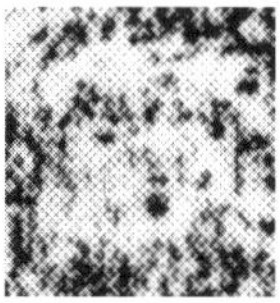
書学院本

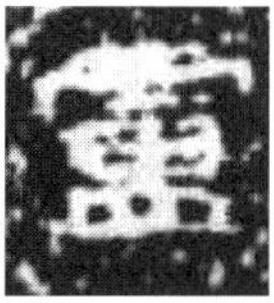
周雲台本

⑰2面4行7字「而」(字形の変遷 )

酒匂本

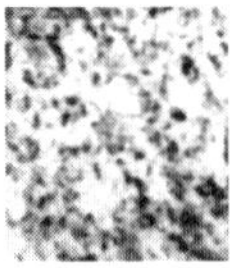
王氏蔵本

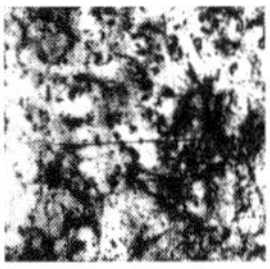
中国国図蔵本

北大A本

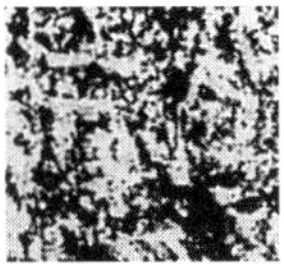
北大D本

水谷拓本

文運堂本

内藤湖南本

楊守敬本

上海某本

古呉軒本

呉椒甫本

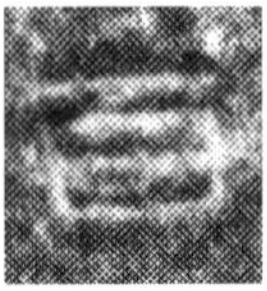
内藤湖南写真

天理大学乙本

シャバンヌ本

傅斯年丙本

上田正昭本

中野政一本

ソウル大学本

朝鮮総督府本

今西龍写真

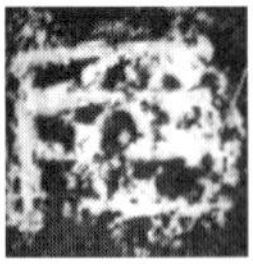
北京某本

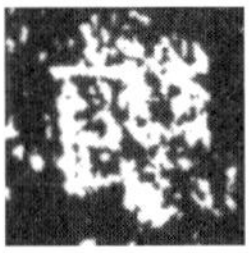
東洋文化所本

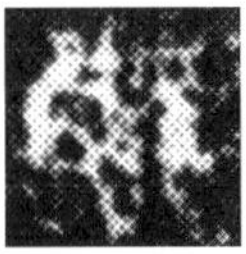
九州大学本

北大F本

目黒区本

書学院本

周雲台本

⒅２面４行25字「跪（歸）」（字形の変遷 ——————）

酒匂本

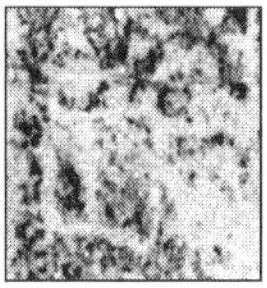
王氏蔵本

中国国図蔵本

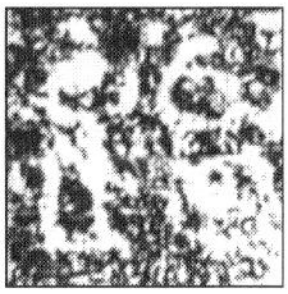
北大Ｅ本

北大Ａ本

北大Ｂ本

北大Ｃ本

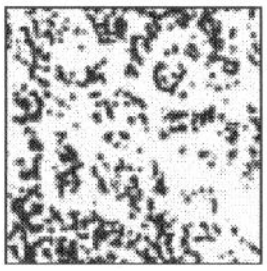
北大Ｄ本

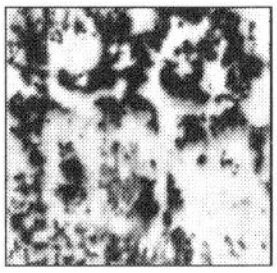
水谷拓本

文運堂本

内藤湖南本

楊守敬本

古呉軒本

呉椒甫本

天理大学乙本

シャバンヌ本

傅斯年丙本

上田正昭本

ソウル大学本

朝鮮総督府本

北京某本

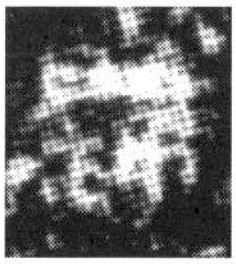
傅斯年丁本

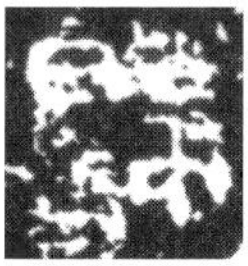
東洋文化所本

九州大学本

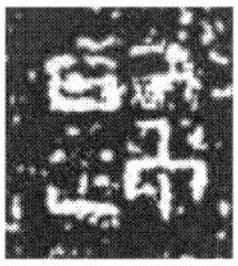
北大Ｆ本

目黒区本

書学院本

周雲台本

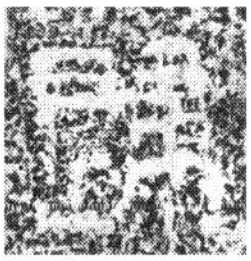
周栄順本

⒆２面５行35～36字「戊戌」（字形の変遷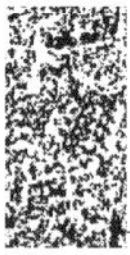）

酒匂本

王氏蔵本

中国国図本

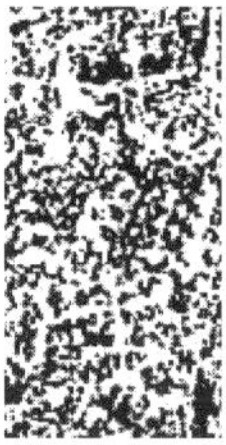
北大Ｅ本

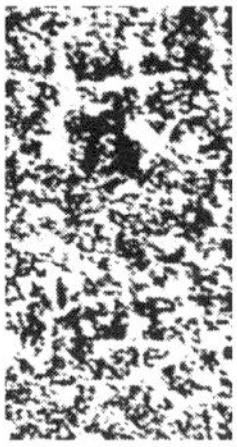
北大Ａ本

傅斯年甲本

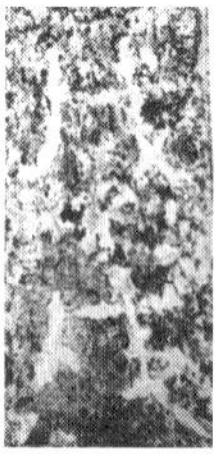
文運堂本

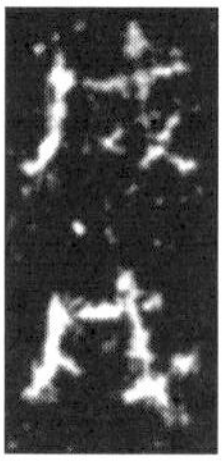
内藤湖南本

楊守敬本

呉椒甫本

古呉軒本

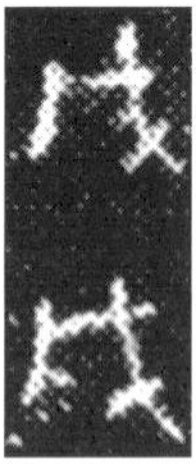
天理大学乙本

東大考古室本

ソウル大学本

読売放送所本

東洋文化所本

京大人文研本

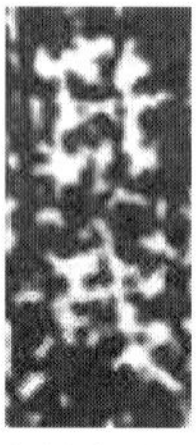
九州大学本

北大Ｆ本

目黒区本

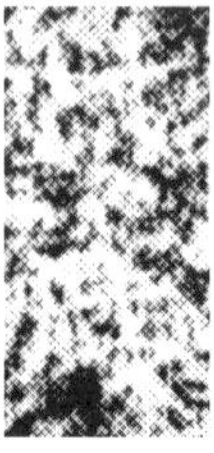
書学院本

周雲台本

⒇ 2面5行39字「偏」（字形の変遷 ——）

酒匂本

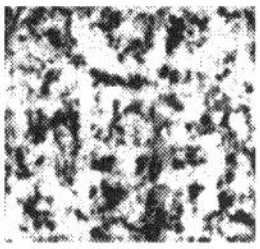
王氏蔵本

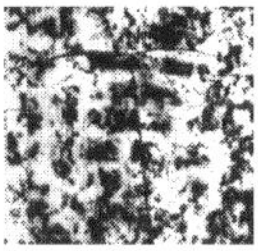
中国国図本

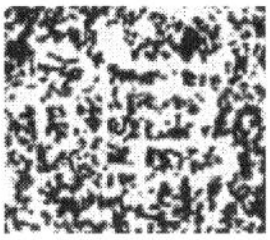
北大Ｅ本

北大Ａ本

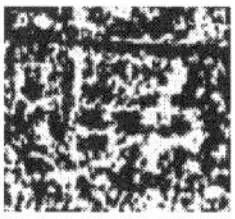
北大Ｂ本

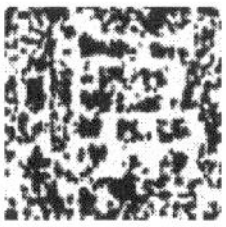
北大Ｃ本

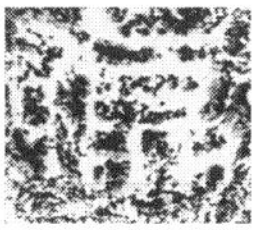
北大Ｄ本

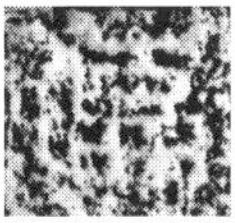
水谷拓本

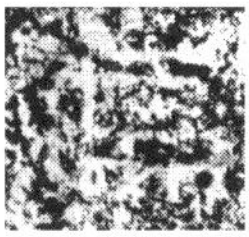
傅斯年甲本

文運堂本

内藤湖南本

楊守敬本

呉椒甫本

古呉軒本

天理大学乙本

東大考古室本

シャバンヌ本

書品100号本

羅振玉本

傅斯年丙本

上田正昭本

中野政一本

朝鮮総督府本

ソウル大学本

傅斯年丁本

読売放送所本

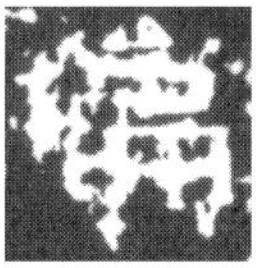
東洋文化所本

京大人文研本

九州大学本

北大Ｆ本

目黒区本

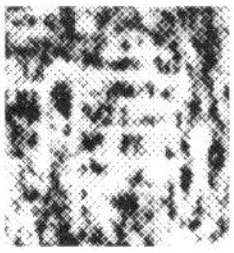
書学院本

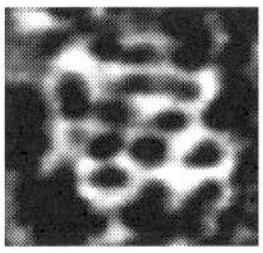
張明善本

周雲台本

(21) 2面9行14～15字「任那」(字形の変遷  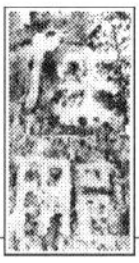 )

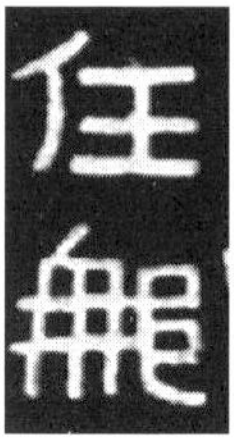
酒匂本

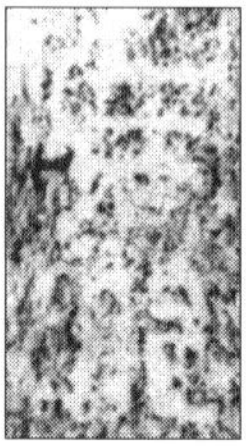
王氏蔵本

中国国図蔵本

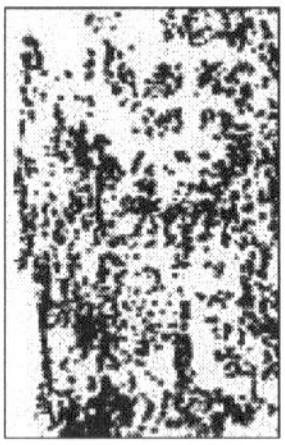
北大Ｅ本

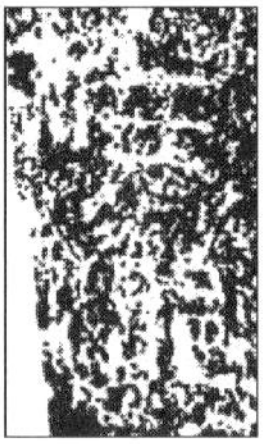
北大Ａ本

北大Ｂ本

北大Ｃ本

北大Ｄ本

金子鴎亭本

文運堂本

内藤湖南本

楊守敬本

呉椒甫本

古呉軒本

天理大学乙本

東大考古室本

シャバンヌ本

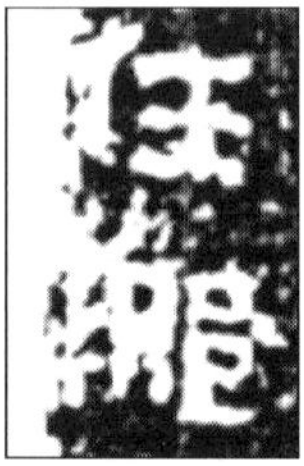
羅振玉本

傅斯年丙本

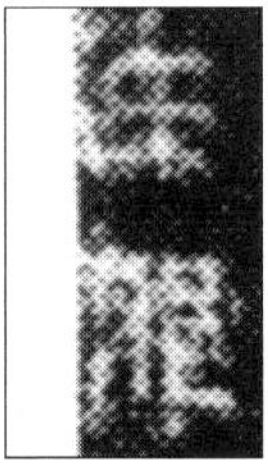
上田正昭本

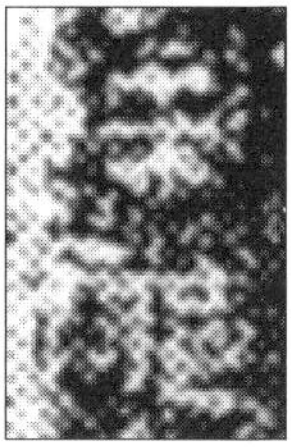
中野政一本

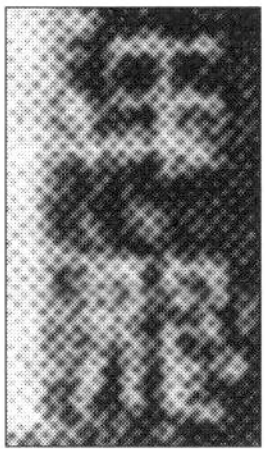
ソウル大学本

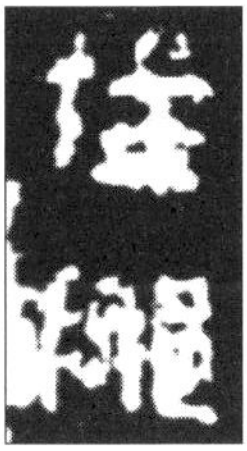
朝鮮総督府本

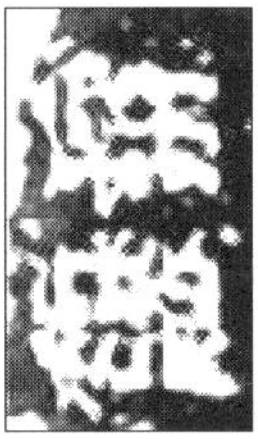
読売放送所本

傅斯年丁本

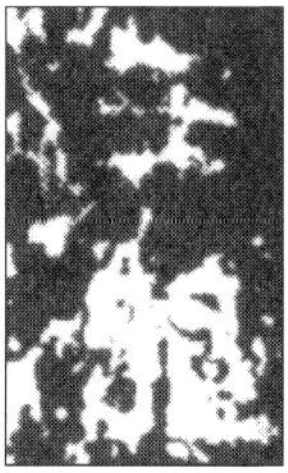
東洋文化所本

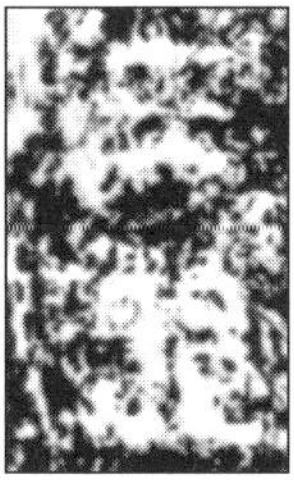
京大人文研蔵本

九州大学本

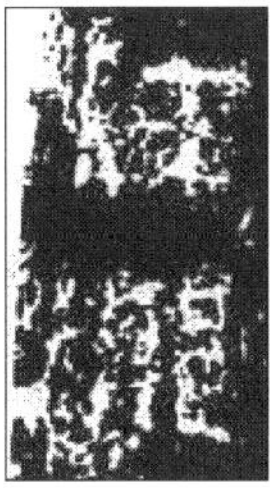
北大Ｆ本

目黒区本

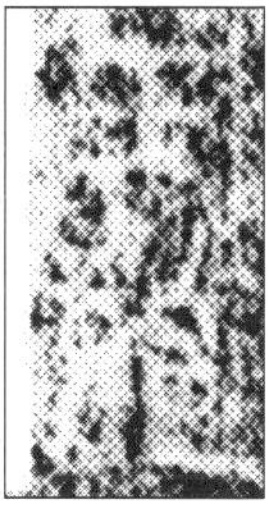
書学院本

張明善本

周雲台本

㉒2面9行36～37「倭寇大潰（倭満倭潰）」（字形の変遷  ）

酒匂本

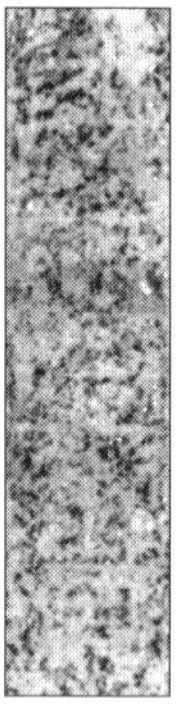
王氏蔵本

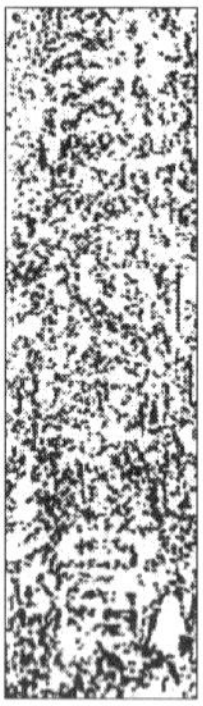
北大Ｅ本

中国国図蔵本

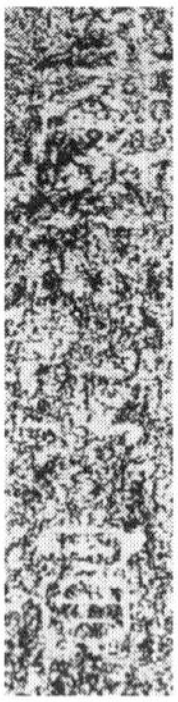
北大Ａ本

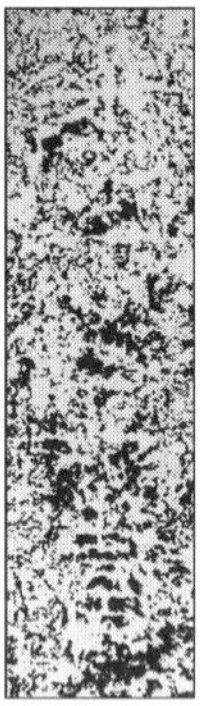
北大Ｂ本

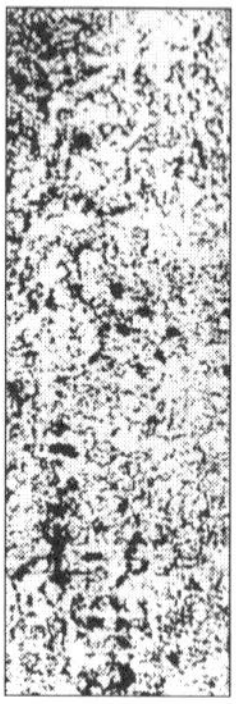
北大Ｃ本

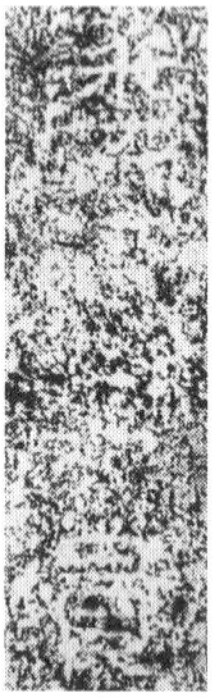
北大Ｄ本

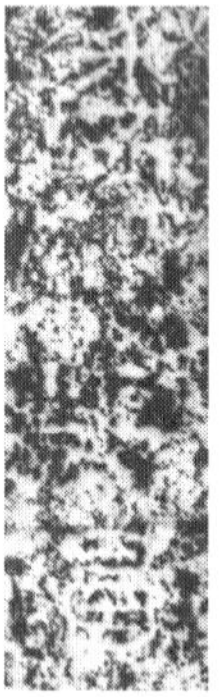
水谷拓本

文運堂本

内藤湖南本

楊守敬本

呉椒甫本

東大考古室本

シャバンヌ本

今西龍写真

書学院本

㉓3面2行28字「境」（字形の変遷 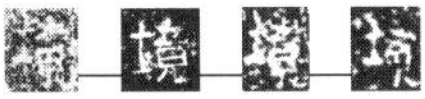 ）

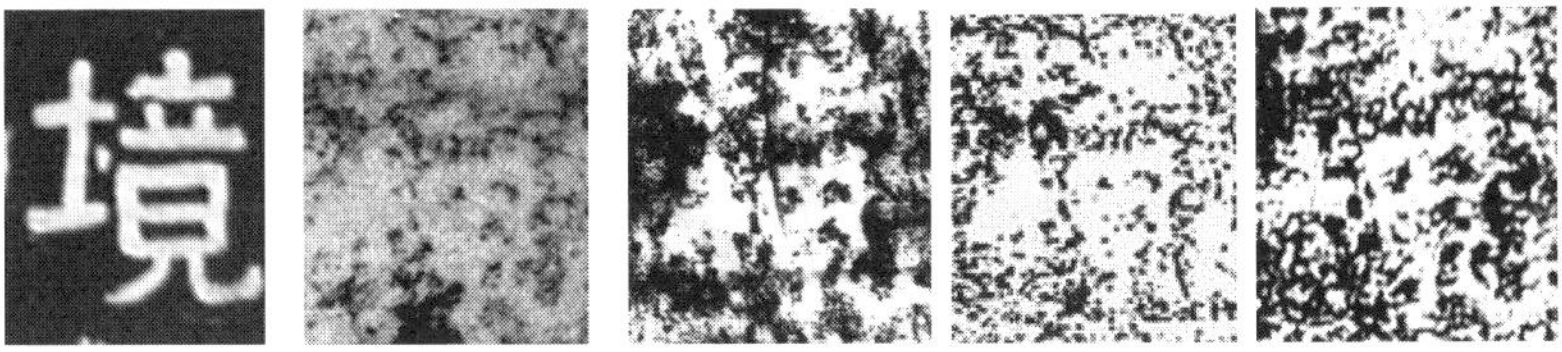

酒匂本　王氏蔵本　中国国図蔵本　北大Ｅ本　北大Ａ本

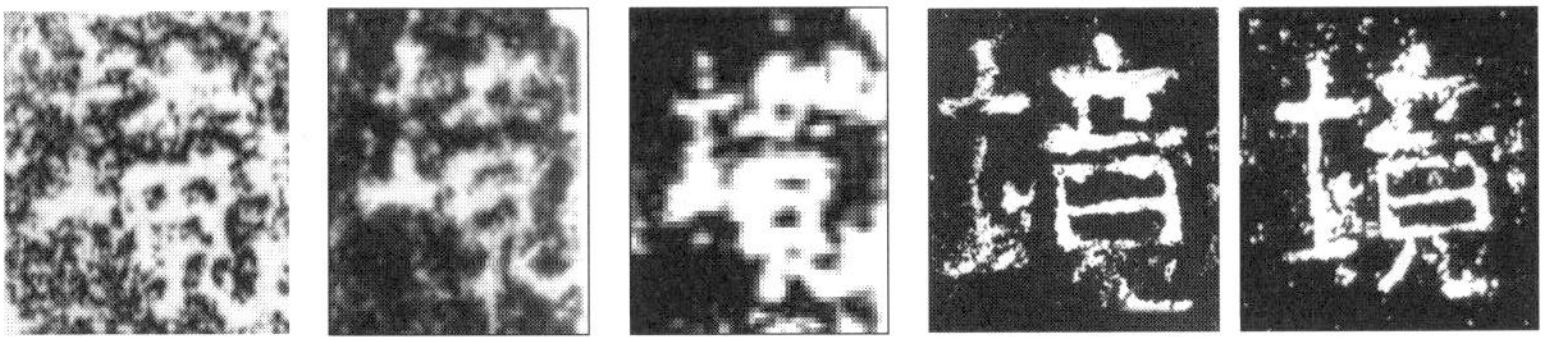

水谷拓本　内藤湖南本　楊守敬本　古呉軒本　呉椒甫本

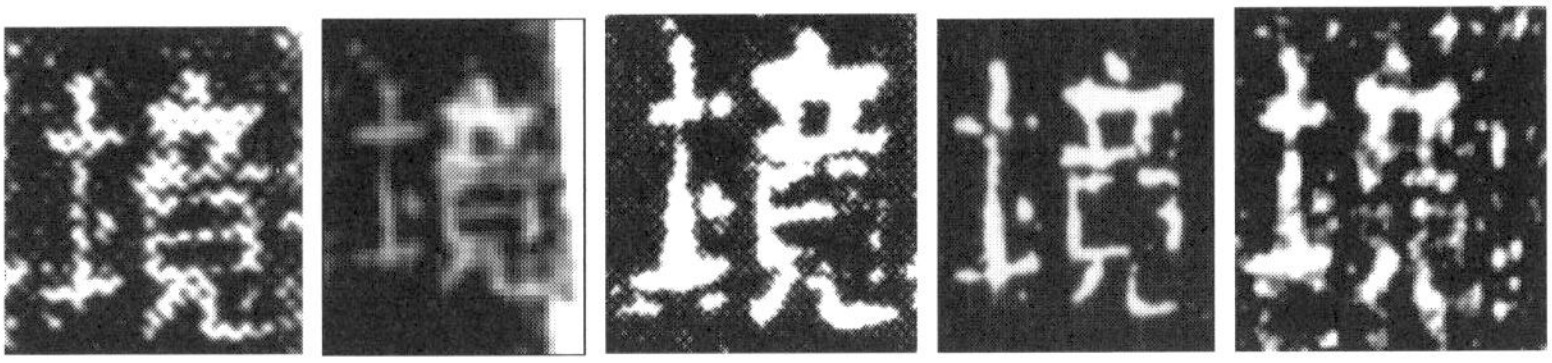

天理大学乙本　東大考古室本　シャバンヌ本　書品100号本　羅振玉本

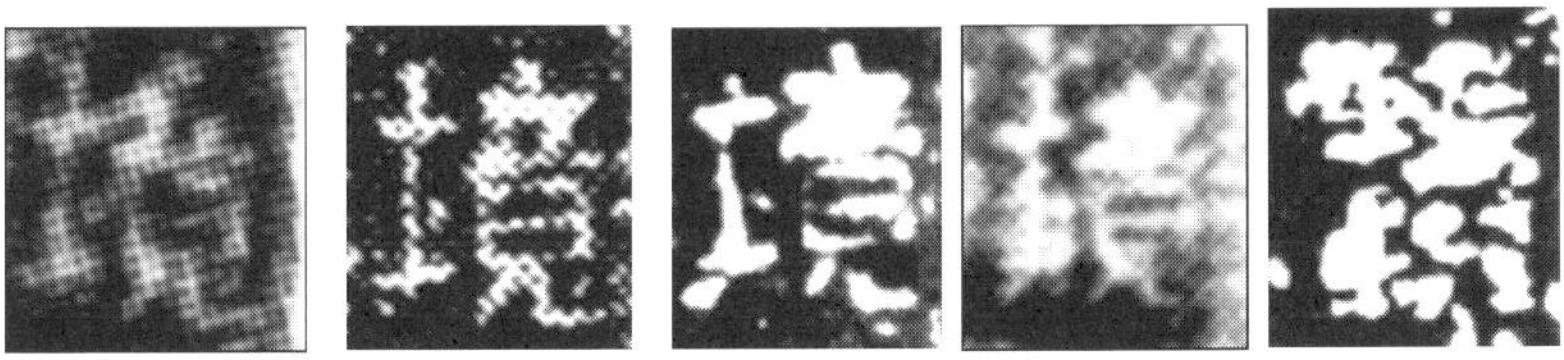

傅斯年丙本　上田正昭本　朝鮮総督府本　ソウル大学本　読売放送所本

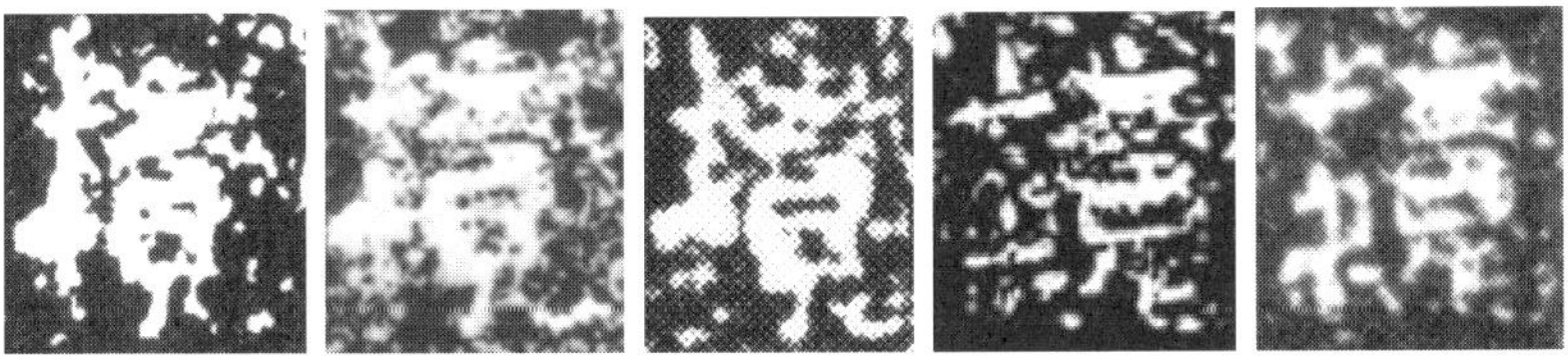

東洋文化所本　京大人文研本　九州大学本　北大石灰拓本　目黒区本

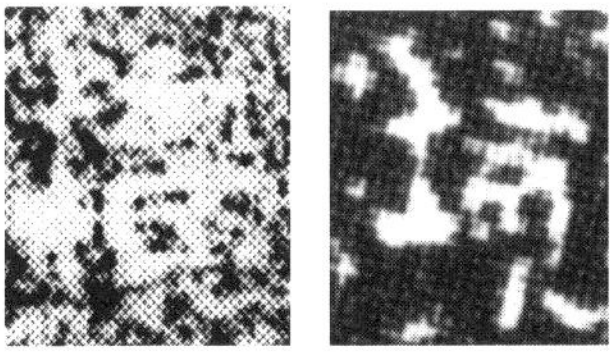

書学院本　周雲台本

（第七章付録二）本論文で引用した好太王碑各時期拓本の概況

1　一八八一年旧蔵本

模拓本、或いは初期廓填本、墨水廓填本と呼ぶ。二〇〇四年に徐建新が北京で調査したものである。当本に附された李超瓊跋文によると、この墨本は一八八一年或いは一八八〇年に製作されたものであることがわかる。清光緒朝工部尚書潘祖蔭は一八八三〜八四年の間にこの本を入手した。原本は現存するが、中国国内の個人収蔵家が所蔵する。剪装本、全一冊、総一三四開頁、半開毎に2行、行毎に3字、その他に二開頁の題跋がある。本文では「潘祖蔭旧蔵本」或いは「一八八一年旧蔵本」と称する。

2　酒匂景信本

模拓本、或いは初期廓填本、墨水廓填本と呼ぶ。一八八三年に日本陸軍参謀本部の探偵酒匂景信が集安現地で入手し、一八八四年五月前に日本へ持ち帰った。原本は別々に一三四枚の小さな紙に模拓され、整紙本につなぎ合わされていた。今は一面一枚の形で掛軸に表装されている。縮小写真版は日本亜細亜協会編の『会余録』第五集（一八八九年）に初めて載せられた。現在、この墨本は日本の東京国立博物館に収蔵されている。李進熙『広開土王陵碑の研究』（一九七二年）、王健群『好太王碑研究』（一九八四年）、武田幸男『広開土王碑原石拓本集成』（一九八八年）などにもこの墨本の写真版が載っている。本文では「酒匂本」と略称する。

3　北京王少箴旧蔵本

石灰補字行為が出現する前に製作された拓本、即ち原石拓本で、拓出年代は一八八九年以前であろう。もと北京の収蔵家王維城（字少箴）に収蔵され、現在、彼の一族に収蔵されている。王培真氏と徐建新は一九九一年五月に調査した。全四幅で、掛け軸に表装され、煤煙淡墨拓である。一九一七年の姚華の題跋がある。『収蔵家』一九九三年3期に全幅の縮小写真図版が載る。本論では「王氏蔵本」と略称する。

4　中国国家図書館蔵本

徐建新が一九九三年に調査した。当時、北京図書館本と呼ばれ、後に北京図書館が中国国家図書館に改名されたので、現在の名前になった。原石拓本で、拓出年代はおよそ一八八九年以前である。朴真奭氏は一八八三年以前の拓本とする。全四幅、煤煙拓で墨色は薄く、裏打ちされており題跋文字がない。本論では「中国国図蔵本」と略称する。

5　北京大学図書館蔵E本

原石拓本で、整紙本、全四枚である。未表装で題記がない。徐建新が一九九六年に調査した。現在、北京大学図書館に収蔵されている。紙と着墨の特徴は王氏蔵本と台湾傅斯年乙本に似ている。韓国の李亨求氏は拓本の四枚の内の一枚を調査して、局部の写真を公開した。写真は李亨求「広開土王陵碑研究——北京大学図書館所蔵拓本を中心に」（韓国『書通』通巻四七号、一九九五年四月）に載っている。李氏はこの拓本を襯拓本と呼ぶ。本論では「北大E本」と略称する。

6　台湾中央研究院歴史語言研究所傅斯年図書館蔵乙本

原石拓本で、高明士氏により一九八二年に公表された。高氏が初めて調査した時は、残本で碑文第三面しか存在しなかった。その後、図書館側はほかの三面の拓本を見つけた。高氏は一九九六年に再び当本を調査し、結果を「中央研究院歴史語言研究所蔵高句麗好太王碑乙本原石拓本の史学価値」（『古今論衡』、一九九八年3期）に著した。整紙本、全四枚で、未表装、無題記である。武田幸男『広開土王碑原石拓本集成』（東京大学出版会、一九八八年）にはこの本の第三面の写真がある。高氏の著書には全四枚縮小写真図版を載せている。本論では「傅斯年乙本」と略称する。

7　北京大学図書館蔵A本

原石拓本。徐建新が一九九三年九月に調査した。拓本は全四枚、煤煙拓、濃墨精拓、未表装である。拓本上には潘祖蔭と陸和九の題跋、そして慈庵、湖北黄陂胡朝宗と北京大学図書館の収蔵印がある。潘祖蔭の題跋を通じて、この拓本は北京瑠璃廠拓工李雲従が、一八八九年に集安現地に赴いて製作したものであることがわかる。徐建新「北京に現存する好太王碑原石拓本の調査と研究――北京大学所蔵拓本を中心に」（『朝鮮文化研究』第三号、一九九六年三月）にはこの本の縮小写真図版を載せている。本論では「北大A本」と略称する。

8　北京大学図書館蔵B本

原石拓本。徐建新が一九九三年九月に調査した。各面三枚の紙で拓出され、全十二枚、煤煙拓で墨色は浅淡、未表装である。徐建新「北京に現存する好太王碑原石拓本の調査と研究――北京大学所蔵拓本を中心に」（『朝鮮文化研究』第三号、一九九六年三月）にはこの本の部分の縮小写真図版を載せている。本論では「北大B本」と略称する。

9　北京大学図書館蔵C本

原石拓本。徐建新が一九九三年九月に調査して、一九九四年に公表した。各面三枚の紙で拓出され、全十二枚、双層紙、煤煙拓、墨色浅淡、未表装である。徐建新「北京に現存する好太王碑原石拓本の調査と研究——北京大学所蔵拓本を中心に」（『朝鮮文化研究』第三号、一九九六年三月）には縮小写真図版を載せている。本論では「北大C本」と略称する。この拓本の様相は水谷悌二郎旧蔵原石拓本によく似ている。

10　水谷悌二郎旧蔵原石拓整本

原石拓本。日本の水谷悌二郎が一九四九年に東京で入手し、収蔵した。水谷悌二郎は一九五九年に公表している。現在、日本の国立歴史民俗博物館に収蔵されている。各面三枚の紙で拓出され、全十二枚、双層紙、煤煙拓、墨色浅淡、未表装、無題跋である。水谷悌二郎「好太王碑考」（『書品』第一〇〇号、一九五九年）、李進熙『広開土王陵碑の研究』資料編（吉川弘文館、一九七二年）、武田幸男『広開土王碑原石拓本集成』（東京大学出版会、一九八八年）、東京国立博物館編『高句麗広開土王碑拓本』（東京国立博物館、一九九六年）などには、縮小写真図版を載せている。本論では「水谷拓本」と略称する。

11　韓国青溟任昌淳蔵本

原石拓本。韓国任昌淳氏旧蔵本。現在、韓国泰東古典研究所に収蔵されている。原本は約一二枚で、現在は剪装本、全四冊、淡墨拓、清末の文人蔡佑年の題跋がある。武田幸男氏は一九八一年に調査し、題跋に基づいて、この拓本は一八八九年に李雲従が製作したものであると断定した。武田幸男『広開土王碑原石拓本集成』（東京大学出版会、一九八八年)、任世権・李宇泰『韓国金石文集成』(一)高句麗(一)広開土王碑(図録篇)(韓国国学振興院、二〇〇二年)には縮小写真図版を載せている。本論では「任昌淳本」と略称する。

12 韓国『書通』雑誌創刊号本

原石拓本。韓国書法期刊『書通』創刊号(一九七三年九月)刊本。当本が発表された時は、縮小写真版、全四枚であった。しかし、原本は整紙本ではなく、面ごとの碑文は数枚の紙で拓出されたようで、無題跋である。淡墨精拓で、碑字の拓出様相は北大B本、同C本、水谷拓本、任昌淳本、台湾傅斯年甲本に似ている。この拓本の実物は現在所在不明である。『書道』創刊号に発表する時、当本の縮小写真版は一つの書類封筒に収まって、その上には「書通創刊特別本、原拓広開土境永楽好太王碑、拓本承国立博物館恵借珍蔵善本、謹此誌謝」などの句が刷られている。任昌淳氏は『韓国美術全集』(第一一巻、一九七三年)の中で、この拓本の実物は台北中央研究院から提供されたと書いている。朴真奭氏も『好太王碑拓本研究』(二〇〇一年)で、この拓本は台湾から借りたと推測した。本論は「書通本」と略称する。

13 台湾中央研究院歴史語言研究所傅斯年図書館蔵甲本

原石拓本。現在、台湾中央研究院傅斯年図書館に収蔵されている。台湾大学の高明士氏が「台湾所蔵高句麗好太王碑拓本」(『韓国学報』一九八三年12期)の中で初めて公表した。完本で、もともと一二枚であったが、一九四九年以後に表装された時、一枚が二枚に裁たれて、今の一四枚になった。筆者は二〇〇一年に台湾を訪問した時、高氏の好意で、この拓本を調査したことがある。煤煙拓、濃墨精拓、既に裏打ちされ、無題跋である。高明士「台湾所蔵高句麗好太王碑拓本」（『韓国学報』一九八三年12期）と、武田幸男『広開土王碑原石拓本集成』（東京大学出版会、一九八八年）に縮小写真図版がある。本論では「傅斯年甲本」と略称する。

14　金子鴎亭蔵本

原石拓本。金子鴎亭氏が一九五〇年前後に東京江田文雅堂で買ったもの。剪装本、全四冊、濃墨精拓、無題跋である。半開頁ごとに2行、毎行3字である。『書品』第一〇〇号（一九五九年六月）、『書道研究』創刊号（一九八七年六月）にこの拓本についての紹介がある。武田幸男『広開土王碑原石拓本集成』（一九八八年）には縮小写真図版がある。本論では「金子鴎亭本」と略称する。

15　北京大学図書館蔵D本

原石拓本。徐建新が一九九三年九月に調査し、一九九四年に公表している。拓本は各面三枚の紙で拓出され、全十二枚、煤煙拓、濃墨精拓である。既に表装され、無題跋、陽谷熊氏の収蔵印がある。徐建新「北京に現存する好太王碑原石拓本の調査と研究――北京大学所蔵拓本を中心に」（『朝鮮文化研究』第三号、一九九六年三月）にはこの本の縮小写真を載せている。本論では「北大D本」と略称する。

16　天津文運堂旧蔵本

石灰拓本。天津古籍書店文運堂の旧蔵本で、徐建新が一九九三年五月に調査した後にこの拓本は北京で競売された。剪装本、全四冊、煤煙拓、墨色浅淡である。題跋はなく、「受自所蔵金石」の収蔵印がある。徐建新はこの拓本の一部の写真を所有している。本論では「文運堂本」と略称する。

17　内藤湖南旧蔵本

石灰拓本。戦前日本の東洋史学者内藤湖南が所蔵したもの。現在、京都大学人文科学研究所に収蔵されている。内藤氏がこの拓本を所蔵した時期およびそれ以前の来歴は不明である。整紙本、全四枚、煤煙拓、著墨濃重、無題跋である。李進熙『広開土王陵碑の研究』資料編（一九七二年）、王健群『好太王碑研究』（一九八四年）、東京国立博物館『高句麗広開土王碑拓本』（一九九六年）には、縮小写真版がある。本論では「内藤湖南本」と略称する。

18　楊守敬蔵本

石灰拓本。この拓本は一九〇二年に曹廷傑から贈られたものである。現在、原本は所在不明である。全四枚、濃墨重拓。拓本の様相は内藤湖南本に似ている。楊守敬『寰宇貞石図』（再版、上海有正書局、一九〇九年）、『奉天通志』、日本人の藤原楚水纂輯『増訂寰宇貞石図』（東京興文社、一九四〇年）には縮小写真図版がある。本論では「楊守敬本」と略称する。

19　上海某本

石灰拓本。拓本の来歴は不明である。徐建新が二〇〇四年に上海で調査した。剪装本、全四冊、墨拓、無題跋である。半開頁ごとに2行、毎行3字である。碑字の様相は上海有正書局が出版した呉椒甫本に似ている。徐建新は拓本の一部の写真を所有している（資料編第⑭参照）。

20　四川美術出版社刊本

石灰拓本。四川美術出版社が一九九二年に出版した影印本である。書道家徐無聞が書名を書いている。原本は不明である。全一冊、半開頁3行、毎行5字、濃墨重拓である。碑字の拓出様相から見れば、甲午戦争時に取得された呉椒甫本に似ている。この拓本の不足なところは、個別碑字と一部分の字がないところに墨で補填された痕跡があることである。しかし、大部分の碑字は、初期石灰拓本の様相を保持している。本論では「四川美術本」と略称する。

21　蘇州古呉軒出版社刊本

石灰拓本。江蘇古呉軒出版社が一九九九年六月に出版した影印本で、上下二冊である。原本は不明である。刊行本の後ろには沈平子が一九九八年に書いた「跋」がある。跋文には、この拓本は「光緒中期高麗紙精拓本影印」と書いてある。拓本は半開頁2行、毎行4字、濃墨重拓、無題跋である。碑字の拓出状態は呉椒甫本によく似ているので、同じ時期に製作された拓本であろう。なお、鄒宗緒編、陝西旅游出版社刊の『好太王碑』（影印本、一九九二年）には一種の剪装本がある。この様相は古呉軒本と同じであるので、この二種類の刊本は同一の原本によるものであることがわかる。しかし、鄒宗緒編本には碑字の誤った排列があるので、参考価値は蘇州古呉軒出版社刊本に及ばない。本論では「古呉軒本」と略称する（資料⑮参照）。

22　上海有正書局一九〇九年刊行呉椒甫旧蔵本

石灰拓本。上海有正書局が一九〇九年に刊行した石印本で、沈平子の題名「旧拓好太王碑」がある。原本は現在でも不明である。拓本は第一面の空白部に小宋が書いた「誌」の文がある。「誌」には、この拓本は常州呉椒甫が「中日之役（日清戦争）の時に手に入れた」ものと書いてある。影印本、全一冊、半開頁4行、毎行7字、濃墨精拓である。本論では「呉椒甫本」と略称する。

23　東大文学部考古陳列室蔵本

石灰拓本。東京大学文学部考古陳列室に収蔵されている。拓本の来歴は不明である。整紙本、全四幅、既に表装され、無題跋、濃墨重拓である。この本は着墨が均等で、字口が明晰、やや古い時期の石灰拓本である。東京国立博物館『高句麗広開土王碑拓本』（一九九六年二月）に縮小写真図版が収録されている。本書にこの拓本は一九〇〇～一九一〇年代の拓本と書いてあるが、筆者は一九〇五年以前の拓本と考えている。本論では「東大考古室本」と略称する。

24　日本天理大学図書館乙本

石灰拓本。現在、天理大学図書館（天理図書館）に収蔵されている。この図書館に収蔵されている好太王碑拓本は二種類で、そのうちの甲本は、一九一三年に今西龍が集安に調査に行った時に持ち帰った拓本で、乙本は一九〇五年に辻元謙之助が持ち帰った拓本である。ゆえに、この乙本は辻元謙之助旧蔵本とも呼ばれる。整紙本、全四幅、濃墨重拓である。武田幸男氏は「天理図書館蔵〈高句麗広開土王陵碑〉拓本について」（『朝鮮学報』一七四輯、一九九〇年）で、この拓本を紹介している。寺田隆信、井上秀雄編『好太王碑探訪記』（日本放送出版協会、一九八五年）の第二四四～二四五頁に載せる縮印写真はこの拓本である。しかし、同書に載っている写真には間違いがある。武田幸男氏の考証によると、この第一面の拓本は同書のソウル大学本と入れ替えるべきで、第三面の拓本は同書の上田正昭本と入れ替えるべきであるという（武田氏の前掲論文の注37を参照）。この拓本は取得した年代（一九〇五年）が分かるので、編年の標識的拓本となる。本論では「天理大学乙年」と略称する。

25 『書品』一〇〇号所載整紙本

石灰拓本。縮小写真図版が『書品』第一〇〇号（一九五九年六月）に載っている。原本は不明である。整紙本、全四枚、濃墨重拓、無題跋である。碑字の様相は天理大学図書館乙本によく似ている。本論では「書品一〇〇号本」と略称する。

26 シャバンヌ旧蔵本

石灰拓本。整紙本、全四枚、無題跋、濃墨重拓で、フランスの学者シャバンヌが一九〇七年に碑前で入手した拓本である。『通報』（第二巻第九号）に所載されている縮小写真図版はこの拓本である。李進煕『広開土王陵碑の研究』資料編（吉川弘文館、一九七二年）、王健群『好太王碑研究』（一九八四年）、読売新聞社『シンポジウム・好太王碑――四、五世紀のアジアと日本』（東方書店、一九八五年一二月）などには縮小写真図版が載っている。本論では「シャバンヌ本」と略称する。

27 三井家聴氷閣蔵本

石灰拓本。整紙本、全四枚、濃墨重拓で、原本の来歴は不明である。水谷悌二郎「好太王碑考」の紹介によると、当本の影印本は日本法書会から一九一二年に出版されたことがある。拓本に三井家聴氷閣蔵という収蔵印がある。水谷の論文の中に、部分写真が載っている。影印本の出版年代によって、一九一二年前の拓本であることがわかる。本論では「三井家蔵本」と略称する。

28　台湾中央研究院歴史語言研究所傅斯年図書館蔵丙本

石灰拓本。現在、台湾中研院傅斯年図書館に収蔵されている。高明士氏が一九九六年に発見し、一九九八年三〜五月に調査した。当本の館蔵編号は二五五八八—二である。整紙本、全四枚、濃墨重拓、無題跋である。高明士「中央研究院歴史語言研究所所蔵高句麗好太王碑乙本原石拓本の史学価値」（『古今論衡』、一九九八年3期）に縮小写真図版が載っている。本論では「傅斯年丙本」と略称する。

29　日本上田正昭本

石灰拓本。歴史学者上田正昭氏の私蔵本。整紙本、全四枚、濃墨重拓、無題跋である。この拓本の写真は寺田隆信、井上秀雄編『好太王碑探訪記』（日本放送出版協会、一九八五年）に載っている。しかし、同書に載っている上田正昭本、ソウル大学本と天理大学所蔵旧拓本の図版の排列は間違っている。武田幸男氏の考証によると、この拓本の第三面は天理大学所蔵旧拓本の第二面と入れ替えるべきであるという。武田幸男「天理図書館蔵〈高句麗広開土王陵碑〉拓本について」（『朝鮮学報』一七四輯、一九九〇年、注37を参照）。本論では「上田正昭本」と略称する。

30　日本中野政一本

石灰拓本。武田幸男氏が一九八九年に公表している。整紙本、全四枚、着墨は浅淡である。拓出状態、着墨パターンと碑字の特徴から見ると、この拓本はシャバンヌ本の後に拓出された本である。中野政一氏の日記『鴨緑行』の記述によると、この本は中野氏が集安を歩いた一九一二年二月に得たものである。武田幸男『「鴨緑行」解説──或る軍人の見た大正二年の朝鮮西北境』（朝鮮学会編『朝鮮学報』第一三二輯、一九八九年四月）には、縮小写真図版が載る。本論では「中野政一本」と略称する。

31　天理大学図書館蔵甲本

石灰拓本。現在、拓本は天理大学図書館に収蔵されている。武田幸男氏は今西龍が一九一三年一〇月に持ち帰った拓本であると指摘している（武田幸男「天理図書館蔵〈高句麗広開土王陵碑〉拓本について」『朝鮮学報』一七四輯、一九九〇年）。整紙本、全四枚、濃墨重拓である。辻本雅英等「館蔵好太王碑拓本二種類」（『ビブリア』第八七号、天理図書館、一九八六年、第六一頁）にはこの拓本の縮印写真が載っている。この拓本は来歴が明確で、拓本編年の標識になる。本論では「天理大学甲本」と略称する。

32　朝鮮総督府旧蔵拓本

石灰拓本。現在、韓国ソウル大学図書館奎章閣に収蔵されている。武田幸男氏の最近の考証によると、一九一三年一〇月に関野貞、今西龍が碑前で調査した時に取得したものである。『朝鮮古跡図譜』（一九一五年）、『朝鮮金石総覧』（一九一九年）に載っているのはこの拓本である。当本の現在のソウル大学における登録編号は「（奎）一一七一九」である。整紙本、全四枚、無題跋、濃墨重拓である。李進熙『広開土王陵碑の研究』資料編（吉川弘文館、一九七二年）、王健群『好太王碑研究』（一九八四年）、読売新聞社『シンポジウム・好太王碑──四、五世紀のアジアと日本』（東方書店、一九八五年一二月）などに縮小写真図版が載る。本論では「朝鮮総督府本」と略称する。

33　韓国ソウル大学図書館蔵本

石灰拓本。全四枚で、著墨浅淡である。この拓本の写真は寺田隆信、井上秀雄編『好太王碑探訪記』（日本放送出版協会、一九八五年）に載っている。しかし上述したように、上田正昭本、ソウル大学本と天理大学所蔵旧拓本の図版の排列に誤りがあり、ソウル大学図書館本の第一面は天理大学所蔵旧拓本の第一面と入れ替えるべきである。本論では「ソウル大学本」と略称する。

34　北京某本

石灰拓本。北京の個人収蔵家が所蔵していた。徐建新が二〇〇四年に北京瑠璃廠で調査した。剪装本で全四冊、半開頁ごとに2行、毎行3字である、濃墨重拓で題跋はない。「作愚」という収蔵印がある。拓本の収蔵の来歴は不明である（資料⑯参照）。

35　天津某本

石灰拓本。徐建新が二〇〇四年に天津で発見し、調査した。整紙本、全四枚、煤煙拓、濃墨重拓、無題跋である。第一、二、三面の保存状態はいいが、第四面には重大な破損がある。拓本は一九一〇年代中期頃の拓本であろう。徐建新はこの拓本の部分写真を所持している（資料⑰参照）。

36　川口平三郎氏蔵本

石灰拓本。川口平三郎氏が収蔵している。剪装本、半開頁ごとに2行、毎行3字、濃墨重拓である。藤田友治『好太王碑論争の解明』（新泉社、一九八六年）には部分写真が載っている。碑字の様相によって、これは一九一〇年代中期以後の拓本であることがわかる。本論では「川口平三郎本」と略称する。

37　台湾中央研究院歴史語言研究所傅斯年図書館蔵丁本

石灰拓本。現在、台湾中研院傅斯年図書館に収蔵されている。高明士氏が一九九六年に発見して、一九九八年三〜五月に調査した。この拓本の登録番号は二五五八八—三である。整紙本、全四枚、濃墨重拓である。高明士「中央研究院歴史言語研究所所蔵高句麗好太王碑乙本原石拓本の史学価値」（『古今論衡』一九九八年3期）には縮小写真が載っている。本論では「傅斯年丁本」と略称する。

38　読売テレビ放送所蔵本

石灰拓本。全四枚で、濃墨重拓である。王健群・賈士金『好太王碑と高句麗遺跡』（読売新聞社、一九八八年）には縮小写真版が載っている。本論では「読売放送所本」と略称する。

39　東京大学東洋文化研究所蔵本

石灰拓本。整紙本、全四枚、無題跋、濃墨重拓である。読売新聞社『シンポジウム・好太王碑——四、五世紀のアジアと日本』（東方書店、一九八五年一二月）には縮小写真図版が載っている。本論では「東洋文化所本」と略称する。

40　京都大学人文科学研究所本

石灰拓本。整紙本、全四枚、濃墨重拓、無題跋である。碑字の様相は東京大学東洋文化研究所本に似ている。おそらく一九一五〜二五年の間の拓本であろう。本論では「京大人文研本」と略称する。

41　九州大学図書館蔵本

石灰拓本。整紙本、全四枚、無題跋、濃墨重拓である。拓本は梶本益一氏が一九四三年に九州大学に寄贈したものである。長正統氏は「九州大学所蔵好太王碑拓本の外的研究」（『朝鮮学報』第九九、一〇〇輯合併号、一九八一年）で、初めてこの拓本を紹介した。この拓本の収蔵者は拓本の破損した裏面を、当時の新聞紙で修補した。長氏は新聞の日付に基づいて、拓本の年代を一九二七年前後と推測した。長氏の論文と読売新聞社『シンポジウム・好太王碑――四、五世紀の東アジアと日本』（東方書店、一九八五年）には縮小写真図版が載っている。本論では「九州大学本」と略称する。

42　北京大学図書館蔵F本

石灰拓本。現在、北京大学図書館に収蔵されている。徐建新が一九九三年九月に調査した。整紙本、全四枚、無題跋、煤煙拓である。本論では「北大F本」と略称する。

43　東京都目黒区守屋教育会館郷土資料室蔵本

石灰拓本。整紙本、全四枚、無題跋、濃墨重拓である。内藤確介の旧蔵本で、後に東京都目黒区守屋教育会館郷土資料室に寄贈された。これはおよそ一九二七〜二九年間に内藤確介氏が現地で入手した拓本である。東京都目黒区守屋教育会館郷土資料室『高句麗広開土王碑拓本写真集』（一九九〇年一一月）、読売新聞社『好太王碑——四、五世紀の東アジアと日本』（東方書店、一九八五年一二月）、東京国立博物館『高句麗広開土王碑拓本』（一九九六年二月）などには縮小写真図版が載っている。本論では「目黒区本」と略称する。

44　北京大学図書館蔵G本

石灰拓本。徐建新が一九九三年九月に調査した。残本、剪装本、全四冊、半開頁に2行、毎行3字である。無題跋、濃墨重拓で、字のない部分に墨で補填した痕跡がある。拓本は今第一、二、三面の碑文しか存在していない。このうち第二面の碑文は二部があり、第四面の碑文は欠けている。おそらく、装丁する時、別の同期の拓本と混交されたようだ。拓本の上に柳風堂の収蔵印があるので、柳風堂に収蔵されていたことがわかる。この拓本の碑字の拓出状態は武田幸男氏が紹介した水谷悌二郎旧蔵精拓本によく似ている（武田幸男「〈水谷旧蔵精拓本〉の実像を求めて」『朝鮮文化研究』第七号、二〇〇〇年三月）。碑字から見ると、拓本は恐らく一九二〇年代前後の石灰拓本であろう。本論では「北大G本」と略称する（資料⑱参照）。

45　日本足立幸一旧蔵本

石灰拓本。現在は京都府立福知山高校所蔵。当本は故足立幸一氏が寄贈したものである。浜田耕作「故足立幸一氏寄贈の京都府立福知山高校所蔵の広開土王碑の拓本について」（日本『学習院大学東洋文化研究所調査研究報告』第二四号一九九〇年）に縮小写真図版が載っている。浜田耕作氏は当本の採拓年代を一九三五年前後と推定し、その下限は一九三八年一〇月を下がらない。整紙本、全四枚、淡墨拓、無題跋である。第二、三面の文字がないところに全面的に着墨され、第二面の末行と第三面第一行は拓出されていない。本論では「足立幸一本」と略称する。

46　日本書学院蔵全拓本

石灰拓本。現在、日本書学院収蔵。『書道研究』（創刊号、一九八七年）には縮小写真図版があり、題名は「書学院本全拓」である。書学院が収蔵する前の流伝過程は不明である。整紙本、全四枚、淡墨拓で、題跋はない。この拓本は一九三〇年代中期前後の拓本と推定され、石灰剥落時期の碑石の様相を反映している。本論では「書学院本」と略称する。

47　張明善が一九六三年に製作した拓本

北京中国国家文物局碑帖専門家張明善氏が一九六三年に製作したものである。製作者張氏の口述によると、彼は一九六三年に拓本を製作する前、碑石の表面を丁寧に洗ったが、製作時には碑面になお石灰が残っていた。それ故、厳密にいうと張明善拓本は石灰拓本に属する。整紙本、全四枚、宣紙淡墨精拓である。中国国家文物局、中国社会科学院考古研究所、吉林省博物館、集安市博物館、朝鮮民主主義人民共和国にはそれぞれ同期の張明善拓本がある。張明善拓本は、中華人民共和国が成立した後に製作されたより精巧な好太王碑拓本である。筆者は北京で張明善先生を訪ね、当時の製作過程を調べた。また吉林省博物館で張明善拓本を実見した。耿鉄華『好太王碑新考』（吉林人民出版社、一九九四年六月）、朴真奭『好太王碑与古代朝日関係研究』（延辺大学出版社、一九九六年）には縮小写真図版が載っている。本論では「張明善本」と略称する。

48　周雲台拓本

この拓本が製作された時、碑面にはなお石灰が残っていたので、厳密にいえば、石灰拓本に属する。現在、この本は吉林省集安市博物館に収蔵されている。整紙本、全四枚である。第一面と第二面上にある大きな亀裂は、化学保護で補塡された。それゆえ、拓本上にある空白部分はそれほど鮮明でない。王健群『好太王碑研究』（一九八四年）には、縮小写真版が載る。周雲台本は王健群氏の指導のもとで採拓したものでその一部の文字は王氏の碑文に対する理解にもとづいて着墨されたのである。これについて、研究者に批判されている。本論では「周雲台本」と略称する。

資料

資料①　潘祖蔭旧蔵本の李鴻裔題跋（右）と李超瓊題跋（左）

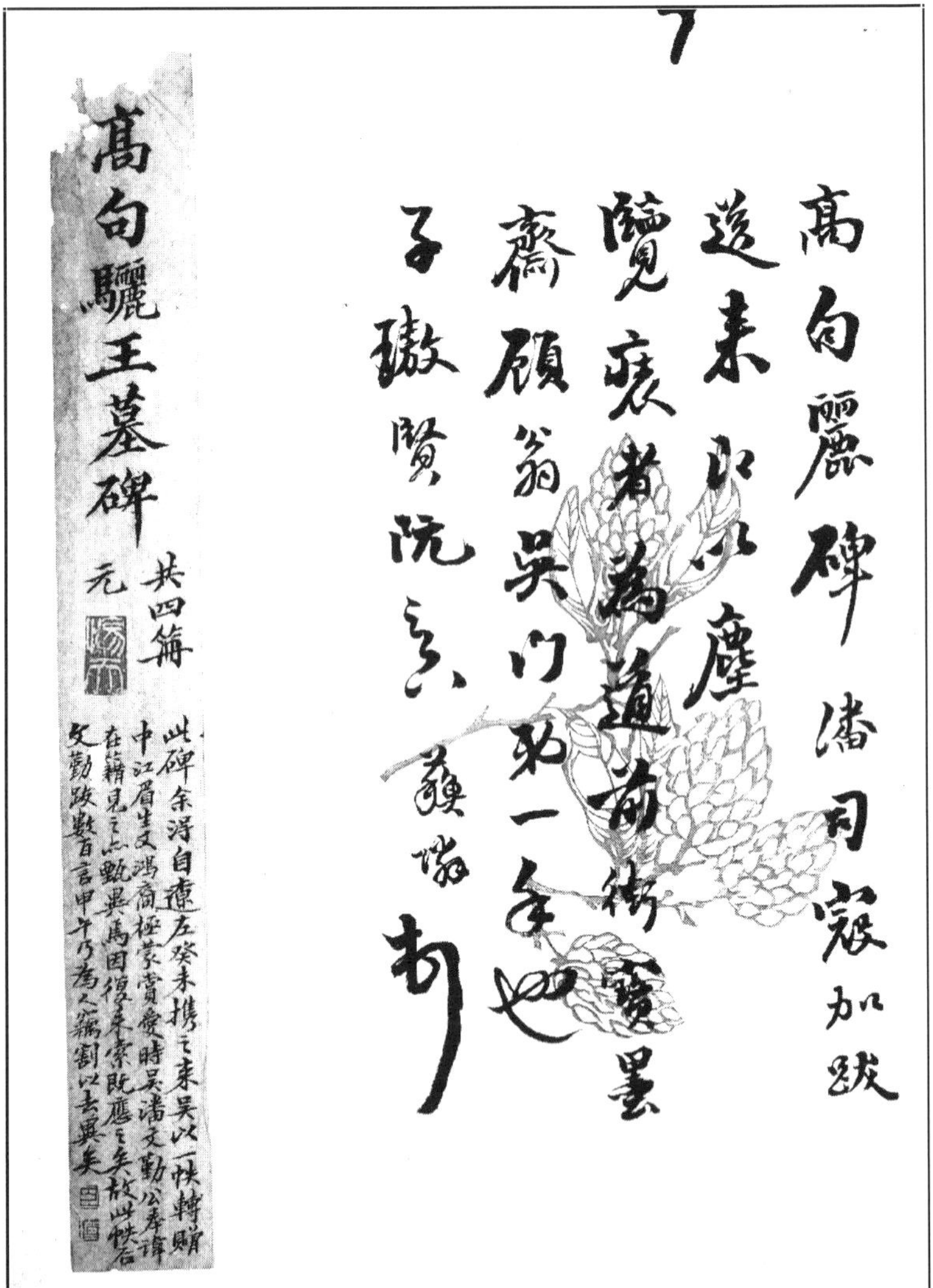

資料② 潘祖蔭旧蔵本の葉昌熾題跋

高句驪王墓碑跋

高句驪王墓碑在奉天懷仁縣東三百九十里通溝口其文四面刻從東面起次南次西次北東面剝蝕南面十行西十三行北九行行皆四十一字高三丈餘碑為廣開土境好太王立致東鑑提綱廣開土王立於晉太元十八年癸巳其六年為戊戌七年為己亥今碑云八年戊戌九年己亥則差二年前有西川王晉泰始七年立八年為戊戌與碑文合此石當是西川王紀功之碑廣開土境臣子尊稱之詞非其號也戊戌以前皆紀破百殘事百殘即百濟曰殘惡之之詞十年庚子破倭則為晉太康元年也廿年上二字已泐當為庚戌晉之永熙元年其年討東夫餘夫即疑扶之俗字即扶餘也漢元帝時扶餘王解扶婁得小兒曰金蛙立為太子遷於東海之濱國號東扶餘高句驪始祖朱蒙即自東扶餘出奔沸流水上立國百濟又出自高句驪然則東夷諸國多本扶餘其後同類吞噬幾於無歲不戰即如碑云十四年甲辰倭侵帶方又云倭寇潰敗自是倭入帶方而高麗救之然致西川王十六年伐帶方相去僅二年耳何以旅救之而旋伐之則當時之蝸爭蠻觸亦可見矣帶方漢樂浪郡地見漢書地理志其自立為國亦不知在何時破百濟後又云因便抄得加太羅谷男女三百人致南齊書加羅國三韓種也朝鮮人柳得恭懷古詩引三國史注云加羅亦作伽倻或云駕洛東鑑多載三國與駕洛交兵事則加太羅谷疑即駕洛急呼之則為二字緩呼則為四字耳後列新舊國煙三十看煙三

百看煙守墓之戶國煙其長也其民皆取之各城如漢徙民實陵邑之例戶有新舊舊者屬民新則戰勝略定各城也百濟之城凡五十八多不可攷惟彌鄒見朝鮮史略云百濟始祖溫祚與兄沸流南行沸流居彌鄒忽溫祚都慰禮城彌鄒當即沸流舊地省忽字耳又北史百濟傳有古沙城此碑沙城上脫一字或即古字穰城上一字亦泐攷東鑑百濟自慰禮遷都北至浿沙南極走壤又有雉壤城屢見東鑑穰上非走字即雉字壤此碑皆作穰觀平穰可知也東鑑又云燕光始六年慕容廆襲高句驪攻木底城不克而旋此碑有木底韓當即其城謂之韓者指其人民東國皆古三韓濊貊之地故其民通曰韓亦曰濊碑所列有鴨岑韓客賢韓巴奴城韓而總冠之曰新來韓濊蓋以是爾新來各城中有年婁按漢志無慮屬遼東郡年婁疑無慮之轉音師古注謂即醫無閭按周禮職方氏幽州其鎮曰醫無閭鄭注在遼東以地證之亦合又有若模盧城晉書東夷傳裨離諸部有模盧國北史勿吉旁有大模盧國或即其地而高麗并之年婁若模盧外又有古年婁城若模盧城若或古字之誤其城既還困於舊城加古字以別之其餘舊屬各城惟南蘇新城屢見於史東鑑晉元康六年慕容廆侵高句麗王以北部大兄高努子為新城太守努子有威聲廆不敢犯又隆安四年燕王盛以高句驪禮慢自將拔南蘇新城朝鮮史略唐貞觀二十一年伐高句驪攻南蘇拔之此必在高麗西境與燕接壤故屢受兵燬他如賁句余即為句茶史略太武神王贊云扶余奔竄而自避句茶畏威而來降太武

為東蒙之孫在東漢初則其地之入高麗久矣又攷百殘之役王渡阿被水迫其國城百濟國都此至浿沙而水經注云余訪蕃使者高句麗城在浿水之陽意阿被水即浿水國語不同耳二國以此水為界高麗在此北欲伐百濟必渡水擊之也碑以住為往用為開遝為還板為叛贏為羸皆與六書不合南面溢刻上西歲二字疑是團截鎧鉀上於雉二字疑是收穫未可臆定其餘不可辨者約十餘字東國石刻平百濟碑在唐初此碑更前數百年從未著錄光緒六年邊民斬山刊木始搜得之豈非顯晦有其時邪東鑑西川王薨後四年慕容廆來侵至故國原見王冢發之役者暴死聞壙內有樂聲乃引退此墓素著靈異千秋片石巍然無恙有以也夫時甲申仲秋鄭盦尊丈出以見示謹據所見詮次如右

長洲葉昌熾鞠裳

是碑余以光緒辛巳客鳳凰城時得之碑在懷仁縣之通溝口今有分防巡檢駐焉東瀕鴨淥江西則佟佳水經通化東南流歷懷仁之黑熊溝至是與鴨綠合水勢迅急古所謂沸流水者也墓之南有廢城遺址周十數里土人以高麗城呼之當即魏志所謂丸都者其西南諸山非懸車束馬未易攀陟毋邱儉之東銘不耐乃其遺墟同治以前為甌脫邊門外封禁之地光緒建元後乃弛禁開墾為懷仁縣境設官分治皆吾邑陳海珊觀察本植之功余佐幕其間友人祥符章幼樵樾首任縣事既以此碑墓拳搨見貽故携之吳中裝池為帙也

資料③　潘祖蔭旧蔵本の部分写真と酒匂本の比較

潘祖蔭旧蔵本（左）と酒匂本（右）の部分碑字比較（括弧内は現在の釈文）

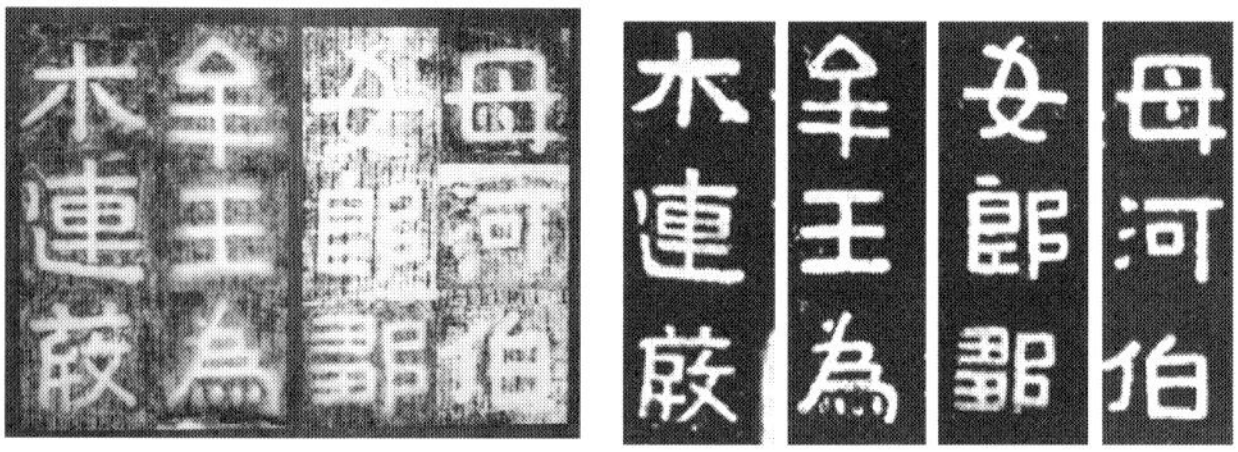

1．第１面２行24～35字、「母河伯女郎鄒牟王為木(我)連葭」。
「郎」字と「葭」字が微妙に異なる。

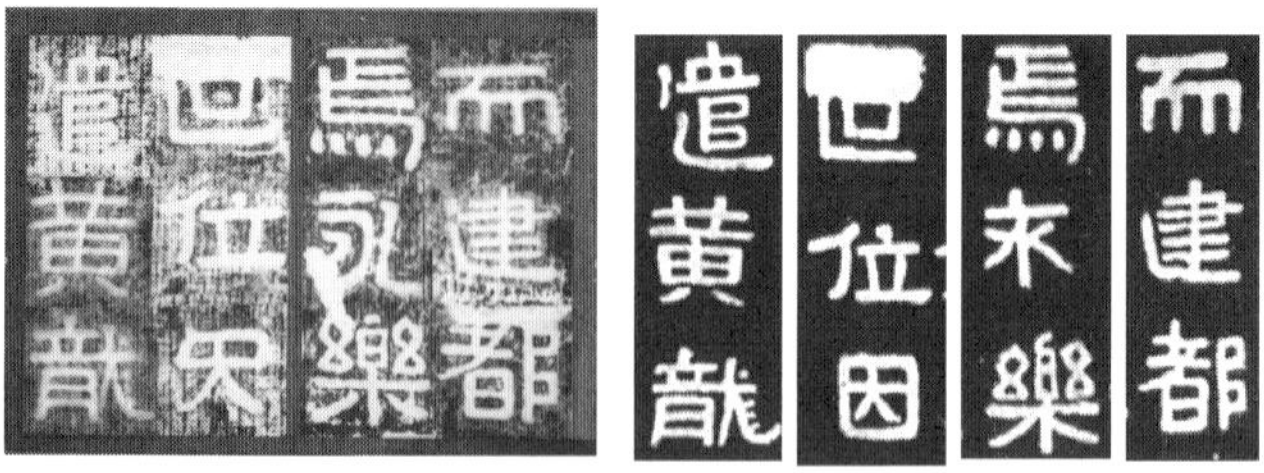

2．第１面３行19～30字、「而建都焉永(不)楽世位因(天)遣黄龍」。
「不」字と「天」字の筆画が異なる。

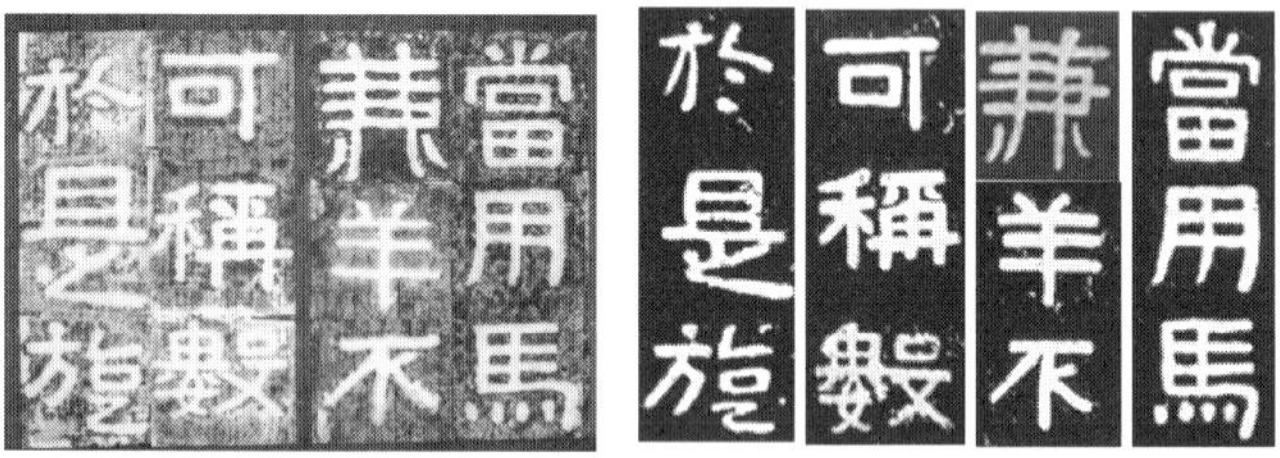

3．第１面７行38字～８行８字、「当(営)用(牛)馬兼(群)羊不可称数於是旋」。「兼」字の筆画が異なる。

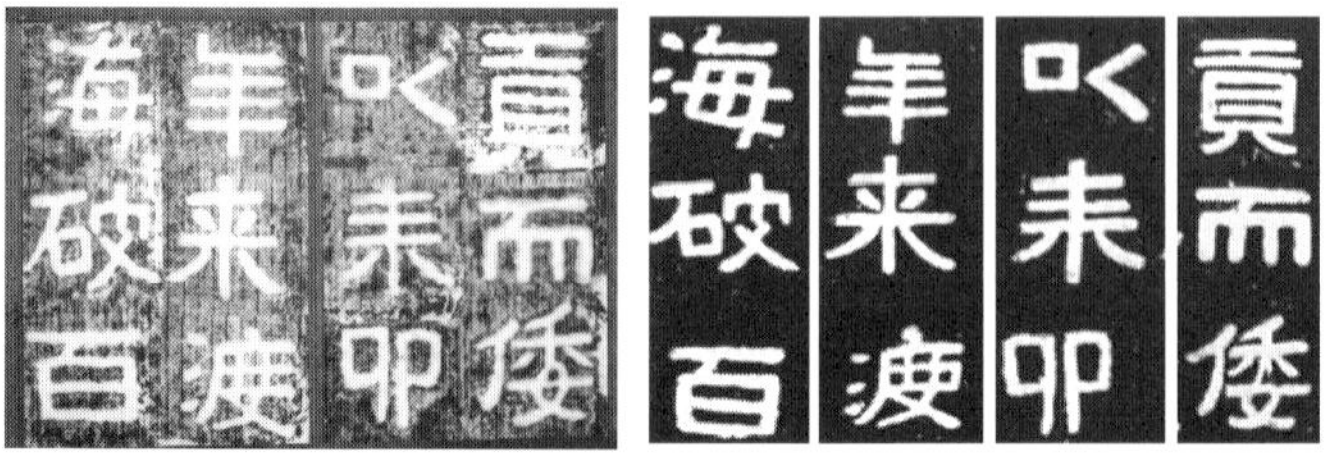

4．第１面９行４～15字、「貢而倭以辛卯年来渡海破百」。
「渡」字と「海」字の筆画が異なる。

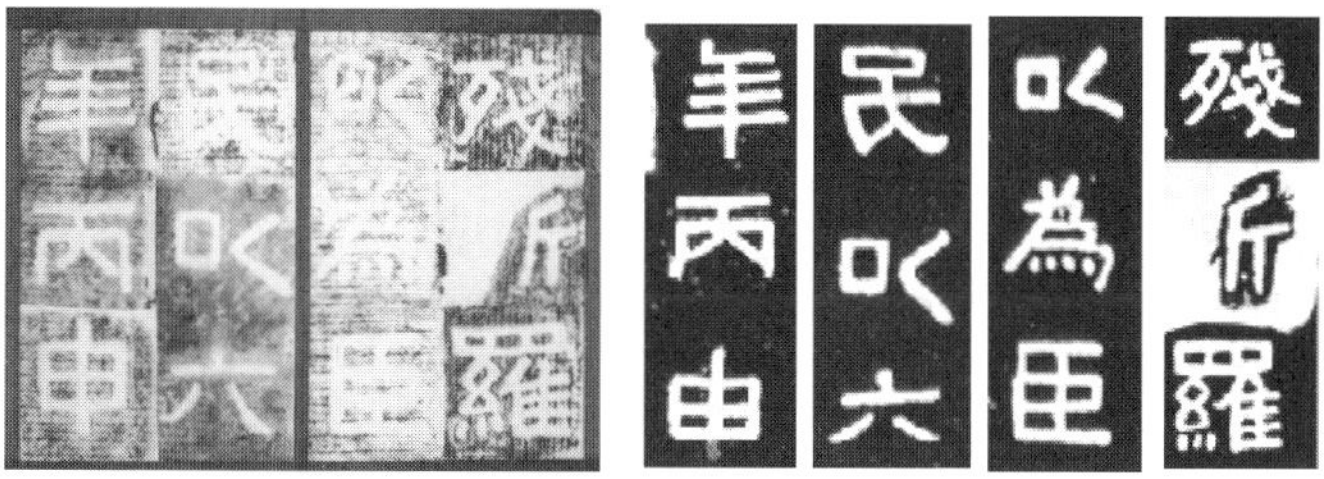

5．第1面9行16～29字、「残□□新羅以為臣民以六年丙申」。
「臣」字の筆画が異なる。

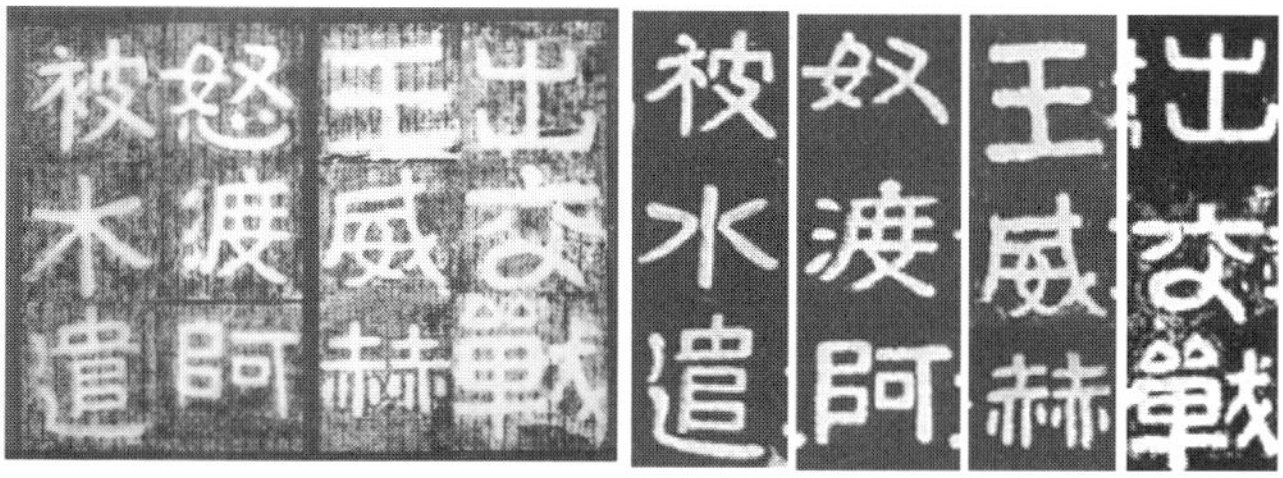

6．第2面3行25～36字、「出交(百)戦王威赫怒渡河被(利)水遣」。
酒匂本は誤って「怒」字を「奴」字に作る。

7．第3面13行31～25字、「奴城韓九家為看烟若(臼)模盧城」。

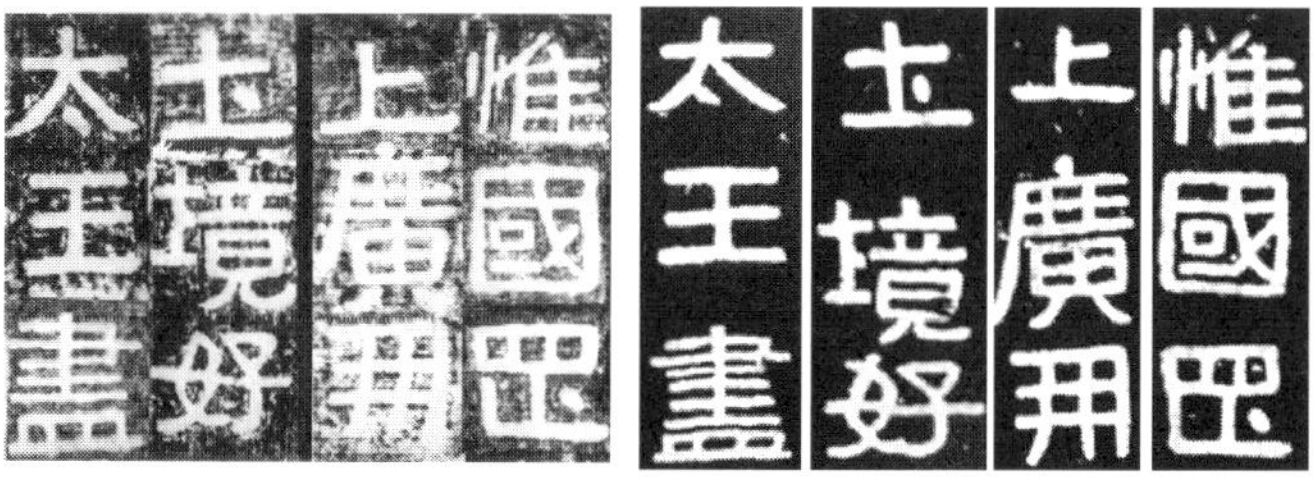

8．第4面8行14～25字、「惟国岡上広開土境好太王盡」。
「盡」字の筆画が異なる。

資料④　潘祖蔭旧蔵本の李超瓊題跋
（拡大写真）

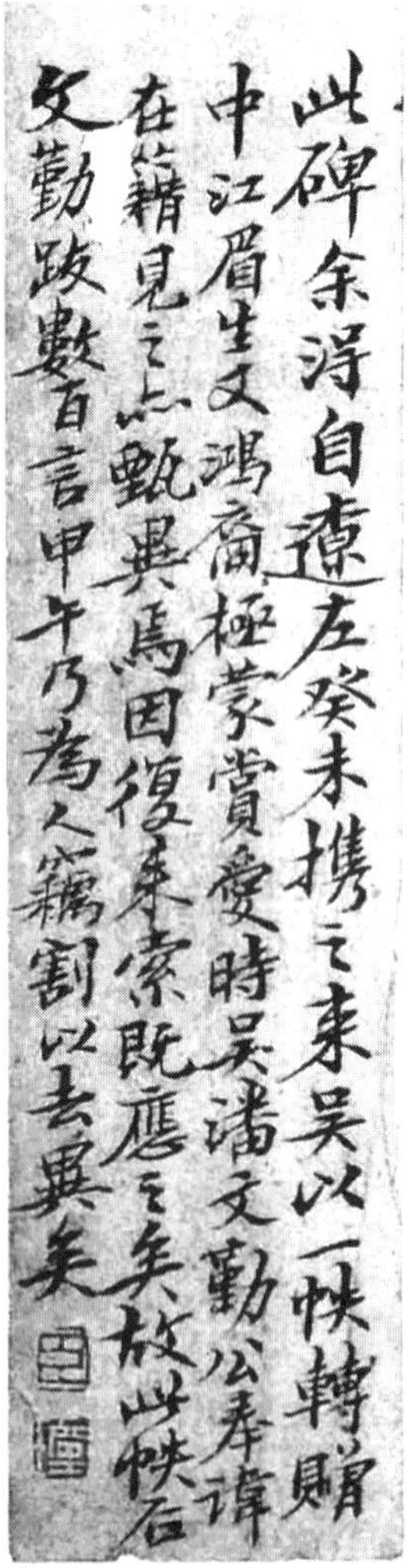
此碑余得自遼左癸未携之来吴以一帙轉贈
中江眉生文鴻裔極蒙賞愛時吴潘文勤公奉諱
在籍見之亦歎異焉因復来索既應之矣故此帙有
文勤跋數百言甲午乃為人竊割以去異矣

資料⑤　繆荃孫『芸風堂金石存目』
所載の李雲従についての記述

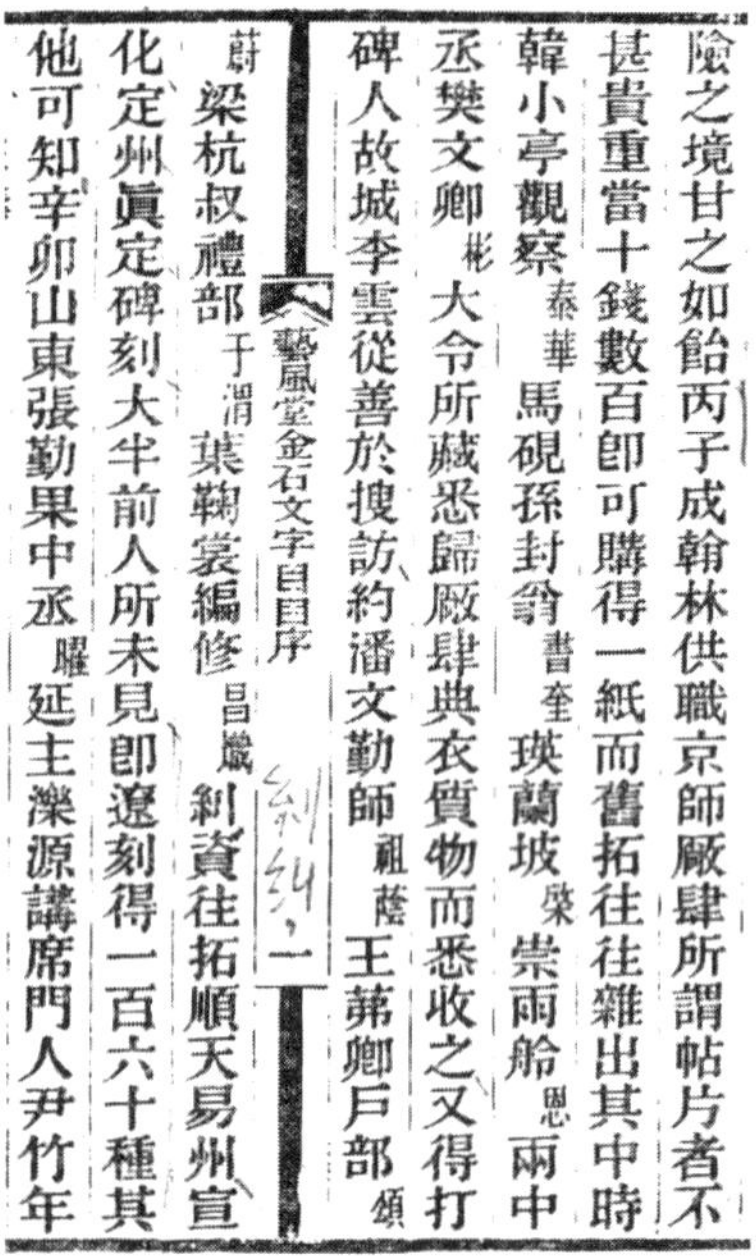
險之境甘之如飴丙子成翰林供職京師廠肆所謂帖片者不
甚貴重當十錢數百即可購得一紙而舊拓往往雜出其中時
韓小亭觀察泰華馬硯孫封翁書奎瑛蘭坡棨崇雨舲恩兩中
丞樊文卿彬大令所藏悉歸廠肆典衣質物而悉收之又得打
碑人故城李雲從善於搜訪約潘文勤師祖蔭王苐卿戸部頌
藝風堂金石文字目目序
蔚梁杭叔禮部于渭葉鞠裳編修昌熾釧資往拓順天易州宣
化定州眞定碑刻大半前人所未見即遼刻得一百六十種其
他可知辛卯山東張勤果中丞曜延主濼源講席門人尹竹年

資料⑥　王氏蔵本（原石拓本）第１面

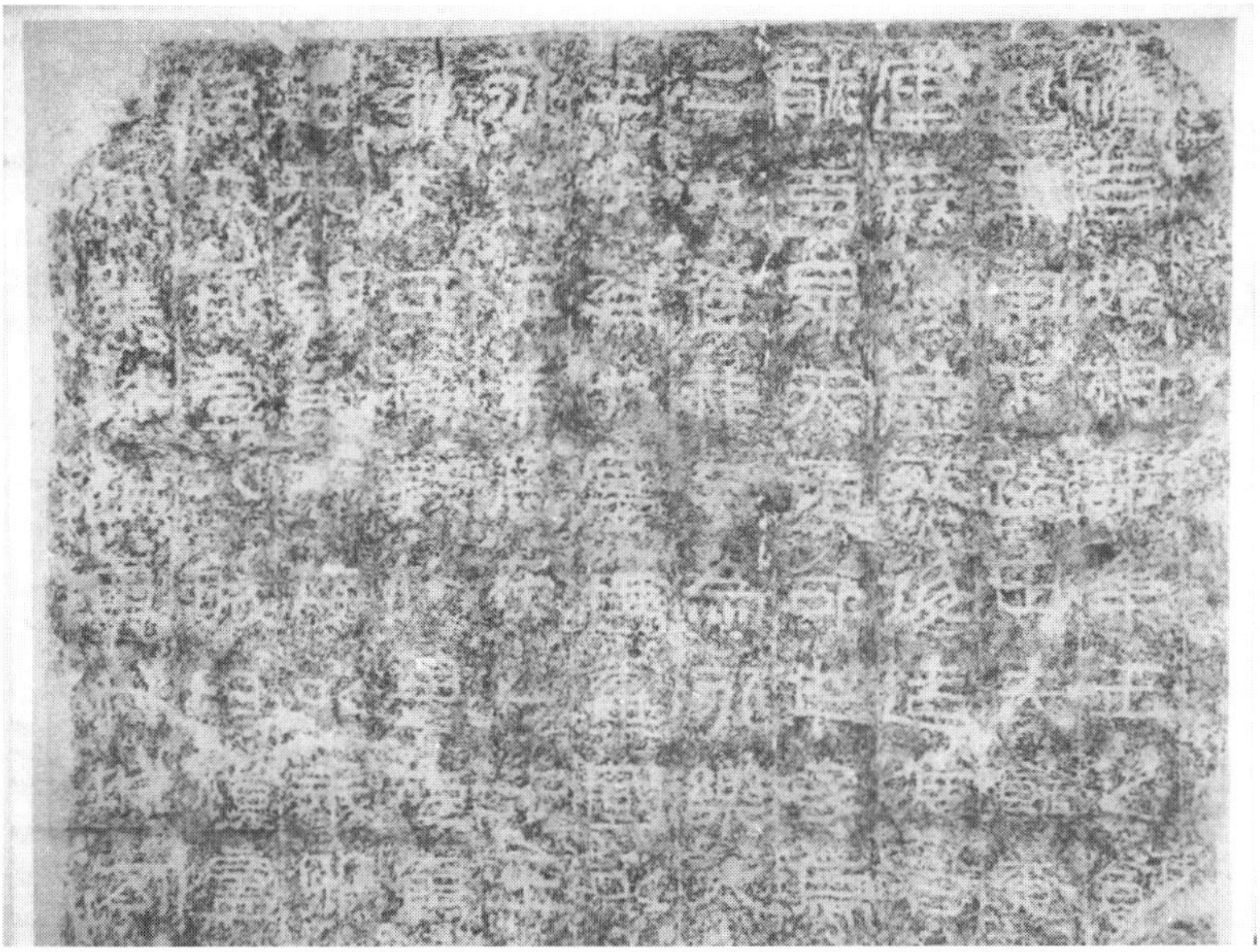

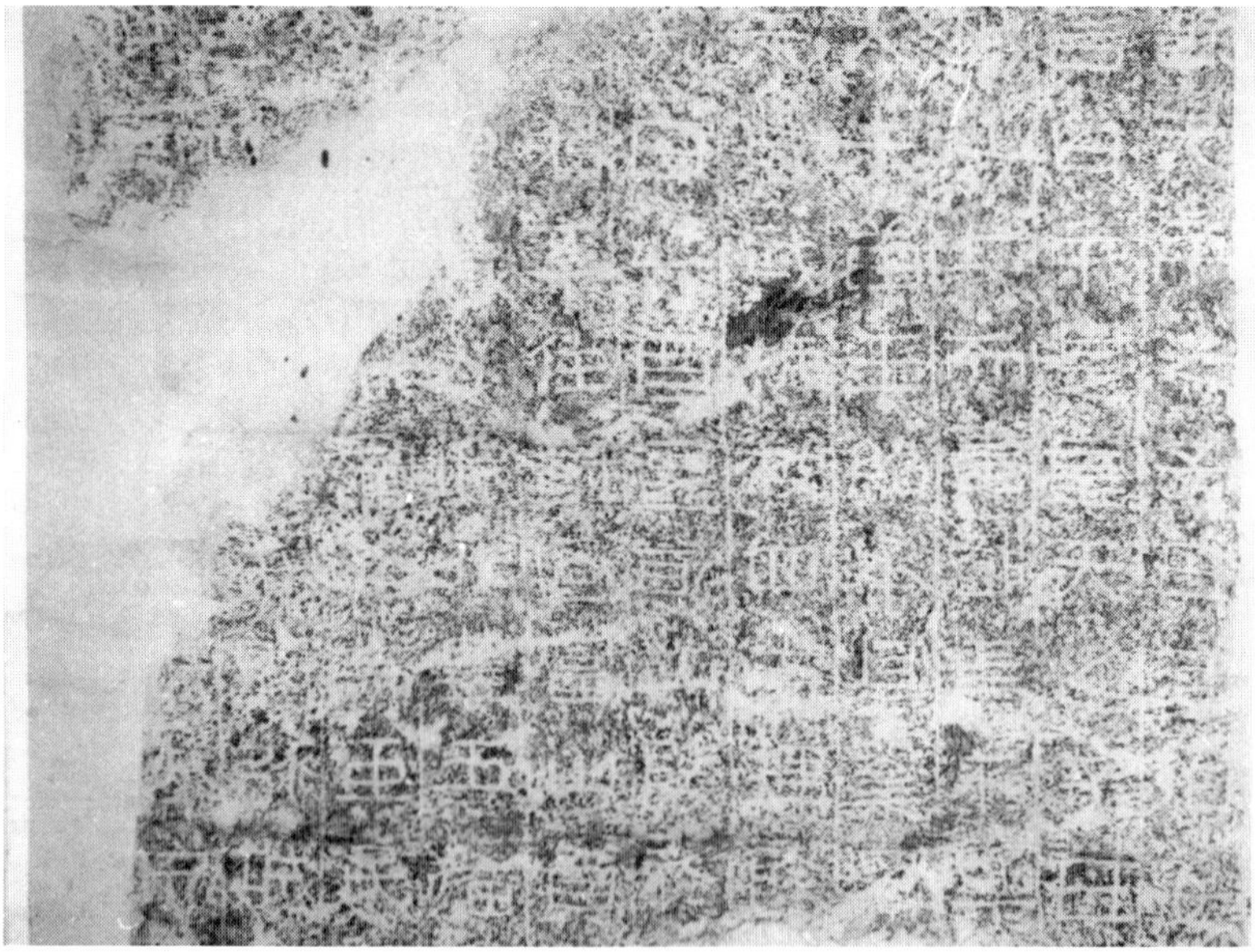

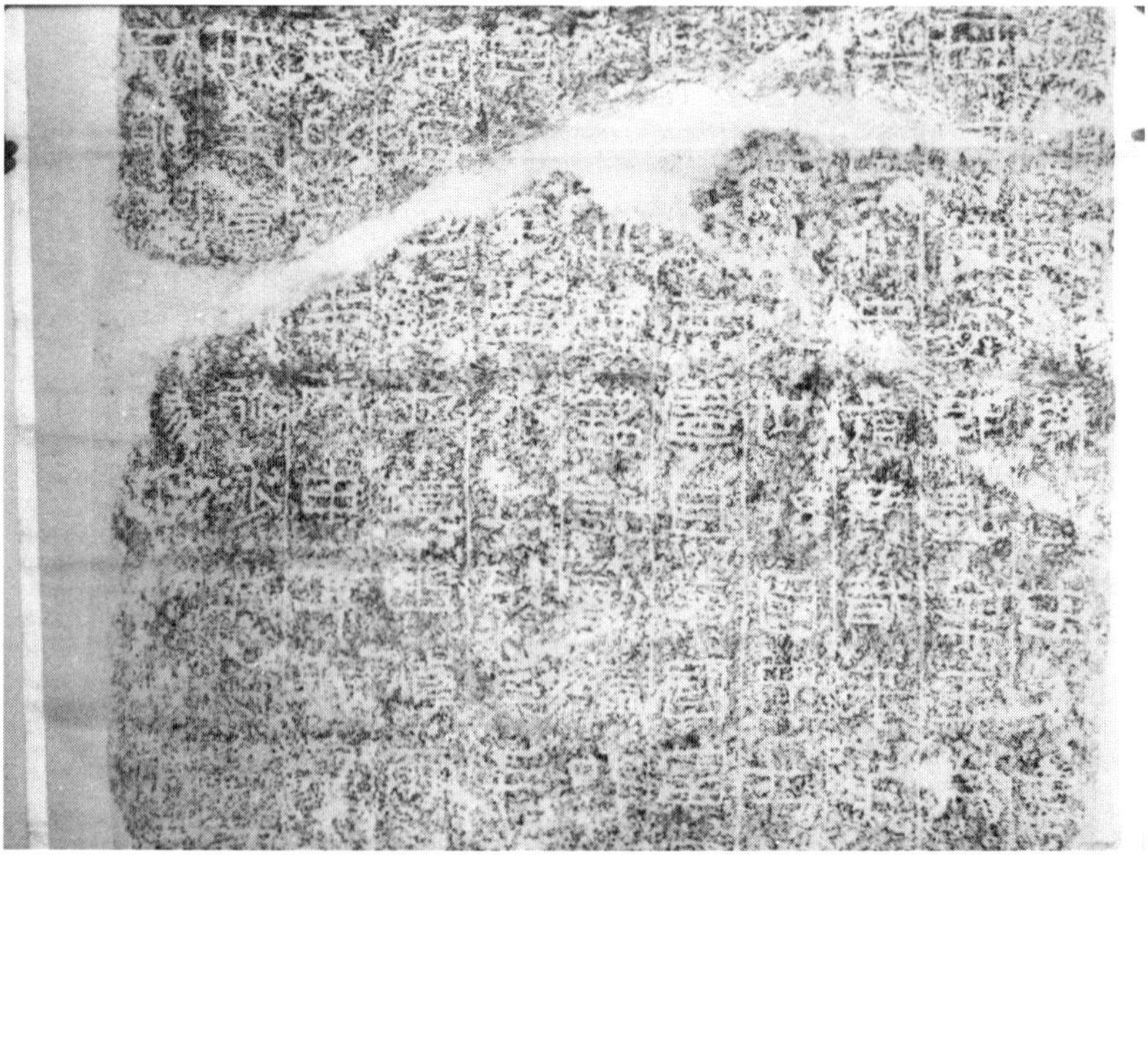

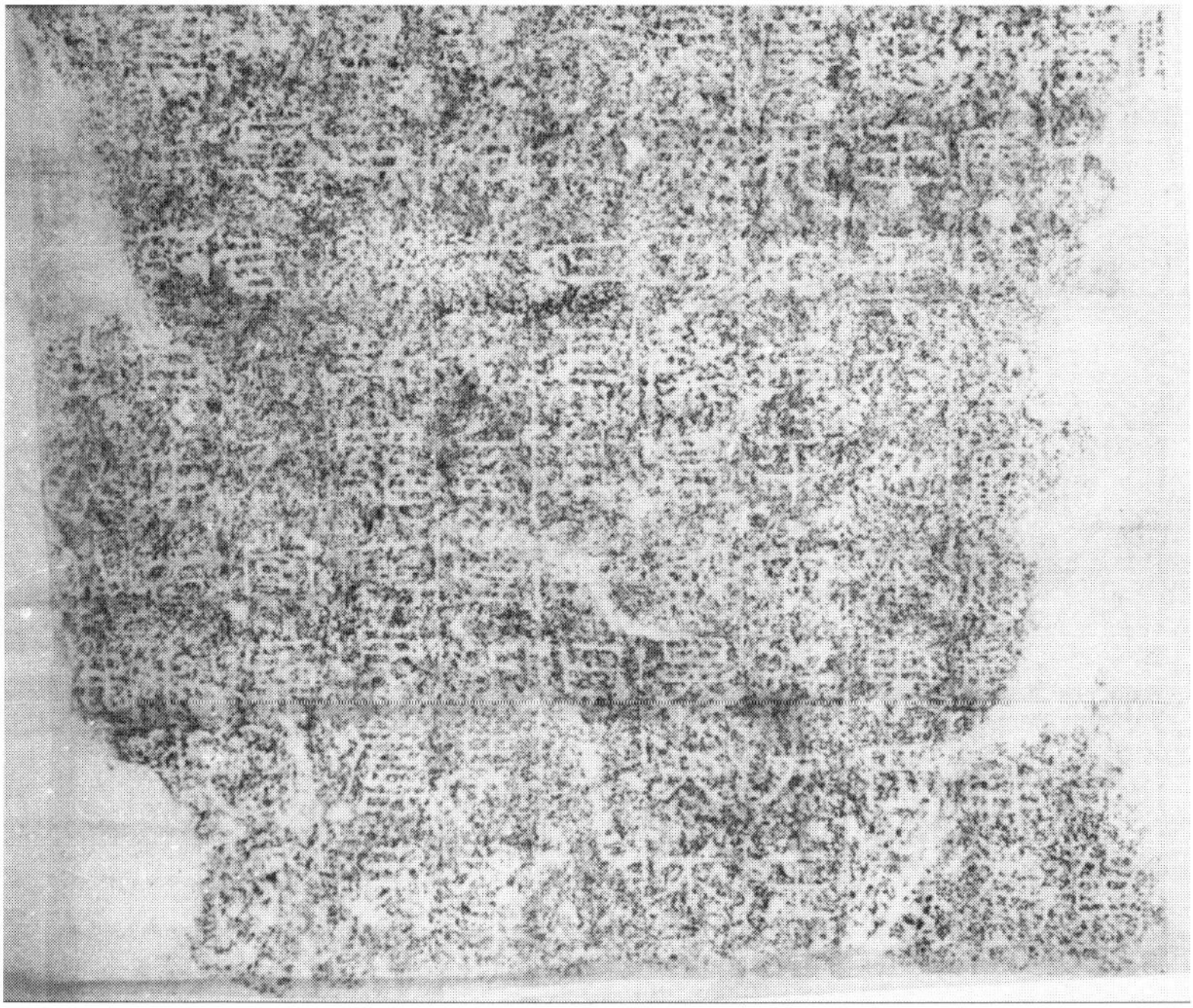

資料⑦　王氏蔵本の姚華（茫父）題跋（四）

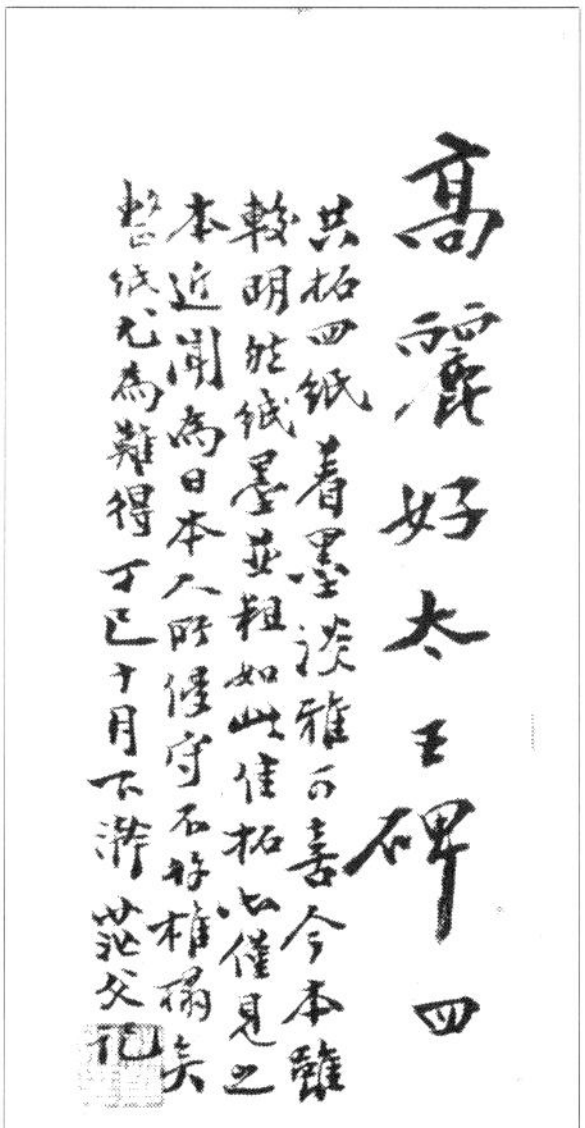
高麗好太王碑　四
共拓四紙舊墨淡雅可喜今本雖較明然紙墨並粗如此佳拓亦僅見之本近聞爲日本人所保守不許椎搨矣整紙尤爲難得　丁巳十月下澣　茫父記

資料⑧　中国国家図書館蔵本（原石拓本　原名は北図蔵本）第１面上部

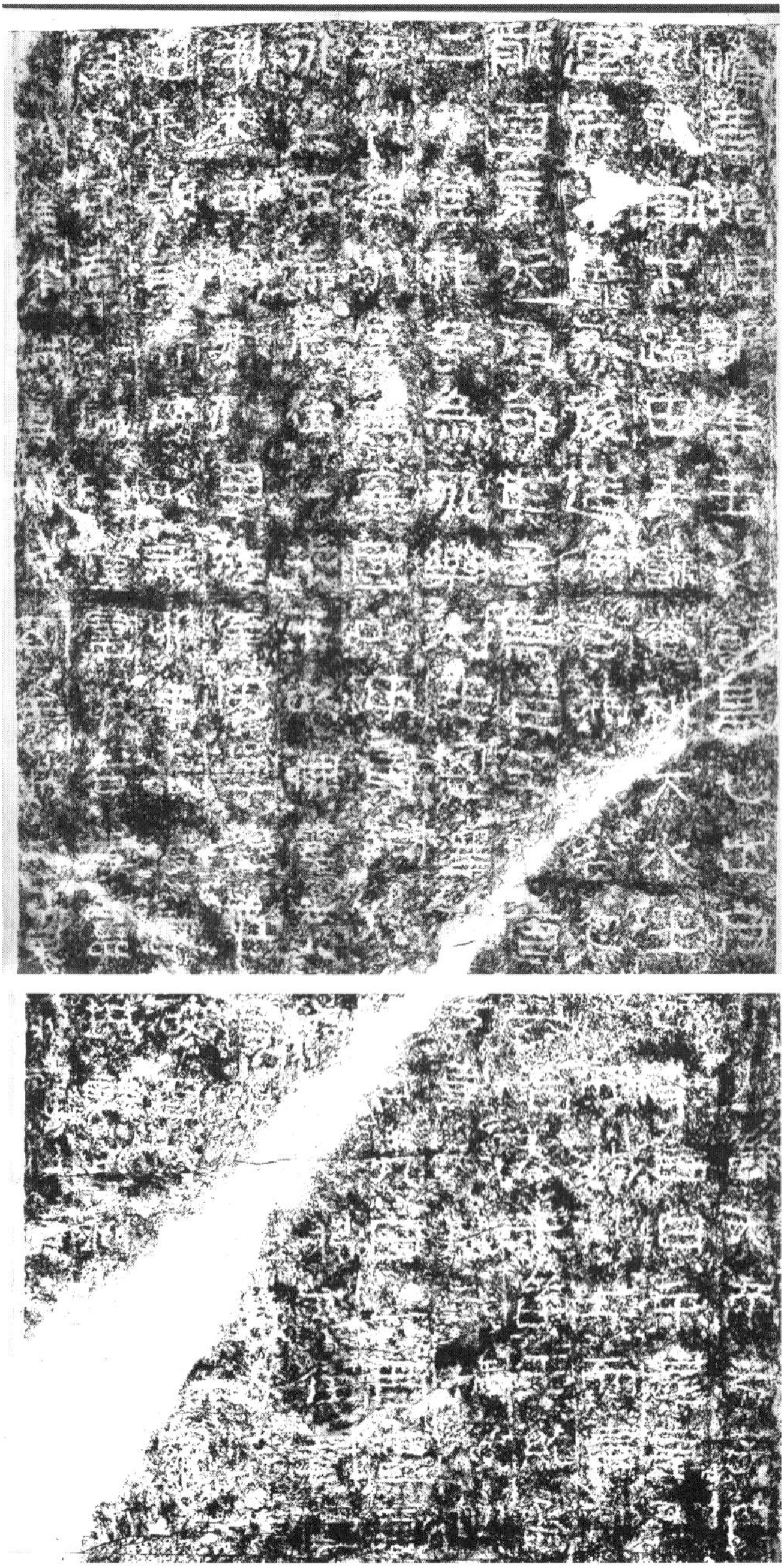

第１面下部

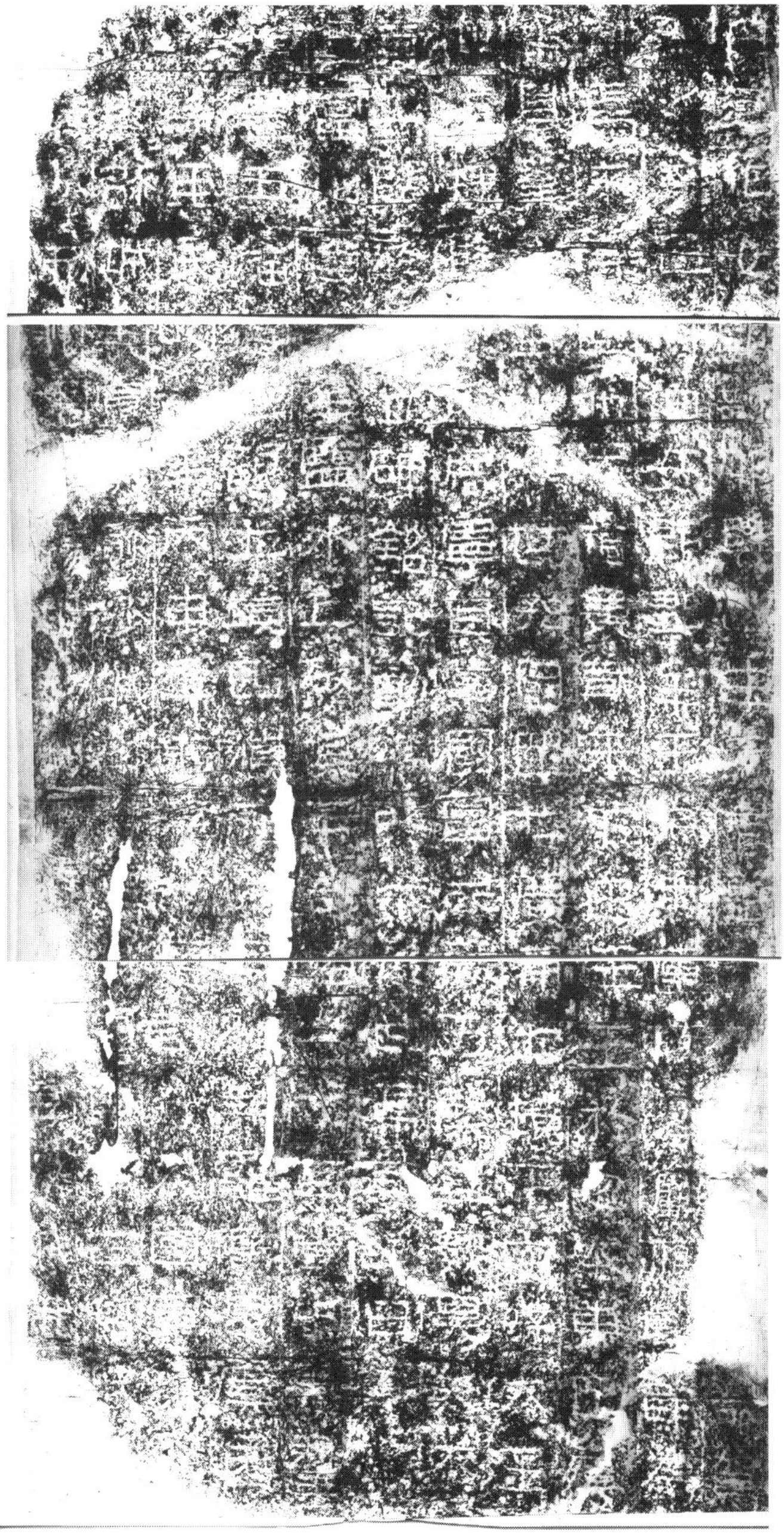

資料⑨　北京大学Ｅ本（原石拓本）第１面上部

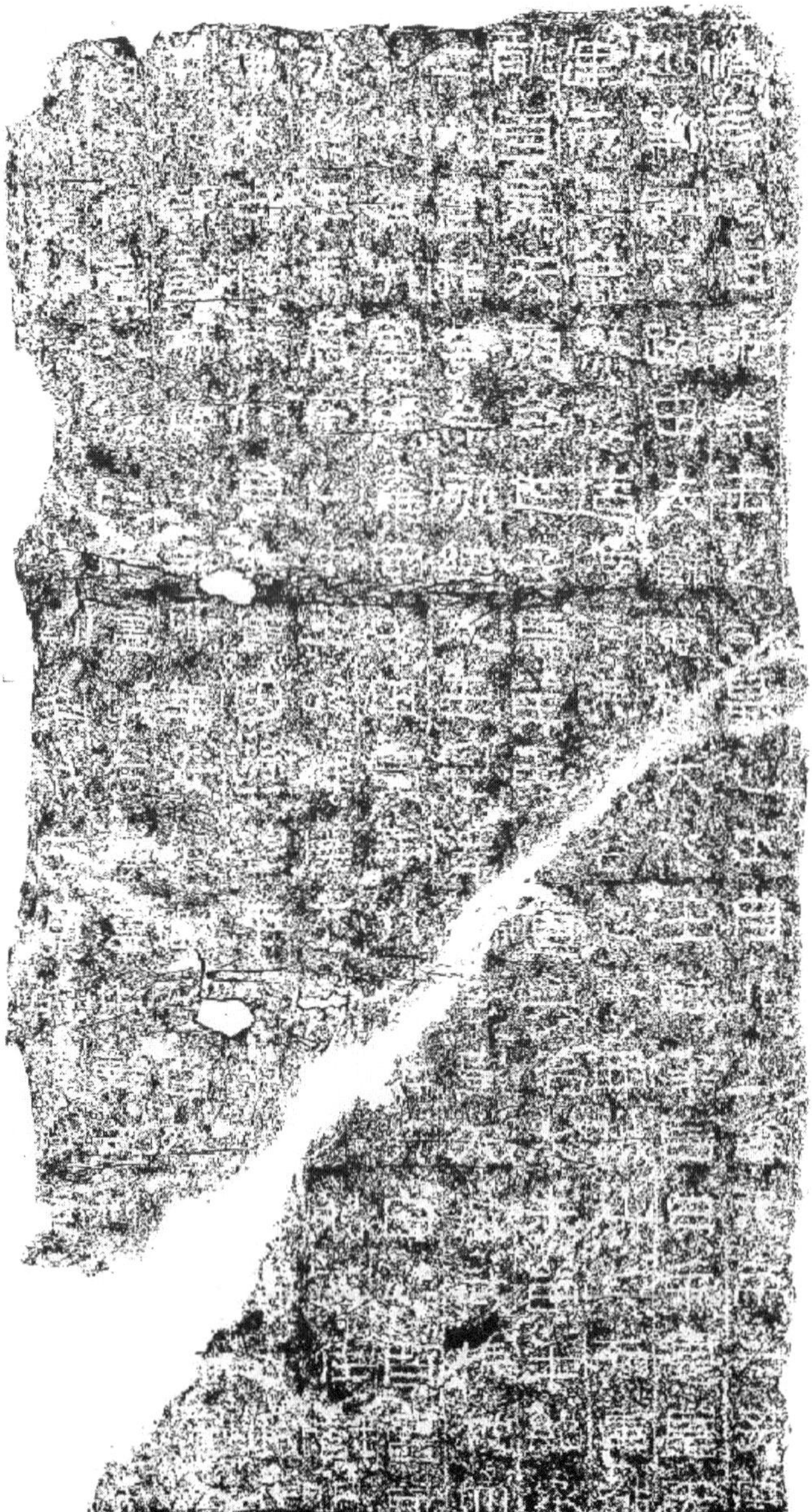

第1面下部

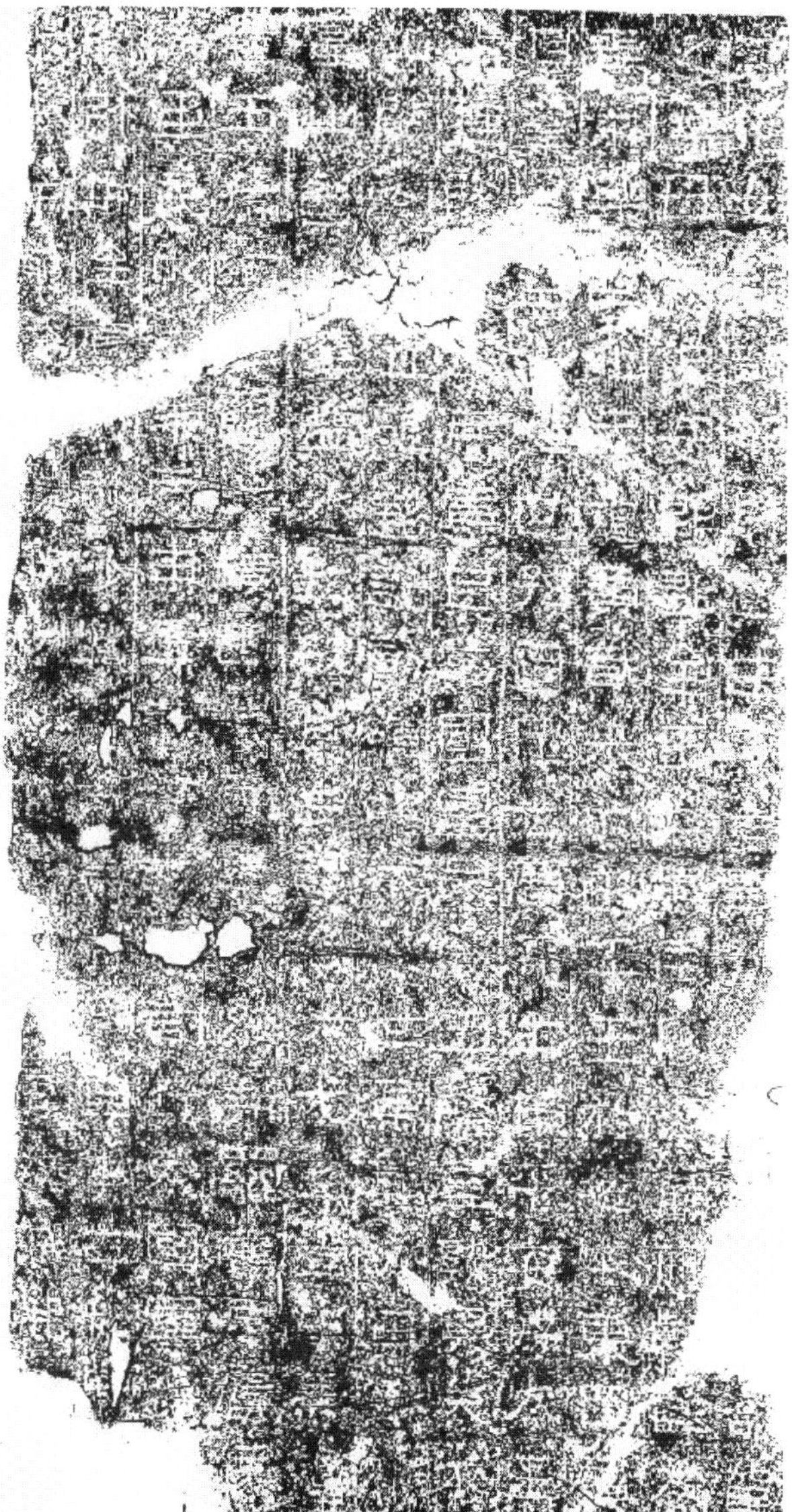

資料⑩　北京大学Ａ本（原石拓本）第２面上段

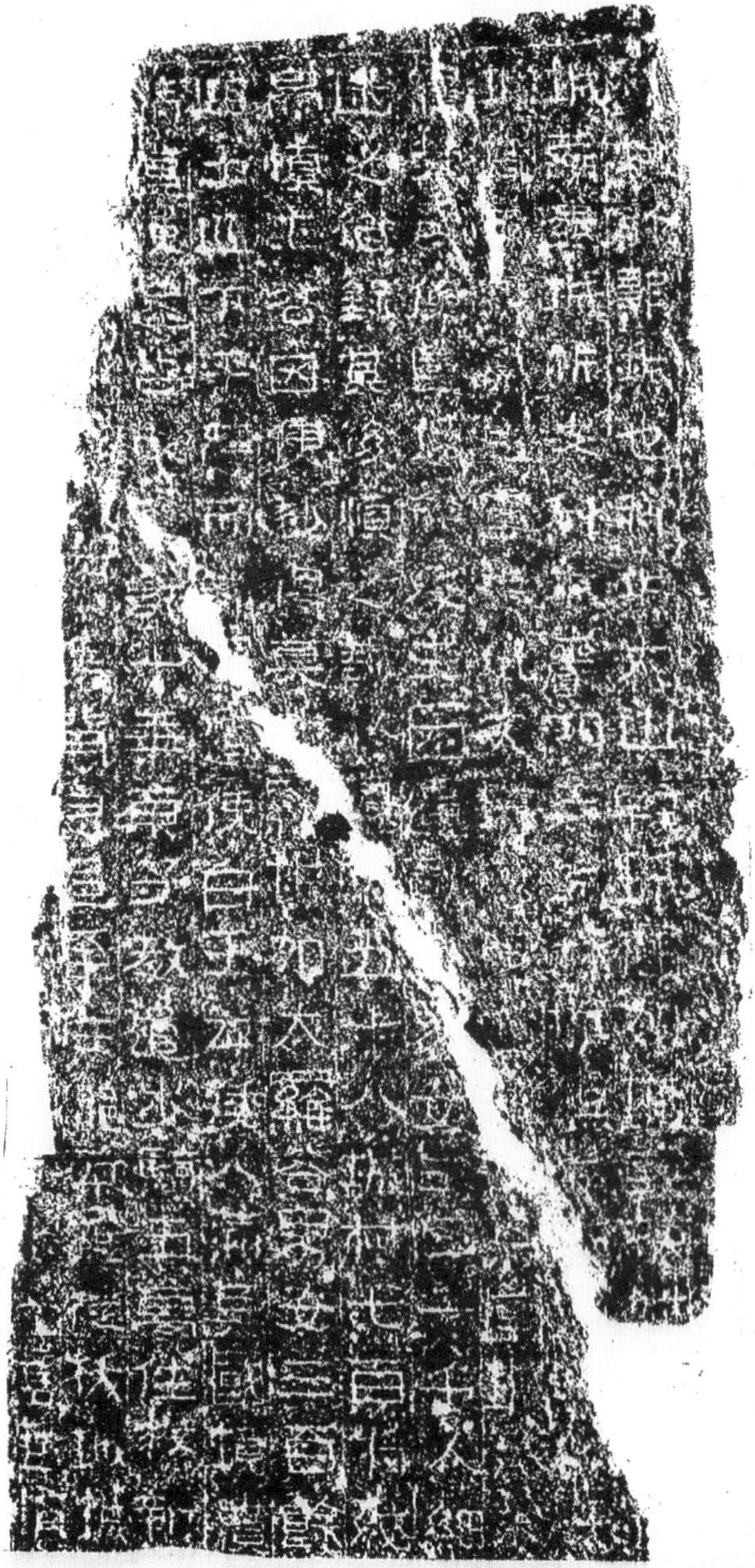

資料⑪　北京大学Ａ本潘祖蔭題箋の筆跡比較

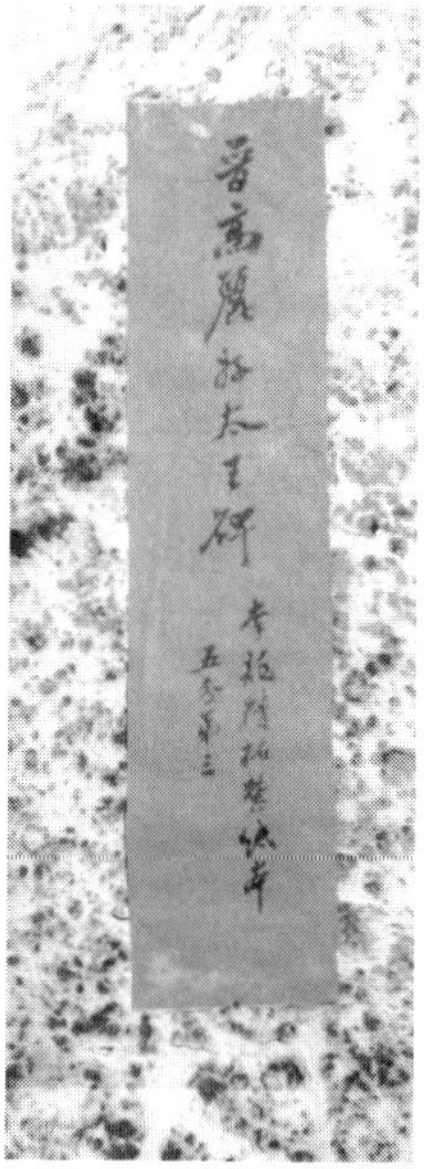

北大Ａ本の潘祖蔭題跋

潘祖蔭から陳簠斎への手紙

潘祖蔭が手書した楹聯

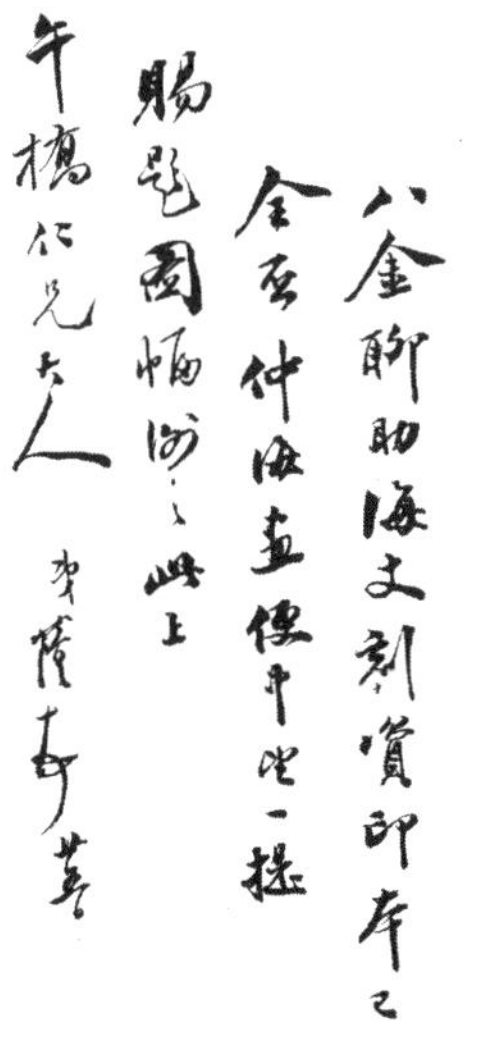

潘祖蔭から端方（午橋）への手紙

資料⑫　原石拓本に基づいた好太王碑の録文

第１面上部

11	10	9	8	7	6	5	4	3	2	1	
利	□	由	羊	永	弔	二	龍	連	巡	惟	1
城	攻	来	不	樂	卅	九	頁	葭	幸	昔	2
雜	取	朝	可	五	有	登	昇	浮	南	始	3
珍	壹	貢	稱	年	九	祚	天	龜	下	祖	4
城	八	而	數	歲	宴	号	顧	然	路	鄒	5
奥	城	倭	於	在	駕	為	命	後	由	牟	6
利	臼	以	是	乙	棄	永	世	造	夫	王	7
城	模	辛	旋	未	國	樂	子	渡	餘	之	8
勾	盧	卯	駕	王	以	太	儒	於	奄	創	9
牟	城	年	因	以	甲	王	留	沸	利	基	10
城	各	来	過	稗	寅	恩	王	流	大	也	11
古	模	渡	襄	麗	年	澤	以	谷	水	出	12
須	盧	海	平	不	九	[illegible]	道	忽	王	自	13
耶	城	破	道	□	F	于	興	本	臨	北	14
羅	幹	百	東	□	廿	皇	治	西	津	夫	15
城	弖	殘	来	人	九	天	大	城	言	餘	16
莫	利	＝	□	躬	日	威	朱	山	曰	天	17
□	[illegible]	□	城	率	乙	武	留	上	我	帝	18
□	□	ケ	力	住	酉	振	王	而	是	之	19
□	□	羅	城	討	遷	被	紹	建	皇	子	20

第1面下部

11	10	9	8	7	6	5	4	3	2	1	
□	城	以	北	過	就	四	承	都	天	母	21
城	閣	為	豊	富	山	海	基	焉	之	河	22
分	弥	臣	五	山	陵	掃	業	不	子	伯	23
而	城	民	備	負	於	除	四	樂	母	女	24
能	牟	以	海	山	日	□	土	世	河	郎	25
羅	盧	六	遊	至	立	夂	十	位	伯	剖	26
□	成	年	觀	鹽	碑	庶	七	天	女	卵	27
彖	弥	丙	土	水	銘	寧	世	遣	郎	降	28
城	沙	申	境	上	記	其	孫	黄	鄒	世	29
□	城	王	田	破	勲	業	國	龍	牟	生	30
禾	□	躬	猎	其	績	國	罡	来	王	而	31
城	舍	率	而	三	以	富	上	下	為	有	32
□	蔦	水	還	部	示	民	廣	迎	我	聖	33
□	城	軍	百	洛	後	殷	开	王	連	彳	34
□	阿	討	殘	六	世	五	土	王	葭	□	35
豆	旦	伐	新	七	焉	穀	境	於	浮	□	36
奴	城	殘	羅	百	其	豊	平	忽	龜	□	37
城	古	國	舊	營	辭	熟	安	本	應	□	38
沸	利	軍	是	牛	曰	昊	好	東	聲	□	39
□	城	□	屬	馬		天	太	罡	即	命	40
□	□	殘	民	羣		不	王	負	為	駕	41

第2面上部

10	9	8	7	6	5	4	3	2	1	
		寺	通	肅	迷	討	城	城	利	1
		豈	王	愼	之	穴	□	燕	城	2
		吏	巡	土	愆	就	□	婁	弥	3
		還	下	谷	録	便	□	城	鄒	4
		告	平	因	其	圍	□	析	城	5
		以	穰	便	後	城	古	支	也	6
	9	宀	而	抄	順	而	盧	利	利	7
	□	計	新	得	之	殘	城	城	城	8
	□	十	羅	莫	誠	主	仇	巖	大	9
	背	年	遣	斤	於	困	天	門	山	10
	急	庚	使	羅	是	逼	城	至	韓	11
	追	子	白	城	□	獻	□	斤	城	12
	至	教	王	加	五	□	□	味	掃	13
	任	遣	云	太	十	男	□	城	加	14
	那	步	倭	羅	八	女	□	但	城	15
10	加	騎	人	谷	城	生	□	城	敦	16
十	羅	五	滿	男	村	口	与	□	拔	17
九	従	萬	其	女	七	一	國	□	城	18
盡	拔	住	國	三	百	千	城	□	□	19
臣	城	救	境	百	将	人	残	□	□	20

第 2 面下部

10	9	8	7	6	5	4	3	2	1	
洧	城	新	潰	餘	殘	細	不	□	坊	21
□	即	羅	破	人	主	布	服	利	□	22
安	歸	從	城	自	弟	千	義	城	婁	23
羅	服	男	池	此	并	匹	敢	就	賣	24
人	安	居	以	以	大	跪	出	鄒	城	25
戍	羅	城	奴	來	臣	王	百	城	散	26
兵	人	至	客	朝	十	自	戰	□	□	27
新	戍	新	為	貢	人	誓	王	拔	城	28
□	兵	羅	民	論	旋	從	威	城	那	29
□	□	城	歸	事	師	今	赫	古	旦	30
□	新	倭	王	九	還	以	怒	牟	城	31
旦	羅	滿	請	年	都	後	渡	婁	細	32
其	城	其	命	己	八	永	阿	城	城	33
□	監	中	太	亥	年	為	利	閏	牟	34
□	[illegible]	官	王	百	戊	奴	水	奴	婁	35
□	倭	軍	恩	殘	戌	客	遣	城	城	36
□	冖	方	慈	違	教	太	刺	貫	于	37
□	大	至	矜	誓	遣	王	迫	奴	婁	38
□	潰	倭	其	與	偏	恩	城	城	城	39
□	城	賊	忠	倭	師	赦	□	彡	蘇	40
言	內	退	誠	和	觀	先	□	穰	灰	41

第3面上部

14	13	12	11	10	9	8	7	6	5	4	3	2	1	
城	炅	看	家	人	彐	鴨	[illegible]	□	□	□	□	□	□	1
四	古	烟	為	國	四	盧	□	城	□	□	□	□	□	2
家	城	句	看	烟	家	凡	王	廿	合	□	□	迺	□	3
為	國	牟	烟	一	盡	所	恩	年	戰	鋒	□	□	□	4
看	烟	客	南	看	為	攻	普	庚	斬	相	朝	安	□	5
烟	一	頭	蘇	烟	看	破	覆	戌	殺	遇	貢	羅	□	6
各	看	二	城	卅	烟	城	於	東	蕩	王	十	人	□	7
模	烟	家	一	三	于	六	是	夫	盡	幢	四	戍	□	8
盧	三	為	家	梁	城	十	旋	餘	所	要	年	兵	□	9
城	客	看	為	谷	一	四	還	舊	獲	截	甲	昔	□	10
二	賢	烟	國	二	家	村	又	是	鎧	盪	辰	新	□	11
家	韓	求	烟	家	為	一	其	鄒	鉀	刺	而	羅	□	12
為	一	底	新	為	看	千	慕	牟	一	倭	倭	寐	□	13
看	家	韓	來	看	烟	四	化	王	萬	寇	不	錦	□	14
烟	為	一	韓	烟	碑	百	隨	屬	餘	潰	軌	未	□	15
牟	看	家	穢	梁	利	守	官	民	領	敗	侵	有	□	16
水	烟	為	沙	城	城	墓	來	中	軍	斬	入	身	□	17
城	阿	看	水	二	二	人	者	叛	資	殺	帶	來	□	18
三	旦	烟	城	家	家	烟	味	不	器	無	方	論	□	19
家	城	舍	國	為	為	戶	仇	貢	械	數	界	事	□	20

第3面下部

14	13	12	11	10	9	8	7	6	5	4	3	2	1	
為	雜	篤	烟	看	國	賣	婁	王	不	十	禾	□	□	21
看	琢	城	一	烟	烟	勾	鴨	躬	可	七	□	□	□	22
烟	城	韓	看	安	平	余	盧	率	稱	年	歹	□	□	23
幹	合	穢	烟	夫	穰	民	卑	住	數	丁	□	□	□	24
弖	十	國	一	連	城	國	斯	討	遝	未	□	□	□	25
利	家	烟	牟	廿	民	烟	麻	軍	破	教	石	卌	□	26
城	為	三	婁	二	國	二	鴨	到	沙	遣	城	土	辭	27
國	看	看	城	家	烟	看	盧	餘	滿	步	□	境	□	28
烟	烟	烟	二	為	一	烟	坲	城	城	騎	連	好	□	29
一	巴	廿	家	看	看	三	杜	而	□	五	船	太	罢	30
看	奴	一	為	烟	烟	東	婁	餘	城	萬	□	王	□	31
烟	城	古	看	改	十	海	鴨	夆	□	□	□	□	□	32
三	韓	□	烟	谷	訾	賣	盧	國	住	□	□	□	□	33
弥	九	龍	豆	三	連	國	肅	駥	城	□	□	□	□	34
鄒	家	羅	比	家	二	烟	斯	□	□	□	□	一尒	□	35
城	為	城	鴨	為	家	三	舍	□	□	□	率	宷	□	36
國	看	一	岑	看	為	看	甲	□	□	□	□	□	□	37
烟	烟	家	韓	烟	看	烟	□	□	□	□	□	□	□	38
一	旦	為	五	新	烟	五	□	□	□	□	之	分	歹	39
看	模	看	家	城	俳	穀	□	□	□	□	平	僕	□	40
烟	盧	烟	為	三	婁	城	□	□	□	師	穰	勾	潰	41

第4面上部

9	8	7	6	5	4	3	2	1	
又	不	其	若	家	[illegible]	城	殘		1
制	安	不	吾	為	一	國	南		2
守	石	知	萬	看	家	烟	居		3
墓	碑	法	年	烟	為	二	韓		4
人	致	則	之	國	國	看	國	七	5
自	使	復	後	罡	烟	烟	烟	也	6
今	守	取	安	上	那	八	一	利	7
以	墓	舊	守	廣	旦	瑑	看	城	8
後	人	民	墓	開	城	城	烟	三	9
不	烟	一	者	土	一	國	五	家	10
得	戶	百	但	境	家	烟	大	為	11
更	差	十	取	好	為	一	山	看	12
相	錯	家	吾	太	看	看	韓	烟	13
轉	唯	合	躬	王	烟	烟	城	豆	14
賣	國	新	巡	存	勾	八	六	奴	15
雖	罡	舊	所	時	牟	味	家	城	16
有	上	守	略	教	城	城	為	國	17
富	廣	墓	來	言	一	六	看	烟	18
足	開	戶	韓	祖	家	家	烟	一	19
之	土	國	穢	王	為	為	農	看	20

第4面下部

9	8	7	6	5	4	3	2	1	
者	境	烟	令	先	看	看	賣	烟	21
亦	好	卅	備	王	烟	烟	城	二	22
不	太	看	洒	但	於	就	國	奧	23
得	王	烟	掃	教	利	咨	烟	利	24
擅	盡	三	言	取	城	城	一	城	25
買	為	百	教	遠	八	五	看	國	26
其	祖	都	如	近	家	家	烟	烟	27
有	先	合	此	舊	為	為	七	二	28
違	王	三	是	民	看	看	閏	看	29
令	墓	百	以	守	烟	烟	奴	烟	30
賣	上	卅	如	墓	比	彡	城	八	31
者	立	家	教	洒	利	穰	國	須	32
刑	碑	自	令	掃	城	城	烟	鄒	33
之	銘	上	取	吾	三	廿	二	城	34
買	其	祖	韓	慮	家	四	看	國	35
人	烟	先	穢	舊	為	家	烟	烟	36
制	戶	王	二	民	看	為	廿	二	37
令	不	以	百	轉	烟	看	二	看	38
守	令	來	廿	當	細	烟	古	烟	39
墓	差	墓	家	羸	城	散	牟	五	40
之	錯	上	慮	劣	三	那	婁	百	41

資料⑬　文運堂本における造字の状況

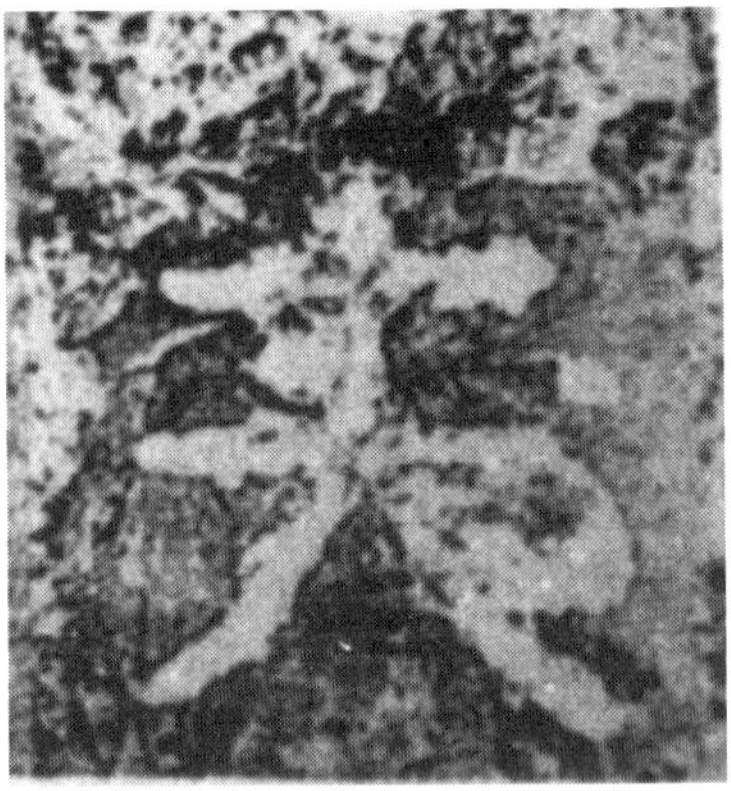

1 面 5 行13字

1 面 1 行31字

1 面 3 行27字

1 面 3 行41字

資料⑭　上海某本（石灰拓本）第１面

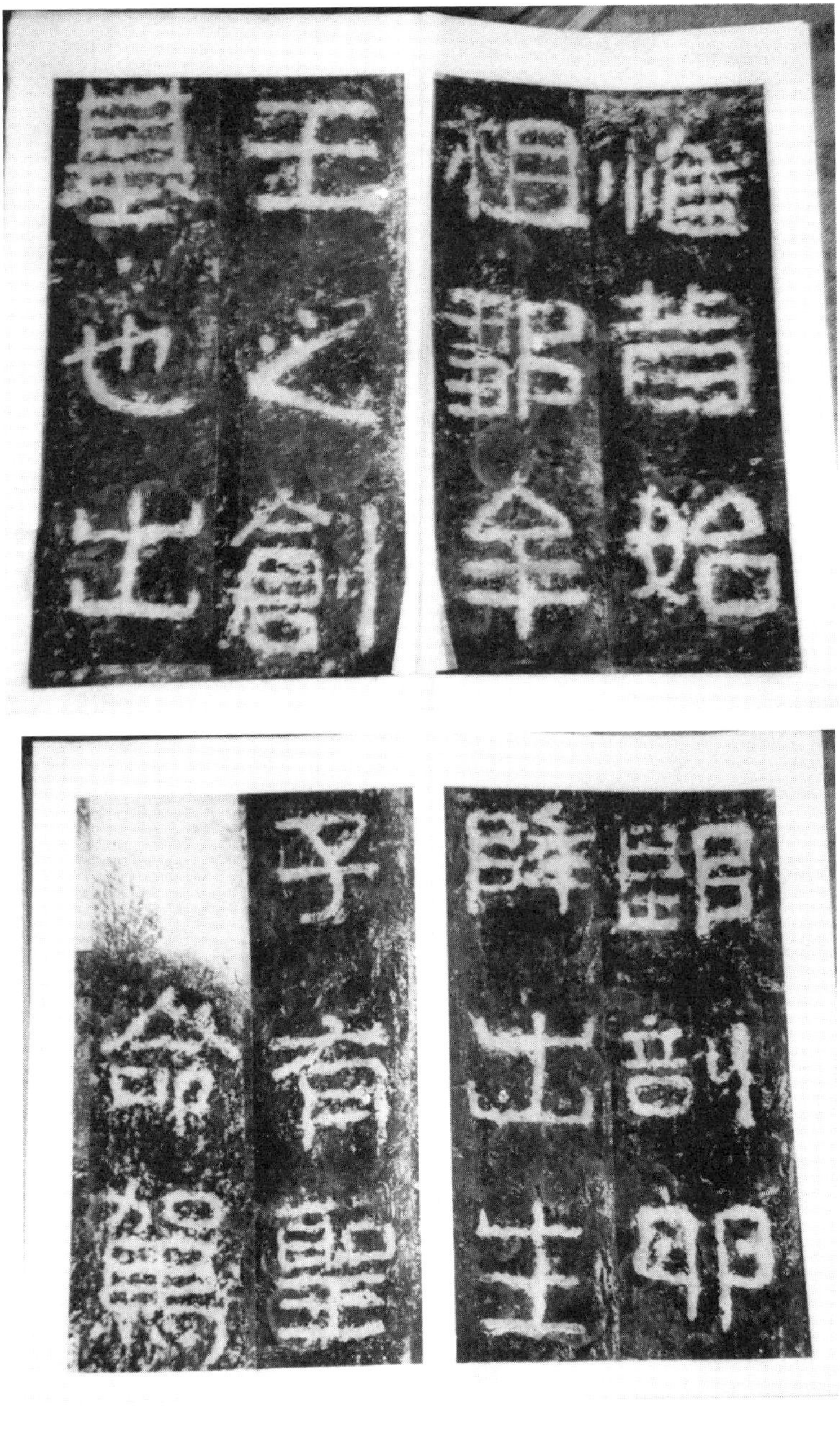

資料⑮　蘇州古呉軒刊本（石灰拓本）　第１面

資料⑯　北京某本（石灰拓本）第１面

資料⑰　天津某本（石灰拓本）

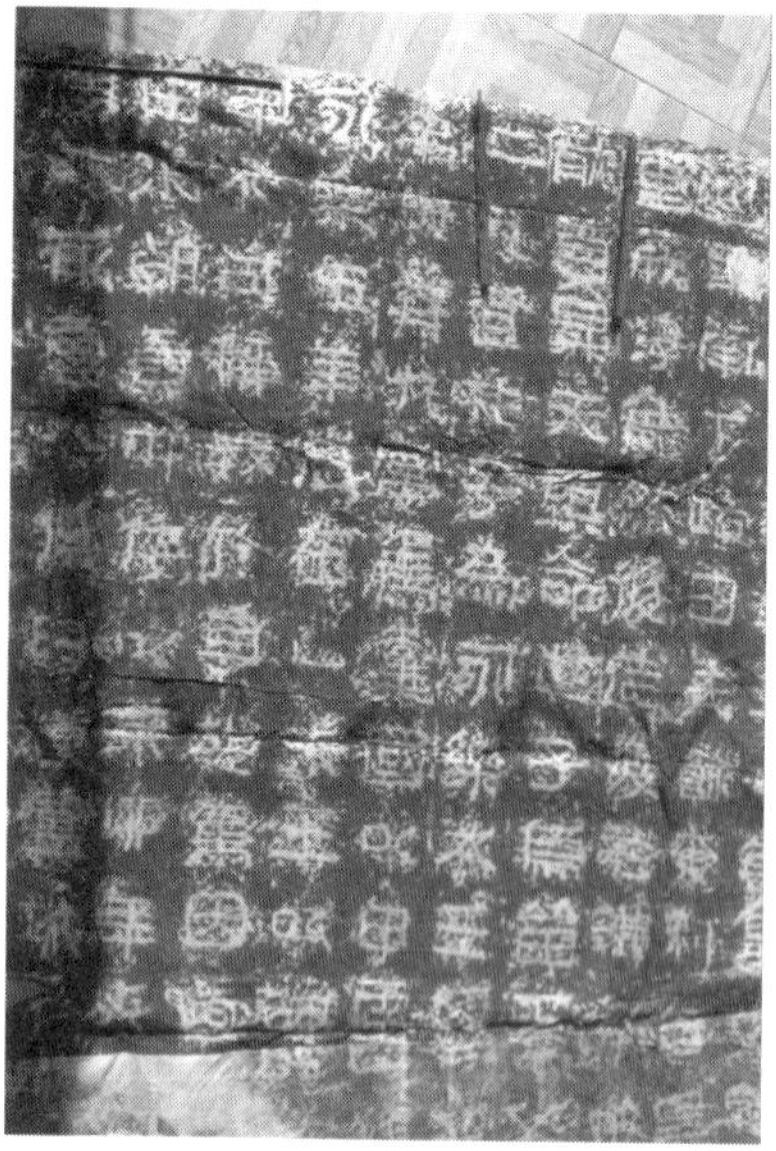

第１面局部

第１面局部

第３面右上部

第２面右上部

資料⑱　北京大学G本（石灰拓本）

おわりに

筆者が好太王碑拓本を中心に行った考察において詳しく検討した問題点は、初期拓本の製作と流伝、一八八四年の潘祖蔭本の性質および酒匂本との相関関係、清末北京瑠璃廠の拓工李雲従の経歴と、彼が一八八九年に好太王碑原石拓本を製作するいきさつ、初期石灰拓本の発見および石灰補字の原因と性質、好太王碑各時期拓本の編年とその方法である。新しい資料は新しい思考を引き起こす。本論の研究は、まさに中国国内の新出資料の刺激を受けて完成したものである。

本論文では、努めて既出の資料を使うと同時に、新しい研究資料をも提供した。具体的な拓本資料は次のようなものである。

(1)一八八一年（或いはそれ以前）に製作され、一八八四年に潘祖蔭が収蔵した好太王碑初期廓填本（墨水廓填本）一種。さらにこの拓本に附された四種の題跋と、これら題跋と碑字に対する基礎的考察。

(2)石灰補字行為が出現する前に製作された、いわゆる原石拓本七種。北京王少箴旧蔵本一種と姚華（茫父）の題跋、中国国家図書館（元北京図書館）蔵本一種、北京大学図書館蔵原石拓本五種（北大A本には潘祖蔭と陸和九の題跋が附く）を含む。

(3)石灰拓本五種。筆者が今までに知られている中で製作年代が最も古いと考える天津文運堂本とそれ以後の各時期石灰拓本。中に上海某本一種、天津某本一種、北京某本一種、北京大学図書館蔵石灰拓本二種（北大F本と北大G本）を含む。

これらの拓本資料のほかに、好太王碑に関する新たな金石学文献を発見した。即ち葉昌熾の尺牘、盛昱の『好太王陵磚題記』、繆荃孫『芸風堂金石存目』の中の李雲従の記録および『潘文勤墓誌銘』などである。これらの文献は、初期拓本の製作と伝世の歴史を分析理解するうえで、大いに参考になった。

上記資料の分析を通して、本論文中で以下の結論に到達した。

第一、好太王碑発見後、最も早く製作された拓本は模拓という方法で作った墨本であり、いまに伝世しているこの種の墨本の数はごくわずかである。一八八四年以後、北京の金石学者潘祖蔭・葉昌熾・呉大澂らはこの種の墨本に不満をいだき、真正な拓本とは認めなかった。一八八六年、呉大澂は国境画定のために琿春に赴いた間、好太王碑所在地の地方官吏に、この種の墨本に対する不満を漏らした可能性が高い。潘祖蔭・葉昌熾・呉大澂・楊頤・談広慶らの努力により、一八八八年までには異なる種類の墨本（原石拓本・模拓本）が北京に伝えられた。

第二、新たに発見した一八八一年或いはそれ以前の製作で、一八八四年潘祖蔭に収蔵された初期廓填本（墨水廓填本）の考察を通して、この墨本が正に、葉昌熾が後に「奉天一則」（『語石』）に記した二部の初期墨本のひとつであることがわかった。この墨本は現在、年次記録のある最も古い墨本である。附属する跋文の内容分析によって、一八八三年から一八八四年に李鴻裔・潘祖蔭が、蘇州と呉県においてそれぞれ墨本を手に入れた経緯をあきらかにした。すなわち、新発見の墨本が製作された一八八一年こそ章樾が懐仁県令を務めていた期間で、この墨本の作製者は当然章樾と関月山などの地方文人であろう。章樾はこの種の墨本を友人の李超瓊に贈り、李超瓊は一八八三年に少なくとも二部を蘇州に持ってゆき、後に別々に李鴻裔と潘祖蔭に贈った。潘祖蔭の身近な金石家である葉昌熾は真っ先にこの本の考証解釈をし、長い跋文を添えた。これが中国の学者による好太王碑文に関する最初の研究である。

この新発見の墨本の基礎的な観察を通してわかることは、一八八三年に日本陸軍軍人である酒匂景信が入手した墨

おわりに

本にきわめて似ていることである。両本の碑文内容は基本的に一致していて、製作手法も同じであり、筆画にわずかな差異があるにすぎない。これは両墨本が共に模拓という方法で製作されたからで、筆画の完全一致に至らない所以である。このことから酒匂景信本は、流伝過程において碑字周囲に墨を重ね塗りした以外、碑字本体を意図的に変えたことはないと考える。

第三、日本の水谷拓本を含む一三種類の同じ類型の拓本は、すべて一八九〇年代以前に製作された原石拓本である。これらの拓本は、一九三〇年代半ば以降石灰が次第に剥落した時期の拓本と質的に異なる。今日まで伝世した原石拓本は、今後の好太王碑釈文研究において、欠くことのできない参考資料である。水谷拓本と一九三〇年代本は多くの違いがあり、これらの差異は過去の研究において往々に軽視された。原石拓本の比較研究を通して、碑文の録文を作った。

第四、原石拓本の製作者のひとりは、清末の北京瑠璃廠で拓工として名高い李雲従である。李雲従その人について、本格的な研究はまだなされていない。李雲従の経歴の追求をとおして、李龍・李大龍とも李雲従と同一人物であることがわかった。彼は早くも光緒初期には北京の金石家たちの厚い信任を得、二〇年以上にわたってこの分野で活躍していた。李雲従と潘祖蔭・端方・盛昱・葉昌熾・繆荃孫ら著名な金石家との関係は非常に深い。一八八九年に北京の金石学者たちが資金を集め、李雲従を好太王碑の採拓に派遣したのは、決して偶然ではなく慎重な選択である。李雲従はただ一度集安に赴いただけであるが、期待に背かず数百幅の拓本（およそ数十部）を持ち帰り、精拓本を流布せしめるにいたった。

第五、過去の研究において、内藤湖南本を最も古い石灰拓本とみなし（李進熙氏の説）、筆者もこの判断が正しいと認める。しかし新発見の石灰拓本（天津文運堂本）の分析を経て、内藤湖南本の前にすでに淡墨で採拓したいわゆる淡墨石灰拓本があることが明らかになった。初期石灰拓本である天津文運堂旧蔵本の復原研究を通して、この本が最初期の石灰補字拓本であり、原石拓本より晩く、内藤湖南本と楊守敬本に先行すると判定した。これにより内藤湖南本を最も古い石灰拓本であるとする観点を修正した。文運堂本の碑字拓出状態を分析すると、当本製作前に碑石は大幅な修補を受けており、当時、修補された碑字はすでに明晰に拓出できないものがほとんどであった。石灰補字の原因と目的は、碑字をはっきりさせて拓本作製に便宜をはかったものである。酒匂景信に改ざんされた碑文を補足させるために行った、いわゆる「石灰塗付作戦」は、石灰補字行為の拡大解釈である。

第六、拓本の空白部分（碑石の欠損部分）の着墨特徴による編年（武田幸男氏の「着墨パターン編年法」）は、有効な方法である。しかしこの方法にも制限があるため、筆者は「碑字字形比較法」を提起した。字形の比較を通して、一八九〇年以降少なくとも四度の石灰修補を経ていることがわかり、このような字形変化を利用し、さらに既知の拓本の相対年代と絶対年代と対照して、各時期の拓本の分類と編年を行った。このような作業をもとに、独自の編年を提示した。

以上が本論文で考察した主な内容と結論である。著者の浅学非才により、考察の行き届かない部分も少なからずあると思う。古代史研究に携わる諸氏、わけても好太王碑の研究者にご批判とご叱正をお願いしたい。

おわりに

あとがき

本書は、私が明治大学に提出した博士論文を修正・加筆して完成したものである。高句麗好太王碑の研究は、二十世紀七十年代以後、東アジア諸国の古代史学界でさかんに論争されてきた研究テーマである。このテーマに関する研究成果は「汗牛充棟」といえる。しかし研究の基礎資料である拓本そのものについての研究はまだ完全なものとはいえないであろう。特に中国国内の拓本研究はまだ始まったばかりで、伝世の拓本に対する調査と研究はまだまだ不十分である。

私は一九九〇年代から、「好太王碑論争」に提出された諸問題を検証するため、中国国内の好太王碑拓本に関する調査を始めた。だが、伝世した好太王碑拓本は、今日では貴重な研究資料であると同時に値段の高い文化商品でもあるため、その調査は困難を極めた。十余年の苦心の捜尋を経て、東アジア諸国で五十種類の拓本の実物を調べた。その中の三十五種類は、中国国内で見つかったのである。なお、拓本調査の間に、また一部の金石学の関係文献を探し出した。本書はこれらの拓本資料と文献史料を研究してまとめたものである。

好太王碑の発見と初期採拓の歴史は、これまでの研究で明らかにされていないことは少なくない。本書の第二章では、近代の金石学史料と新発見の題跋資料を踏まえて、「光緒六年（一八八〇）発見」説を再び確認し、また新たに発見した墨本にある跋文によって、最初の墨本の製作は一八八一年を下らないと指摘した。第三章では、新たに発見した一八八一年の墨本と一八八三年の酒匂本とを比較した結果、酒匂本が流伝の過程で意図的に文字を改ざんされたことがないと論じた。第四章では一八八九年の原石拓本を製作した北京瑠璃廠の拓工李雲従の行跡を考察し、李雲従による好太王碑の採拓の事実を明らかにした。第五章では、中国で発見した七種類の原石拓本を紹介し、原石拓本をもとにした好太王碑文の録文を提出した。第六章では天津文運堂本の復元研究によって、当本がこれまで一番古い石灰拓本と見られる内藤湖南本に先行した最古の石灰拓本と指摘した。さらに石灰補字の原因と規模を究明した。第七章では、「碑字字形比較法」という新しい石灰拓本の編年方法を提示し、この方法を使って東アジア諸国に伝世する拓本の編年を行った。

本書の完成は、まず指導教授である明治大学文学部長吉村武彦先生に感謝しなくてはならない。先生は長年の日本古代史研究の経験で私の研究に対して多くの貴重なご教示とご意見を下さった。また、先生の熱意を込めたご協力によって、はじめて日本に所蔵される酒匂本と水谷拓本などの実物資料の調査研究を実現できたのである。また、拓本調査と研究文献提供の面で協力してくださった東京大学名誉教授池田温先生・武田幸男先生、国学院大学教授鈴木靖民先生、故関西大学教授大庭脩先生、台湾大学教授高明士先生、中国延辺大学教授朴真奭先生、東京大学教授早乙女雅博先生、韓国咸安博物館の白承玉先生、国立歴史民俗博物館の仁籐敦史先生に感謝の意を表したい。

本書の日本語翻訳に協力してくださった北京外国語大学教授周維宏先生、日本の友人武藤ふみ子さん、明治大学古代学研究所RAの服部一隆、梶山智史、大川原竜一の諸君に厚く感謝の意を申し上げたい。

最後に本書を中国では想像できない短い期間で出版される東京堂出版と編集部の松林孝至氏に厚く感謝したい。

二〇〇五年十一月

徐建新　謹識

著者略歴

徐建新（Xu jianxin）、一九五三年中国北京市生。日本史専攻。現職は中国社会科学院世界歴史研究所古代中世史研究室主任・研究員。

著書『古代王権与専制主義』（共著、中国社会科学出版社、一九九三年）、『古代民主与共和制度』（共著、中国社会科学出版社、一九九八年）、『古代国家的等級制度』（共著、中国社会科学出版社、二〇〇三年）。

好太王碑拓本の研究

二〇〇六年一月三〇日　初版印刷
二〇〇六年二月一〇日　初版発行

著者　徐　建　新
発行者　今　泉　弘　勝
印刷所　株式会社フォレスト
製本所　渡辺製本株式会社

発行所　株式会社　東　京　堂　出　版
東京都千代田区神田神保町一―一七（〒一〇一―〇〇五一）
電話　東京　三二三三―三七四一　振替　〇〇一三〇―七―二七〇

ISBN4-490-20569-4 C3021